Cordula Rabe

Vía de la Plata

Jakobsweg von Sevilla nach Santiago de Compostela und weiter bis Finisterre und Muxía

Alle Etappen – mit Varianten und Höhenprofilen

BERGVERLAG ROTHER GMBH • MÜNCHEN

ROTHER WANDERFÜHRER

- Abruzzen
- Achensee
- Albsteig
- Algarve
- Allgäu 1, 2, 3, 4
- Allgäuer Alpen – Höhenwege und Klettersteige
- AlpeAdriaTrail
- Altmühltal

- Altmühltal-Panoramaweg
- Andalusien Süd
- Annapurna Treks
- Antholz - Gsies
- Aostatal
- Appenzeller Land
- Apulien
- Ardennen
- Arlberg - Paznaun
- Arnoweg
- Augsburg
- Außerfern
- Australien
- Auvergne
- Azoren
- Bayerischer Wald
- Berchtesgaden
- Bergisches Land
- Berlin
- Bern
- Berner Oberland Ost
- Berner Oberland West
- Bodensee Nord, Süd
- Bodensee - Rätikon
- Böhmerwald
- Bolivien
- Bozen - Kaltern
- Brandnertal
- Bregenzerwald
- Bremen - Oldenburg
- Brenta
- Bretagne
- Bulgarien
- Burgund
- Cevennen
- Chiemgau
- Chiemsee
- Chur - Hinterrhein
- Cilento
- Cinque Terre
- Comer See
- Cornwall-Devon
- Costa Blanca
- Costa Brava
- Costa Daurada
- Costa del Azahar
- Côte d'Azur
- Dachstein-Tauern Ost
- Dachstein-Tauern West
- Dänemark-Jütland
- Dalmatien
- Dauphiné Ost, West
- Davos
- Dolomiten 1, 2, 3, 4, 5, 6, 7
- Dolomiten-Höhenwege 1-3, 4-7, 8-10
- Donausteig
- E5 Konstanz - Verona
- Ecuador
- Eifel
- Eifelsteig
- Eisenwurzen
- Elba
- Elbsandsteingebirge
- Elsass
- Emmental
- Ober-, Unterengadin
- England Mitte, Nord, Süd
- Erzgebirge
- Fichtelgebirge
- Fränkische Schweiz
- Fränkischer Gebirgsweg
- Freiburg
- Friaul-Julisch Venetien
- Fuerteventura
- Galicien
- Gardaseeberge
- Garhwal - Zanskar - Ladakh
- Gasteinertal
- Genfer See
- Gesäuse
- Glarnerland
- Glockner-Region
- Goldsteig
- La Gomera
- Gran Canaria
- Grazer Hausberge
- Gruyère - Diablerets
- GTA
- Hamburg
- Harz
- Haute Route
- Hawaii
- El Hierro
- Hochkönig
- Hochschwab
- Hohenlohe
- Hunsrück
- Ibiza
- Innsbruck
- Irland
- Isarwinkel
- Island
- Istrien
- Jakobsweg - Caminho Português
- Jakobsweg - Camino del Norte
- Französischer Jakobsweg Le Puy-Pyrenäen, Straßburg-Le Puy
- Jakobsweg Marburg-Vézelay
- Jakobswege Österreich
- Jakobswege Schweiz
- Spanischer Jakobsweg
- Südwestdeutsche Jakobswege
- Julische Alpen
- Jura, Französischer
- Jura, Schweizer
- Kärnten
- Kalabrien
- Kapverden
- Karawanken
- Karnischer Höhenweg

- Karwendel
- Kaunertal
- Kitzbüheler Alpen
- Kleinwalsertal
- Klettersteige Bayern - Vorarlberg - Tirol - Salzburg
- Klettersteige Dolomiten - Brenta - Gardasee
- Klettersteige Julische Alpen
- Klettersteige Schweiz
- Klettersteige Westalpen
- Korfu
- Korsika
- Korsika - GR 20
- Korsika - Mare a Monti
- Kraichgau
- Kreta
- Kurhessen
- Lago Maggiore
- Languedoc-Roussillon
- Lanzarote
- Lappland
- Lesbos - Chios
- Limesweg
- Lofoten
- Lungau
- Luxemburg - Saarland
- Madeira
- Mallorca
- Marken - Adriaküste
- Masuren
- Maximiliansweg
- Mecklenburgische Seenplatte
- Menorca
- Meran
- Montafon
- Mont Blanc
- Montenegro
- Moselhöhenweg
- Moselsteig
- Mühlviertel
- München - Venedig
- Münsterland
- Golf von Neapel
- Neckarweg
- Neuseeland
- Neusiedler See
- Niedere Tauern Ost
- Niederlande
- Nockberge
- Normandie
- Norwegen Mitte, Süd, Jotunheimen
- Oberlausitz
- Oberpfälzer Wald
- Oberschwaben
- Odenwald
- Ötscher
- Ötztal
- Ossola-Täler
- Ostfriesland
- Ostseeküste
- Ost-Steiermark
- Osttirol Nord, Süd
- La Palma
- Patagonien
- Peloponnes
- Peru
- Pfälzer Weitwanderwege
- Pfälzerwald
- Pfaffenwinkel
- Picardie
- Picos de Europa
- Piemont Nord, Süd
- Pinzgau
- Pitztal
- Portugal Nord

(Portugal - Nord – ROTHER WANDERFÜHRER)

- Provence
- Pyrenäen 1, 2, 3, 4
- Regensburg
- La Réunion
- Rheinhessen
- Rheinsteig
- Rhön
- Riesengebirge
- Rom - Latium
- Rügen
- Ruhrgebiet
- Rumänien - Südkarpaten
- Salzburg
- Salzkammergut Ost
- Salzkammergut West
- Samos
- Sardinien
- Sauerland
- Savoyen
- Schottland
- Schwabenkinder-Wege Oberschwaben, Schweiz - Liechtenstein, Vorarlberg
- Schwäbische Alb Ost
- Schwäbische Alb West
- Schwarzwald Fernwanderweg
- Schwarzwald Mehrtagestouren Mitte/Nord, Süd/Mitte
- Schwarzwald Nord, Süd
- Schweden Mitte, Süd
- Seealpen
- Seefeld
- Sierra de Gredos
- Sierra de Guadarrama
- Sizilien
- Spessart
- Steigerwald
- Steirisches Weinland
- Sterzing
- Stubai
- Trekking im Stubai
- Stuttgart
- Südafrika West
- Surselva
- Sylt, Amrum, Föhr
- Tannheimer Tal
- Tasmanien
- Hohe Tatra
- Tauern-Höhenweg
- Hohe Tauern Nord
- Tauferer Ahrntal
- Taunus
- Tegernsee
- Teneriffa
- Tessin
- Teutoburger Wald
- Thüringer Wald
- Toskana Nord, Süd
- Türkische Riviera
- Umbrien
- Ungarn West
- Usedom
- Vanoise
- Veltlin
- Via de la Plata
- Via Francigena
- Via Gebennensis
- Vierwaldstätter See
- Vinschgau
- Vogelsberg
- Vogesen
- Vogesen-Durchquerung
- Wachau
- Waldviertel
- Wales
- Oberwallis
- Unterwallis
- Walliser Alpen
- Weinviertel
- Welterbesteig Wachau
- Weserbergland
- Westerwald
- Westerwald-Steig
- Wien
- Wiener Hausberge

- Wilder Kaiser
- Zillertal
- Zürichsee
- Zugspitze
- Zypern

Vorwort

Anstrengend, schwierig, herausfordernd. Die Vía de la Plata gilt noch immer als einer der anspruchsvollsten Jakobswege in Spanien. Doch trotz des eher abschreckenden Rufs ist sie einer der faszinierendsten Pilgerwege. Wie kein anderer verbindet sie zwei grundverschiedene Facetten spanischer Lebensart, Kultur und Geschichte: da das sonnendurchflutete, prachtvolle Sevilla mit seinem mediterranen Charme, einst eines der Zentren arabischer Hochkultur, dort das aus Granit gehauene, oft regennasse Santiago de Compostela, einer der bedeutendsten Wallfahrtsorte der Christenheit. Dazwischen liegen fast 1000 km Wegstrecke – das entspricht in etwa der Distanz Kiel–Bern.

Im frühen Morgengrauen an der Kathedrale von Sevilla zu stehen, vor sich den schier unvorstellbar langen Weg haben, all die Erlebnisse und Eindrücke, die einen erwarten – das ist einer jener Gänsehautmomente, den man Außenstehenden kaum erklären kann. Dieser Augenblick des Innehaltens vor dem ersten von Zigtausenden von Schritten. Fast unmerklich wird sich die Landschaft ändern. Mal wird sie für mitteleuropäische Augen unvorstellbar menschenleer sein, oft von überwältigender Weite, manchmal von erschütternder Kargheit, aber meist von ganz eigener Schönheit. Wie kein anderer Jakobsweg gibt die Vía de la Plata Einblicke in die raue, herbe Seite Spaniens, mit abgeschiedenen, vom Tourismus gänzlich unberührten Orten. Dann wieder versetzt sie mit geschichtsdurchdrungenen Städten wie Mérida, Salamanca, Cáceres, Zamora, Ourense in Staunen, begeistert mit herrlichen Altstädten, prächtigen Kathedralen und so manchem Kleinod am Weg.

All dies ebenso langsam wie intensiv erleben zu dürfen, ist ein Privileg der Pilger. Von Menschen, die sich auf das nicht immer einfache, aber gerade deshalb spannende Abenteuer Vía de la Plata einlassen. Oft sind die Unterkünfte noch häufig auf das Notwendige – doch absolut Ausreichende – reduziert, hier sind die Begegnungen mit anderen Pilgern noch überschaubar und bieten die Chance, das rechte Maß zwischen selbstgewählter Einsamkeit und Austausch mit anderen zu finden.

Der vorliegende Wanderführer möchte neben den Beschreibungen des Weges den Pilgern auch Spanien näherbringen. Anmerkungen zu den wichtigsten Sehenswürdigkeiten, Festen, Traditionen und gastronomischen Besonderheiten sind als Anregungen und Verständnishilfen gedacht, denn nicht jeder Jakobspilger ist gleichzeitig ein Spanienkenner. Natürlich ohne Anspruch auf Vollständigkeit, dies würde den Rahmen dieses Buchs sprengen.

Die Vía de la Plata ändert sich ständig. Herbergen entstehen oder schließen, stellenweise ändert sich die Routenführung. Stellen Sie, liebe Wanderer, Veränderungen fest, so teilen Sie diese gerne dem Verlag mit.

In diesem Sinne wünsche ich Ihnen einen ¡Buen Camino! – einen guten Weg.

Altea, Spanien, Herbst 2015   Cordula Rabe

Inhaltsverzeichnis

Vorwort 3

Übersichtskarte 6

Allgemeine Hinweise. 7
    GPS-Tracks. 8
    Zeichenerklärung und Abkürzungen. 9

Wandern auf der Vía de la Plata 10
    Tipps für die Ausrüstung 14

Informationen und Adressen 20

Geschichte der Vía de la Plata 23

Die autonome Gemeinschaft Andalusien 30
1 Sevilla – Guillena 32
2 Guillena – Castilblanco de los Arroyos 39
3 Castilblanco de los Arroyos – Almadén de la Plata . . . 42
4 Almadén de la Plata – El Real de la Jara 45

Die autonome Gemeinschaft Extremadura 48
5 El Real de la Jara – Monesterio 50
6 Monesterio – Fuente de Cantos 54
7 Fuente de Cantos – Zafra 57
8 Zafra – Villarfanca de los Barros 62
9 Villafranca de los Barros – Torremejía 66
10 Torremejía – Mérida 69
11 Mérida – Alcuéscar 73
12 Alcuéscar – Valdesalor 78
13 Valdesalor – Casar de Cáceres 81
14 Casar de Cáceres – Cañaveral 88
15 Cañaveral – Carcaboso 92
16 Carcaboso – Aldeanueva del Camino 98
17 Aldeanueva del Camino – Calzada de Béjar 104

Die autonome Gemeinschaft Castilla y León 108
18 Calzada de Béjar – Fuenterroble de Salvatierra 110
19 Fuenterroble de Salvatierra – Morille 112
20 Morille – Salamanca 115
21 Salamanca – El Cubo de la Tierra del Vino 120
22 El Cubo de la Tierra del Vino – Zamora 124
23 Zamora – Riego del Camino 129

24	Riego del Camino – Tábara	132
25	Tábara – Santa Marta de Tera	136
26	Santa Marta de Tera – Mombuey	140
27	Mombuey – Puebla de Sanabria	144
28	Puebla de Sanabria – Lubián	148

Die autonome Gemeinschaft Galicien ... 152

| 29 | Lubián – A Gudiña | 154 |

Die Süd-Route (Alternative zu 30–32) ... 157

30	A Gudiña – Laza	158
31	Laza – Xunqueira de Ambía	162
32	Xunqueira de Ambía – Ourense	167
33	Ourense – Cea	171
34	Cea – Laxe	175
35	Laxe – Outeiro (A Vedra)	180
36	Outeiro (A Vedra) – Santiago de Compostela	184
24-V	Riego del Camino – Villabrázaro	190
25-V	Villabrázaro – La Bañeza	195
26-V	La Bañeza – Astorga	200
27-V	Astorga – Foncebadón	204
28-V	Foncebadón – Ponferrada	207
29-V	Ponferrada – Villafranca del Bierzo	210
30-V	Villafranca del Bierzo – La Faba	213
31-V	La Faba – Triacastela	216
32-V	Triacastela – Samos – Barbadelo	218
32-V	Triacastela – San Xil – Barbadelo	222
33-V	Barbadelo/O Mosteiro – Hospital da Cruz	223
34-V	Hospital da Cruz – Mélide	226
35-V	Mélide – Pedrouzo (Arca do Pino)	229
36-V	Pedrouzo (Arca do Pino) – Santiago de Compostela	232

Der Weg nach Finisterre und Muxía ... 234

37	Santiago de Compostela – Negreira	235
38	Negreira – Olveiroa	238
39	Olveiroa – Finisterre	240
40	Finisterre – Muxía	245
41	Olveiroa – Muxía	248

Stichwortverzeichnis ... 252

    Einige spanische Vokabeln für den Notfall ... 254
    Begriffserklärung ... 254

Allgemeine Hinweise

Zum Aufbau des Buches
Bei jeder Etappe sind die wichtigsten Informationen steckbriefartig vorangestellt. Anschließend folgt die Beschreibung des Wegverlaufs. In den eingestreuten gelb hinterlegten Texten wird auf Sehenswürdigkeiten und kulturhistorische Besonderheiten eingegangen. Wichtige Infrastruktursymbole sind sowohl in den Wanderkärtchen mit dem Routenverlauf als auch in den Höhenprofilen zu jeder Etappe eingetragen.

Das Symbol für alternative Übernachtungsmöglichkeiten (Symbol für Hotel/Pension) findet sich im Höhenprofil nur bei Orten ohne Pilgerherberge (für Orte mit Herberge: siehe Punkt »Infrastruktur« bzw. »Alternative Übernachtungsmöglichkeiten«). Aus den Höhenprofilen lassen sich neben den Steigungen auch Zeitabstände und Wegstrecken zwischen wichtigen Orten am Weg herauslesen. Für die eigene Planung ist neben der aktuellen auch immer jeweils ein Teil der vorhergehenden und der nachfolgenden Etappe dargestellt. In den Wanderkärtchen geben die blauen Kästchen mit gelber Schrift die Distanz von Pilgerherberge zu Pilgerherberge an. Bei mehreren Herbergen in einem Ort endet die Etappe in der Regel an der letzten direkt am Weg liegenden. Die im Text in Klammern genannten Wegpunktnummern finden sich zur besseren Orientierung auch in den Karten, den Höhenprofilen sowie in den GPS-Tracks (siehe auch GPS-Tracks S. 8). Die grüne Kilometerleiste oben im Profil gibt die verbleibende Strecke ab Sevilla über Ourense bis nach Santiago de Compostela an.

Herbergen
In der Beschreibung ist vermerkt, ob die Herbergen städtisch, kirchlich oder privat geführt sind, oder ob es sich um touristische Herbergen handelt, die auch Nicht-Pilgern offenstehen. Herbergen mit christlichem Hintergrund, die z. T. gemeinsame freiwillige Andachten anbieten, sind auf der Vía eher selten. Die Klassifizierung mit ein ◉ bis drei ◉◉◉ Jakobsmuscheln soll helfen, den Standard der Herbergen einzuschätzen. Ausschlaggebend für die Verteilung der Muscheln sind die Ausstattung (z. B. Küche, Waschmaschine), das Preis-Leistungs-Verhältnis oder der Zustand der sanitären Anlagen. Teure Herbergen müssen nicht automatisch besser sein. Man kann sich auch in einer einfachen Unterkunft wohlfühlen. Die Beurtei-

Die Pilgerherberge von Fuenterroble de Salvatierra (Etappe 18).

Krämerladen in Tábara.

lung bezieht sich in keinem Fall auf die »Hospitaleros« (Betreuer), da diese in den meisten Herbergen oft wechseln. Hunde sind in der Regel nicht erlaubt. Alle angegebenen Daten (Preise, Öffnungszeiten etc.) beziehen sich auf 2015, Änderungen sind möglich. Einige Unterkünfte liegen etwas abseits; wo nötig, wird der Weg beschrieben. Mehrere Herbergen in einem Ort werden in der Reihenfolge ihrer Lage am Weg benannt (vgl. auch S. 19, Pilgerherbergen).

Infrastruktur

Hier ist für jede Ortschaft am Weg die vorhandene, für den Pilger interessante Infrastruktur mit Symbolen dargestellt (Zeichenerklärung siehe Seite 9). Die Adressen für ärztliche Versorgung beziehen sich auf »Centros de Salud« (Ärztezentren des staatlichen Gesundheitssystems, Öffnungszeiten in der Regel 8–15 Uhr, in größeren Ortschaften meist mit 24-Stunden-Diensten), in Städten auch auf Krankenhäuser. In kleinen Orten kommt z. T. ein- oder mehrmals die Woche ein Arzt; Informationen dazu und zu Privatärzten vor Ort. Öffentliche Krankenhäuser und Gesundheitszentren akzeptieren den Auslandskrankenschein E 111, nicht aber Privatärzte.

Gehzeiten

Die angegebenen Zeiten ergeben sich aus einer Stundenleistung von rund 3,5–4,5 km (je nach Gelände). Die Zwischenzeiten in der Wegbeschreibung

GPS-Tracks

Zu diesem Wanderführer stehen auf der Internetseite des Bergverlag Rother (www.rother.de) GPS-Daten zum kostenlosen Download bereit – Benutzername: **gast** / Passwort: **wfViadp03TX55B**
Sämtliche GPS-Daten wurden vom Autor im Gelände erfasst. Verlag und Autor haben die Tracks und Wegpunkte nach bestem Wissen und Gewissen überprüft. Dennoch können wir Fehler oder Abweichungen nicht ausschließen, außerdem können sich die Gegebenheiten vor Ort zwischenzeitlich verändert haben. GPS-Daten sind zwar eine hervorragende Planungs- und Navigationshilfe, erfordern aber nach wie vor sorgfältige Vorbereitung, eigene Orientierungsfähigkeit sowie Sachverstand in der Beurteilung der jeweiligen (Gelände-)Situation. Man sollte sich für die Orientierung auch niemals ausschließlich auf GPS-Gerät und -Daten verlassen.

Zeichenerklärung und Abkürzungen

▲	(Pilger-)Herberge	✚	Gesundheitszentrum/Klinik
△	sehr einfache (Not-)Unterkunft	@	Internetzugang (PC oder WLAN)
⌂	Hotel/Pension	✉	Post
⚠	Campingplatz	i	Tourist-Info
✗	Restaurant	⛪	Hl. Messe
☕	Bar/Café mit einfachen Speisen	🚌	Busanbindung
🛒	Supermarkt/Laden	🚆	Zuganbindung
⛲	Brunnen (Karte: blauer Punkt)	✈	Flughafen
€	Bank(automat)	〰	Schwimmbad
A	Apotheke	∴	archäologische Stätte

Abkürzungen

Alb.	Albergue = Herberge
CH	oft von Freiwilligen geführte Pilgerherberge mit religiösem Hintergrund; manchmal Möglichkeit zur gemeinsamen Andacht/Messe
KH	von kirchlicher Institution geführte Herberge
PH/TH	private bzw. touristische Herberge, vor allem letztere auch für Nicht-Pilger
SH	städtische Pilgerherberge
XH	Herbergen der galicischen Landesregierung (oft städtisch betreut)
VH	von (Pilgerweg-)Vereinen betreute Herberge
JuHe	Jugendherbergen

B = Anzahl Betten; M = Anzahl Matratzen; W/T = Waschmaschine/Trockner
DZ = Doppelzimmer; EZ = Einzelzimmer; HP = Halbpension; MF = mit Frühstück
C/ = Calle (Straße); s/n = ohne Hausnummer (sin número); Avda. = Avenida
N-630 = Nationalstraße; A-66 = Autobahn; SE-177 = Landstraße

beziehen sich stets auf die vorhergehende Zeitangabe. Je nach Tagesform kann sich die individuelle durchschnittliche Gehzeit ändern.

Gastronomie und Feiertage/Fiestas

Im Wanderführer wird auf gastronomische Besonderheiten von Regionen und Orten hingewiesen. Spanien ist das Land der »Fiestas«. Jeder Ort hat mindestens eine große Patronatsfeier im Jahr, dazu kommen Feste anlässlich lokaler oder nationaler Ereignisse. Sie bieten eine schöne Gelegenheit, spanische Traditionen und Lebensart kennen zu lernen.

Auf befremdende Weise ergreifend sind spanische Osterprozessionen in der Karwoche (»Semana Santa«), insbesondere in Sevilla und Zamora. Ostern ist zudem der Beginn der Pilgersaison, von da an öffnen die meisten Herbergen.

Wandern auf der Vía de la Plata

Die »Vía de la Plata« ist neben dem »Camino Francés« und dem »Camino del Norte« die dritte große Pilgerroute Spaniens. Doch obwohl älter an Jahren, wird die knapp 1000 km lange Strecke von Sevilla nach Santiago de Compostela weniger frequentiert, auch wenn seit einigen Jahren ein Aufschwung zu bemerken ist. Viele Pilger auf der Vía kennen bereits den in den Pyrenäen beginnenden Camino Francés und suchen neue Erfahrungen. Doch auch das stetig wachsende Pilgeraufkommen auf dem in den vergangenen Jahren sehr populär gewordenen »französischen Weg« lockt die Wanderer auf die anderen, noch nicht ganz so überlaufenen Jakobswege in Spanien.

Die Vía de la Plata steht im Ruf, kein einfacher Weg zu sein. Faktoren wie ihre Länge (1000 km), die große Sommerhitze vor allem im Südteil der Route sowie das noch immer geringere Angebot an Übernachtungsmöglichkeiten spielen dabei eine Rolle. Auf dem 800 km langen Camino Francés gibt es inzwischen in fast jeder Ortschaften Herbergen, Pensionen oder Hotels, während die Vía noch immer mit teils langen Strecken ohne Infrastruktur aufwartet. Wenngleich in den vergangenen Jahren einige sehr gute Pilgerunterkünfte hinzugekommen sind und bestehende renoviert wurden, überwiegen, verglichen mit dem Camino Francés, die eher einfachen Herbergen – andererseits kann das Fehlen von Luxus und von Internet und WLAN gerade beim Pilgern sehr wohltuend sein.

Insgesamt sind die Pilger auf der Vía stärker auf sich gestellt, da es je nach Jahreszeit weniger Mitwanderer und/oder Rat und Unterstützung durch »Hospitaleros« (Herbergsbetreuer) gibt. Doch genau dies kann die Wanderung zu einem sehr eindringlichen und ursprünglichen Erlebnis machen, bei dem der Kontakt mit der streckenweise sehr kargen Natur in den meist dünn besiedelten Regionen, mit den jahrhundertealten Spuren der Vergangenheit und nicht zuletzt die Begegnung mit sich selbst im Vordergrund stehen.

Auf dem Weg nach Mombuey (Etappe 26).

Beste Reisezeit

Die extremen Klimaverhältnisse im Südwesten Spaniens (kurze Übergangsphasen von sehr kalten Wintern zu heißen Sommern) grenzen die Reisezeit ein. Die besten Monate sind April/Mai (Juni eher für den nördlichen Teil der Strecke, etwa ab Etappe 18 ab dem Aufstieg auf die rund 900 m hoch gelegene Meseta) und September/Oktober. Vor allem Andalusien und die Extremadura sollte man ab etwa Ende Mai bis mindestens Ende August wegen der extremen Hitze meiden. Das Guadalquivir-Becken um Sevilla zählt mit sommerlichen Spitzentemperaturen von weit über 40° Celsius zu den heißesten Regionen Europas! Aufgrund der oft langen, menschenleeren und schattenlosen Strecken und der mageren Infrastruktur kann es etwa bei Schwäche durch hohen Flüssigkeitsverlust zu gefährlichen Situationen kommen. In Galicien und den Montes de León (Camino Francés) ist dagegen auch im Sommer mit Regen zu rechnen.

Um Ostern, an Feiertagen, verlängerten Wochenenden sowie im Juli/August herrscht auf den spanischen Jakobswegen (insbesondere dem Camino Francés) viel Betrieb. Auch auf der Vía können dann größere Gruppen von Fuß- oder Radpilgern für Bettenknappheit in kleineren Herbergen sorgen. Der 12. Okt. (Puente del Pilar) markiert traditionell das Ende der spanischen Reisesaison.

Anforderungen

Über weite Strecken stellt die Vía de la Plata höhere Anforderungen an die Pilger als andere Jakobswege. Problematisch ist weniger das bis auf wenige Ausnahmen eher flache Streckenprofil, als vielmehr die wenigen Versorgungsmöglichkeiten am Weg und die teils großen Distanzen zwischen den Unterkünften. Erfahrung mit anderen Pilgerwegen zu haben ist durchaus ein Vorteil. Eine weitere Besonderheit ist das noch immer geringere Pilgeraufkommen. Zum Vergleich: Im Jahr 2014 registrierten sich 237.886 Pilger im Pilgerbüro von Santiago (bis September 2015: 229.592!), davon kamen 161.994 (68 %) über den französischen Weg, die Vía de la Plata lag mit 8.490 (3,6 %) Pilgern erst an vierter Stelle hinter dem Portugiesischen Weg (15 %) und dem Nordweg (6 %). Da die Etappen oft vom Herbergsangebot bestimmt werden, trifft man dort nicht selten immer wieder auf die gleichen Mitpilger – je nachdem, wie sympathisch oder unsympathisch man sich ist, kann dies Vor- oder Nachteile haben. Je nach Jahreszeit sollte man aber auch darauf vorbereitet sein, nicht nur alleine zu wandern, sondern auch die Nächte alleine in den Unterkünften zu verbringen. Das kann gerade beim Pilgern eine spannende Erfahrung sein, ist aber nicht unbedingt jedermanns Sache. Immer wieder geben Pilger (auch jüngere Menschen!) auf oder legen längere Pausen ein, weil sie schlecht vorbereitet sind, die besonderen Anforderungen einer Fernwanderung, die Einsamkeit oder auch die Hitze im Süden Spaniens falsch einschätzen.

Wandern gilt als guter Ausdauersport für Menschen jeden Alters. Zur Gewöhnung an das tägliche, lange Gehen empfehlen sich ein bis zwei Mal die Woche ausgiebige Spaziergänge und mehrstündige Wanderungen, im Idealfall auch

Als Frau alleine auf der Vía de la Plata – für Michiko Tanizaki aus Japan ein Vergnügen.

mit Rucksack. Wer sich seiner Kondition nicht sicher ist, sollte vor dem Vorhaben den Hausarzt konsultieren.

Frauen auf der Vía de la Plata

Genaue Zahlen gibt es nicht, aber Frauen, zumal allein reisende, sind auf den spanischen Pilgerwegen eine Minderheit (2014: 54 % Männer, 46 % Frauen, im Winter stellten sie sogar nur rund 35 %). Viele Frauen zweifeln, ob sie diesem Weg wirklich gewachsen sind. Die berüchtigten langen Etappen und der Ruf als eher beschwerlicher Weg dürften Gründe dafür sein. Doch dies sollte keine Frau, die sich einer guten Gesundheit und Kondition erfreut, von diesem Jakobswegerlebnis abhalten. Vor allem dann nicht, wenn bereits Erfahrungen auf anderen Langstreckenwanderungen gesammelt wurden. Wer seinen Kräften nicht ganz traut, sollte die Zeit für das Vorhaben großzügig bemessen, um nach kräftezehrenden Tagen eventuell eine Pause einlegen zu können.

Nicht immer entsprechen die hygienischen Verhältnisse unbedingt dem, was man sich nach einer anstrengenden Wanderung erträumt. Doch auch dies ist mit etwas Humor, innerer Gelassenheit und Bereitschaft zur Improvisation zu ertragen. Denn schließlich soll eine Pilgerreise ja auch das sein: Eine Abwechslung zum »normalen« Leben, die uns vielleicht auch ein Stück weit die alltäglichen Annehmlichkeiten zu Hause wieder mehr wahrnehmen lässt.

Die Vía de la Plata im Winter

Von November bis April erschweren ab den Höhenlagen (Etappe 18, bzw. spätestens ab Etappe 26/27 sowie 27V/28V und 30V/31V) Kälte und Schnee die Wanderung. Dazu kommt das geringere Herbergsangebot, in manch einfacher Unterkunft kann es an Heizung und der Möglichkeit, nasse Kleidung zu trocknen, fehlen. Auch kann es im Winter, wenn kaum Pilger unterwegs sind, vereinzelt schwer sein, die Schlüssel für einige (städtische) Unterkünfte zu finden.

Wer sich für eine Winterwanderung entscheidet, sollte vor allem mehr Zeit einplanen. Kälte, Regen, Schnee, Nebel und die kurzen Tage zwingen zu kürzeren Etappen, aufgrund des Übernachtungsangebots kann dies jedoch nicht immer möglich sein. Dazu kommen eventuelle Umwege wegen nicht begehbarer Wege sowie die schwerere Winterausrüstung. Auch sollte die Gefahr, sich bei Schnee und/oder schlechter Sicht in den Höhenlagen oder in abgelegenen Regionen zu verirren, ernst genommen werden. Auch wer mit GPS unterwegs ist, sollte sich im unbekannten Terrain nicht zu leichtsinnigen Aktionen verleiten lassen!

Zeitplanung und Routenwahl

Für die gesamte, fast 1000 Kilometer lange Wanderung von Sevilla nach Santiago de Compostela sollte man mindestens fünf, besser sechs Wochen einplanen. Zwar ist die Strecke in weniger Etappen als hier vorgeschlagen machbar, günstiger ist es jedoch, einen zeitlichen Spielraum zu haben. Allein schon für die Besichtigung von Sevilla sollte man mindestens ein bis zwei Tage reservieren. Für den Weg nach Finisterre und Muxía müssen drei bzw. vier Tage zusätzlich veranschlagt werden. Die Karwoche (»Semana Santa«) ist in Spanien traditionell Reisezeit. Dann sorgen große (auch Rad-)Pilgergruppen für starken Andrang und Engpässe in den Herbergen. Wanderer sollten in dieser Zeit die Platzfrage (vor allem in Mérida, Cáceres, Salamanca, Zamora, Ourense und Santiago und auf dem gesamten Weg ab Astorga) zeitig klären und eventuell in einem Hostal oder Hotel reservieren, zunehmend akzeptieren private Pilgerherbergen auch Reservierungen. Wo es sich anbietet, wird unter Infrastruktur auf alternative Übernachtungsmöglichkeiten hingewiesen.

Bei Granja de Moreruela (Provinz Zamora) trennen sich die Wege. Nach Westen biegt der Camino Sanabrés ab. Er führt über Puebla de Sanabria (daher der Name »sanabrés«) und den A-Canda-Pass nach Galicien und dann über Ourense nach Santiago de Compostela. Die eigentliche Vía de la Plata setzt sich nach Norden bis nach Astorga fort und stößt dort auf den Camino Francés. Beide Varianten sind etwa gleich lang, unterscheiden sich jedoch atmosphärisch sehr stark.

Auf dem Camino Sanabrés begleiten weiterhin meist Ruhe und Einsamkeit die Pilger, selbst noch ab Galicien und den dortigen meist sehr guten öffentlichen Herbergen. Andrang gibt es nur zu Stoßzeiten (Ostern, lokale oder nationale Feiertage, Juli/August). Auf der anderen Route hat die Geruhsamkeit spätestens ab Astorga ein Ende. Von Ostern bis in den Herbst herrscht auf dem beliebten Camino Francés großer Betrieb, nicht selten gibt es, vor allem ab Galicien, einen Wettlauf um die Herbergsplätze. Hat man sich erst an die Weltabgeschiedenheit und besondere Atmosphäre der Vía de la Plata gewöhnt, mag solche Betriebsamkeit als störend empfunden werden.

Auf der Vía muss man sich oft selbst genügen.

Kosten

Für eine fünfwöchige Wanderung auf der Vía de la Plata sollten für Unterkunft (in Pilgerherbergen) und Verpflegung mindestens 1200 € veranschlagt werden (ohne An- und Abreise); der tägliche Mindestbedarf liegt bei etwa 30 €. Übernachtungen in Hotels oder Pensionen erhöhen die Kosten entsprechend.

Tipps für die Ausrüstung

Was dabei sein sollte

- Pilgerausweis (siehe Informationen und Adressen)
- eine Jakobsmuschel
- Wanderstöcke nach Belieben
- Nähzeug und Sicherheitsnadeln
- Taschenmesser
- Stirnlampe (besser als Taschenlampe, weil die Hände frei bleiben)
- leichter Schlafsack, in den Herbergen gibt es meist keine Bettwäsche; im Winter einen wärmeren Schlafsack, da die Heizungen nicht selten unzureichend sind
- Isomatte, falls man auf dem Boden schlafen muss
- Sonnenbrille, Kopfbedeckung, Sonnencreme mit hohem Schutzfaktor
- kleine Reiseapotheke (siehe unten)
- Regenschutz (auch für den Rucksack)
- der Jahreszeit angemessene, robuste (Handwäsche!) Kleidung
- Handwaschmittel
- 2–3 m Schnur als provisorische Wäscheleine und Wäscheklammern
- leichte, bequeme Schuhe etwa auch für Besichtigungen
- evtl. leichte Badeschlappen für die sanitären Anlagen
- evtl. Pflegemittel für Schuhe
- Wasserflasche(n), Kapazität mindestens 1½ Liter
- evtl. Schwimmsachen
- Ohrstöpsel (für besseren Schlaf in Schlafsälen)
- Jutebeutel, z. B. für Schmutzwäsche (bitte keine laut raschelnden Plastiktüten! Ruhebedürftige Mitwanderer werden es danken)
- Wer auf Campingplätze (meist Ostern bis Herbst geöffnet) ausweichen möchte: Zelt und Campingausrüstung
- evtl. ein Spray gegen Bettwanzen (sp. »chinche«), im Fachhandel beraten lassen!

Tipps für die Reiseapotheke

- persönliche Medikamente in ausreichender Menge, besonders bei Allergien, da Antihistaminika in Spanien nur gegen Rezept erhältlich sind!
- Schmerztabletten
- Magnesiumpräparate gegen Muskelkrämpfe
- Pflaster, Leukoplast, spezielles Blasenpflaster (richtige Anwendung in der Apotheke erklären lassen)
- Wunddesinfektionsmittel (in Spanien gängiges Mittel: Betadine)
- Wundpuder oder -salbe
- Insektenschutzmittel
- Fußsalbe

Wichtige Dokumente

- Personalausweis bzw. Reisepass (im Verlustfall nützlich: gesondert aufbewahrte Kopien davon)
- Europäische Krankenversicherungskarte (European Health Insurance Card – EHIC, früher Formular E 111)
- Bei chronischen Erkrankungen oder Allergien kann es für den Notfall sinnvoll sein, Informationen zu benötigten Medikamenten mit medizinischen (also international verständlichen) Fachbegriffen zu den Ausweisdokumenten zu legen.
- Telefonnummern zum Sperren von Bank-, Kreditkarten und Handy für den Fall des Verlustes/Diebstahls.

Tägliche Rituale: erst die Wäsche waschen, dann ausruhen.

Ausrüstung

Schuhwerk, Kleidung und Rucksack sollten sorgfältig gewählt und vorbereitet werden. Immerhin wird man alles fast 1000 km, d. h. etwa 250 Stunden oder umgerechnet über zehn volle Tage am Körper tragen!

Lassen Sie sich beim Schuhkauf im Spezialgeschäft beraten und machen Sie sich auf keinen Fall mit neuen, nicht eingelaufenen Wanderschuhen auf den Weg, aber auch nicht mit zu alten, die unterwegs womöglich den Dienst versagen! Zwar wird meist auf guten, oft befestigten Wegen gegangen, manchmal aber auch auf steinigen Pfaden; ein solider, knöchelhoher Wanderschuh sollte es daher schon sein. Sinnvoll sind zum Schuhfutter passende Wandersocken.

Die Kleidung sollte ebenfalls nicht neu sein, so wird Wundreiben vermieden. Ideal ist spezielle, leichte und atmungsaktive Wanderkleidung. Praktisch und Gewicht sparend sind Wanderhosen mit abnehmbaren Hosenbeinen. Bei allen Kleidungsstücken sollte man bedenken, dass auf der Vía, besonders in Andalusien und der Extremadura, bis in den Herbst hinein extrem heiße Temperaturen herrschen. Dennoch sollte man sich auch auf sporadische Regenfälle (besonders in Galicien) vorbereiten. Im Frühjahr und Herbst kann es zu Beginn der Wanderung im Süden schon oder noch sehr warm und im Norden dagegen deutlich kühler sein. Praktisch ist dann Kleidung, die man im »Zwiebellook« je nach Temperatur in mehr oder weniger dicken Schichten tragen kann.

Auch beim Rucksack lohnt sich die Beratung im Fachgeschäft. Größe und Form sollten auf das Vorhaben abgestimmt sein. Beim Packen gut überlegen, was man wirklich braucht und was nicht. Ideal ist ein Gewicht von maximal zehn bis elf Kilo. Wer keine Erfahrung mit längeren Rucksackmärschen hat, sollte bei Probewanderungen das Gewicht des gepackten Rucksacks und seine Auswirkungen auf Schultern, Gelenke und Füße testen.

An- und Abreise
Sevilla verfügt über einen internationalen Flughafen. Sevilla, Mérida, Cáceres, Salamanca und Zamora sind von Madrid, Ourense auch von Santiago de Compostela aus per Bahn erreichbar. Von Santiago de Compostela aus kann man per Flugzeug, Bahn oder Bus zurückreisen.

Orientierung
Der Weg ist durchgehend und in meist kurzen Abständen mit gelben Pfeilen markiert. Zusätzliche Wegweiser gibt es in der Extremadura (farblich gekennzeichnete Granitblöcke), in Galicien (Wegsteine mit einer blau-gelben Jakobsmuschelkachel) und in der Provinz Ourense (Sandsteine mit Pilgersymbolen). Ein Verlaufen ist, bei entsprechender Aufmerksamkeit, so gut wie nicht möglich. Im Bereich der Baustellen für den Hochgeschwindigkeitszug AVE kann es noch für unbestimmte Zeit zu (mehr oder weniger gut ausgewiesenen) Umleitungen kommen. Nicht eindeutig gekennzeichnete Stellen sind im Wanderführer vermerkt und beschrieben. Meist helfen Einheimische auf ein fragendes »Camino de Santiago?« (wird eher verstanden als Vía de la Plata) gerne weiter.

Sprache
Die meisten älteren Spanier im touristisch wenig erschlossenen Westen der Halbinsel sprechen nur Spanisch, einige wenige ehemalige Gastarbeiter auch Deutsch. Die jüngeren Leute können zunehmend Englisch. Viele ältere Menschen in Galicien sprechen nur das zwar melodiöse, aber schwer verständliche Galicisch. Die alltägliche Verständigung über grundlegende Dinge (Herberge, Essen) ist aber in der Regel auch ohne Spanischkenntnisse unproblematisch.

Blasen
Auch wenn niemand vor Blasen gefeit ist, kann das Risiko vermindert werden. Reibung sollte unbedingt verhindert und die Füße trocken gehalten werden. In Spaniens Süden wird es im Sommer extrem heiß, die Füße schwellen stärker an und schwitzen mehr als sonst. Auch das Gewicht des Rucksacks sorgt für eine stärkere Belastung für Haut und Gelenke. Die Schuhe richtig und ruhig mehrmals am Tag (nach-)schnüren, damit sie optimal sitzen.
Die Investition in spezielle Wandersocken, die mit ihren Fasergemischen die Füße trocken halten, lohnt sich. Nicht bewährt haben sich reine Baumwoll- oder Schurwollstrümpfe.

Galicische Wegzeichen

Täglich frische Socken sind am besten für das Fußklima. Das kurze Fußbad im kühlen Bach mag verlockend sein. Aber Vorsicht: Aufgeweichte Haut neigt schneller zu Blasenbildung als trockene. Erholsamer und wirksamer ist es, öfter am Tag die Schuhe auszuziehen und Füße und Strümpfe zu lüften und zu trocknen. Schon bei den ersten Anzeichen einer Scheuerstelle hat sich bewährt, mehrere Schichten Leukoplast oder ein Blasenpflaster (s. u.) und Leukoplast auf die Scheuerstelle zu kleben, um weitere Reibungen zu unterbinden. Hat sich eine Blase gebildet, diese nur öffnen, wenn sie stört. Dazu mit einer Nadel oder feinen Nagelschere (Infektionsgefahr! Beides sterilisieren!) zwei Löcher in die Blase stechen, sodass alle Flüssigkeit austritt. Die Haut über der Blase auf keinen Fall entfernen! Mit mehreren Schichten Leukoplast oder einem Spezialpflaster und Leukoplast überkleben. Hat sich eine große Blase geöffnet, im Zweifelsfall ärztlich behandeln lassen. Auf jeden Fall die Wunde wegen der großen Infektionsgefahr extrem sauber halten. Ideal zur Behandlung sind spezielle Blasenpflaster. Richtig angewandt, fördern sie dank ihrer Zusammensetzung die Wundheilung und vermindern den Reibungsdruck. Um ein vorzeitiges Ablösen des Blasenpflasters und das Verkleben mit der Socke zu verhindern, kann dieses auch zusätzlich mit Leukoplast überklebt werden. Das Blasenpflaster keinesfalls vorzeitig ablösen (siehe Gebrauchsanweisung), es sei denn, die Wunde brennt unter dem Pflaster. Dann sofort entfernen, bevor es zu einer gefährlichen Entzündung kommt! Im Normalfall das Pflaster maximal 3 Tage auf der Wunde lassen und ggf. immer wieder mit Leukoplast fixieren.

Öfter mal eine Pause einlegen und viel trinken ist wichtig.

Ernährung

Grundsätzlich gilt: viel trinken, auch nach dem Wandern. Die Wasserflaschen regelmäßig nachfüllen (im Steckbrief wird unter dem Punkt Infrastruktur auf die Lage von Brunnen hingewiesen). An heißen Tagen und für lange Streckenabschnitte hat sich ein Wasservorrat von mindestens 1½ Litern bewährt. Lieber mehr als weniger Wasser dabei haben! Der nächste Brunnen könnte auch defekt sein! Bei hohen Temperaturen kann der Flüssigkeitsbedarf leicht auf über vier bis fünf Liter steigen. Auf vielen Etappen gibt es kilometerlang weder Ortschaften noch Trinkwasserquellen. Der Proviant, insbesondere der Wasservorrat, sollte darauf abgestimmt sein. Ein kleiner Tipp: Steckt man die (idealerweise vorgekühlte) Getränkeflasche in die eingerollte Isomatte, hält sich die Flüssigkeit länger kühl.

Da es in zahlreichen Ortschaften keine Restaurants bzw. nur Bars mit einfachen Mahlzeiten (vorwiegend »bocadillos«, belegte Baguettes) gibt, ist eigener Proviant immer ratsam. Auch für den Fall, dass sich eine Etappe unplanmäßig verlängert, ist etwas zu essen im Rucksack (etwa Müsliriegel, Obst, Brot) kein unnötiger Ballast. Zuweilen hat am Übernachtungsort morgens noch keine Bar für ein Frühstück geöffnet, sodass auch hier Selbstversorgung gefragt ist, will man nicht mit leerem Magen aufbrechen müssen.

Lösliche Magnesiumtabletten helfen zur Vorbeugung von Muskelkrämpfen und Sehnenentzündungen. Zum Ausgleich des Mineralverlusts durch starkes Schwitzen kann hin und wieder ein isotonisches Getränk hilfreich sein. Vorsicht mit Alkohol! In Kombination mit der ungewohnten Anstrengung und Hitze kann er sich fatal auf den Kreislauf auswirken. Sehr erfrischend, aber alkoholarm ist ein Bierradler mit Zitronenlimonade (»clara con limón«).

Tagespensum

Auf der Vía de la Plata gibt oft das Angebot an Unterkünften das Tagespensum vor. Wo es möglich ist, sollten anfangs kürzere Etappen absolviert werden, bis sich der Körper auf die regelmäßige Anstrengung eingestellt hat bzw. der eigene Gehrhythmus gefunden ist. Wenn an manchen Tagen die Beine schwer sind, nicht verzagen: Am nächsten Tag geht es meist wieder besser. Grundsätzlich sind die Etappen im Wanderführer als lockere Anregung gedacht. Jeder Wanderer sollte seine Tagesleistung nach Lust, Laune und körperlicher Verfassung individuell gestalten.

Es ist besser, eher mehr als weniger Tage einzuplanen. Erfahrungsgemäß ist es wenig sinnvoll, vorab ein tägliches Streckenpensum festzulegen. Körperliche Beschwerden, die ungewohnte Hitze, schlechtes Wetter oder spontane längere

Gegenverkehr auf dem Pilgerweg.

Aufenthalte für Besichtigungen können den Zeitplan durcheinanderbringen. Bei Gruppen gibt stets das langsamste Mitglied das Tempo vor.

Pilgerherbergen

Das Netz an Pilgerherbergen (span. »Albergue«, »Refugio« oder »Hospital de Peregrinos«) ist trotz Verbesserungen in den vergangenen Jahren noch immer nicht mit dem Camino Francés vergleichbar. Es gibt von den Gemeinden gestellte, sehr einfache und häufig nicht ausreichend heizbare Unterkünfte, einige von kirchlichen Institutionen oder Vereinen geführte und zunehmend auch private Herbergen. Je nach Region unterliegen die

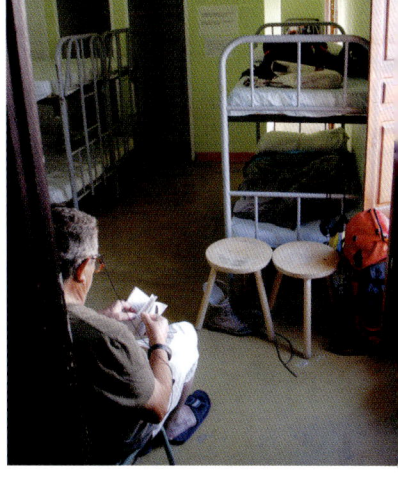

Moment der Ruhe am Ende der Etappe.

Herbergen mehr oder weniger strengen Reglements bezüglich der Bettendichte oder des Angebots an Platz und sanitären Einrichtungen pro Pilger.

Viele Herbergen liegen nicht direkt am Weg, Wegweiser zu ihnen sind die Ausnahme. Besonders bei städtischen Herbergen muss der Schlüssel z. T. in einer Bar, bei Anwohnern, im Rathaus, bei der Touristeninformation oder bei der »Policía Local« (Ortspolizei) abgeholt und auch wieder zurückgebracht werden. Im Winter oder im zeitigen Frühjahr, wenn wenige Pilger unterwegs sind, kann dies, am Ende einer langen Etappe, durchaus zu einer Geduldsprobe werden. Jeder Pilger ist angehalten, speziell in Sanitärräumen und Küchen Ordnung zu halten. Der maximale Preis pro Übernachtung (ohne Frühstück) lag 2015 bei rund 15 €, einige wenige Herbergen funktionieren auf Spendenbasis.

In städtischen und kirchlichen Herbergen darf man nur eine Nacht bleiben. In den privaten und vor allem touristischen Unterkünften sind oft mehrere Nächte möglich. Reisegruppen oder Pilger mit Begleitfahrzeug werden normalerweise nicht oder nur nach Anmeldung akzeptiert. Reservierungen sind bei öffentlichen Herbergen selten möglich, zunehmend aber in den privaten und touristischen; ab Astorga kann eine Reservierung vor allem zu Stoßzeiten notwendig sein. Leider gibt es inzwischen auch an der Vía de la Plata Berichte, nach denen Pilger über die Verfügbarkeit von Herbergen falsch informiert werden, damit sie in einer bestimmten übernachten. Im Zweifel sollte man sich daher immer selbst erkundigen. Im Allgemeinen sind die Pilgerherbergen sicher, dennoch Wertsachen (Fotoapparat, Handy, Dokumente) besser nicht offen liegen lassen – leider treibt auch der eine oder andere Betrüger und Dieb sein Unwesen auf dem Jakobsweg. Grundsätzlich sollte man nur das Nötigste an Bargeld mit sich führen. Im Wanderführer wird auf Banken/Geldautomaten hingewiesen.

Informationen und Adressen

Allgemein: Die bei den Herbergen, Sehenswürdigkeiten usw. angegebene Öffnungszeiten und Preise entsprechen dem Stand 2015; Änderungen möglich. Montags haben die meisten Museen und Einrichtungen geschlossen, die Angaben für Sonntage gelten in der Regel auch für Feiertage.
Apotheken (»farmácia«): Meist 9.30–13.30 Uhr und 16.30–20 Uhr geöffnet, in den Großstädten z. T. rund um die Uhr. Bereitschaftsdienste sind am Eingang vermerkt und in der Zeitung veröffentlicht.
Banken/Kreditkarten: In der Regel 9–14 oder 15 Uhr geöffnet. Die Versorgung mit Bankautomaten entlang der Vía ist recht gut, doch kommt es immer wieder vor, dass in kleinen Ortschaften bei der Verwendung von ausländischen Bankkarten keine Auszahlung erfolgt. Daher empfiehlt sich, stets etwas Bargeld als Notgroschen bei sich zu tragen. Unter www.correosprepago.es kann man für 6 € eine Prepaid-Bankkarte erwerben. Sie werden mit einem beliebigen Guthaben aufgeladen und funktionieren dann wie eine ganz normale Scheckkarte, sodass die eigene, ausländische nicht benutzt werden muss.
Bahn und Bus: Spanische Bahngesellschaft Renfe: www.renfe.es (auch Englisch und Französisch), zentrale Info-Nummer: 902 240 202. Das Busnetz im Regional- und Überregionalverkehr ist recht gut. Das Busunternehmen Alsa bedient die meisten überregionalen Linien (www.alsa.es). In größeren Orten meist Busbahnhöfe, in ganz kleinen Dörfern oft nur ein bis zwei Verbindungen pro Tag.
Feiertage: 1. Jan., 6. Jan. (»Día de los Reyes Magos«, Dreikönigstag), Karfreitag sowie die Woche davor (»Semana Santa«), 1. Mai, 15. Aug. (»Asunción de la Virgen María«, Mariä Himmelfahrt), 12. Okt. (»Día de la Hispanidad«, auch »Puente del Pilar« genannt), 1. Nov. (»Todos los Santos«, Allerheiligen), 6. Dez. (»Día de la Constitución«, Verfassungstag), 8. Dez. (»Inmaculada Concepción«, Mariä Empfängnis), 25. Dez.
Internet: Selbst in Dörfern haben viele Bars und Herbergen WLAN (span. »zona WiFi«). In den Städten gibt es

Osterprozession in Salamanca.

auch Internetcafés, in kleinen Orten z. T. Bibliotheken mit Internet-PCs.
Kirchen: Leider sind besonders in kleinen Orten viele Kirchen ganz geschlossen oder nur zur Messe zugänglich (ggf. vor Ort fragen). Bei bedeutenden Kirchen oder Kathedralen wird zum Teil ein Eintrittsgeld verlangt.
Ladenöffnungszeiten: Meist Mo–Sa 9.30–13.30 und 16.30–20 Uhr. Kaufhäuser Mo–Sa durchgehend 10–21/22 Uhr. In Dörfern z. T. kleine, auch sonntags geöffnete Krämerläden.
Notruf: Im Notfall die internationale Notrufnummer 112 wählen (Englisch, Deutsch und Französisch).
Pilgerausweis und -urkunde: Der Pilgerausweis (»Credencial«) geht auf den mittelalterlichen Begleitbrief bzw.

Pilgermuschel und Kürbis.

Empfehlungsschreiben zurück, das die Pilger als Ausweisdokument mit sich führten. Heute berechtigt er zum Übernachten in den Pilgerherbergen und ist der für den Erhalt der Pilgerurkunde (»Compostela«) notwendige Nachweis über die Pilgerschaft. Die »Compostela« bekommt nur, wer mit den Stempeln (»Sellos«) im Pilgerausweis belegt, zumindest die letzten 100 km zu Fuß bzw. die letzten 200 km per Rad oder Pferd nach Santiago de Compostela zurückgelegt zu haben (die Anhebung der Mindestdistanz wird diskutiert). Seit 2014 erhalten alle Pilger das auf Latein verfasste Dokument. Als Beleg wird die »Credencial« täglich in den Unterkünften oder in Kirchen, Klöstern, bei der Polizei oder in Touristenämtern abgestempelt und am Ende im Pilgerbüro in Santiago (Rúa do Vilar 1, tgl. 9–21 Uhr; Umzug in die Rúa das Carretas, unterhalb des Parador Nacional, Ende 2015 in Planung; weitere Information S. 184) vorgelegt. Theoretisch sind zwei Stempel pro Tag notwendig, tatsächlich verlangt wird es aber nur für die letzten 100 km (ab Ourense bzw. Sarria). Gegen eine Gebühr von 3 € erhält man einen Nachweis über die zurückgelegten Kilometer. Wer bis Finisterre wandert, erhält dort als Beleg die »Fisterrana«, in Muxía die »Muxiana«.

Das Pilgerbüro akzeptiert nur die offizielle »Credencial« bzw. auch die von ausländischen Jakobswegvereinigungen herausgegebenen, sofern sie von der Diözese Santiago dazu autorisiert sind (Info auch unter www.peregrinos-santiago.es, Link »La Credencial« und ganz unten »Asociaciones autorizadas en otros países«). Der Pilgerausweis sollte am besten vorab (möglichst nicht in letzter Minute) bestellt werden; wer eine lange Strecke pilgert, benötigt mindestens 2 Exemplare. Erhältlich ist er (meist auch online und gegen einen Unkostenbeitrag) u. a. bei folgenden Stellen:

- Deutschland (u. a.): **(1)** Deutsche St.-Jakobus-Gesellschaft e. V., Tempelhofer Str. 21, 52068 Aachen, Tel. 0241/4790127, info@deutsche-jakobus-gesellschaft.de, www.deutsche-jakobus-gesellschaft.de. **(2)** Fränkische St.-Jakobus-Gesellschaft Würzburg e. V. Ottostr. 1, 97070 Würzburg, Tel. 0931/38663870, info@jakobus-franken.de. www.jakobus-franken.de. **(3)** Jakobusfreunde Paderborn, Tel. 05251/5068677, Busdorfmauer 33, 33098 Paderborn, info@jakobusfreunde-paderborn.com, www.jakobusfreunde-paderborn.eu.
- Österreich: Sankt Jakobs Bruderschaft: Stangaustraße 7, A-2392 Sulz im Wienerwald, Tel. +43/(0)2238/8270-11, Fax +43/(0)2238/8270-14, Helmut Radolf: h.radolf@radolf.at, www.radolf.at, www.jakobsbruderschaft.at.
- Schweiz: **(1)** Freunde des Jakobsweges: Sekretariat Deutschschweiz, Affolterstr. 24, 4542 Luterbach, Tel. +41/(0)326 822 550, sekretariat@viajacobi4.ch, www.viajacobi4.ch. **(2)** Infos zum Jakobsweg und Bestellung des Pilgerpasses unter www.pilgern.ch.
- Spanien: In Sevilla erhält man den Pilgerausweis an folgenden Stellen: **(1)** Asociación Amigos Vía de la Plata (Verein der Freunde der Vía de la Plata) C/ Castilla 82, local, Tel. +34/954 335 274, Mobil +34/696 600 602. Vormittags: Juni–Aug. Mo–Fr 10–13 Uhr, Sept.–Mai nur Mi 10–12 Uhr. Nachmittags: April–Juni Mo–Do 19–21 Uhr, Juli–Aug. Di–Do 19–21 Uhr, Sept.–Okt. Mo–Do 19–21 Uhr, Nov.–März Mo–Do 18–20 Uhr. Feiertags geschlossen! www.viaplata.org. **(2)** Albergue Triana C/ Rodrigo de Triana 69, Tel. +34/954 459 960. www.trianabackpackers.com. **(3)** Hotel Simón, C/ García de Vinuesa 19, Tel. 954 226 660. www.hotelsimonsevilla.com.

Polizei: Drei Arten von Polizei gibt es: die Policía Local (Ortspolizei, in kleinen Ortschaften meist im Rathaus), die Guardia Civil und die Policía Nacional (Nationalpolizei). Im Notfall kann man sich an jede der drei Stellen wenden.

Post/Briefmarken: Öffnungszeiten Mo–Fr 8.30–14.30 Uhr (in größeren Städten auch 8.30–20.30 Uhr), Sa 9.30–13 Uhr. Briefmarken (»sellos«) gibt es auch in Tabakläden (»tabacos/estanco«) und manchen Herbergen. Bei der Post (und in einigen Herbergen) gibt es Pakete für 1, 3 und 7 kg für 11 und 13 €; diese kann man postlagernd (»lista de correos«) an ein Postamt senden, sie werden dort 15 Tage gratis aufbewahrt, jeder weitere Tag kostet 1 €. Hauptpostamt (»oficina principal«) von Santiago: Rúa do Franco 4 (nahe Kathedrale).

Telefon: Spanische Telefonnummern sind 9-stellig. Ist die erste Zahl eine 9: Festanschluss, eine 6 (oder 7): Mobiltelefon, 90 plus sieben weitere Ziffern: Servicenummer, gratis oder kostenpflichtig. Die internationale Vorwahl von Spanien lautet +34. Telefonzellen werden mit Münzen oder Telefonkarten (»tarjeta telefónica prepagada«, erhältlich in Tabakläden) bedient.

Wegzeichen am Ricobayo-Stausee (Etappe 23).

Geschichte der Vía de la Plata

Vorrömische Zeit

Die Geschichte der Vía de la Plata ist geprägt von unterschiedlichsten Völkern und Kulturen, von Krieg und Frieden. Schon in der Altsteinzeit folgten die iberischen Ureinwohner dem Jagdwild durch den Westen der Halbinsel; später, mit der Entwicklung der Weidewirtschaft in der Neusteinzeit, trieben die Hirten ihre Herden im jahreszeitlichen Wechsel von Nord nach Süd und wieder zurück. Dabei bestimmten natürliche geografische Gegebenheiten wie Flussebenen, Furten und einfach zu überwindende Bergpässe die Marschrouten. Ab 1100 v. Chr. erschlossen sich die Phönizier mit der Gründung der Hafenstadt Gades (Cádiz) neue Handelswege. Auf den traditionellen Routen drangen sie auf der Suche nach Zinn und Gold in den Norden vor. Ihnen folgten die Griechen. 220 v. Chr. nahm der Karthager Hannibal das iberische Helmantica (Salamanca) ein.

Die Römer

Ab dem 2. Jh. v. Chr. weiteten die Römer ihr Imperium auf den Westen der Iberischen Halbinsel aus. Auch ihre Legionen marschierten auf den alten Verbindungswegen. Im 1. Jh. v. Chr. bekämpfte Kaiser Augustus die asturischen und kantabrischen Stämme im Norden. Zur Kontrolle der neuen Territorien und vor allem der Goldminen Las Médulas (Provinz León) gründete er um 25. v. Chr. die Militärstützpunkte Asturica Augusta (Astorga) und Emerita Augusta (Mérida). Nach und nach erhielten die primitiven Wege Form und Struktur. Die fünf bis sechs Meter breite Römerstraße bekam einen soliden

Römerbrücke kurz vor Astorga (von Benavente kommend).

Römische und moderne Wegsteine auf dem Weg zum Alcántara-Stausee (Etappe 14).

Unterbau, Drainagen und einen Straßenbelag aus großen Steinplatten. Meilensteine (lat. »Miliarium«, 1 römische Meile = ca. 1468 m), etwa zwei Meter hohe Steinsäulen, informierten die Reisenden neben den Distanzen auch, wann die Straße erbaut und zuletzt repariert wurde. Brücken machten Flüsse jederzeit und gefahrlos passierbar. In den Abständen von Tagesreisen, also alle 20–25 Meilen (ca. 30 bis 37 km), entstanden größere und kleinere Versorgungsstationen, aus denen oft dauerhafte Siedlungen hervorgingen. Der militärische Versorgungsweg entwickelte sich so zum Verkehrsweg für Verwaltung und Handel, über den sich auch die römische Kultur und Lebensart ausbreiteten. Mit Beginn der Christianisierung war Mérida religiöses Zentrum und als eine der ersten römischen Städte Bischofssitz.

Niedergang des Römischen Imperiums

Mit dem Niedergang des Römischen Reiches rückten im 5. Jh. im Zuge der Völkerwanderung Sueben, Alanen, Vandalen und Westgoten in den Süden vor. 711 machten sich nordafrikanische Berberstämme Streitigkeiten der westgotischen Herrscher untereinander zunutze und begannen über Gibraltar kommend ihren Eroberungszug durch Spanien. Auch sie profitierten von der Infrastruktur der Römerstraße (spanisch »Vía« oder »Calzada romana«), die sie »al-Balath« oder »Balata« – befestigte Straße – nannten. Im hispanischen Sprachgebrauch entwickelte sich daraus Vía de la Plata. Obwohl dies zwar zufällig auch »Silberstraße« bedeutet, spielt der Name also nicht auf Edelmetalltransporte an. Seit dem ersten Sieg über die muslimischen Eindringlinge in der Schlacht von Covadonga (722) betrieben christliche Herrscher von Norden her die »Reconquista«, die Rückeroberung der von den Muslimen besetzten Gebiete. 997 überfiel der arabische Feldherr Almanzor (von »al-Mansûr«, der Siegreiche) die noch junge Pilgerstadt Santiago de Compostela. Die Glocken der Kathedrale ließ er von Christen über die Vía de la Plata nach Córdoba bringen und in der Mezquita als Lampen installieren. 1236, nach der Eroberung Córdobas und Sevillas durch Fernando III., kehrten die Glocken auf demselben Weg, diesmal von maurischen Gefangenen getragen, nach Santiago zurück. Mit der Einnahme der letzten maurischen Bastion Granada durch die Katholischen Könige Isabel und Fernando 1492 galt die Reconquista als abgeschlossen.

Auf der Vía de la Plata zum Apostelgrab

Über lange Jahre tolerierten die muslimischen Nordafrikaner die christlichen Gemeinschaften in ihrem Einflussgebiet. Die so genannten Mozaraber (von span. »arabizados«, arabisierte Christen) pflegten ihren Glauben, ihre eigene Kultur und ihren eigenen, von arabischer Architektur beeinflussten Baustil. Sie waren es auch, die auf der Vía de la Plata zum Apostelgrab in Santiago pilgerten und einen weiteren Wegnamen prägten: Camino Mozárabe, der mozarabische Weg. Die aus dem dünner besiedelten Süden kommende Pilgerroute verzeichnete freilich nie die Pilgermassen des Camino Francés, der ja die Pilgerströme aus ganz Europa aufnahm. Zudem entwickelten sich die Pilgerwege zeitlich versetzt: Die Rückeroberung und »Wieder-Christianisierung« vollzog sich von Nord nach Süd, sodass der Camino Francés seine Blütezeit bereits im 11./12. Jh. erlebte. 1169 eroberte Fernando II. Cáceres, ein Jahr später schlossen sich dort die »Fratres de Cáceres« zur Verteidigung der Stadt zusammen, aus denen der für den Schutz des Jakobsweges verantwortliche Santiago-Ritterorden hervorging. Doch erst ab dem 13. Jh., nach der Eroberung Córdobas und Sevillas durch Fernando III., etablierte sich die Vía de la Plata als Pilgerweg zum Apostelgrab. 1273 wurden die traditionellen Wiedewege (span. »cañada«), von denen einige auch auf der Vía de la Plata verliefen, auf Anregung von Alfonso X., dem Weisen, unter königlichen Schutz gestellt.

Weg in die Gegenwart

Auch nach dem Abflauen des mittelalterlichen Pilgerbooms (siehe S. 28, Niedergang der Pilgerbewegung) lebte die Jahrtausendroute weiter. Vom 16. bis 18. Jh. wanderten Auswanderer, die dem armen Westen Spaniens in die Neue Welt entfliehen wollten, auf der Vía in die Hafenstädte im Süden und gaben ihr die Namen »Camino de las Indias« oder »de las Américas« (indischer bzw. amerikanischer Weg). Als Felipe V. ab dem 18. Jh. das Straßenwesen reformierte und auf die Hauptstadt Madrid zentralisierte, verlor die Westroute an Bedeutung. Vom 19. Jh. an nutzten auch moderne Verkehrswege wie Eisenbahn und Straßen die an geografischen Hürden arme Strecke: die Nationalstraße N-630 ebenso wie die Süd-Nord-Autobahn A-66 und der Hochgeschwindigkeitszug AVE, der den Camino Sanabrés bis nach Santiago begleitet.

Im 20. Jh. war die Vía de la Plata zwar nicht ganz vergessen, aber auch nicht wirklich lebendig. Erst 1990/91 begann mit einer von den Jakobswegfreunden aus Navarra organisierten Pilgerreise die Renaissance der Vía de la Plata. Vereine wurden gegründet, die Strecke mit dem gelben Pfeil markiert, Pilgerunterkünfte eingerichtet. Schließlich führte der durch die Heiligen Jahre ausgelöste Pilgerboom auf den Jakobswegen zu einer zwar noch zaghaften, aber doch merklichen Belebung der Vía de la Plata.

Streckenführung

Einige Quellen meinen, die eigentliche Römerstraße verlaufe nur zwischen Mérida und Astorga. Da Mérida aber keinen Meerzugang hat, folglich keine direkte Verbindung über den Seeweg nach Rom, scheint dies jedoch unlogisch. Plausibler ist eine Verbindung von Cádiz bzw. Sevilla nach Astorga und von dort weiter an die Atlantikküste bei Gijón. Damals wie heute besteht die Möglichkeit, ab Granja de Moreruela (Provinz Zamora) bis Astorga und dann auf dem Camino Francés weiterzuwandern (ab Etappe 24V).

Der Jakobuskult

Der Legende nach führte zwischen 813 und 830 eine Sternenerscheinung den galicischen Eremiten Pelayo (Pelagius) zum Grab des heiligen Jakobus. Seit Ende des 6. Jh. hatte es Hinweise gegeben, Jakobus, Bruder des Apostels Johannes, habe nach dem Tode Christi in Spanien missioniert. Nach Palästina zurückgekehrt, sei er auf Befehl von König Herodes (41–44 n. Chr.) geköpft worden. Auf wundersame Weise sei der Leichnam des christlichen Märtyrers auf einem steinernen Schiff von Palästina nach Galicien gelangt und bei Iria Flavia (heute Padrón) an Land geschwemmt worden. Nach einigen Schwierigkeiten hätten Jakobus' Jünger den Leichnam schließlich am späteren Fundort bestattet. Bischof Theodomir von Iria Flavia erklärte die von Pelayo entdeckten Reliquien für echt, Alfonso II., König von Asturien ließ zu Ehren Jakobus' (span. Santiago) an der Fundstelle, dem »Sternenfeld« (»Campus stellae«; geläufige Erklärung für »Compostela«) eine Kirche errichten. Der Grundstein für Santiago de Compostela, das dritte große Wallfahrtsziel der Christenheit neben Rom und Jerusalem, war gelegt. Der Ruf des Apostelgrabes und der Taten Jakobus' verbreitete sich rasch in der ganzen christlichen Welt. So habe

Der Pico Sacro in Galicien, Teil der Jakobuslegende und Heiligtum der Galicier.

Orte wie Galisteo (Provinz Cáceres) machen die Vía zum Streifzug durch die Geschichte.

er in der Schlacht bei Clavijo (La Rioja) – die es so wahrscheinlich nie gab – auf einem weißen Ross reitend als »Matamoros« (Maurentöter) in die Reconquista eingegriffen. In kürzester Zeit entwickelte sich Santiago zu einem bedeutenden Pilgerziel – auch, weil die Reise nach Jerusalem zu unsicher geworden war.
Der Ruf des Apostelgrabes verbreitete sich rasch in der ganzen christlichen Welt. Stadtgründungen und die Ansiedlung von Christen in eroberten Gebieten waren ein gängiges Mittel zur Machtsicherung, auch entlang der Pilgerwege. Könige, Adlige und Kleriker unterstützten und förderten die Pilgerbewegung. Ritterorden wie die Templer und die Santiagoritter sorgten für die Sicherheit der frommen Wanderer.

Massenphänomen und Blütezeit

Vom 11. bis zum beginnenden 13. Jh. erlebte der Jakobskult seine Blütezeit. Scharenweise zog das christliche Europa nach Santiago, bis zu 1000 Pilger kamen täglich ans Apostelgrab. Zeitgenössische Darstellungen geben ein Bild von der typischen Tracht der Jakobspilger: breitkrempiger, vorne hochgeschlagener Hut, weiter Mantel, Pilgerstab, ein Kürbis als Wasserbehälter, eine Tasche für die wichtigen Pilgerdokumente sowie die Jakobsmuschel, anfangs Beweis für die Pilgerschaft, später Erkennungszeichen der Santiagopilger. Die formschöne Jakobsmuschel (span. »vieira«, derzeit eine kulinarische Mode-Delikatesse) galt seit dem 4. Jh. ganz allgemein als Wallfahrtszeichen, bis sie ihre eigene Jakobslegende erhielt: Ein bei Iria Flavia ins Meer gestürzter portugiesischer Ritter – Jakobus' leuchtende Gestalt hatte sein Pferd zum Straucheln gebracht – sei über und über mit Jakobsmuscheln bedeckt aus den Fluten gerettet worden.

Von 1078 bis 1211 entstand die Kathedrale von Santiago. Es war die Hochzeit der romanischen Baukunst und Bildhauerei, die ihren Höhepunkt im kunstvoll gearbeiteten Pórtico de la Gloria (1168–1188) in der Kathedrale fand. 1122 rief Papst Calixt II. das Heilige Jahr aus, das seither gefeiert wird, wenn der 25. Juli (Namenstag des Jakobus) auf einen Sonntag fällt (Rhythmus: 11–6–5–6 Jahre). Das nächste Heilige Jahr wird erst wieder 2021 sein.

Niedergang der Pilgerbewegung

Die Heirat Isabels I. von Kastilien mit Fernando II. von Aragón im Jahr 1469 vereinigte die beiden mächtigsten spanischen Königreiche. Mit der Eroberung Granadas 1492 beendeten die »Reyes Católicos« (die Katholischen Könige) die Reconquista. Pestepidemien, die Spaltung der Christenheit durch die Reformation und Religionskriege führten im späten Mittelalter zum Abflauen der Pilgerbewegung. Ab dem 15. Jh. trieben Räuber und abenteuerlustige Scheinpilger ihr Unwesen auf der weniger frequentierten und bewachten Route. 1589 wurden die Reliquien des Apostels vor dem englischen Seefahrer und Piraten Francis Drake versteckt – und vergessen. Die sowieso schon angeschlagene Pilgerbewegung kam in den folgenden Jahrhunderten nahezu ganz zum Erliegen.

An der mächtigen Kathedrale von Sevilla beginnt die 1000 km lange Pilgerreise.

Im 18. Jh. waren Pilgerfahrten wegen ihrer Nähe zum Aberglauben verpönt. Anfang des 19. Jh. erlitt die spanische Kirche durch die Auflösung der Klöster zur Auffüllung der Staatskassen einen schweren Rückschlag. Im Heiligen Jahr 1867 fanden sich gerade mal 40 Pilger zum Festgottesdienst am 25. Juli in Santiago ein. Um den Jakobskult neu zu beleben, wurde nach der Reliquie gesucht. 1879 fand man sie zwischen den Mauern der Apsis. Eine Bulle von Papst Leo XIII. erklärte sie, um Zweifler zum Schweigen zu bringen, für echt.

Der Jakobsweg unter Franco

Leichte Ansätze einer Wiederbelebung der Wallfahrten fanden im Spanischen Bürgerkrieg (1936–1939) ein jähes Ende. Nichtsdestotrotz vereinnahmte Diktator Franco

Ankunft in Santiago de Compostela mit Blick auf die Türme der Kathedrale.

Jakobus für seine Zwecke. Er behauptete, eine der großen Schlachten hätten die Nationalisten dank des Apostels gewonnen. Per Dekret wurde Santiago unter der Diktatur Francos wieder zum Schutzpatron Spaniens ernannt. Zunächst interessierten sich vorwiegend Kunsthistoriker für die Kulturschätze am Jakobsweg. Mit der zaghaften Öffnung Spaniens Richtung Europa in den 60er-Jahren kamen erstmals auch wieder religiös motivierte Pilger, besonders aus Frankreich.

Die moderne Pilgerbewegung

Nach dem Tode Francos (1975) und der Verabschiedung der demokratischen Verfassung (1978) rückten das Apostelgrab und der Jakobsweg wieder in das internationale Bewusstsein. Papst Johannes Paul II. besuchte 1982, dem ersten Heiligen Jahr im demokratischen Spanien, sowie 1989 die Apostelstadt. 1987 wurde der Camino de Santiago zum europäischen Kulturweg ernannt, 1993 in die Liste des Weltkulturerbes der UNESCO aufgenommen. Seit den 80er-Jahren setzte sich der gelbe Pfeil als Wegweiser durch, bis heute wächst das Netz an Herbergen auf allen spanischen Jakobswegen. Die Heiligen Jahre 1993 und mehr noch 1999 wurden erstmals auch international erfolgreich vermarktet. Alljährlich pilgern wieder Hunderttausende nach Santiago. Im Jahr 2014 stellte das Pilgerbüro 237.886 Pilgerbescheinigungen aus. Bis September 2015 waren es 229.592, davon kamen 8176 über die Vía de la Plata.

Die autonome Gemeinschaft Andalusien

Andalusien (span. Comunidad Autónoma de Andalucía) hat rund 8,4 Mio. Einwohner und ist 87.597 km² groß. Sie umfasst die acht Provinzen Almería, Cádiz, Córdoba, Granada, Huelva, Jaén, Málaga und Sevilla. Die Hauptstadt ist Sevilla.

Keine andere Region hat das Bild Spaniens so beeinflusst wie Andalusien. Vieles, was als »typisch spanisch« gilt, hat seinen Ursprung im Süden der Halbinsel: der Flamenco, der Stierkampf oder das durch Bizets Oper »Carmen« geprägte Klischee der stolzen Vollblutfrau. Kulturhistorische Hochburgen wie Granada, Sevilla und Córdoba stehen für eine beispiellose Blütezeit Spaniens während der bis ins 15. Jh. währenden arabischen Herrschaft.

Fruchtbare Böden, Erzvorkommen, reiche Fischgründe und die strategisch günstige Lage zwischen Mittelmeer und Atlantik weckten früh die Begehrlichkeiten fremder Völker wie etwa der Phönizier, Griechen oder Karthager. Im 3. Jh. v. Chr. entstand die römische Provinz Betica, benannt nach dem Fluss Baetis, der heute den arabischen Namen Guadalquivir trägt. Die Römer schufen Siedlungen wie Itálica zwischen Sevilla und Mérida und überzogen die Region mit einem dichten Straßennetz. Zur Zeit der Völkerwanderung drangen etwa ab 400 n. Chr. ostgermanische Vandalen über das Guadalquivir-Becken bis Gibraltar vor. Nach dem Zusammenbruch des römischen Reiches übernahmen die Westgoten die Herrschaft über Spanien. 711 setzten nordafrikanische Truppen bei Gibraltar über und starteten ihren Siegeszug durch ganz Spanien. Unter der folgenden über 700-jährigen arabischen Herrschaft entwickelte sich Andalusien zum kulturellen und intellektuellen Zentrum Europas. Lange Zeit war das Kalifat von Córdoba der modernste und fortschrittlichste Staat des europäischen Mittelalters. 1492 beendete die Einnahme der letzten arabischen Bastion Granada durch die Katholischen Könige

Dehesas, wie hier bei Almadén de la Plata, prägen weite Teile der Vía.

Isabel und Fernando die arabische Ära und machte den Weg für den ersten spanischen Einheitsstaat frei. Im gleichen Jahr entdeckte Christoph Kolumbus (span. Cristóbal Colón) Amerika. Der Grundstein für das mächtige spanische Weltreich war gelegt, das Goldene Zeitalter (»Siglo de Oro«) Spaniens begann.
Über die Hafenstädte Sevilla und Cádiz gelangte das Beutegold aus der Neuen Welt nach Spanien. Ständige Kriege zum Erhalt

Die Plaza de España in Sevilla.

der Machtsphäre sowie die Unfähigkeit, den Reichtum sinnvoll in die eigene Entwicklung zu investieren, führten zum wirtschaftlichen Ruin und ab Ende des 16. Jh. zum Verlust der internationalen Vormachtstellung. Im 18./19. Jh. wirkten sich der Spanische Erbfolgekrieg, die Napoleonischen und die Karlisten-Kriege auch auf Andalusien aus. Nach dem Sieg über Napoleon wurde 1812 in Cádiz die bis dahin modernste Verfassung Europas verabschiedet. In den Folgejahren sorgten jedoch Konflikte zwischen der Landbevölkerung und Großgrundbesitzern für ständige Unruhen. Bis heute besitzen 2 % der andalusischen Bevölkerung über die Hälfte des Bodens.
Noch immer zählt Andalusien, vor der Extremadura, zu den Regionen mit dem geringsten Pro-Kopf-Einkommen Spaniens Wichtige Erwerbszweige sind die Landwirtschaft (u. a. Gemüse, Oliven, Baumwolle) und, insbesondere an der fast 900 km langen Mittelmeerküste, der Tourismus.
Zwar ist Andalusisch, anders als Katalanisch, Galicisch und Baskisch, keine eigene Sprache, sondern ein Dialekt – doch das großzügige Weglassen vieler Konsonanten erschwert das Verständnis zuweilen trotzdem erheblich.
Rund 85 Kilometer führt die Vía de la Plata durch die Provinz Sevilla. Der urbane Großraum Sevillas bestimmt die ersten 20 km der Wanderung. Ab Guillena beginnt der Naturpark Sierra Norte. Hier bekommen die Pilger erstmals einen Eindruck von den ausgedehnten Dehesas, den riesigen, mit Korkeichen bestandenen Weideflächen für Rinder, Schweine und Schafe. Bis kurz vor Salamanca werden sie immer wieder das vertraute Landschaftsbild sein. Nach Sevilla sind die Ruinen der Römerstadt Itálica die einzige kulturell-historisch interessante Station. Problematisch für die Pilger sind die extremen Temperaturen im Süden Spaniens. Die sommerliche Hitze bringt zur Mittagszeit das öffentliche Leben praktisch zum Erliegen. Dass in Sevilla Altstadtstraßen mit Stoffbahnen beschattet und viele Café- und Restaurantterrassen mit fein zerstäubtem Wasser gekühlt werden, spricht Bände. Zumindest im Juli/August sollte man diese Region meiden, im Frühjahr und Herbst die frühen Morgenstunden nutzen.

1 Sevilla – Guillena

5.30 Std.
22,1 km

Herbergen: Sevilla (14 m, 700.000 EW), **(1)** PH, €€€, 50 B/Pilger 13 € (bei Reservierung per Tel./E-Mail). Alb. Triana, C/ Rodrigo de Triana 69, Tel. 954 459 960. www.triana-backpackers.com. Küche, Internet, Pilgerausweis, Info, Fahrradlagerung. Ganztags, ganzjährig. **(2)** JuHe (Alb. juvenil de Sevilla), €€, 285 B/16 €. C/ Isaac Peral 2, Tel. 955 035 886, Fax 955 056 508, sevilla.itj@juntadeandalucia.es, www.inturjoven.com. Reservierung bis zu 6 Monate vorher möglich und zu Stoßzeiten (Ostern, Sommer) notwendig. Die Herberge liegt zu Fuß etwa eine ¾ Std. südlich der Kathedrale. Ab Zentrum Bus 34, Haltestelle Sor Gregoria de Santa Teresa, in Fahrtrichtung weitergehen, erste Straße links und gleich wieder links. **Guillena** (17 m, 12.310 EW), **(1)** TH, €€€, 26 B/ 12 € MF. Alb. Luz del Camino, C/ Federico García Lorca 8 (Ortseingang an Variante), Tel. 955 785 262. Küche, Waschm., WLAN, Stock- und normale Betten. Ab 10.30 Uhr (Pilger erhalten Schlüssel, ganzjährig. **(2)** SH, €€€, 34 B/10 €. Bei Sportplatz/Polideportivo, 400 m am Camino aus Ort heraus. Tel. 672 373 099. Klimaanlage., Waschm., Küche, Mikrowelle. 14–20 Uhr, ganzjährig.
Pilgerausweis in Sevilla: (1) Asociaci-

ón Amigos Vía de la Plata (Verein Freunde der Vía), C/ Castilla 82, Tel. 954 335 274, 696 600 602, www.viaplata.org. Vormittags: Sept.–Mai Mi 10–12 Uhr, Juni–Aug. Mo–Fr 10–13 Uhr, nachmittags: Sept./Okt. Mo–Do 19–21 Uhr, Nov.–März Mo–Do 18–20 Uhr, Apr.–Juni Mo–Do 19–21 Uhr, Juli–Aug. Di–Do 19–21 Uhr. **(2)** Alb. Triana (s. o.). **(3)** Hotel Simón, C/ García de Vinuesa 19, Tel. 954 226 660. www.hotelsimonsevilla.com.
Die Strecke: Relativ gut markierte, anspruchslose Etappe. Teils Seitenstreifen von Landstraßen, teils Feldwege.
Höhenunterschied: 100 m.
Kritische Stellen: Knapp 6 km hinter Itálica quert ein Bach den Weg. Wenige Schritte davor umgeht ein Trampelpfad nach rechts durch das Gebüsch die Stelle. Sollte sie gar nicht passierbar sein, folgt man kurz davor dem Feldweg nach links, unter der Autobahn durch zur Nationalstraße (2 km), an dieser rechts bis Guillena (7 km).
Landschaft: Bis Santiponce Einzugsgebiet von Sevilla. Danach wird es in der Ebene des Guadalquivir-Beckens ruhiger und ländlicher.
Infrastruktur: Sevilla alles, ◧ Kathedrale u. a. Capilla Real tgl. 8.30 Uhr (auf Wunsch mit Pilgersegen), zudem: Okt.–Mai Mo–Fr 12 u. 18 Uhr, Sa 12, 18 u. 20 Uhr, So 13.15 u. 18 Uhr, Juni–Sept. Mo–Fr 12 Uhr, Sa 12 Uhr, So 13.15 Uhr ✚ Tel. 954 449 000; www.sevilla-airport.com. Flughafenbus im 30-Min.-Takt ▤ Estación de Santa Justa, Avda. Kansas City, s/n, Tel. Renfe 902 240 202. www.renfe.es. ▤ Estación Plaza de Armas, Avda. Cristo de la Expiración s/n, Tel. 955 038 665. Estación Prado de San Sebastián, Prado de San Sebastián s/n Tel. 954 479 290 ✚ Hospital Virgen del Rocío (Uniklinik), Avda. Manuel Siurot s/n, Tel. 955 012 000; Camas (13 m, 26.700 EW) ⌧ ◧ ▤ ✉ € @ ◧ A ✚ C/ Sta. María de Gracia s/n (am Weg, 500 m nach Rathaus), Tel. 955 019 460; Santiponce (20 m, 8400 EW) ⌧ ◧ ▤ A € ▤ i ✚ Avda. 28 de Febrero 7, Tel. 955 623 115; Itálica ⌧; Guillena ⌧ ◧ ▤ € ▤ @ ◧ Di, Mi, Fr, Sa 19.30 Uhr, So 12.30 Uhr ✚ C/ Zurbarán, Tel. 955 623 133.
Varianten: (1) Am Stadtrand von Sevilla kann man kurz nach der Brücke über den kanalisierten Fluss geradeaus nach Camas und dort nach rechts nach Santiponce gehen. Die Strecke ist etwa gleich lang, jedoch sehr straßenlastig. **(2)** Kurz vor Guillena verzweigt sich der Weg: Die Variante links passiert die touristische Herberge, geradeaus gelangt man direkt ins Zentrum.

i *Für die Besichtigung von **Sevilla** sollte mindestens ein Tag eingeplant werden. Nach Madrid, Barcelona und Valencia ist die Hauptstadt Andalusiens die viertgrößte Stadt Spaniens. Sie verbindet monumentale Pracht mit andalusischem Flair, üppig grüne Parks und Alleen mit engen Altstadtgassen. Mit Sommertemperaturen von bis zu 50 Grad gilt Sevilla als die heißeste Stadt auf dem europäischen Festland. Der Legende nach gründete Herkules die Stadt. Tatsächlich jedoch war das 205 v. Chr. von den Römern übernommene Hispalis eine iberische bzw. phönizische Siedlung. Unter Cäsar entwickelte es sich, obwohl 100 km vom Meer entfernt am **Guadalquivir** gelegen, zur wichtigsten Hafenstadt der westlichen Kolonie. Im 5. Jh. n. Chr. wurde es erst Hauptstadt der Vandalen, dann der Westgoten. Ab 712 erlebte Sevilla unter arabischer Herrschaft eine erste Blütezeit und übertraf zeitweise sogar Córdoba an Pracht und Größe. Fernando III. von Kastilien machte es 1248 zur christlichen Residenzstadt. Am 31. März 1493 kehrte **Christoph Kolumbus** aus der Neuen Welt nach Sevilla zurück. Die Stadt erhielt das Monopol auf den Überseehandel und wurde zum wirtschaftlichen Zentrum des spanischen Weltreichs. Mit dem Verlust der spanischen Überseekolonien verlor Sevilla seine wirtschaftliche und politische, nicht aber seine kulturelle Bedeutung. Von Künstlern und Bil-*

dungsreisenden viel besungen entwickelte es sich zu einem der beliebtesten Reiseziele Spaniens. Die Weltausstellung Expo 1992 brachte zwar verbesserte Infrastrukturen, der wirtschaftliche Impuls fiel jedoch bescheidener aus als erhofft.

Mit 126 m Länge, 83 m Breite und 37 m Höhe ist die wuchtige **Catedral de Santa María de la Sede** (gotischer Teil: 1434–1517, Bauzeit insgesamt bis ins 20. Jh.; Weltkulturerbe der UNESCO) nach dem Petersdom in Rom und der St. Paul's Cathedral in London die drittgrößte christliche und die größte gotische Kathedrale der Welt, mit einem unschätzbaren Reichtum an Kunstschätzen. Sie wurde anstelle der alten Moschee (12. Jh.) errichtet, von der einzig der Orangenhof (**Patio de los Naranjos**) sowie der 96 m hohe Glockenturm **Giralda** (Bild unten) – deutlich als das frühere Minarett zu erkennen – erhalten sind. Auf dem Glockenturm steht die 3,5 Meter hohe und 1300 kg schwere Bronzestatue **Giraldillo** (1568), die sich einer Wetterfahne gleich mit dem Wind dreht. In die Glockenstube in 70 m Höhe führt eine Rampe – auch zu Pferd sollte der Turm bestiegen werden können. Von oben bietet sich ein schöner Blick über Sevilla. Bemerkenswert im Kirchenraum sind u. a. das **Chorgitter und -gestühl** (reja, 16. Jh. und sillería, 15. Jh.) und das mit 23 mal 20 m größte **Altarbild** der Welt (retablo, in der Capilla Mayor, 1482–1564). In der **Sacristía de los Cálices** hängen Gemälde von Zurbarán, Goya und Murillo. Gleich daneben befindet sich das Grabdenkmal, unter dem angeblich die Gebeine von Christoph Kolumbus ruhen (Mo 11–15.30 Uhr, Di–Sa 11–17 Uhr, So 14.30–18 Uhr; 9 €; Mo 16.30–18 Uhr kostenlose Führungen [spanisch, englisch], nur mit Reservierung, www.catedraldesevilla.es).

Gegenüber der Kathedrale befindet sich der **Real Alcázar**, der ehemalige Palast der arabischen Herrscher. Als Reminiszenz an die arabische Kultur und Baukunst blieb der christliche König Pedro der Grausame (14. Jh.) bei Um- und Ausbauarbeiten dem maurischen Stil treu. (Okt.–März tgl. 9.30–17 Uhr. Apr.–Sept. tgl. 9.30–19 Uhr. 9,50 €; Studenten u. Rentner 2 €; freier Eintritt: Apr.–Sept. Mo 18–19 Uhr, Okt.–März Mo 16–17 Uhr; Info zu nächtlichen Führungen: www.patronato-alcazarsevilla.es). Nach dem Prado in Madrid beherbergt das **Museo de Bellas Artes** die mit Werken von Zurbarán, El Greco, Vázquez und Lucas Cranach wichtigste Gemäldesammlung Spaniens (16. Sept.–15. Juni Di–Sa 10–19.30 Uhr. So 10–15.30 Uhr, 16. Juni–15. Sept. Di–So 10–15.30 Uhr. EU-Bürger gratis, Rest 1,50 €).

Ferner sehenswert: Das östlich der Kathedrale gelegene Altstadtviertel **Barrio de Santa Cruz** (trotz vieler Souvenirläden und Folklore-Kitsch). Der **Torre de Oro** (Goldturm, früher mit Goldkacheln

geschmückter arabischer Wachturm). Die **Fábrica de Tabacos** *(im 18. Jh. Tabakfabrik, heute Universität, bekannt als »Arbeitsplatz« von Carmen aus der gleichnamigen Oper).* Die **Plaza de España** *(zentraler Platz der iberoamerikanischen Ausstellung von 1929).* Der **Parque de María Luisa** *(38 ha große Parkanlage).* Die **Casa de Pilatos** *(schönstes Adelshaus Andalusiens aus dem 16. Jh.). Das* **Barrio Triana** *auf der anderen Flussseite (vor allem abends wegen seiner guten Restaurants beliebtes Stadtviertel. Produktionsstätte der besten sevillanischen* **azulejos** *(Kacheln). Der deutsche Architekt Jürgen Mayer H. erbaute das originelle* **Metropol Parasol***, die wegen ihrer organischen Form auch Setas (Pilze) genannte Überdachung der Plaza de la Encarnación; der Besuch lohnt allein wegen der Aussicht über Sevilla (www.setasdesevilla.com). Das allgegenwärtige Siegel* **No&Do** *geht auf das 13. Jh. zurück. Es ist ein Wortspiel, das dem Sinn nach bedeutet: »Es hat mich nicht verlassen« und spielt auf die Treue Sevillas zu König Alfonso X., dem Weisen (1221–1284) an, der in Sevilla seine letzten Lebensjahre verbrachte.*
Flamenco: *Sevilla nimmt für sich in Anspruch, eine der Wiegen des Flamenco zu sein. Viele Lokale zeigen zu teils recht teuren Preisen stark folklorisierte Flamenco-Shows. In vielen »Tablaos« (typisch andalusische »Kneipen«, in denen spontan musiziert und getanzt wird) des Triana-Viertels ist bei in der Regel freiem Eintritt noch recht unverfälschter Flamenco zu sehen (Adressenliste bei der Tourist-Info).*
Feiertage: *Die sevillanischen Osterprozessionen in der* **Semana Santa** *(Karwoche) sind die eindrucksvollsten Spaniens. Das spektakulärste weltliche Fest ist die* **Feria de Abril***. Der ursprüngliche Viehmarkt ist heute ein rauschhaftes Frühlingsfest, bei dem Ende April sechs Tage lang auf dem Festgelände am Stadtrand getanzt, gesungen und gefeiert wird.*
Kulinarisches: *In vielen Lokalen stehen unzählige* **Tapas***, leckere Häppchen, zur Auswahl. Schon Römer und Hirten labten sich an einer Kaltschale aus Zwiebeln, Olivenöl, altem Brot und Knoblauch. Mit den von Kolumbus aus Südamerika mitgebrachten Tomaten und Paprika wurde daraus der* **Gazpacho***. Das andalusische Nationalgericht ist ein idealer Mineralien- und Flüssigkeitslieferant bei großer Hitze. Aus dem nahen Jerez de la Frontera kommt der* **Sherry***.*
Oficina de Turismo: *Avda. de la Constitución 21 (südlich der Kathedrale), Tel. 954 787 578, Sommer tgl. 9.30–20 Uhr, Winter 9.30–19 Uhr, www.visitasevilla.es.*

Wir beginnen unsere fast 1000 km lange Wanderung an der Westseite der **Kathedrale (1)**, an der Avda. de la Constitución. Am Portal »Puerta de la Asunción« verabschiedet eine Jakobus-Figur die Pilger auf ihre weite Reise. Wir gehen an der Kathedrale entlang, dann links (gelber Pfeil) in die C/ García de Vinuesa und gleich rechts in die C/ Jimios, die zur C/ Zaragoza wird. An ihrem Ende geht es links in die C/ Reyes Católicos und über die **Puente de Isabel II** (auch Puente Triana genannt) über den Canal de Alfonso XII in den Stadtteil **Barrio Triana** (20 Min.). Nach dem **Mercado de Triana** (Markthalle) biegen wir rechts in die C/ San Jorge, gehen rechts über die Plaza del Callao in die C/ Castilla bis zur **Capilla del Cachorro** (¼ Std.).

Bei dem Wandbild mit der Kathedrale von Santiago steigen wir rechts die Treppe hoch und überqueren oben die Avda. Expo 92. Dann links zum Kreisverkehr, über die Avda. de Carlos III und rechts auf den Gehweg. Nach gut 100 m führt ein Pfad nach links hinunter zum Parkplatz. Dort steuern wir schräg links die Brücke über den kanalisierten Guadalquivir an. Am Ende der Brücke nehmen wir den Trampelpfad nach rechts unten (**2**; ¼ Std.; »Río«; geradeaus: Variante »Camas«, s. u.). Bei der Verzweigung nach wenigen Schritten folgen wir dem Erdweg rechts, wandern neben dem Kanal und achten nach ca. 20 Min. auf den nach links oben zeigenden Wegstein/Pfeil. Vor der halb verfallenen Finca (Cortijo de Gambogaz) gehen wir schräg rechts auf die nach links schwenkende Erdstraße. Diese unterquert die Autobahn, passiert einen Sport-Schießplatz (links) und unterquert die Bahnlinie. Dann geht es nach links erneut unter einer Autobahn hindurch und geradeaus zu einem Kreisverkehr (geradeaus: Monasterio de San Isidoro). Dort links und an der Hauptstraße nach rechts nach **Santiponce** (**3**; knapp 1½ Std.).

Variante Camas: Geradeaus, unter der Autobahn hindurch, bis zum zweiten (großen) Kreisverkehr (25 Min.), dort rechts in die C/ José Payán, beim nächsten großen Platz schräg links auf der C/ Santa María de la Gracía bis zum Kreisverkehr am Ortsende und auf der Landstraße A-1078 (links von N-630) nach **Santiponce** (gut 1 Std.).

ℹ️ *Das **Monasterio de San Isidoro del Campo** wurde ab 1301 an der Stelle errichtet, an der bis zu ihrer Überführung nach León 1063 die Gebeine des heiligen Isidor (um 560–636, Theologe und Erzbischof von Sevilla) ruhten. In dem festungsartigen Kloster vereinen sich gotische, vom französischen Languedoc beeinflusste Elemente mit dem Mudéjar-Stil. Das ursprüngliche, mit schlichtem Dekor ausgestattete Zisterzienser-Kloster erhielt im 15. Jh. unter den Brüdern des Hieronymus-Ordens einige der schönsten Wandmalereien Spaniens. Im 16. Jh. war es eines der ersten spanischen Klöster, das mit der Reformation sympathisierte, was den Prior und einige Mönche schließlich zur Flucht vor der Inquisition nach Mitteleuropa zwang. Auf Anweisung Philipps II. wurde es Ende des 16. Jh. ganz dem Hieronymus-Orden angegliedert. Nach Auflösung der Klöster im 19. Jh. verfiel San Isidoro und diente u. a. als Erziehungsanstalt für Frauen, Tabakfabrik und Bierbrauerei. Nach der Sanierung lässt der 30 ha große Klosterkomplex wieder seine Pracht erahnen. Sehenswert sind die Kreuzgänge, das Refektorium, die Sakristei, der Kapitelsaal und die zwei gotischen Kirchen. Prunkstück ist der riesige geschnitzte Hauptaltar des Bildhauers Juan Martínez Montañés (Mi/Do 10–14 Uhr, Fr/Sa 10–14 Uhr u. 17.30–20.30 Uhr (Winter 16–19 Uhr), So 10–15 Uhr, gratis).*

Geradeaus durch Santiponce gelangen wir nach **Itálica** (**4**; 20 Min.).

ℹ️ *Die Ruinen von **Itálica** sind das erste römische Zeugnis entlang der Vía de la Plata. Feldherr Scipio Africanus d. Ä.*

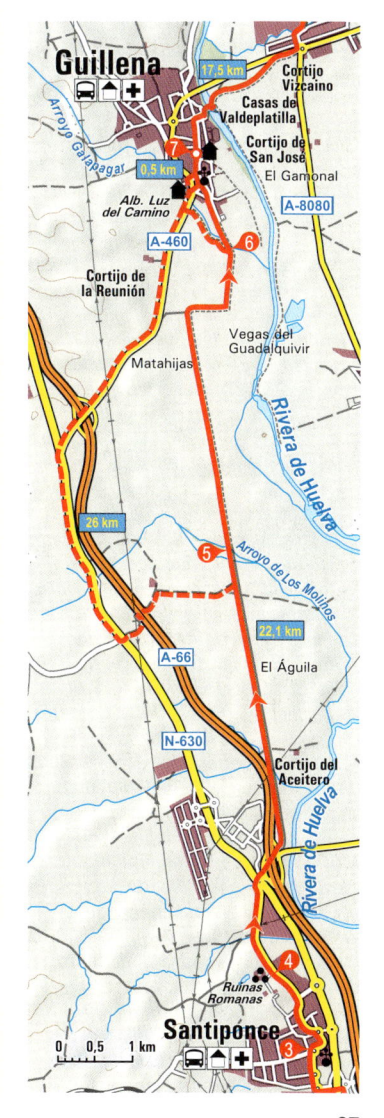

983.3 980.2   974.5 973.1   967.2   961.2 km

Sevilla (1) Santiponce (3) Itálica (4)   **Guillena (7)**   (4)   **Castilblanco de los Arroyos (6)**
14 m   20 m 10 m Arroyo de   17 m   (3) 145 m   (5)   336 m
   (2)   los Molinos (5)   (2)   133 m   255 m
   7 m   13 m   (6) 36 m
                                          22.1 km
0   0.50   2.15 2.35   4.00   5.30 h

*legte die bedeutende und älteste Römersiedlung auf der Iberischen Halbinsel 206 v. Chr., während des Krieges gegen die Karthager, als Feldlazarett an. Itálica brachte wahrscheinlich gleich zwei römische Kaiser, Trajan (98–117 n. Chr.) und vermutlich auch Hadrian (117–138 n. Chr.), hervor. Die Altstadt (vetus urbs) liegt heute unter Santiponce begraben. Die Ausgrabungsstätte zeigt die unter Hadrian entstandene Neustadt (nova urbs), wobei große Teile noch unter Äckern verborgen sind. Auffälligstes Bauwerk ist das **Amphitheater**, das 25.000 Personen Platz bot. Daneben geben einige rechtwinklig angelegte Straßenzüge und Hausfundamente Einblick in den römischen Städtebau. Obwohl viele der schönen **Bodenmosaike** im Archäologischen Museum von Sevilla ausgestellt sind, gibt es noch einige sehr sehenswerte vor Ort, insbesondere die Darstellung der Wochentage im Planetarium-Haus und die Vogelmotive im Haus der Vögel (Casa de los Pájaros). (16. Juni–15. Sept. Di–So 9–15.30 Uhr, 16. Sept.–März Di–Sa 9–17.30 Uhr, So 9–15.30 Uhr, Apr.–15. Juni Di–Sa 9–19.30 Uhr, So 9–15.30 Uhr. EU-Bürger gratis, Rest 1,50 €).*

Ab Itálica folgen wir der Landstraße bis zum Kreisverkehr (20 Min.), überqueren nach rechts die N-630, gehen unter der A-66 durch und schlagen gleich danach links den Feldweg ein. Kerzengerade zieht sich der wellige Weg durch nahezu baumloses Ackerland. Nach gut 1¼ Std. (ab Itálica) quert der **Arroyo de los Molinos (5)** den Weg. Er kann durch das Gebüsch rechts umgangen werden. Wenig später sehen wir die weißen Häuser von Guillena. Kurz vor dem Ort wendet sich die Vía scharf nach rechts, gleich darauf wieder nach links, danach verzweigt sich der Weg (**6**; 1¼ Std.). Schräg rechts geht es steil runter über einen manchmal übel riechenden Bach, danach schräg links hoch und geradeaus in das hübsche Ortszentrum mit der Iglesia de la Virgen de la Granada (15. Jh., Mudéjar-Stil) von **Guillena** (10 Min.). Zur **städtischen Herberge (7)** geht es auf der Vía geradeaus am Rathaus vorbei und hinunter zum Sportplatz (gut 5 Min.). **Variante:** Vor dem Bach links und oberhalb davon zur Landstraße, dort rechts nach Guillena, nach der privaten Herberge rechts ins Zentrum (20 Min.).

4.45 Std.
17,5 km

Guillena – Castilblanco de los Arroyos 2

Herberge: Castilblanco de los Arroyos (336 m, 5000 EW), SH, €€, 28 B/5 €. Von Hospitalero betreut., Tel. Rathaus 955 734 811. Ca. 1 km bis Zentrum. Küche, 12–22 Uhr, März–Okt.
Die Strecke: Gut markiert. Trotz leichtem Auf und Ab ist die kurze Strecke eher anspruchslos.
Höhenunterschied: 370 m im Auf- und 50 m im Abstieg.
Kritische Stellen: Keine.
Landschaft: Endlich präsentiert sich der Norden Andalusiens von seiner attraktiveren Seite. Leicht hügeliges Gelände sorgt für Abwechslung. Kurz hinter Guillena schlängelt sich die Vía zuerst durch Olivenplantagen, dann durch die erste von vielen Dehesas, riesige Weidegebiete, auf denen sich unter Korkeichen frei laufende Kühe und Schweine tummeln.
Infrastruktur: Castilblanco de los Arroyos 🏠 🍴 🚌 € ✉ A 🕿 @ i (neben Herberge, Öffnungszeiten siehe Aushang) 🛒 tgl. 20 Uhr ✚ C/ Tejares 15, Tel. 955 739 547.
Anmerkung: Die Dehesas sind Privatgrund. Die Gatter verhindern das Entlaufen des Weideviehs, man sollte sie stets so hinterlassen, wie man sie vorgefunden hat und ggf. wieder gewissenhaft verschließen. Die frei laufenden Kühe sind in der Regel scheu, Angriffe sind nicht zu fürchten. Sie sollten jedoch auch nicht unnötig gereizt werden.

Die Kühe sind neugierig, aber scheu.

Von der städtischen Herberge von **Guillena (1)** aus weiter auf der Straße nach Norden, bei den neuen Sportanlagen rechts und über den Fluss **Rivera de Huelva** (befestigte Furt; bei hohem Wasserstand geht man bis zur Straßenbrücke und auf dieser rechts über den Fluss und an der Landstraße A-460 bis zum Industriegebiet). Auf der anderen Seite steigt der Pfad kurz nach rechts das Ufer hinauf und schlägt oben einen Linksbogen. Auf einer Erdstraße gelangt man

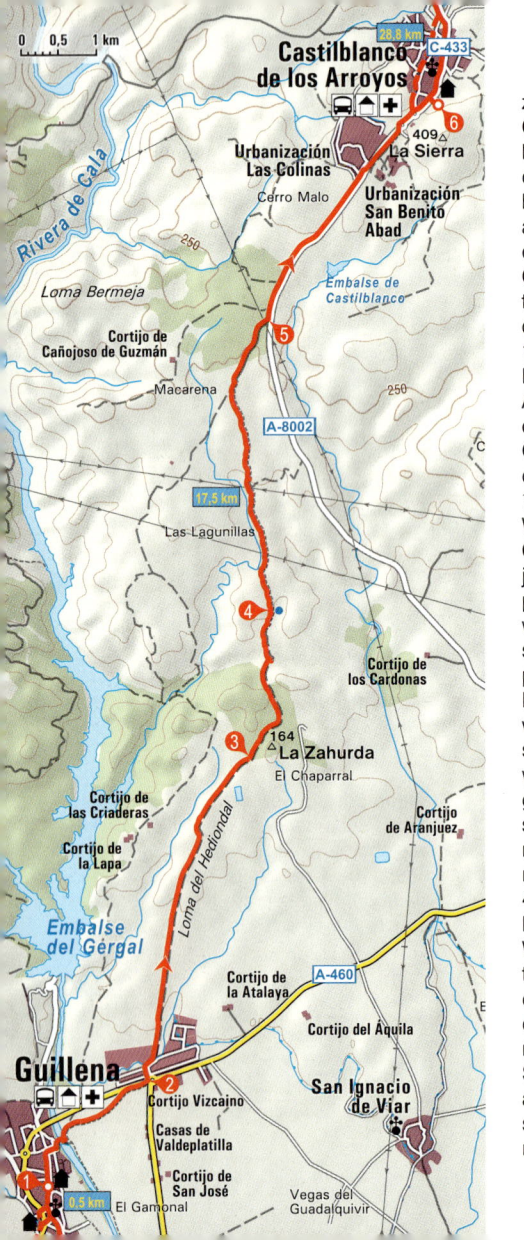

zum Industriegebiet **El Cerro** (**2**; ½ Std.). Wir gehen links über die Straße in das Industriegebiet, biegen bei der T-Kreuzung rechts ab und nehmen kurz darauf den Feldweg links durch Oliven- und Baumwollplantagen. Ganz langsam steigt der Weg bergan. Nach 1¼ Std. bietet sich auf der Hochebene ein schöner Ausblick auf die umliegenden Hügel mit Oliven- und Orangenplantagen, Feldern und Weiden. Knapp ¼ Std. später kündet ein Weidetor den **Cortijo El Chaparral (3)** an (»cortijo«: großer Gutshof, »chaparral«: (Kermes)eichenwald). Hier beginnt der schönste Teil dieser Etappe. Unter den neugierigen Blicken weidender Kühe wandert man durch locker stehende Korkeichen, dann wird die Vegetation niedriger, Rosmarin und Zistrosen (span. »jara«) verströmen je nach Jahreszeit einen aromatischen Duft. Ca. 45 Min. nach El Chaparral liegt rechts abseits des Wegs ein Brunnen **(4)**. Weitere Gatter werden durchquert. Knapp 30 Min. nach dem letzten biegt der Weg rechts in eine unbefestigte Straße ein, die nach ¼ Std. auf die Landstraße A-8002 stößt **(5)**. Wir folgen ihr nach links (ein Pfad rechts der Straße ist sicherer, im Frühling wegen blühenden Gräsern evtl. meiden). Gut 30 Min. später werden wir bei der Siedlung **Las Colinas** nach rechts und parallel zur Straße gelenkt. Bei einer großen Halle gehen wir wieder links zur Straße und auf dieser am Hotel vorbei zu einem Kreisverkehr (20 Min.). Der gelbe Pfeil führt links ins Zentrum von **Castilblanco de los Arroyos** (¼ Std.). Geradeaus gelangt man an der Tankstelle vorbei rechts hoch zur **Herberge** (6; 5 Min.).

Weiße Fassaden in Castilblanco de los Arroyos.

i **Castilblanco de los Arroyos** *(etwa: weiße Burg an den Bächen) ist eine sympathische kleine andalusische Ortschaft. Von den Römern gegründet, übernahmen erst die Westgoten, dann die Araber den Ort, bis Fernando III. von Kastilien es im 13. Jh. eroberte. Ins Auge stechen die typischen, blendend weiß getünchten Häuser mit ihren in kräftigen, bunten Farben gehaltenen Tür- und Fensterstöcken. Spaniens Nationaldichter* **Miguel de Cervantes** *schrieb hier, im* **Mesón del Agua***, dem ältesten Gebäude des Ortes, im 16. Jh. seine im Ort angesiedelte Novelle »Las dos Doncellas« (Die beiden Nebenbuhlerinnen). Das pyramidenförmige Denkmal am Ortseingang ist Cervantes und dieser Novelle gewidmet.*
Die **Iglesia del Divino Salvador***, im 13. Jh. im Mudéjar-Stil erbaut, erlebte im 16./17. Jh. mit dem Anbau des Chors und des Kirchturms starke Veränderungen. Hell und freundlich ist der weiß gestrichene Innenraum, der von einer dunklen Holzdecke abgeschlossen wird. Der Hauptaltar stammt aus dem Barock. Das auffälligste moderne Gebäude ist das 2003 eröffnete* **Theater***. Das schneeweiße Gebäude wurde vom Architekten, Städteplaner und Maler Miguel Fisac (1913–2006) entworfen.*
Feiertage: *Die* **Fiesta de Candelarias** *am 2. Februar ist eines der bedeutendsten religiösen Feste des Ortes. Zu Ehren der heiligen Jungfrau Maria finden Kerzenprozessionen statt und aus Olivenzweigen werden Skulpturen mit aktuellen Anspielungen geschaffen und später verbrannt. Feierliche Prozessionen während der* **Semana Santa***. Während der* **Patronatsfeiern** *Ende Juli zu Ehren der Schutzheiligen des Ortes, Nuestra Señora de Gracia, gibt es das* **Flamenco-Festival***. Seit der Fertigstellung eines nahegelegenen Stausees 1986 wird Ende Juli die* **Fiesta del Agua** *(Wasserfest) gefeiert, bei dem es fast unmöglich ist, trocken zu bleiben.*
Kulinarisches: *Die Küche ist mit viel Wild (Kaninchen, Wildschwein, Rotwild) bodenständig. Typisch sind Venteras, ein sehr nahrhafter Eintopf mit Spargel, Ei, Paprikawurst, Fleisch und Kartoffeln, und Salmorejo, eine Variante des Gazpacho mit gebratenen Kaninchenstücken.*

3 Castilblanco de los Arroyos – Almadén de la Plata

8.30 Std.
29,4 km

Herbergen: Almadén de la Plata (474 m, 1500 EW), **(1)** PH, €€€, 15 B/10 €. Alb. del Peregrino, C/ Olmo, Tel. 654 862 553. Küche, Waschm./Trockner, WLAN. Ganztags, ganzjährig. **(2)** PH, €€€, 6 B in DZ/10 € (12 € MF). La Casa del Reloj (am zentralen Platz), Tel. 692 552 659. Waschm./Trockner, WLAN. Ab 11 Uhr, ganzjährig, außer Weihnachten bis Drei Könige. **(3)** S/TH, €€⌂, 74 B/Pilger: 7 €. Tel. 615 548 597 oder Aushang. Zur Herberge: am gelben und roten Turm vorbei den langen Platz hoch, links an Autoservicio Pili vorbei (Pfeile rechts: Vía). Nach dem Platz mit der Palme (Pl. de la Palmera) rechts hoch in C/ Cervantes. Die Herberge ist das große, ehemalige Schulgebäude (ca. 700 m ab Zentrum). Decken, Heizung, Küche. Ganzjährig.

Die Strecke: Gut markiert, ab dem Naturpark zusätzlich Wegsteine aus Granit. Mehr als die Hälfte der Etappe verläuft leider auf der wenig befahrenen Landstraße SE-185. Dafür entschädigt der sehr schöne Rest der Strecke durch den Naturpark Monte Las Navas-Berrocal (Teil des Naturparks Sierra Norte). Nach vorwiegend moderaten Höhenunterschieden verlangt der fast senkrechte Aufstieg auf den Cerro del Calvario (Kalvarienberg) unmittelbar vor Almadén de la Plata den Wanderern am Ende des langen Tages nochmal alles ab.

Höhenunterschied: 560 m im Auf- und 420 m im Abstieg.

Kritische Stellen: Keine.

Landschaft: Sehr große Einsamkeit in menschenleerer Landschaft prägt diese lange Etappe. Auf den knapp 30 km wird keine einzige Ortschaft passiert, auch in der Ferne sind keine Siedlungen zu erkennen. Besonders im Naturpark wähnt man sich, trotz der Forststraße, fernab jeglicher menschlichen Zivilisation. Ausgedehnte Korkeichenwälder bestimmen die Vegetation der leicht hügeligen Gegend.

Infrastruktur: Almadén de la Plata Di/Do 20 Uhr (Winter 19 Uhr), Sa 19.30 Uhr, So 11.30 Uhr (oder laut Aushang an Kirche) C/ Cervantes 36, Tel. 954 735 198.

Anmerkung: (1) Unbedingt genügend Proviant und an warmen Tagen Wasser mitnehmen. Es gibt keine Einkehrmöglichkeit und die Verwaltung des Naturparks (Casa Forestal La Morilla) ist nicht immer besetzt. **(2)** Radfahrer können auch auf der Straße nach Almadén de la Plata fahren (ab Abzweig in den Park gut 12 km).

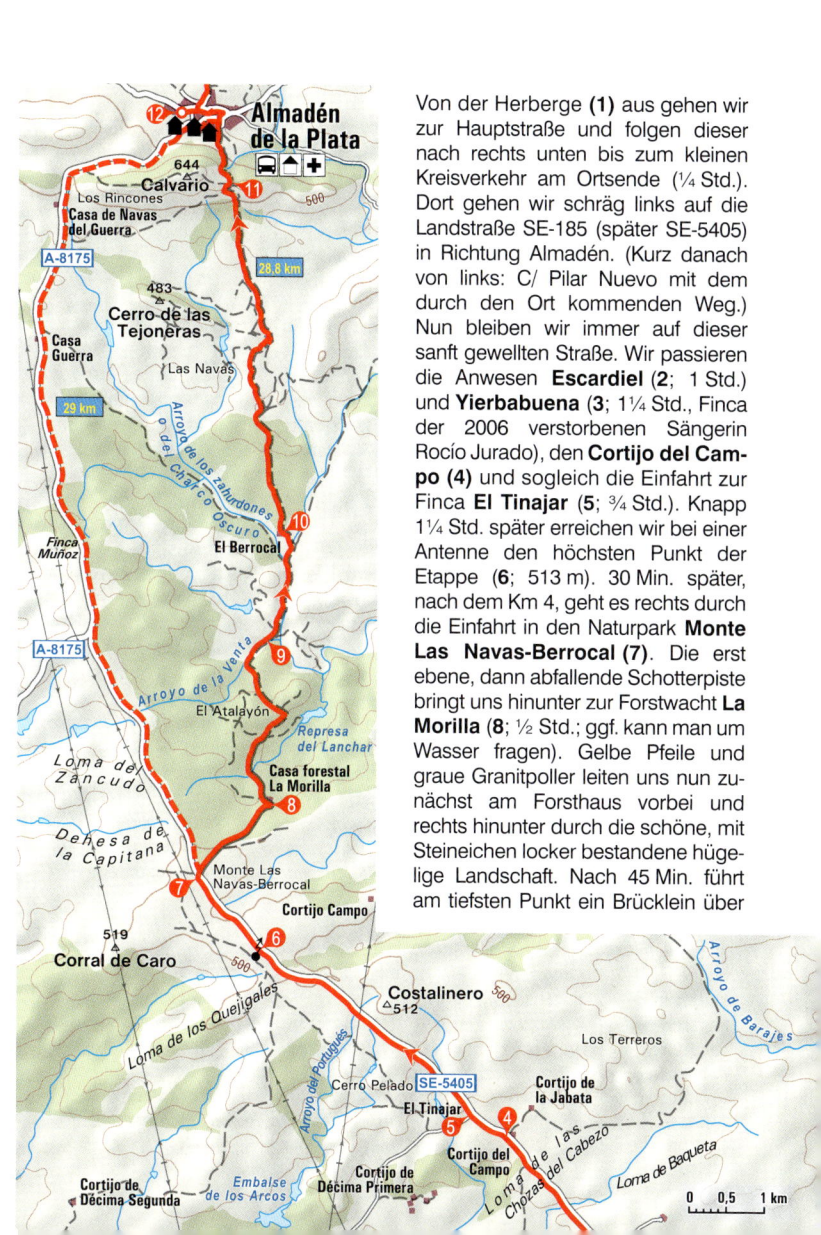

Von der Herberge **(1)** aus gehen wir zur Hauptstraße und folgen dieser nach rechts unten bis zum kleinen Kreisverkehr am Ortsende (¼ Std.). Dort gehen wir schräg links auf die Landstraße SE-185 (später SE-5405) in Richtung Almadén. (Kurz danach von links: C/ Pilar Nuevo mit dem durch den Ort kommenden Weg.) Nun bleiben wir immer auf dieser sanft gewellten Straße. Wir passieren die Anwesen **Escardiel** (**2**; 1 Std.) und **Yierbabuena** (**3**; 1¼ Std., Finca der 2006 verstorbenen Sängerin Rocío Jurado), den **Cortijo del Campo (4)** und sogleich die Einfahrt zur Finca **El Tinajar** (**5**; ¾ Std.). Knapp 1¼ Std. später erreichen wir bei einer Antenne den höchsten Punkt der Etappe (**6**; 513 m). 30 Min. später, nach dem Km 4, geht es rechts durch die Einfahrt in den Naturpark **Monte Las Navas-Berrocal (7)**. Die erst ebene, dann abfallende Schotterpiste bringt uns hinunter zur Forstwacht **La Morilla** (**8**; ½ Std.; ggf. kann man um Wasser fragen). Gelbe Pfeile und graue Granitpoller leiten uns nun zunächst am Forsthaus vorbei und rechts hinunter durch die schöne, mit Steineichen locker bestandene hügelige Landschaft. Nach 45 Min. führt am tiefsten Punkt ein Brücklein über den **Arroyo de la Venta** (**9**; 350 m). Danach bleiben wir links auf unserer Forststraße. Nach dem zweiten Brücklein gleich darauf gehen wir geradeaus leicht ansteigend durch ein kleines, sprödes Tal. Gut 15 Min. später, bei einem Tor, folgen wir der Straße rechts, kurz danach werden wir nach links, in Richtung der auf dem Hügel thronenden Hausruine **El Berrocal (10)** geleitet. Nun wandern wir auf dem angenehmen Weg durch das teilweise mit Kiefern neu aufgeforstete hügelige Gelände bis zum Parkende (1 Std.). Nach links durch das Gatter kommen wir auf einen leicht ansteigenden Pfad durch die locker bewachsene Dehesa. Knapp ½ Std. später beginnt der steile, mindestens 20-minütige Anstieg auf den **Cerro del Calvario (11)**. Oben entschädigen schöne Ausblicke für die Strapazen. Etwas beschwerlich führt uns ein teils steiler und steiniger Weg bergab. Nach knapp ½ Std. ist der Ortsrand erreicht. Bei der T-Kreuzung gehen wir rechts, dann links, beim Brunnen (links) wieder rechts und schließlich links zur Kirche und zum zentralen Platz von **Almadén de la Plata** (5 Min.). Zur **städtischen Herberge (12)** geht es wie oben beschrieben nach links hinauf.

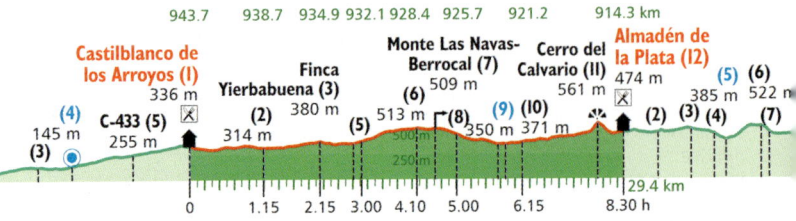

> *i* Schon Griechen, Phönizier und Römer bauten bei **Almadén de la Plata** den begehrten blauen Marmor ab. Die Araber gaben dem Ort den Namen: Al Medin Balat: Minen (oder Steinbrüche) an der Straße. Im 13. Jh. brachte Fernando III. von Kastilien den Ort unter christliche Herrschaft, zwei Jahrhunderte später beteiligten sich seine Anwohner aktiv an der Eroberung Granadas. Schon von Weitem fallen der rote Turm (**Torre del Reloj** – Uhrturm) des Rathauses und der gelbe Kirchturm der **Iglesia de Santa María de Gracia** auf. Die Kirche wurde Ende des 16. Jh. errichtet und im 17. und 18. Jh. mehrfach umgebaut (Hauptaltar: 18. Jh.).
> **Feiertage:** Am Ostersonntag wird seit Anfang des 19. Jh. die eigenwillige und etwas rüde **Fiesta de los Judas** gefeiert. In Erinnerung an den Verrat Judas' an Jesus werden aus Stroh und Stoff lebensgroße Puppen mit Zügen aktueller Persönlichkeiten in den Straßen ausgestellt, prämiert, anschließend erschossen, in Stücke gerissen und die Reste in die Luft geworfen. Danach trifft sich die Gemeinde zum gemeinsamen Osterpicknick. Ende März/Anfang April kann bei der dreitägigen **Feria de Jamón** (Schinkenmesse) ausgiebig luftgetrockneter Serrano-Schinken vom mit Eicheln gefütterten, frei laufenden Iberischen Schwein gekostet werden.
> **Oficina de Turismo:** *Plaza de la Constitución 1 (nahe Rathaus/Kirche), Tel. 954 735 082, 9–14 Uhr, www.almadendelaplata.es.*

4.00 Std. — 14 km — Almadén de la Plata – El Real de la Jara — 4

Herberge: El Real de la Jara (489 m, 1600 EW), **(1)** SH, ⊜⊜⊜, 32 B/8 €. Alb. municipal El Realejo. Am Ortsanfang links. Offen, es kommt jemand zum Kassieren, oder im Touristenbüro (Weg bis Zentrum folgen, dort Hinweis nach links) Mo–Fr 9–14 Uhr und ca. 17–20 Uhr, Sa/So nur 9–14 Uhr. Tel. 655 898 252 (oder laut Aushang). Mikrowelle. Ganzjährig. **(2)** PH, ⊜⊜⊜, 12 B/10 €. Aloj. del Peregrino (kurz nach SH rechts), Tel. 675 306 121. Waschm./Trockner, Küche, Terrasse, WLAN. Ganztags, ganzjährig.
Weitere Unterkünfte: El Real de la Jara: (1) Alojamiento Molina, 2-, 3- und 4-B-Zi. C/ Real 70 (Zentrum), Tel. 954 733 053. **(2)** Aloj.Turístico Mª Carmen, C/ Córdoba 24. Tel. 954 733 468. **(3)** Hostal La Encina, Polígono de la Encina 7 (etwas außerhalb), Tel. 652 998 300, www.hostallaencina.es. **(4)** La Casa del Real, C/ Murillo 29, Tel. 659 825 531, www.lacasadelreal.com.

Die Strecke: Gut markiert, einige kurze, steile Anstiege, ansonsten leichtes Auf und Ab und flaches Gelände. Radfahrer mit viel Gepäck sollten besser auf die Landstraße ausweichen.
Höhenunterschied: 300 m.
Kritische Stellen: Nach dem Anstieg ab dem Arroyo Mateos auf der Anhöhe ein evtl. schlecht markierter Abzweig.
Landschaft: Sehr kurzweilige und landschaftlich attraktive Etappe durch eine wunderschöne Dehesa, frei laufende Kühe und Schweine inklusive.
Infrastruktur: El Real de la Jara ⊠ ⌂ € ℹ ✉ A 🗎 ✂ @ 🍴 🛏 Mo–Sa 19 Uhr (Sommer 20 Uhr), So 12 Uhr ✚ an Hauptstraße, Tel. 954 733 394.
Anmerkung: Man könnte auch bis Monesterio weiterwandern (insg. 34 km); wer Zeit hat, sollte die Etappe aber ruhig im hübschen Real de la Jara ausklingen lassen.

Vom Zentrum von **Almadén (1)** aus gehen wir über den langen Platz rechts am Autoservicio Pili vorbei und achten auf die Pfeile nach rechts aus dem Ort. Von der städtischen Herberge aus gehen wir auf der Straße davor zurück und biegen in die zweite Straße links (C/ Molino) ein und werden im Rechts-links-Schwenk zur am Ortsrand liegenden Stierkampfarena (Plaza de Toros) geführt. Bei der Gabelung an der Solaranlage halten wir uns links. Bei der nächsten Gabel gehen wir wieder schräg links durch das Gatter und auch bei der folgenden Gabel links (nicht geradeaus auf den Zaun zu). Beim zweiten Gatter finden wir rot-weiße Markierungspfosten des GR-48 und einen Granitpoller der Sierra Norte. Nach dem Hof und der steinernen Brücke nehmen wir den Pfad nach links oben (**2**; gut ½ Std. seit Start; geradeaus: Variante Straße).

Wenig später gelangen wir an ein Gatter, danach an ein Tor, durch das wir nach rechts gehen und dann links der Schotterstraße folgen (10 Min.). Nun wandern wir immer auf breiten Wegen durch die sanft gewellte und mit Eichen bestandene Landschaft. Bei dem Hof (**3**; gut ½ Std.) halten wir uns links, beim

Rückblick auf Almadén de la Plata.

nächsten nach 20 Min. nach schräg rechts **(4)**. An einem Teich vorbei gelangen wir zum **Arroyo Mateos** (**5**; gut ¼ Std.). Danach wird der Weg zum Pfad, der erst mäßig, dann stramm ansteigt, bis uns eine Forststraße auf dem Höhenzug erlöst und sich ein schöner Weitblick bietet (¾ Std.). 5 Min. später gelangen wir an eine evtl. schlecht markierte Kreuzung **(6)**. Rechts befindet sich ein Zaun mit verriegeltem Tor, links ein Strommast. Wir folgen der Schotterstraße nach links unten. Nach 300 m zeigt ein Granitpoller den Abzweig in den Pfad nach links unten an (Schild: *Vereda de los Bonales*). Nochmals rund 300 m später kommen wir durch ein Gatter auf eine Schotterstraße **(7)**, der wir nach rechts folgen. Sanft gewellt bringt sie uns nach **El Real de la Jara** (**8**; knapp 1½ Std.).

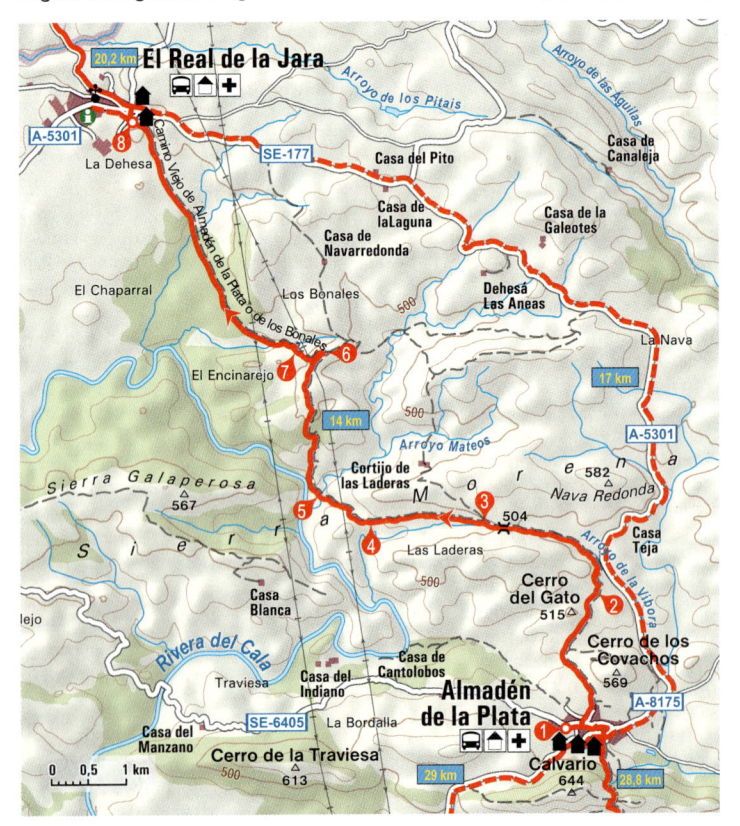

ℹ️ Das einladende **El Real de la Jara** liegt eingebettet in die Ausläufer der Sierra Norte und Sierra Morena, an der Grenze zur Extremadura. Zu relativer Bedeutung gelangte der einst von den Römern gegründete Ort unter arabischer Herrschaft. Mitte des 12. Jh. löste sich El Real vom Kalifat von Córdoba und brachte es unter der Herrschaft der Almohaden-Dynastie zu einigem Ansehen. Anfang des 13. Jh. wurde es von den Santiago-Rittern erobert und von Christen besiedelt. Ende des 14. Jh. entstand die Burgfestung (**Castillo**) im Mudéjar-Stil hoch über dem Ort. Der schöne Rundblick vom Wehrgang aus lohnt den rund 15-minütigen Spaziergang hinauf (Eintritt frei, immer offen).

Esel vor der Burg von El Real de la Jara.

Die **Iglesia de San Bartolomé** stammt aus dem 15. Jh. und ist im Mudéjar-Stil gehalten. Das Gemälde »Las Ánimas« im Kircheninnern wird Zurbarán (1598–1664, vgl. auch Etappe 6, Fuente de Cantos) zugeschrieben (Besichtigung vor der Messe). Die **Ermita de los Remedios** soll auf den Mauern einer arabischen Mezquita erbaut worden sein. Nicht unbedingt sehen muss man das Naturkundemuseum (**Museo de Ciencias Naturales**), in dem einige mehr oder weniger gekonnt ausgestopfte Tiere ausgestellt sind. Aufgrund der schönen landschaftlichen Lage ist El Real ein beliebter Ausgangspunkt für Wanderungen.

Feiertage: Neben Karneval und der Karwoche sind »**los Pirulitos**« hervorzuheben, ein in der Nacht des 24. Juni gefeierter Johannisbrauch, bei dem mit langen Grasbüscheln und Rosmarin geschmückte Johannispuppen verbrannt werden.

Kulinarisches: Fleisch vom Iberischen Schwein in allen Varianten, wie etwa als **chacina** (Pökelfleisch). Spezialitäten sind **guarrino frito** (Art Spanferkel) und der **caldillo de matanza**, eine typische Schlachtsuppe u. a. mit Zwiebeln, Petersilie, Knoblauch, Kräutern, Schweinefleisch und Weißwein.

Oficina de Turismo: siehe unter »Herbergen«.

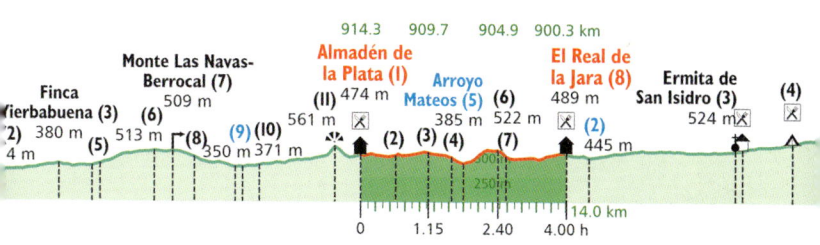

Die autonome Gemeinschaft Extremadura

Die Comunidad Autónoma de Extremadura hat rund 1,1 Millionen Einwohner und umfasst 41.635 km². Es gibt zwei Provinzen (Badajoz und Cáceres), Hauptstadt ist Mérida.

Die Region ist etwa so groß wie die Niederlande, die Bevölkerungsdichte liegt jedoch bei nur 26 Einwohnern/km² (Spanien: 92, Deutschland: 226). Diesem Umstand sind große, intakte Naturräume zu verdanken, wie der Nationalpark Monfragüe (30 km östlich von Etappe 15), der u. a. Exemplare des seltenen schwarzen Storches und Geierkolonien beherbergt, der Naturpark Cornalvo nahe Mérida oder das 18.000 ha große Naturreservat Cíjara (200 km östlich von Cáceres), eines der größten zusammenhängenden mediterranen Waldgebiete. Typisch sind die Dehesas, riesige, von Korkeichen bestandene Weideflächen. Auf den für Getreideanbau ungeeigneten kargen Böden bilden sie eine naturnahe Kulturlandschaft: Die Bäume schützen vor Erosion, liefern Kork und Brennholz, die Eicheln (»bellotas«) dienen den oft darunter freilaufenden iberischen Schweinen als Futter.

Vor rund 2000 Jahren war Mérida die größte und politisch wie kulturell bedeutendste römische Stadt Iberiens und eine der wichtigsten Städte des römischen Imperiums. Nach dem Ende der Römerherrschaft spielte die Extremadura geschichtlich aber nur noch eine Nebenrolle und entwickelte sich bereits während der Eroberung Südamerikas zum klassischen Auswandererland. Auch einige

Eines der schönsten römischen Zeugnisse an der Vía: das Teatro Romano in Mérida.

der berüchtigten Konquistadoren der Neuen Welt wie etwa Francisco Pizarro (geb. 1478 in Trujillo) oder Hernán Cortés (geb. 1485 in Medellín) stammen aus der Extremadura.
Die heute noch landwirtschaftlich geprägte, kaum industrialisierte Region hat das geringste Pro-Kopf-Einkommen Spaniens. Seit einigen Jahren will man sich mit hochwertigen Agrarerzeugnissen profilieren. Die bekannteste Delikatesse ist der »Jamón Ibérico de Pata Negra« (dt. etwa iberischer Schinken von der schwarzen Haxe) oder »de Bellota« (iberischer Eichelschinken), luftgetrockneter Schinken der halbwilden, schwarzen iberischen Schweinerasse Cerdo ibérico. Die streng kontrollierten Schinken werden unter der Herkunftsbezeichnung D.O. Dehesa de Extremadura vermarktet. Die teuersten und besten Schinken stammen von Schweinen, die einen Großteil ihres Lebens frei laufend auf Dehesas verbringen und sich vorwiegend von Eicheln und Wiesenkräutern ernähren. In den klimatisch milden und fruchtbaren Ebenen des Guadiana-Beckens werden Oliven und Weine (z. B. D.O. Ribera de Guadiana) angebaut.

Vorwiegend flaches Gelände wartet in der Extremadura auf die Pilger.

Rund 340 km führt die Vía de la Plata durch teils sehr entlegene Gegenden der Extremadura. Das meist sehr flache Gelände hält keine technischen, dafür aber mentale Anforderungen bereit. Bei so mancher Etappe stellt nicht ihre Länge an Kilometern, sondern die Monotonie die Wanderer auf die Probe. Zudem kann es in den zwischen 200 und 300 Meter hoch gelegenen Landstrichen um Mérida auch im Frühjahr und Herbst sehr warm sein, im Sommer wird es extrem heiß. Besonders auf langen Strecken ohne Infrastruktur sollte man immer mindestens zwei Liter Wasser mit sich tragen und den Vorrat nachfüllen, wann immer es geht! Die Winter sind dagegen mitunter bitterkalt.
Die Vía verläuft hier über weite Teile auf der römischen Originalroute (»Calzada romana«, in den Karten grün gestrichelt eingetragen), vor allem weil die auch die Römerstraße nutzenden, jahrhundertealten »Cañadas Reales« (königliche Weidewege) unter besonderem Schutz stehen. Leider folgen auch die Nationalstraße und die Nord-Süd-Autobahn A-66 ihrem Verlauf.
Mit Mérida und Cáceres warten gleich zwei kulturell hochrangige Ziele auf die Pilger. Der Arco de Cáparra (Torbogen von Cáparra) ist eines der bekanntesten Bauwerke am Weg und das Symbol der Vía in der Extremadura. Einige der im Zuge des regionalen Projekts Alba Plata entstandenen touristischen Herbergen schlossen wegen mangelnder Rentabilität in den letzten Jahren. Zunehmend füllen aber neue, meist private Herbergen die Lücken, im Großen und Ganzen hat sich auch die Qualität der Unterkünfte gebessert.

5 El Real de la Jara – Monesterio

5.30 Std.
20,2 km

Dehesa hinter Real de la Jara.

Herbergen: Monesterio (753 m, 4400 EW), **(1)** KH, €€€, 14 B/10 €. Alb. Parroquial, (ggü. Hotel Pilar), Tel. 924 516 097 (Pfarrer Miguel Ángel). Gut ausgestattete Küche, Wäscheschleuder, Terrasse; Pilgerausweis. Ganztags, ganzjährig. **(2)** S/ TH, €€€, 50 B/10 €. Alb. Las Moreras, (am westl. Ortsrand, Hinweis vor KH nach links, bei Straße mit Palme links, beim nächsten Platz rechts, dann nach Escuela Taller links um die Ecke; knapp 800 m ab Hauptstraße), Tel. 647 234 400. Küche, Waschm./Trockner, WLAN. Rezeption ab 12 Uhr (Pilger erhalten Schlüssel), ganzjährig.
Weitere Unterkünfte: Monesterio, im Zentrum an Hauptstraße: **(1)** Hotel Moya, Tel. 924 516 136, www.hotelmoya.es. **(2)** Hostal D.P. El Pilar, Tel. 924 516 756, www.hostaldpilar.com. An Hauptstraße am Ortsende: **(3)** Hotel Leo, Tel. 924 516 428, www.hotel-leo.es.
Die Strecke: Gut markiert, flaches Gelände, meist Feldwege. Nach der Ermita de San Isidoro kurz an der Nationalstraße, dann flacher, aber langer Anstieg.
Höhenunterschied: 380 m im Auf- und 120 m im Abstieg.
Kritische Stellen: Keine.
Landschaft: Einmal mehr führt die Vía durch wunderschöne Dehesas, wobei die Landschaft westlich der Sierra Morena insgesamt offener wird und schöne Ausblicke in das weite Land erlaubt. Kurz vor Monesterio bieten rund 800 m hohe Erhebungen etwas optische Abwechslung.
Infrastruktur: Kurz nach Ermita San Isidro ⚔ ⌂; Camping Tentudía (ganzjährig) ⚔ ⚔; Monesterio ⚔ ⚔ € @ 🅰 ℹ (Info-Zentrum Vía de la Plata, im Zentrum) ✉ 🏧 💊 ⚔ 🅻 Sommer 21 Uhr, Winter 20 Uhr, mit Pilgersegen ✚ C/ Pedro del Águila, Tel. 924 516 070, Notfälle Tel. 924 516 562.
Anmerkung: Granitblöcke mit dem eingemeißelten Arco de Cáparra dienen in der Extremadura neben dem gelben Pfeil als Wegweiser. Gelbe Kacheln: gut zu gehender Weg; grün-gelb: Weg verläuft auf der Römerstraße (Calzada romana; in den Routenkärtchen z. T. als grüne gestrichelte Linie eingetragen); grün: Calzada Romana, aber unwegsam und nicht ratsam (in diesen Fällen dem »gelben« Quader folgen). Vorsicht: Manchmal zeigen Granitpoller und der gelbe Pfeil unterschiedliche Routen an, hier auf die Wegbeschreibung achten.

Von den **Herbergen (1)** aus folgen wir der Straße, gehen unten rechts, am kleinen Platz links und geradeaus in die Calle Real (kurz davor: links Hinweis »Oficina de Turismo«). Auf der von Feldmauern eingefassten »Vía del Cordel de Monesterio« (Verbindungsweg El Real – Monesterio) gelangt man über den kleinen **Arroyo de la Víbora (2)** in die **Extremadura** (½ Std.). Malerisch erheben sich die Reste des Castillo de las Torres auf dem Hügel gegenüber.

> *Das mittelalterliche **Castillo de las Torres** (dt. die Burg mit den Türmen) wurde im 13. oder 14. Jh. von Rittern des Santiago-Ordens errichtet. Wahrscheinlich diente es der Sicherung des Reise- und Weideweges und als Herberge für Pilger, Reisende und Viehtreiber. Üppige Storchennester krönen heute die Turmstümpfe.*

Direkt nach dem Bach weisen die ersten Granitblöcke die Richtung. Zunächst zieht sich der breite Weg in leichten Wellen durch die malerische, mit Eichenbüschen, Kork- und Steineichen bestandene Dehesa. Später werden Blicke in die weite Landschaft und auch schon auf den kleinen Pass vor Monesterio frei. Ohne Abzweigungen oder Komplikationen erreichen wir nach gut 2½ Std. die eigentümlich moderne **Ermita de San Isidro (3)**.

> *Am 15. Mai ist die **Ermita de San Isidro** Ziel der Wallfahrt (romería) zu Ehren des Schutzheiligen der Landwirte, des Heiligen Isidoro, der an diesem Tag überall in der Extremadura (und anderen Teilen Spaniens) mit Prozessionen und ausgelassenen Festen geehrt wird. Rund um die Kapelle wird dann getanzt, gesungen und gegessen.*

Direkt nach der Kapelle gehen wir rund 300 m links zur N-630 und an dieser rechts weiter. Beim Kreisverkehr (rechts: Tankstelle, Hotel) gehen wir erst geradeaus, dann schräg links in Richtung Monesterio unter der A-66 hindurch. Danach folgen wir dem gelben Pfeil rechts an der kleinen Kapelle vorbei und nehmen den Pfad zwischen N-630 und A-66 (ein Poller zeigt geradeaus). Der Pfad nähert und entfernt sich wieder von der N-630 und wechselt dann auf ihre linke Seite (knapp ¾ Std. seit Hotel). Etwa 15 Min. später unterquert die N-630 die Autobahn, wir gehen nach links unten in einiger Entfernung: Campingplatz). Nun wandern wir gemütlich auf dem alten Sträßchen hinauf zum **Puerto de la Cruz (5**; 1¼ Std.; 751 m), von wo aus sich ein erster Blick auf **Monesterio (6)** bietet, das wir in 20 Min. erreichen.

Die Grenze zwischen Andalusien und der Extremadura mit dem Castillo de las Torres.

Arroyo Mateos (5) 385 m (6) 522 m **El Real de la Jara (1)** 489 m (2) 445 m **Ermita de San Isidro (3)** 524 m **Puerto de la Cruz (5)** 751 m **Monesterio (6)** 753 m (2) 695 m **Arroyo del Bodión Chico (6)** 547 m

900.3   888.8   884.9   880.1 km

20.2 km

0   3.00   4.00   5.30 h

ℹ️ **Monesterio** ist ganz gewiss kein Ort für Vegetarier. Die Kleinstadt ist unübersehbar das extremeñische Schinken-Zentrum. Nicht-Vegetarier haben jetzt Gelegenheit, den besten luftgetrockneten Iberischen Schinken wie etwa den Jamón Ibérico de Pata Negra zu kosten. Gut aufbereitete Informationen rund um das Thema bietet das Schinkenmuseum **Museo del Jamón Ibérico** (Adresse und Öffnungszeiten wie Touristeninformation, s. u., www.museodeljamondemonesterio.com).
Der Ortsname geht auf ein früher im Ort angesiedeltes Kloster (span. monasterio) des Templerordens zurück. Vom 15. bis Anfang des 16. Jh. unterstand Monesterio dem Santiago-Orden. Von den herrschaftlichen Anwesen der einst wichtigen Station an der mittelalterlichen Vía de la Plata sind kaum Spuren übrig. Erhalten ist die **Iglesia de San Pedro Apóstol** aus dem 15. Jh. Ursprünglich im späten Mudéjar-Stil erbaut, erhielt sie ihr heutiges Aussehen im 17. Jh. Außen schmucklosschlicht, erstrahlt das Kircheninnere in Weiß. Das wertvollste Stück des Kirchenschatzes ist ein auf 1597 datiertes Prozessionskreuz aus vergoldetem Silber. Es soll eine der prunkvollsten Silberschmiedearbeiten der spanischen Renaissance sein. (Kirche nur zur Messe geöffnet). Gegenüber der Kirche befindet sich das Informationszentrum zur Vía de la Plata (**Centro de Interpretación General de la Vía de la Plata**, Di–Sa 10–14 Uhr und 17–20 Uhr (Winter nachmittags 16–17 Uhr). Etwa 15 km von Monesterio entfernt liegt auf 1100 m Höhe das **Monasterio de Nuestra Señora de Tentudía**. Es wurde im 13. Jh. zu Ehren der Muttergottes erbaut. In einer entscheidenden Schlacht zwischen Mauren und Christen soll sie den Wunsch der christlichen Kämpfer, den »Tag anzuhalten«, um den Kampf erfolgreich zu Ende bringen zu können, erfüllt haben. Sehenswert sind der Kreuzgang im Mudéjar-Stil sowie der Anfang 16. Jh. aus sevillanischen Kacheln gestaltete Hauptaltar. (Vor der Anfahrt, ggf. mit Taxi, in Monesterio nach Öffnungszeiten erkundigen.)
Feiertage: Während des Jahrmarktes um den 8. September (Wallfahrt zur heiligen Jungfrau von Tentudía) wird der **Día del Jamón** (Tag des Schinkens) gefeiert.
Kulinarisches: Auch gekocht oder gebraten zubereitet ist das Fleisch vom frei laufenden Iberischen Schwein ein Geschmackserlebnis, wie etwa das Secreto Ibérico (dt. Iberisches Geheimnis), ein gebratenes zartes Nackenstück. Ein typisches Gericht ist die ursprüngliche, einfache Hirtenmahlzeit Migas de pastor, in Öl geröstete und mit Knoblauchzehen angereicherte Brotkrumen.
Oficina de Turismo: Paseo de Extremadura 314, Tel. 924 516 737, Mo–Sa 9.30–14 Uhr, 17.30–20 Uhr (Winter 16.30–19 Uhr), So 10–14 Uhr; www.monesterio.es.

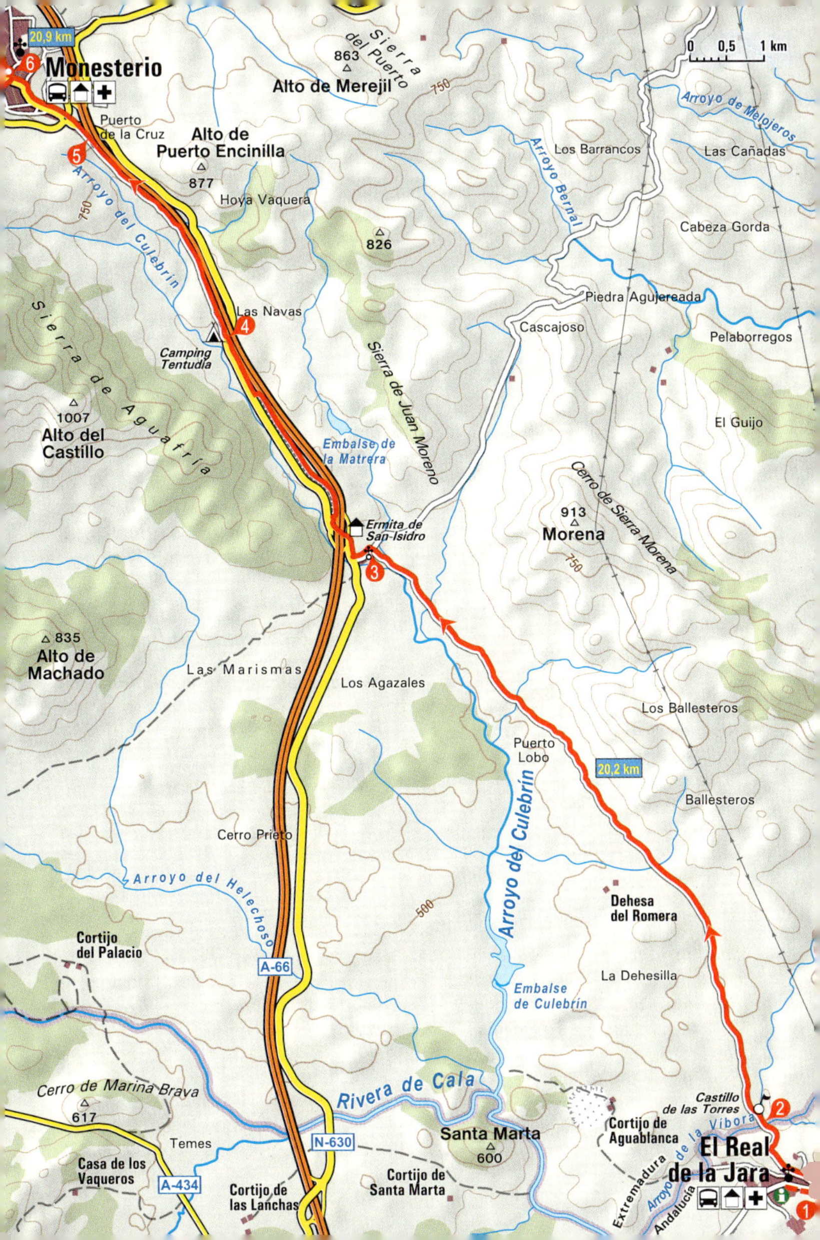

20,9 km
Monesterio
Alto de Merejil
863
Sierra del Puerto
750
0 0,5 1 km
Arroyo de Melojeros
Puerto de la Cruz
Alto de Puerto Encinilla
877
Arroyo Bernal
Los Barrancos
Las Cañadas
Arroyo del Culebrín
Hoya Vaquera
826
Cabeza Gorda
Piedra Agujereada
Las Navas
Cascajoso
Pelaborregos
Sierra de Aguafría
Camping Tentudía
Sierra de Juan Moreno
1007
Alto del Castillo
El Guijo
Embalse de la Matrera
Cerro de Sierra Morena
913
Morena
Ermita de San Isidro
835
Alto de Machado
Las Marismas
Los Agazales
Los Ballesteros
Puerto Lobo
20,2 km
Ballesteros
Cerro Prieto
Arroyo del Culebrín
Arroyo del Helechoso
500
Dehesa del Romera
Cortijo del Palacio
A-66
Embalse de Culebrín
La Dehesilla
Cerro de Marina Brava
Rivera de Cala
Castillo de las Torres
617
Temes
N-630
Santa Marta
600
Cortijo de Aguablanca
Arroyo de la Víbora
El Real de la Jara
Casa de los Vaqueros
A-434
Cortijo de las Lanchas
Cortijo de Santa Marta
Extremadura
Andalucía

6 Monesterio – Fuente de Cantos

5.30 Std.
20,9 km

Herberge: Fuente de Cantos (575 m, 5000 EW), **(1)** TH, ❶❶❶, 30 B/12 €. Alb. Convento Vía de la Plata, Tel. 924 500 394. Am Ortsrand nach links den Pfeilen folgen, in einem weiten Bogen zur Herberge im alten Franziskaner-Konvent. Im selben Gebäude: Info-Zentrum zum Maler Francisco de Zurbarán. Recht komfortabel, Internet, Küche, Waschm./Trockner. Ganztägig, ganzjährig. **(2)** TH, ❶❶❶, 12 B/10 € MF (EZ/DZ 15 €/Person). El Zaguán de la Plata, C/Llerena 40 (bei Kirche im Zentrum geradeaus an Apotheke vorbei), Tel. 678 277 716. Küche, Wasch./Trockner, Garten, kleiner Pool, WLAN, Internet. Ganztags, ganzjährig.

Die Strecke: Gut markiert, gute Feldwege. Durch das sanft hügelige Geländeprofil und die weiten, baumlosen Hochebenen, die dem Auge kaum noch Anhaltspunkte bieten, mag die Etappe länger erscheinen, als sie tatsächlich ist.

Höhenunterschied: 180 m im Auf- und 360 m im Abstieg.

Kritische Stellen: Sollte der Arroyo de Bodión Chico an Regentagen wegen Hochwassers unpassierbar sein, kann man rund 2 km davor nach links auf die Landstraße ausweichen (etwa gleich lang).

Landschaft: Anfangs verläuft der Weg zwischen Feldmauern durch Eichen-Dehesas, dann wird die Landschaft spröder, auch vereinzelte Ginsterbüsche weichen schließlich zurück. Auf den bis zum Horizont reichenden, sanft gewellten, baumlosen »Llanos de Santiago« kommt man sich leicht ein wenig klein und verloren vor.

Infrastruktur: Fuente de Cantos 🏠 🗙 🛒 🅰 ✉ ✈ € 🛈 🚌 Nuestra Señora de la Granada siehe Aushang an Kirche (Zentrum) ✚ Pl. de la Aurora, Tel. 924 580 192.

Anmerkung: Keine Ortschaft am Weg; Proviant und Wasser mitnehmen.

Wir gehen auf der Hauptstraße durch **Monesterio (1)**, am Ortsende zweigt nach dem Sportplatz eine Straße nach links unten ab (20 Min.). Sie führt nach rechts an der Kläranlage vorbei und wird bald zum Feldweg zwischen Feldmauern. Nach knapp ½ Std. geht es nach links über den **Arroyo de la Dehesa (2)** und zwischen Feldmauern erst leicht bergan, dann fast eben weiter. Nach 45 Min. kommen wir geradeaus über eine Landstraße **(3)** in die nächste Dehesa. Kurz darauf gehen wir bei der Gabelung neben einem Tor links. Bald gedeiht nur noch Ginster auf der spröden und windigen Hochebene, nach einiger Zeit sehen wir in der Ferne Fuente de Cantos. Etwa 45 Min. nach der Landstraße gelangen wir an zwei Tore, wir gehen durch das linke **(4)**. Der Granitpoller zeigt geradeaus, wir folgen dem gelben Pfeil nach rechts. Nach 40 Min. zweigt links ein Feldweg **(5)** zur etwa 400 m entfernten Landstraße ab (Variante, siehe »Kritische Stellen«). Geradeaus gelangt man in 30 Min. zum **Arroyo de Bodión Chico (6)**. Trittsteine helfen über den Bach, danach geht es kurz nach rechts, dann nach links oben, vorbei an einem kleinen Hof. Bei der Gabelung nach 15 Min. (links: verfallener Hof) weiter geradeaus. Der Weg schlängelt sich durch Felder. Rund 1 Std. nach dem Bach erreichen wir den ersten von mehreren Höfen. Gut 45 Min. später sind wir am Ortsrand von **Fuente de Cantos** angelangt. Zur **Herberge** im alten Konvent folgen wir links der Straße neben der Hauptstraße, die bald nach rechts schwenkt. Bei der Kreuzung mit der C/ Romanones schräg links und im Rechtsbogen zur Herberge **(7)**.

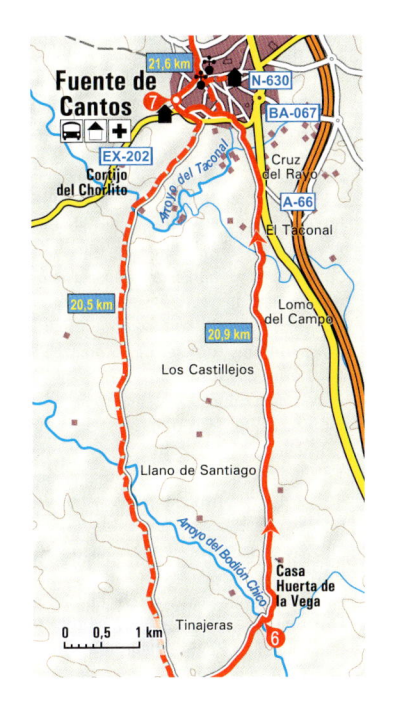

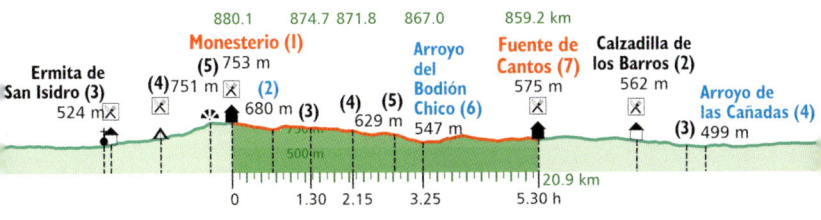

ℹ️ **Fuente de Cantos** ist untrennbar mit dem Namen des berühmten Malers **Francisco de Zurbarán** (Fuente de Cantos 1598 – Madrid 1664) verbunden. Neben Velázquez und Ribera zählt er zu den führenden Vertretern der spanischen religiösen Barockmalerei. Bekannt ist er für seine Andachtsbilder und für Motive aus dem Mönchsleben. Als junger Maler arbeitete er im Auftrag verschiedener Klöster in Sevilla und wurde schließlich zum Meistermaler der Stadt ernannt. Sein Freund und Malerkollege Velázquez führte ihn am Hof in Madrid ein, wo er bald zum königlichen Hofmaler befördert wurde. In seinen in kräftigen Hell-dunkel-Kontrasten gehaltenen Stillleben ist der Einfluss sowohl des Italieners Caravaggio als auch der spanischen Mystik zu erkennen. Das **Geburtshaus Zurbaráns** ist heute ein Museum (C/ Águilas 37, Di–Fr 17–21 Uhr, Sa 10.30–13.30 Uhr, So 11–13.30 Uhr). Einen Eindruck von Leben und Werk des Malers erhält man auch im Informationszentrum bei der Herberge (Di–Sa 10.30–13.30 Uhr und 18–21 Uhr [Winter: 17–20 Uhr], So 11–13.30 Uhr). Das **Convento de Franciscanos de San Diego** war im 16. Jh. eine Zelle »fundamentalistischer« Franziskaner-Mönche. Damit sie nicht nach Italien pilgerten und dort ihre Ideen verbreiteten, ernannte die Kirche das Kloster selbst zum Pilgerziel. Nach der Auflösung der Klöster im 19. Jh. diente es als Armenhospiz, während des Bürgerkriegs (1936–39) nahmen es Francos Falange-Truppen in Beschlag. Danach verkam es zur Ruine, bis es ab 1985 wieder instand gesetzt wurde. Die **Iglesia Parroquial de Nuestra Señora de la Granada** (15.–18. Jh.) beherbergt u. a. das Taufbecken aus weißem Marmor, in dem Zurbarán getauft wurde.

Feiertage: Am letzten Sonntag im April wird die Fiesta de la Chanfaina gefeiert. Dabei wird die typisch extremeñische Chanfaina zubereitet, ein Lammeintopf, der hauptsächlich aus den »wertlosen« Teilen des Tieres besteht: Leber, Niere, Herz, Lunge und etwas Muskelfleisch, dazu Zwiebeln, Knoblauch, Lorbeer und etwas Tomate.

Information: Centro de Información Turística, Plaza del Carmen, Tel. 9245 80 380, www.fuentedecantos.eu.

Aus den iberischen Schweinen ...

... wird Jamón Ibérico hergestellt.

7.00 Std.
25,4 km

Fuente de Cantos – Zafra 7

Herbergen: Puebla de Sancho Pérez (521 m, 2800 EW), TH, €€€, 16 B/10 € (12 € MF). Bei Ermita Belén (ca. 1 km außerhalb: am Ortsanfang rosa Schild nach links, gleich wieder rechts, die nächste Straße links und immer geradeaus). Tel. 690 059 089 (oder laut Aushang). Waschm., Küche. 11–20 Uhr (oder laut Aushang), ganzjährig. **Zafra** (515 m, 16.800 EW), **(1)** VH, €€€, 36 B/12 € MF. Avda. de la Estación 17 (10 Min. nach dem Bahnhof), betreut von den Jakobswegfreunden Zafra, Tel. 617 846 551 u. 924 962 123. Küche, Waschm./Trockner, Internet, WLAN. 10–22 Uhr, ganzjährig. **(2)** TH, €€€, 20 B/10 € (12,50 € MF). Alb. turístico Convento de San Francisco, Avda. Fuente del Maestre 2/Ecke C/ Ancha, Tel. 924 550 929 und 691 537 283 (Reservierung möglich). Entweder den gelben Pfeilen durch die Altstadt folgen (bei Touristenbüro links und rechts) oder beim Touristenbüro rechts u. links in die C/ López Asme bis Ecke C/ Ancha. Küche, Waschm./Trockner, WLAN. 10–23 Uhr, ganzjährig.

Die Strecke: Vorwiegend gut markiert. Recht eben, gute Wege.
Höhenunterschied: 160 m im Auf- und 220 m im Abstieg.
Kritische Stellen: (1) Hinter Calzadilla de los Barros kann bei/nach starkem Regen der Arroyo de las Cañadas unpassierbar sein. Dann gut 2 km der N-630 folgen, nach der Brücke in den 2. Feldweg links, bei der T-Kreuzung rechts zur Vía (insg. ca. 2 km länger). **(2)**. Auf dem Bahnhofsgelände vor Zafra evtl. lückenhaft markiert.
Landschaft: Weite, mit Feldern kultivierte Ebenen künden die Region Tierra de Barros (etwa »Lehmland«) an, in der Oliven und Wein angebaut werden.
Infrastruktur: Calzadilla de los Barros (562 m, 850 EW) Pensión Rodríguez, Tel. 924 584 701 (in Rathaus/Bibliothek) Pl. de España, Tel. 924 584 752; Puebla de Sancho Pérez C/ la Fuente, s/n, Tel. 924 575 412; Zafra Estación de Autobuses, Ctra. de Badajoz, Tel. 924 553 907 Avda. La Estación, Tel. 924 550 215 u. a. Iglesia de la Candelaria Okt.–April: Mo–Sa 19.30 Uhr, So 12 und 19.30 Uhr, Mai–Sept.: Mo–Sa 20.30 Uhr, So 12 und 20.30 Uhr Hospital de Zafra: Ctra. de Badajoz, Tel. 924 029 200. Centro de Salud, C/ Padre Manjón, Tel. 924 554 831.
Anmerkung: Kaum Schatten! Kopfbedeckung und reichlich Wasser sind an heißen Tagen wichtig.

Von der **Herberge** im **Konvent (1)** aus gehen wir geradeaus in die Ortsmitte und nach der Kirche links (geradeaus: Alb. El Zaguán). Geradeaus über die kleine Plaza del Olmo verlassen wir auf der C/ San Juan den Ort. Schattenlos wandern wir auf einer Schotterstraße durch flaches Ackerland, vereinzelt sind Gehöfte zu sehen. Nach 1¾ Std. haben wir **Calzadilla de los Barros (2)** erreicht.

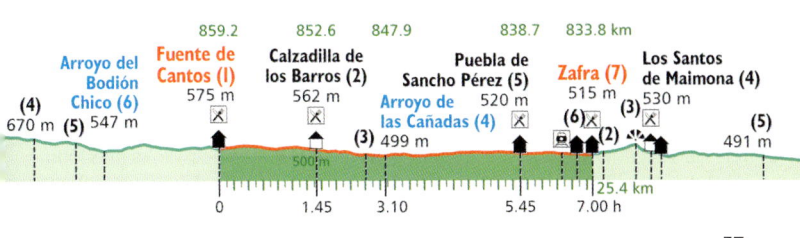

| 859.2 | 852.6 | 847.9 | 838.7 | 833.8 km |

Arroyo del Bodión Chico **(6)** — **Fuente de Cantos (I)** 575 m — Calzadilla de los Barros **(2)** 562 m — Puebla de Sancho Pérez **(5)** 520 m / Arroyo de las Cañadas **(4) (3)** 499 m — **Zafra (7)** 515 m **(6) (3) (2)** — Los Santos de Maimona **(4)** 530 m **(5)** 491 m

(4) 670 m **(5)** 547 m

0 · 1.45 · 3.10 · 5.45 · 7.00 h · 25,4 km

57

ℹ️ *Bemerkenswert in **Calzadilla de los Barros** ist die festungsartige Kirche aus dem 15. Jh. Der Renaissance-Altar aus Sevillaner Fliesen soll einer der schönsten der ganzen Extremadura sein. (Keine festen Öffnungszeiten, ggf. im Rathaus fragen.)*

Wir gehen links über die Plaza de España (rechts: Rathaus), an ihrem Ende links und gleich rechts auf der C/ de Zafra aus dem Ort hinaus. Auf einem Feldweg geht es in leichtem Auf und Ab weiter. Nach gut ¾ Std. verläuft die Vía ein Stück neben der N-630 und biegt dann im 90-Grad-Winkel nach links von der Straße ab (**3**; Alternative bei Starkregen: siehe »Kritische Stellen«). Gut 20 Min. später helfen Trittsteine (rechts) über den **Arroyo de las Cañadas (4)**, gut 45 Min. danach überqueren wir eine kleine Straße. Weinfelder und Olivenplantagen bringen etwas Abwechslung in die Getreidefeld-Monotonie.
Nach knapp 1½ Std. kommen wir über einen Bahndamm an den Ortsrand von **Puebla de Sancho Pérez** (15 Min.). Nach links weisen Schilder den Weg zur Herberge, zum zentralen Platz in der Ortsmitte gelangt man geradeaus (5 Min.).

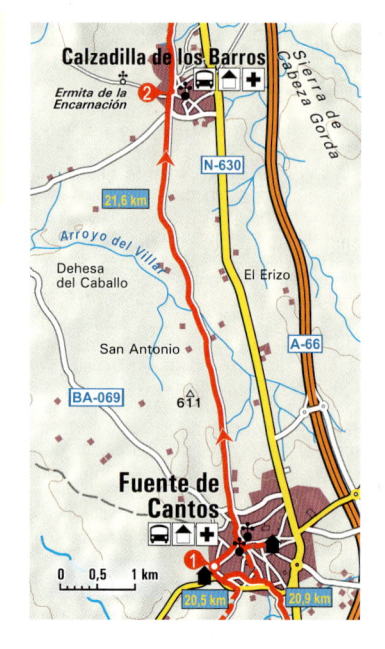

ℹ️ *Die trutzige Pfarrkirche von **Puebla de Sancho Pérez**, die **Iglesia Parroquial de Santa Lucía**, wurde im 16. Jh. auf einer älteren Mudéjar-Kirche erbaut. Auffallend ist der teils sehr filigran verzierte, aus Backsteinen gemauerte Kirchturm. Teile der außerhalb des Zentrums gelegenen **Ermita de Nuestra Señora de Belén** (15. Jh., im 18. Jh umgebaut) dienen heute als Herberge. Die viereckige Stierkapfarena aus dem 14. Jh. direkt daneben gilt als die älteste Spaniens.*

Wir gehen rechts über den Platz, vor der Kirche rechts und links in die C/ Obispo Soto. Bei der Einmündung in die Hauptstraße kurz darauf biegen wir schräg rechts in die unbefestigte Straße ein (gelbe Pfeile weisen auch geradeaus den Weg an der Landstraße entlang). 15 Min später überqueren wir die Bahnlinie, wenige Minuten später schwenkt der Weg nach links und führt neben den Gleisen zum Bahngelände vor Zafra. Man kann schräg rechts über die Gleise bis zum Bahnhofsgebäude gehen, oder man bleibt auf die-

19,4 km
1 km
Zafra
La Vigaría
La Hermosa
Sierra de los Santos
El Lobato
Las Ánimas
Juan Amado
EX-101
Los Villares
La Juquema
N-432
A-66
El Pozuelo
Arroyo de Matasanos
4,7 km
El Colgajo
Palomar
Navas
Puebla de
Sancho Pérez
Los Cebadales
La Dehesa
El Piscino
El Raposo
Ermita
de Belén
La Dehesilla
Carrascosa
El Chaparral
La Bota
Las Miñas
21,6 km
BA-160
El Puntal
Los Hidalgos
Cortijo de
Guedella
Gallinera
El Saeteado
Palancares
El Curato
Palancares
546
El Tubisco
El Nogal
El Barro
Dehesa Castillejo
Cortijo de
las Cañadas
Medina
de las Torres
Arroyo de las Cañadas
23,7 km
500
El Contadero
Casa de
Pelagallos
500
Las Eserías
Rivera Atarja
Sierra Cabrera
500
Matildita
Abulagar
Cabrera
673
Calzadilla
de los Barros
Arroyo de San Marcos
Ermita de la
Encarnación
La Barreña
Los Horcajos
N-630
0 0,5 1 km
El Palacio

Felder, so weit das Auge reicht, kurz hinter Calzadilla de los Barros.

ser Seite, durchquert den Lagerplatz und biegt am Ende des Bahngeländes rechts in die Straße ein. Bei der T-Kreuzung nach rund 100 m (¼ Std. ab Beginn Bahngelände; rechts: Bahnhofsgebäude) schwenken wir links und gehen geradeaus in die Stadt. Nach 10 Min. passieren wir die **Herberge** der **Jakobswegfreunde** (**6**; Eckhaus rechts), kurz danach kommen wir in einen Park.
Der direkte Weg zur touristischen **Herberge** von **Zafra (7)** führt geradeaus durch den Park, an seinem Ende geradeaus weiter in die C/ López Asme und bis zum alten Konvent (Ecke C/ Ancha; Eingang an C/ López Asme, 10 Min.).
Der **offizielle Weg** führt links am Park vorbei, überquert die folgende Grünanlage (Plaza de España) nach schräg links und biegt rechts in die Fußgängerzone ein (C/ Sevilla). Über die Plaza Grande gelangen wir in die C/ Tetuán und gehen vor der Kirche rechts zur C/ López Asme, wo links an der Ecke zur C/ Ancha die Herberge liegt (¼ Std). Man kann auch bei der Plaza de España rechts und links in die C/ López Asme bis zur C/ Ancha gehen (10 Min.).

> **Zafra** ist ein gemütliches, kleines Städtchen mit andalusischem Flair und mittelalterlich verwinkelter Altstadt. Im römischen Reich war es als Julia Restituta bekannt, die arabischen Herrscher nannten den Ort Safar oder Cafra. Im 11. Jh. wurde Zafra als Grenzstadt zwischen den Taifas (arabische Kleinkönigreiche nach dem Zerfall des Kalifats von Córdoba) Sevilla und Badajoz mit einer Wehrburg befestigt. Mitte des 13. Jh. schloss Fernando III. Zafra an das Königreich León an. 1394 ging Zafra in den Besitz des Herrenhauses der Feria über, der die Adelsfamilie Gómez Suárez de Figueroa angehörte. Als Zentrum des Landkreises wurde es 1460 zur Grafschaft und 100 Jahre später zum Herzogtum erhoben.
> Am stärksten formte der zweite Herr von Zafra, Lorenzo Suárez de Figueroa im 15. Jh. die Stadt. Unter ihm entstand 1437–43 die Festung **Alcázar** (auch **Palacio de los Duques de Feria**. Markant ist der gezackte Wehrgang mit den runden

Wehrtürmen. Ende des 16. Jh. entstand der attraktive marmorne Renaissance-Innenhof. Sehenswert sind die Kapelle mit einer kunstvoll gearbeiteten Kuppel im Gotik-Mudéjar-Stil und die Sala Dorada, der goldene Saal mit einer 5 m² großen goldenen Wandvertäfelung sowie die Mudéjar-Decke in der Cafetería im Untergeschoss. Heute ist das Gebäude ein Parador Nacional (staatliches Nobelhotel). Der Herzog de Figueroa stiftete auch das **Hospital de Santiago (15. Jh.**; schöne spätgotische Fassade mit Mudéjar-Einflüssen, 10–13 Uhr und 17–19.30 Uhr; gratis; Aug. geschl.) und beendete die Arbeiten am **Convento de Santa Clara**. Bedeutendstes religiöses Gebäude ist die im 16. Jh. begonnene **Colegiata de la Candelaria** mit ihrem massigen, aus Ziegelsteinen gemauerten Kirchturm. Der Barockaltar (18. Jh.) stammt aus der Werkstatt der Bildhauerfamilie Churriguera. Die Brüder José Benito, Joaquín und Alberto Churriguera entwickelten Ende 17./Anfang 18. Jh. den Churriguereskenstil, eine besonders mit Ornamenten überladene Variante des Spätbarock. Den Seitenaltar **Retablo de los Remedios** zieren mehrere Gemälde Zurbaráns (Di–Sa 11–14 Uhr und (nur Di, Mi, Do) 19–20 Uhr, Sa 18–20 Uhr; So, Mo geschl.).

Das Zentrum der Altstadt bilden die **Plaza Grande** und die **Plaza Chica**. Der mit Palmen bestandene, große (grande) Platz war Vorhof einer nicht mehr existenten Kirche. Im 16. Jh. wurden auf dem Platz Stierkämpfe ausgetragen. Durch den **Arquillo del Pan** (Brotbogen) gelangt man zum kleinen (chica) Platz. Das in die Mittelsäule am Durchgang eingemeißelte Längenmaß einer kastilischen Normal-Elle (83 cm) erinnert an die Vergangenheit als Marktplatz (vgl. Foto).

Feiertage: Seit 1380 ununterbrochen findet in Zafra Ende Sept. die **Feria de San Miguel** statt. Der frühere Viehmarkt zählt heute zu einer der größten Landwirtschaftsmessen Spaniens, die mit ihrem großen Jahrmarkt und den Stierkämpfen alljährlich Tausende von Besuchern in die Stadt lockt. Beim **Bacanal de la Grasa** (dt. etwa »Fettorgie«) gibt es am Karnevalssonntag lokale Produkte zu kosten.

Kulinarisches: Neben den schon bekannten Varianten des Cerdo ibérico dominieren im Winter deftige Eintöpfe (Cocidos), im Sommer steht u. a. kalter Gazpacho auf dem Speiseplan. Typisch sind Migas oder Tostadas con cachuela (geröstetes Brot mit Schweineleber, Schmalz und Kräutern).

Oficina de Turismo: Pl. de España, Tel. 924 551 036, Mo–Fr 10–14 Uhr und 18.30–20.30 Uhr (Winter 17–18.30 Uhr), Sa/So 10–14 Uhr (Winter 11–14 Uhr), www.visitazafra.com.

8 Zafra – Villarfanca de los Barros

4.45 Std.
19,4 km

Herbergen: Los Santos de Maimona (530 m, 8200 EW), S/TH, ☙☙☙, 12 B/Pilger 7 € (sonst 10 €). C/ Maestrazgo s/n (am Weg, kurz vor Ortsende), Information auch im Oficina de Turismo (s. o.), Reservierung möglich. Küche, Terrasse. Ganztags (Pilger erhalten Schlüssel), ganzjährig. **Villafranca de los Barros** (410 m, 13.300 EW), **(1)** TH, ☙☙☙, 18 B/10 € (12 € MF), auch DZ. Alb. El Carmen, C/ Carmen 26-a (nach Markthalle rechts), Tel. 665 962 628 und 691 537 283. Schöne Altbauwohnung. Küche, Waschm./Trockner, Internet, WLAN. Ganztags, März–Okt. **(2)** PH, ☙☙☙, 8 B/10 € (auch EZ/DZ). Alb. Tierra de Barros, C/ Nueva 35 (bei Markthalle geradeaus ausgeschildert, allerdings 300 m statt der angegebenen 150 m entfernt), Tel. 665 261 758. Küche, Waschm., Internet, WLAN, Innenhof. 10–22.30 Uhr (ggf. niemand da, dann anrufen), ganzjährig. **(3)** TH, ☙☙☙, 10 B/Pilger 10 € (sonst 12 €). Alb. Extrenatura, C/ Carvajales 2-1ª, 2. Stock (Straße rechts von Kirche im Zentrum, kurz nach dem Platz hinter der Kirche an rechter Straßenseite), Tel. 656 314 025. Waschm./Trockner, WLAN. Ganztags (ggf. niemand da, dann anrufen), ganzjährig. **(4)** Pension mit speziellen Pilerpreisen: Hostal Rural Casa Perín, C/ Carrillo Arenas 40, nahe Plaza de la Coronada (kurz vor Ortsende), Tel. 646 179 914, www.casaruralperin.es.

Die Strecke: Gut markiert, gute Wege.
Höhenunterschied: 200 m im Auf- und 300 m im Abstieg.
Kritische Stellen: Am Ortsausgang von Los Santos de Maimona auf die gelben Pfeile achten (etwas »verwickelte« Wegführung).
Landschaft: Der Weg verläuft weiter durch die ebene Kulturlandschaft. Weinfelder, Oliven- und Mandelplantagen bieten eine nette Abwechslung zu den Getreidefeldern. Dank der neuen Herbergen kann die Etappe nun auch bequem im hübschen Städtchen Villafranca de los Barros enden.
Infrastruktur: Los Santos de Maimona ⌂ ✕ ✉ ⊠ Ⓐ € ⛔ Sommer Mo–Sa 19.30 Uhr, So 8.30 und 21 Uhr. Winter Mo–Sa 21 Uhr, So 8.30, 12, 19.30 Uhr ✚ C/ la Granja 16, Tel. 924 544 348; Villafranca de los Barros ⌂ ✕ Ⓐ € ⛔ ⊠ ✉ ⓘ (außerhalb des Ortes an der N-630) ⛔ vgl. Infokasten S. 65 ✚ C/ Colombia, Tel. 924 525 800.
Anmerkung: (1) Die Herberge außerhalb (südöstlich, rechts vom Weg) von Los Santos de Maimona nimmt keine Pilger mehr auf, sondern nur noch angemeldete Gruppen (Vereine, Schulklassen). Dafür gibt es jetzt im Ort eine Herberge. **(2)** Die Herberge in der alten Ölmühle (La Almazara) knapp 8 km vor Villafranca de los Barros war zuletzt geschlossen und Pläne für eine Wiedereröffnung nicht bekannt.

Wir gehen von der touristischen Herberge von **Zafra (1)** aus durch die C/ Ancha zum Ortsrand und geradeaus über den Kreisverkehr zum **Torre de San Francisco** (**2**; 10 Min.), dem einzigen Rest eines Klosters (15.–19. Jh.). Durch locker gestreute Häuser führt uns ein breiter Feldweg auf einen kleinen Pass auf der **Sierra de San Cristóbal** (**3**; gut ½ Std.; kurz danach Hinweis zur ersten Herberge). Vor uns liegen Los Santos de Maimona und die Ebenen der Tierra de los Barros. Wir gehen bergab in den Ort und beim dreieckigen Platz rechts ins Zentrum von **Los Santos de Maimona** (**4**; 20 Min.).

ⓘ *Der schmucke Altstadtkern mit seinen strahlend weißen Hausfassaden hat **Los Santos de Maimona** den Spitznamen »weißes Kompliment« bzw. »weiße Schmei-*

Als wäre die Zeit stehen geblieben: Bauer in der Extremadura.

chelei« (Piropo Blanco) eingebracht. Im 13. Jh. wurde der einst von Römern, Westgoten und Arabern bewohnte Ort vom Orden der Santiago-Ritter wiederbesiedelt. Der **Palacio de la Encomienda** (16. Jh.), das festungsartige Ordenshaus, gilt als das am besten erhaltene in ganz Spanien. Heute beherbergt es das Rathaus. Das platereske gotische Portal der **Iglesia Parroquial de Nuestra Señora de los Ángeles** (16. Jh.) ist unter anderem mit Jakobsmuscheln verziert. Sie ist die einzige Hallenkirche der Region. Der Hauptaltar (17. Jh.) stammt aus der Sevillaner Schule. Das darin zu sehende Gemälde »Flucht aus Ägypten« wird Zurbarán zugeschrieben.
Feiertage: Größtes Fest ist der Jahrmarkt Feria de Agosto am ersten Augustwochenende, religiöser Höhepunkt sind vom 8. bis 10. Sept. die Feierlichkeiten zu Ehren der lokalen Schutzpatronin Nuestra Señora de la Estrella. Zwischen diesen beiden Terminen liegt das Weinfest (Fiesta de la Vendimia). Alle drei sind ausgelassene Volksfeste, bei denen es reichlich Wein und typische Tapas aus der Region zu kosten gibt.
Kulinarisches: Tostás guisás, mit Knoblauch und Paprika gewürzte Brotsuppe. Pipirigaña, Kaltschale mit Tomaten, Zwiebeln und Paprika. Hornazos de Pascua, für Ostern typisches, leichtes Schmalzgebäck.
Oficina de Turismo: Siehe unter »Herbergen«; www.lossantosdemaimona.com.

Wir gehen bei der Kirche links, am Portal vorbei rechts und geradeaus. Bei der T-Kreuzung biegen wir links ab, dann rechts und über die breitere Straße geradeaus in die C/ Valmoreno, dann links in die C/ Maestrazgo (Herberge), an deren Ende rechts in die C/ Arroyo, nach dem Mittelstreifen mit Bäumen wieder links und schließlich nach rechts aus dem Ort. Nach insgesamt etwa

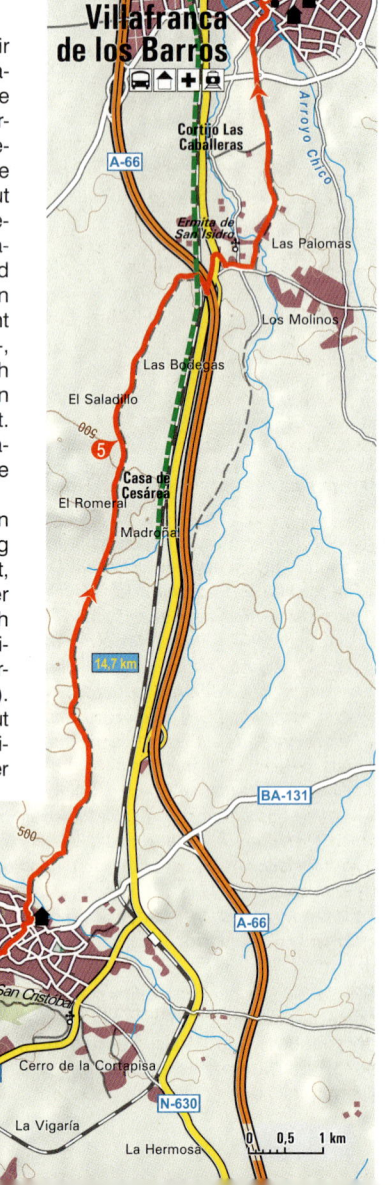

20 Min. (ab der Kirche) kommen wir über eine Brücke und nehmen danach rechts die unbefestigte Straße (man kann auch geradeaus weitergehen und bei der nächsten Gabelung rechts auf die unbefestigte Straße; beide Wege führen nach gut 15 Min. wieder zusammen). In deren Rechtskurve schlagen wir geradeaus den etwas holprigen Pfad ein. Er bringt uns zu einer breiten Schotterstraße (gut 20 Min.). Leicht wellig zieht sie sich durch Oliven-, Mandel- und Weinkulturen. Nach etwa 1 Std. öffnet sich das Feld, ein Zaun flankiert den Weg einige Zeit. Nach dem Zaun sehen wir Villafranca de los Barros in der Ferne und halten uns rechts.

Etwa 15 Min. später finden wir einen Marmorpoller als Wegmarkierung neben einem turmartigen Gerüst, rechts liegt ein verfallenes Haus. Hier verzweigt sich der Weg **(5)**. Nach rechts ging es früher zur in der Olivenbaumplantage gelegenen Herberge La Almazara (geschlossen). Wir gehen geradeaus und nach gut ½ Std. nach rechts und über die Gleise, danach rechts und links an der

N-630 unter der Straßenbrücke hindurch. Nach 10 Min. verlassen wir die N-630 nach rechts auf der unbefestigten Straße und biegen knapp 10 Min. später links ab. Nach 45 Min. überqueren wir geradeaus den Kreisverkehr und schwenken kurz danach links in den Ort hinein, wo wir nach rechts auf der C/ Zurbarán zur Markthalle gelangen (in der Straße danach rechts oben: Albergue El Carmen). Wir gehen mehr oder weniger geradeaus in die C /Gerona und gleich links (geradeaus: zur Albergue Tierra de Barros) durch die Fußgängerzone (C/ Larga) zur imposanten Kirche im Zentrum von **Villafranca de los Barros (6)**.

Auf dem Weg nach Villafranca.

> [i] *Obwohl es schon Siedlungsspuren aus der Bronzezeit gibt, war **Villafranca de los Barros** selbst noch zur Zeit der Römer nicht mehr als ein Bauerndorf an der Römerstraße, unserer Vía de la Plata. Im Zuge der Reconquista wurde der Ort im 13. Jh. dem Orden der Santiago-Ritter unterstellt, die auch die Ansiedlung von christlichen Landwirten förderten. Ein wirtschaftlicher und touristischer Faktor ist heute der Wein: Villafranca liegt im Weingebiet Ribera del Guadiana. Auf der **Ruta del Vino** kann man mehrere Bodegas (Winzereien) kennenlernen (www.rutadelvinoriberadelguadiana.es). Die **Iglesia Parroquial de Nuestra Señora del Valle** im Zentrum dominiert das Stadtbild (16. Jh.; sehenswert sind das gotische Portal und der Hauptaltar mit bemalten Holzschnitzereien, 17. Jh. Messe: Sommer Mo/Do/Sa 21.30 Uhr, Frühling/Herbst Mo/Do/Sa 20.30 Uhr, Winter Mo/Do/Sa 19.30 Uhr, So ganzjährig 12.30 Uhr). Richtung Stadtausgang passiert der Weg die schneeweiße **Ermita de la Coronada** (15. Jh., im 18. Jh. umgestaltet, Messe Sommer tgl. 9 Uhr, Herbst bis Frühling tgl. 9.30 Uhr). Weitere Information zu Messen in Oficina de Turismo. **Oficina de Turismo:** Pl. de España, Tel. 924 520 835, Mo–Fr 10–14 Uhr u. 17.30–19.30 Uhr (Winter 16.30–18.30 Uhr), Sa 10–13 Uhr, www.villafrancadelosbarros.es.*

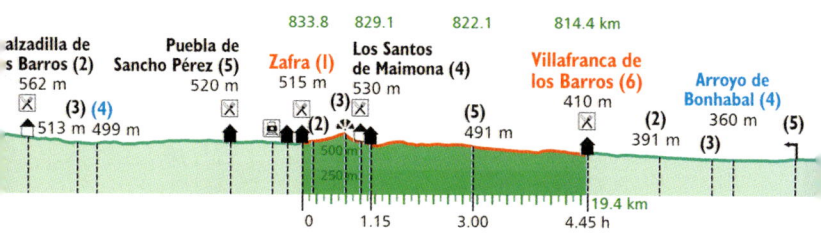

9 | Villafranca de los Barros – Torremejía

7.00 Std. | **27,8 km**

Herbergen: Torremejía (315 m, 2300 EW), **(1)** TH, ☻☻☻, 18 B/10 € (Feb./März 12 €). Alb. Rojo Plata, Tel. 924 341 051 und 658 854 372 (Reservierung möglich). Im Ort Hinweis links. Mahlzeiten (im Rest. des Betreiber), WLAN. Ganztags, ganzjährig. **(2)** TH, ☻☻☻, 20 B/12 €. Alb. Turístico Palacio de los Mexía, Tel. 924 340 407. Nach PH violettes Hinweisschild »Albergue Turístico« links (die Vía geht geradeaus weiter) in die C/ Constitución, dann schräg links über die Hauptstraße und geradeaus zur Herberge (ca. 700 m ab erster Herberge; restaurierter Adelspalast neben Kirche). Recht schön, geräumig, Küche, Mahlzeiten, Salón. Ganztags, ganzjährig.
Alternative Unterkünfte: Torremejía Hostal Milenio, Tel. 924 340 207.
Die Strecke: Vorwiegend gut markiert, gute Feldwege durch flaches Gelände, technisch anspruchslose Etappe.
Höhenunterschied: 80 m im Auf- und 180 m im Abstieg.

Kritische Stellen: In der Bahnunterführung kurz vor Torremejía steht meist schmutziges Wasser. Aus gesundheitlichen Gründen besser nicht hindurchwaten, sondern die im Text beschriebene Alternative wählen.
Landschaft: Hier gibt es nichts zu beschönigen: Dies ist eine ausgeprochen öde Etappe. Über Stunden verläuft sie ab Villafranca durch flaches Ackerland. Selbst der Wechsel von Oliven- und Weinplantagen bietet auf Dauer keine Zerstreuung. Marmorpoller zeigen den Weg an, doch schattige Sitzplätze sucht man vergebens. Aber wenn dieser Tag geschafft ist, kann einen später nichts mehr erschüttern.
Infrastruktur: Torremejía ☐ ☒ ☐ € @ ☐ ☐ ☐ Tel. 924 341 003 ☐ siehe Kirche ggü. touristischer Herberge im Palacio.
Anmerkung: Für die lange Strecke bis Torremejía (rund 28 km!) mit Proviant und reichlich Wasser vorsorgen. An warmen Tagen frühzeitig aufbrechen und an Sonnenschutz und Kopfbedeckung denken, kein Schatten!

Wir gehen links der Kirche von **Villafranca de los Barros (1)** auf der C/ Sta. Joaquina de Vedruna leicht bergan bis zu einem kleinen Platz (kurz davor rechts kleiner Laden, letzte Einkaufsmöglichkeit). Wir überqueren ihn schräg links und gehen rechts hinauf zur Plaza de la Coronada mit der gleichnamigen Kapelle (10 Min.). Danach verlassen wir nach links neben der gelb-weißen Mauer die Stadt. Nach 15 Min. kommen wir geradeaus über die Stoppstelle auf den Camino El Vizcaíno (Kiesstraße). Von Marmorpollern durch die flachen Oliven- und Weinplantagen geleitet biegen wir nach 45 Min. bei der

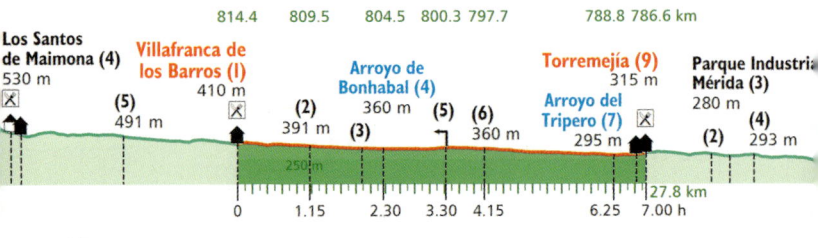

Los Santos de Maimona (4) 530 m	Villafranca de los Barros (I) 410 m	Arroyo de Bonhabal (4) 360 m	Torremejía (9) 315 m	Parque Industria Mérida (3) 280 m
(5) 491 m	(2) 391 m (3)	(5) (6) 360 m	Arroyo del Tripero (7) 295 m	(4) (2) 293 m

814.4 · 809.5 · 804.5 · 800.3 · 797.7 · 788.8 · 786.6 km

0 · 1.15 · 2.30 · 3.30 · 4.15 · 6.25 · 7.00 h · 27.8 km

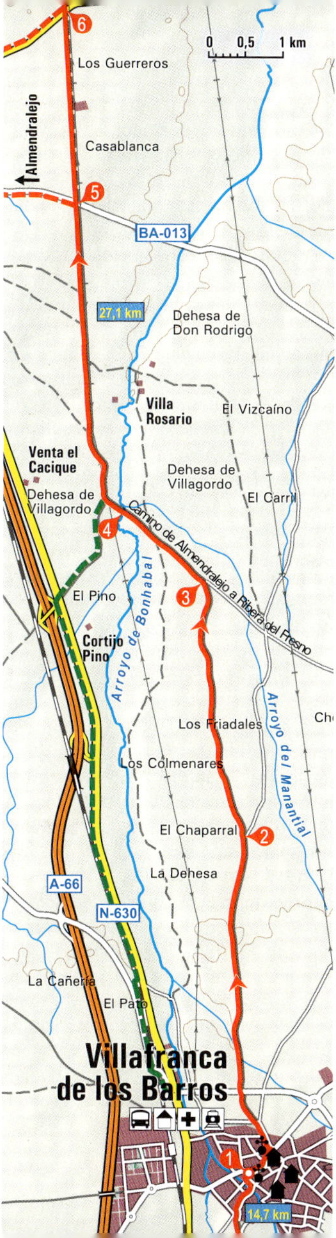

0 0,5 1 km
Los Guerreros
Almendralejo
Casablanca
BA-013
27,1 km
Dehesa de Don Rodrigo
Villa Rosario
El Vizcaíno
Venta el Cacique
Dehesa de Villagordo
Dehesa de Villagordo
El Carril
Camino de Almendralejo a Ribera del Fresno
El Pino
Cortijo Pino
Arroyo de Bonhabal
Arroyo del Manantial
Los Friadales
Los Colmenares
El Chaparral
La Dehesa
A-66
N-630
La Cañería
El Pato
Villafranca de los Barros
14,7 km

A-66
16 km
La Dehesa
Torremejía
0,7 km
N-630
Clavellinas
Arroyo del Tripero
Plantonal
Los Baldíos
Los Recueros
Cortijo Taldarroba
La Cuneta
El Molinillo
El Rozo
Los Villares
La Represa
El Teso
27,1 km
N-630
Tres Cuartillas
A-66
Dehesa de Arriba
Almendralejo
386
Pizarrillas
0 0,5 1 km

Gabelung links in den Feldweg in Richtung El Chaparral ab **(2)**. Etwa 1 Std. später schlagen wir bei einer schrägen T-Kreuzung wieder nach links (Westen) die breite Kiesstraße (**Camino de Almendralejo a Ribera del Fresno, 3**) ein. Kurz nach dem **Arroyo de Bonhabal (4**; 20 Min.) schwenkt sie nach Norden und verläuft nun 14 km lang schnurgerade auf der historischen Route der Vía de la Plata. Nach etwa 1 Std. überqueren wir die Straße nach **Almendralejo (5**; rechts, ca. 3,5 km/¾ Std. entfernt; Hotels und Restaurants).

i *Die vor einigen Jahren erfolgte Umstellung vom Getreideanbau auf Wein und Oliven hat **Almendralejo (35.000 EW)** zur reichsten Stadt der Tierra de Barros gemacht. Sie ist Sitz des Aufsichtsrats der Herkunftsbezeichnung **D.O. Ribera del Guadiana** für Weine der Extremadura. Unter dem Schlagwort Enoturismo (Weintourismus) können zahlreiche Bodegas der Stadt besichtigt werden. Jeweils Ende März, Anfang April versammelt der Wein- und Olivensalon ein internationales Fachpublikum in der Stadt. Im Mittelalter gehörte Almendralejo dem Santiago-Orden an und war unter dem Namen Almendral de Mérida (Mandelplantage Méridas) bekannt. Hier wurde übrigens die erste, später geschiedene Ehe von Königin Letizia, Ehefrau des spanischen Königs Felipe, geschlossen.*

Immer weiter geradeaus passieren wir die zweite Straße nach Almendralejo (**6**; ¾ Std.), am Horizont flimmert Torremejía einer Fata Morgana gleich, die man nie erreicht. 1¾ Std. später schwenkt die Kiesstraße leicht nach rechts, wir nehmen den leicht ansteigenden Feldweg links, der uns zum Bahndamm und zur Unterführung am Bach **Arroyo del Tripero (7)** bringt (knapp ½ Std.). Sofern kein Wasser steht, gehen wir unter der Bahn durch und danach rechts. Im anderen Fall folgen wir dem Damm rund 300 m bis zur Brücke und gehen auf dieser nach links zum Ortsrand (beide Varianten rund ¼ Std.). Auf der C/ Calzada Romana gehen wir geradeaus (nach Norden) durch den Ort, nach knapp 10 Min. liegt die **private touristische Herberge (8)** rechts. Ein Stück geradeaus finden wir den Hinweis nach links zur zweiten **touristischen Herberge (9**; 10 Min.). Die Vía läuft geradeaus weiter.

i *Wie viele Ortschaften entlang der Vía war **Torremejía** bereits unter den Römern besiedelt, nach der Verdrängung der Mauren wurde es im 15. Jh. mit christlichen Siedlern neu belebt. Aus dieser Zeit stammt der **Palacio de los Mexía** (auch Mejía), auch als **Palacio de los Lastra** bekannt, in dem heute die Herberge untergebracht ist. Im 16. Jh. wurden zur Verzierung der Fassade Fragmente römischer Grabplatten und Skulpturen verwendet. Der mit Jakobsmuscheln geschmückte Torbogen deutet auf die Verbindung zum Pilgerweg hin. Das Gebäude wurde 1995 als bedeutendes Kulturgut anerkannt und mit Geldern des Alba-Plata-Projektes restauriert. Gegenüber dem Palast steht die Pfarrkirche **Nuestra Señora de la Concepción** aus dem späten 16. Jh./frühen 17. Jh.*
Information: *www.torremejia.es.*

4.00 Std.
16 km

Torremejía – Mérida   10

Herbergen: Mérida (208 m, 60.000 EW), S/VH, ⊚⊚, 18 B/6 €. Alb. del Molino del Pan Caliente. Tel. 646 216 341. Zur Herberge geht es nach der Römerbrücke links und am besten bei erster Gelegenheit die Treppe links hinunter und rechts auf dem Fußweg am Guadiana-Ufer weiter. Sie ist das kleine Steinhaus nach dem Puente Lusitania (Brücke mit weißem Bogen) am Parkrand unterhalb der Straße. Ausstellung des Pilgerpasses (2 €). Getränkeautomat, Mikrowelle. Ca. 10–22 Uhr, ganzjährig.
Alternative Unterkunft: Mérida: Hostal Senero, C/ Holguín 12, Tel. 924 317 207, www.hostalsenero.com.
Die Strecke: Gut markierte Feldwege. Erhöhte Vorsicht auf dem Teilstück auf dem Seitenstreifen der N-630.
Höhenunterschied: 60 m im Auf- und 170 m im Abstieg.
Kritische Stellen: Gut 1 Std. nach Torremejía verläuft der Weg gut 30 Min. neben der N-630. Nach dem Verlassen der N-630 wird eine kleine Industrieanlage und deren Zufahrtsstraße passiert.
Landschaft: Wegen der Nähe zur Nationalstraße und zur Autobahn leider nicht sehr attraktiv. Über eine kleine Bergkuppe verlässt die Vía hinter Torremejía die Tierra de Barros und dringt in das Guadiana-Becken ein. Landwirtschaft und Weinbau bestimmen auch hier das Bild.
Infrastruktur: Mérida alles 🚉 Avda. de la Libertad s/n, Tel. 924 371 404 🚌 C/ Cardero s/n 🚌 Concatedral de Santa María April–Sept. Mo–Sa 12.30 und 20.30 Uhr, So/fei 9, 11, 12 und 20.30 Uhr, Okt.–März Mo–Sa 9, 12.30, 19.30 und 20 Uhr, So/fei 9, 10, 12 und 20 Uhr ✚ Centro de Salud Mérida Urbano II. C/ San Luis s/n, Tel. 924 310 200.
Anmerkung: Die alte Römerstadt Mérida mit ihren vielen Sehenswürdigkeiten bietet sich als Etappenziel an. Nach der kurzen Wanderung bleibt genügend Zeit (und Energie) für eine Stadtbesichtigung.

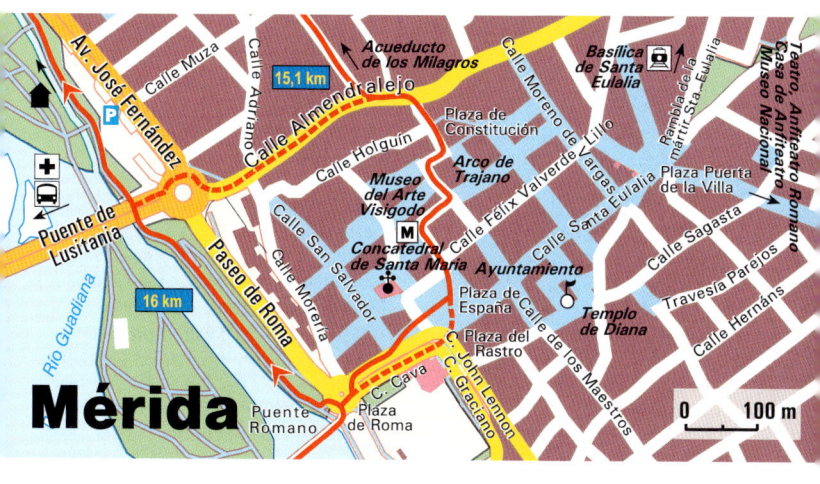

Von der Herberge im alten Palast **(1)** gehen wir zurück über die Hauptstraße in die C/ Constitución und verlassen die Stadt am Info-Stein nach links auf einem Feldweg. Beim Abzweig kurz darauf gehen wir links in Richtung N-630 (geradeaus nicht gangbare »Calzada Romana«) und auf einem Feldweg daneben weiter. (Oder ab Torremejía auf dem Seitenstreifen der N-630 bis zum Friedhof, wegen Verkehr nicht zu empfehlen.) Nach rund ¾ Std. überqueren wir eine Straße, danach gehen wir ein Stück auf der alten Straße und wenig später ohne Überweg über die Bahngleise **(2)**. Kurz darauf kommen wir an die N-630 und passieren den Industriepark Mérida **(3)**. Weiter auf dem Seitenstreifen kommen wir nach knapp 30 Min. über eine Kuppe, kurz danach zweigt rechts ein Pfad von der Straße ab **(4)**. Ein kurzes Stück parallel zur N-630 quert eine Straße unseren Weg, wir halten uns links und gelangen an der Industrieanlage (rechts) vorbei auf einen Feldweg. Nun wandern wir wieder, bald von den Steinpollern geleitet, sicher und komfortabel auf Traktorwegen durch Felder.

Nach etwa einer ¾ Std. ist Mérida zu sehen, bei der Ziegenfarm darauf folgen wir dem Hauptweg. Rund 45 Min. später kommen wir an Werkhallen vorbei zu einer Straße. Wir gehen schräg rechts unter der Straßenbrücke hindurch zum Ufer und an diesem nach links zur **Römerbrücke (5)**. (Oder bei der Straßenbrücke auf der Straße bleiben und gut 500 m geradeaus bis zum Abzweig rechts zur Römerbrücke gehen; auch 10 Min.) Am

Ein Zeugnis römischer Baukunst: der Acueducto de los Milagros in Mérida.

Ende der Römerbrücke führt die Vía geradeaus ins Stadtzentrum von **Mérida**. Zur **Herberge (6)** gehen wir links und am besten gleich die erste Treppe links hinunter auf den Uferweg und auf diesem nach rechts, unter der Calatrava-Brücke hindurch bis zur Herberge (ca. 10 Min. ab Ende Brücke. Man kann auch oben auf dem Gehweg bleiben und am Kreisverkehr bei der Calatrava-Brücke die steile Treppe links hinunter und unten rechts gehen).

> In wenigen Orten ist die römische Vergangenheit Spaniens so greifbar wie in **Mérida**, der Hauptstadt der Extremadura. 25 v. Chr. wurde es unter dem Namen Emerita Augusta als Siedlung für die Veteranen der V. und X. Legion gegründet. Rasch entwickelte sich der Ort zur wirtschaftlich und kulturell blühenden Hauptstadt der Provinz Lusitanien. Mit rund 50.000 Einwohnern war sie die größte und politisch einflussreichste römische Stadt in Iberien. Im Zuge der Christianisierung wurde Mérida als eine der ersten iberischen Städte Sitz eines Erzbischofs. Nach dem Zerfall des römischen Imperiums rettete Mérida seine Bedeutung in die Herrschaft der Westgoten, doch mit dem Einzug der Araber im 8. Jh. begann der Niedergang, der auch nach der Eroberung durch König Alfonso IX. und die Übernahme durch den Santiago-Orden nicht gestoppt werden konnte. Zudem litt Mérida durch die Nähe zu Portugal politisch und ökonomisch unter häufigen Grenzstreitigkeiten.

Die knapp 800 m lange, 60-bogige **Puente Romano** *wurde um 25 v. Chr. begonnen und war eine der größten Brücken des Römischen Reichs überhaupt (mehrere Umbauten bis ins 19. Jh.). Bis zum Bau der von einem weißen Bogen überspannten* **Puente de Lusitania** *durch Spaniens Stararchitekt Santiago de Calatrava (Valencia, 1951) im Jahr 1991 rollte auf ihr der Verkehr in die Stadt.*
Zum touristischen Pflichtprogramm gehören das **Teatro Romano** *(Foto S. 48) und das* **Anfiteatro Romano**. *Das in den Jahren 15/16 v. Chr. fertig gestellte Theater konnte bis zu 6000 Zuschauer fassen. Bis heute dient das sehr gut erhaltene Szenarium als stilvolle Veranstaltungsbühne. Das benachbarte Amphitheater (8 n. Chr. eröffnet) bot 14.000 Zuschauern Platz und konnte sogar für inszenierte Seeschlachten mit richtigen Schiffen geflutet werden. Mit einem Fassungsvermögen von rund 30.000 Zuschauern und 223 m Länge war der* **Circo** *oder* **Hipodromo Romano** *(1. Jh. n. Chr.) eine der größten Pferderennbahnen des römischen Imperiums und die einzige in Iberien. Leider ist die Anlage nicht sehr gut erhalten (Öffnungszeiten/Eintritt s. u. Hinweis). Einen sehr guten Überblick über die römische Vergangenheit gibt das architektonisch ansprechende* **Museo Nacional de Arte Romano** *(April–Sept. Di–Sa 9.30– 20 Uhr, Okt.–März 9.30–18.30 Uhr, So (ganzjährig) 10–15 Uhr, Eintritt 3 €, Sa nachmittags und So gratis, http://museoarteromano.mcu.es). Spaniens größte Sammlung westgotischer Skulpturen und Kunst ist in der* **Colección de Arte Visigodo** *zu sehen (April–Sept. Di–Sa 9.30–20 Uhr, Okt.–März 9.30–18.30 Uhr, So (ganzjährig) 10– 15 Uhr, Eintritt frei). Am Stadtausgang erhebt sich der 25 m hohe und 830 m lange* **Acueducto de los Milagros** *(Wunderaquädukt). Über ihn gelangte das Wasser des Proserpina-Stausees nach Mérida.*
Ferner sehenswert: *Schöne Mosaiken in der* **Casa del Anfiteatro** *und der* **Casa del Mitreo** *und die seit 1990 wieder teilsanierte, ursprünglich westgotische* **Basílica de Santa Eulalia** *(4. Jh., im 13. Jh. umgebaut). Der* **Templo de Diana** *(1. Jh. v. Chr.), einzig erhaltenes religiöses Gebäude aus der Römerzeit.*
Feiertage: *Die* **Semana Santa** *ist u. a. wegen der Darstellung des Kreuzweges im römischen Theater berühmt. Dort findet auch das international renommierte* **Festival de Teatro Clásico** *(Juli und August; www.festivaldemerida.es) statt. Parallel wird das Off-Theater-Festival auf verschiedenen Bühnen in der Stadt veranstaltet. Lebhaft geht es bei der* **Feria de los Gitanos** *vom 9. bis 12. Okt. zu, wenn gitanos (Zigeuner) aus ganz Spanien singen, tanzen und feiern.*
Kulinarisches: *Im Sommer kalte, erfrischende Gerichte wie Zorongollos (Kaltschale ähnlich dem Gazpacho), Cojondongos (gemischter Salat), Jilimojas (mit aromatischen Kräutern, Gewürzen und Essig verfeinerte Brühe). In Winter deftige Speisen wie Caldereta de Cordero oder Cabrito (Ragout aus Lamm- oder Ziegenfleisch) oder Cardincha de paleta de borrego (Ragout aus Schaffleisch).*
Hinweis: *Für die wichtigsten Sehenswürdigkeiten (römisches Theater, Zirkus) gibt es nur ein Sammelticket für 12 €, mehrere Tage gültig. Die Öffnungszeiten ändern sich je nach Jahreszeit, Information in der* **Oficina de Turismo**, *Paseo José Álvarez Sáenz de Buruaga (Eingang Teatro Romano), Tel. 924 330 722, tgl. 9.30–14 Uhr und 16.30–19.30 Uhr, www.turismomerida.org und auf www.consorciomerida.org.*

10.00 Std.
36,9 km

Mérida – Alcuéscar   11

Herbergen: El Carrascalejo (291 m, 70 EW), SH, ❀❀❀, 24 B. Im Frühsommer 2015 noch nicht fertiggestellt. Neubau wie römisches Haus mit Innenhof. Mikrowelle, Fertiggerichte. Ganzjährig. **Aljucén** (270 m, 230 EW), PH, ❀❀❀, 15 B/10 € (evtl. 12 €). (Zur Herberge: Straße vor Kirche rechts hoch). Tel. Ana: 616 515 195 (in Casa Rural La Bóvdea: vor der Kirche links die Straße hinunter). Nettes kleines Häuschen, Küche, Kaffee-/Snackautomat, Garten. Ab 12 Uhr (vor 20 Uhr ankommen), ganzjährig. **Alcuéscar** (450 m, 2800 EW), KH, ❀❀, 100 B/Spende. Alb. Casa de Misericordia, Konvent und Behindertenheim der Esclavos de María y los Pobres (dt.: Haus der Barmherzigkeit, Sklaven Marias und der Armen). Tel. 927 120 024. Abendessen. Messe mit Pilgersegen 19.30 Uhr. Ganztags außer 14.30–16.30 Uhr. 12–21.30 Uhr, ganzjährig.
Die Strecke: Außer in Mérida meist gut markiert. Die ersten rund 2 Std. verlaufen neben einer kleinen Landstraße, danach gute Pfade und Feldwege durch Dehesas. Moderate Höhenunterschiede.

Höhenunterschied: 480 m im Auf- und 240 m im Abstieg.
Kritische Stellen: (1) Im Naturpark Cornalvo, gleich nach der Provinzgrenze, zuletzt irreführende Markierung. **(2)** Ca. 45 Min. vor Alcuéscar geradeaus dem Hinweis zur Herberge folgen.
Landschaft: Nach den scheinbar endlosen Ebenen der Tierra de Barros erscheint der Proserpina-Stausee mit seinem Uferweg, den Ausflugslokalen und kleinen Sandstränden wie eine Oase. Danach zieht sich die Vía wieder durch hügelige Dehesas mit knorrigen Eichen, bemoosten Findlingen und ihren Freilauf genießenden Schweinen. Ab Aljucén wandern wir durch den Naturpark Cornalvo.
Infrastruktur: Stausee Proserpina 🗙 (Ausflugslokale, z. T. nur im Sommer oder Sa/So geöffnet); El Carrascalejo 🛏; Aljucén 🛏 (Casa Rural) 🛒 🗙 🅰 @ ✉ (nur bis 13.30 Uhr offen); Alcuéscar 🛏 🗙 🛒 € @ 🚌 🅰 ✚ C/ Portugal s/n, Tel. 927 384 210.
Anmerkung: Für die lange Strecke zwischen Aljucén und Alcuéscar ausreichend Proviant und Wasser mitnehmen.

Blick auf Carrascalejo.

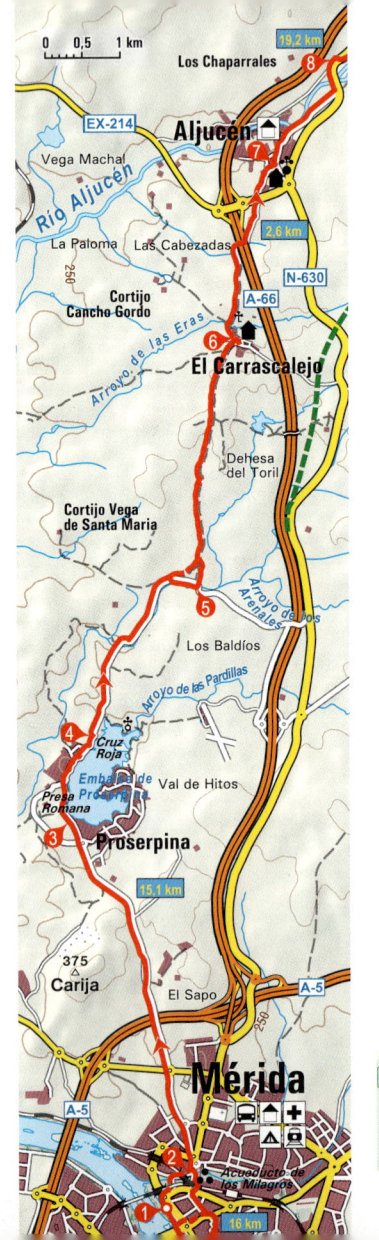

Von der **Herberge (1)** gehen wir auf dem Uferweg zurück zur Römerbrücke und steigen kurz davor nach links die Treppe hinauf. Über die C/ del Puente gelangen wir auf die **Plaza de España** und diagonal nach links in die C/ Santa Julia und rechts in die C/ Trajano. Durch den 13 m hohen römischen **Arco de Trajano**, das ehemalige Nordtor Méridas (auch »Arco de Santiago«) kommen wir nach rechts auf die Pl. de la Constitución. Hier gehen wir links in die Travesía de Almendralejo und links in die C/ Almendralejo. Gleich darauf zweigt rechts die C/ Calvario ab. Sie bringt uns zum imposanten **Acueducto de los Milagros** (**2**; ½ Std.; direkte Wege ab Herberge: a) Über die steile Treppe hinauf zum Kreisverkehr bei der Puente de Lusitania, dann geradeaus in die C/ Almendralejo und links in die C/ Calvario. b) Nach links bis zum Kreisverkehr, dort rechts in die C/ del Ferrocarril, die nächste links, unter der Brücke hindurch und nach der nächsten Brücke rechts zum Aquädukt, gut 1 km kürzer.). Durch die Bahnunterführung kommen wir auf die Brücke neben dem Aquädukt. Beim ersten Kreisverkehr gehen wir schräg links, beim nächsten geradeaus (leicht rechts) in die Avda. del Lago und verlassen das Stadtgebiet. Nach dem vierten Kreisverkehr wandern wir gemütlich auf dem Fußweg neben der Straße über eine Anhöhe zum **Stausee Proserpina** (**3**; 1½ Std.).

i *Der einst von den Römern angelegte **Embalse de Proserpina** mit seiner rund 425 m langen Staumauer diente als Wasserreservoir für Mérida. Über*

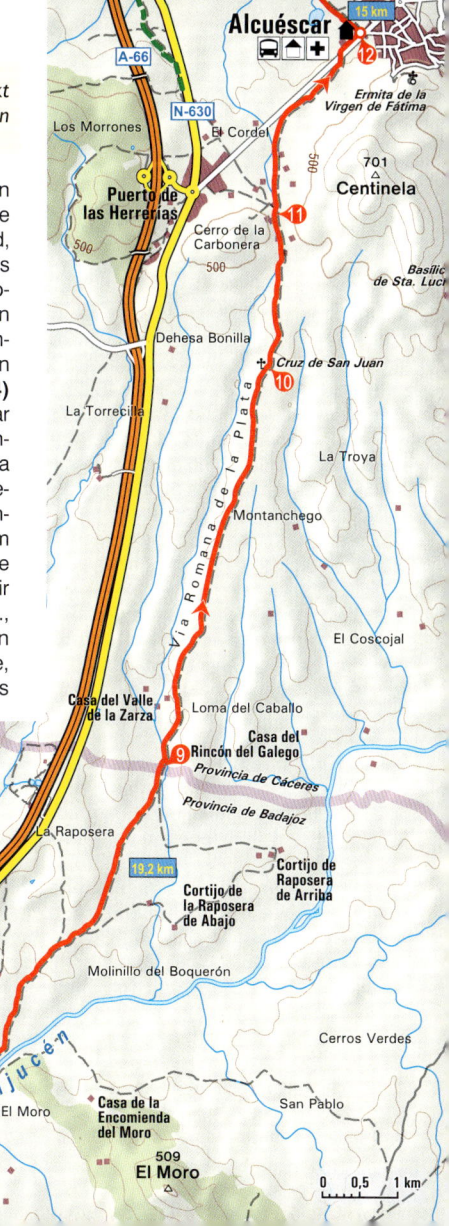

Kanäle und den Milagros-Aquädukt gelangte das Wasser zu den Brunnen in der Stadt.

Wir gehen über die Staumauer, an der wie in einem Freiluftmuseum die alten Mechanismen zu sehen sind, zum linken Ufer. Danach erwartet uns mit dem Uferweg ein herrlicher Abschnitt vorbei an kleinen Stränden und Ausflugslokalen (u. U. nicht immer geöffnet). Nach 20 Min. biegen wir nach dem Rot-Kreuz-Gebäude **(4)** und noch vor der letzten Strandbar nach links auf die (meist kaum befahrene) Landstraße ab. Nach etwa ½ Std. ist links ein weißes Haus zu sehen. Die Straße beschreibt eine leichte Rechtskurve, nach etwa 200 m zweigt links ein Erdweg ab (der alte Abzweig, evtl. noch gelbe Pfeile). Wir folgen der Landstraße noch 5 Min., verlassen sie dann auf dem breiten Erdweg nach links **(5**; gelbe Pfeile, Steinquader) und durchwandern das von Steineichen bestandene Weideland auf teils von Mauern gesäumten Feldwegen, hie und da grüßen Schweine und Kühe. Nach einem kleinen Pass (¾ Std.) wird der Blick auf das idyllisch in der Landschaft liegende Dorf **El Carrascalejo** frei, das wir eine ¼ Std. später erreichen. Der Weg verlässt den Ort hinter der Dorfkirche (Santa María de la Consolación; früher, als Verweis auf den Pilgerweg, Santa María del Camino, 14./15. Jh.; davor Trinkwasserbrunnen) nach links unten an der neuen **Herberge (6)** vorbei. Bei dem roten Kreuz des Santiago-Ordens geht es schräg rechts wieder leicht bergauf. Etwa 20 Min. später gehen wir rechts unter der Autobahn hindurch und kommen über eine Anhöhe und eine Stoppstelle nach **Aljucén (7**; 20 Min.). Am zentralen Platz vor der Kirche geht es rechts hoch zur Herberge, die Vía biegt nach links ab.

> *Die eigentümlich kompakt-asymmetrisch gebaute Kirche von **Aljucén**, die **Iglesia de Nuestra Señora de la Consolación** (früher San Andrés) stammt aus dem 15./16. Jh. (schönes Renaissance-Portal). Pilger können die römische Therme **Aqua Libera** zu Sonderpreisen nutzen, das Restaurant bietet Menüs nach römischen Rezepten (beides nur mit Anmeldung, Tel. 924 310 032 www.aqualibera.com).*

Am Ortsende schlagen wir rechts die kleine Landstraße ein. Links fließt von Bäumen und Buschwerk gesäumt der Río Aljucén. Bei der Kreuzung mit der N-630 überqueren wir den Fluss nach links und gehen bei der (zuletzt geschlossenen) Tankstelle rechts in den **Parque Natural de Cornalvo** ab (**8**; 25 Min.).

> *Der **Naturpark** und **Vogelschutzgebiet Cornalvo** dehnt sich über knapp 11.000 ha aus. Das ehemalige Weideland wird heute in weiten Teilen wieder sich selbst überlassen. Rund 250 Tierarten, darunter 179 Vogelspezies, sind im Park katalogisiert, darunter auch der vom Aussterben bedrohte Schwarzstorch. Daneben beheimatet er Geier, Adler, Falken und Milane. Stein- und Korkeichen dominieren die Flora. An Bachläufen gedeihen auch Eschen, Ulmen und Weiden. Der im Park liegende Stausee Cornalva war neben Proserpina das zweite große römische Wasserreservoir.*

Auf einem guten Weg wandern wir knapp 30 Min. links vom Fluss, dann schwenkt der Weg bei einer Gabelung nach links. Granitpoller und gelbe Pfeile leiten uns durch das wellige Gelände. Knapp 30 Min. nach Verlassen des Flusses durchqueren wir ein Gatter und kommen danach auf eine Hochebene, die teils wie eine afrikanische Savanne anmutet. Steineichen, Zistrosen, später auch Korkeichen bilden die karge Vegetation. Eine ¾ Std. nach dem Gatter betreten wir durch eine Pforte einen privaten Jagdgrund (»Coto privado de caza«; Pforte wieder schließen). Dann markiert eine Info-Tafel (¼ Std.) das Ende des lokalen Wanderwegs, wir betreten die **Provinz Cáceres (9)**.

Wir gehen erst geradeaus bzw. leicht rechts weiter (nicht links dem breiten Weg folgen!), dann sorgte ein Granitpoller zuletzt für Irritation: Er schien

Am Ufer des Proserpina-Stausees laden viele Stellen zum Rasten ein.

geradeaus in einen Pfad zu zeigen; wir bleiben aber auf dem Weg, der bald steiniger und steiler wird und sich auf der nächsten Hochebene wieder verflacht. Etwa eine ¾ Std. später schwenkt der Weg deutlich nach links/Norden, passiert ein Gatter und verläuft neben einer Neuaufforstung. Ohne weitere Abzweige erreichen wir das steinerne Wegkreuz **Cruz de San Juan (10**; gut ¾ Std.).

Gut 15 Min. später holen uns erste Höfe und Ställe in die Zivilisation zurück. Auf einer Schotterstraße geht es etwa 20 Min. leicht bergan. Oben achten wir gut auf den Abzweig nach Alcuéscar **(11)**: Der Poller zeigt nach links, wir aber folgen dem Pfeil rechts/geradaus zur Herberge. In einem weiten Rechtsbogen steuern wir auf einem Sträßchen auf **Alcuéscar** zu. Nach gut ½ Std. schwenkt das Sträßchen nach rechts. Die Pfeile zeigen nach links in einen neu angelegten Feldweg Richtung Landstraße. In einiger Entfernung sehen wir bereits das große weiße Konvent mit der Pilgerherberge **(12)**. Wir erreichen es in etwa 10 Min. rechts der Landstraße folgend.

> *i* **Alcuéscar** *ist eine kleine, unspektakuläre Stadt. Ihre Gründung durch die Araber wird auf 830 datiert, 400 Jahre später eroberten Christen den Ort, der bald dem Santiago-Orden unterstand. Die* **Iglesia de la Asunción** *wurde vom 15. bis 18. Jh. erbaut. Das bedeutendste Bauwerk befindet sich außerhalb, in den Bergen südlich des Ortes. Die aus dem 8. Jh. stammende Basílica oder* **Ermita de Santa Lucía de Trampal** *ist das einzige noch fast vollständig erhaltene westgotische Bauwerk im Süden Spaniens.*
> **Feiertage:** *Volksfest mit Wallfahrtsprozessionen* **La Jira** *am Sonntag nach Ostersonntag. Erstes Wochenende im Oktober:* **Fiestas de la Virgen del Rosario**, *u. a. Blumengaben an die Jungfrau María und Versteigerung der von den Dorfbewohnern gestifteten Gegenstände und Speisen.*

12 Alcuéscar – Valdesalor

6.15 Std.
25,5 km

Herbergen: Aldea del Cano (393 m, 680 EW), SH, ☕☕, 8 B/6 € (2. Nacht 22 €). Rechts vom Weg im Ort an Hauptstraße. Tel. Rathaus 927 383 002. Küche, Waschm./Trockner, Kamin. Ganzjährig.
Valdesalor (430 m, 600 EW), SH, ☕☕, 14 B/6 €. Kleines Häuschen gleich am Ortsanfang ggü. der kleinen Grünanlage. Waschm., Küche. Wenn geschlossen, Info in Bar (ggü. in der Grünanlage) oder Schlüssel abholen: Mo–Fr 9.30–14 Uhr und 16.30–20.30 Uhr im Rathaus (dem Weg geradeaus, dann rechts-links schwenkend bis zum zentralen Platz folgen), Sa/So 9–22 Uhr im Hogar del Pensionista (am Südrand des zentralen Platzes), ganzjährig.
Höhenunterschied: 100 m im Auf- und 160 m im Abstieg.
Kritische Stellen: Keine.
Landschaft: Kurz hinter Alcuéscar schlängelt sich der Weg noch durch Olivenhaine und Weinfelder. Dann öffnet sich die Landschaft wieder in weite, sehr locker mit Eichen und Ginster bestandene Ebenen. Leider lassen die nahe N-630 und die Autobahn kaum Gefühle von Abgeschiedenheit und dem Wandern auf historischen Pfaden aufkommen.
Infrastruktur: Casas de Don Antonio (389 m, 200 EW) 🅰 ▪ ➕ kleine Arztpraxis mit eingeschränkten Öffnungszeiten, Tel. 927 383 019; Aldea del Cano 🏠 (Casa rural) 🅧 🅰 🍴 🚌 @ ➕ im Rathaus, Pl. Mayor, Tel. 927 383 002; Valdesalor 🅧 🍴 🚌 @ ➕ C/ Hernán Cortez 1, Tel. 927 129 811.
Anmerkung: Bis Cáceres sind es noch knapp 12 km/3 Std. Wer sich die Stadt anschauen möchte, kann entweder diese Etappe verlängern oder die folgende auf zwei Tage aufteilen.

Aus der **Herberge (1)** kommend folgen wir links der kleinen Straße, die wenig später zu einem Feldweg wird. Bei der Gabelung mit dem kleinen Betonhaus nach etwa 700 m halten wir uns rechts und wandern durch Olivenhaine und einige Weinfelder, dann öffnet sich die Landschaft. Nach insgesamt 20 Min. zeigt ein gelber Pfeil rechts in einen kleineren Feldweg; dieser schlägt nur einen kleinen Bogen, d. h. man kann auch einfach auf dem Hauptweg bleiben. Etwa 1¼ Std. später ist rechts der **Ayuela-Stausee (2)** zu erkennen, kurz darauf kommt der Weiler **Casas de Don Antonio (3)** in Sicht. Ein gutes Stück davor leitet uns ein Granitpoller nach rechts auf einen Feldweg, auf dem wir zur mittelalterlichen Brücke vor dem Ort gelangen (¾ Std. seit Blick Stausee).

> ℹ️ Die im 15. Jh. errichtete **Iglesia de Nuestra Señora de la Asunción** in **Casas de Don Antonio** wurde bis zum 17. Jh. baulich stark verändert. Ebenfalls aus dem 15. Jh. stammt die **Ermita de la Virgen del Pilar** am Ortsausgang.

Nach der Brücke gehen wir links, umgehen den Ort und kommen, vorbei an der Ermita (Brunnen), zur N-630, an der nebeneinander ein Altenheim und ein Nachtclub liegen. Wir folgen rechts dem Feldweg neben der N-630 und A-66 und damit treu der originalen Römerstraße. Knapp 45 Min. später steht der Meilenstein **Miliario Correo (4)** am Wegesrand.

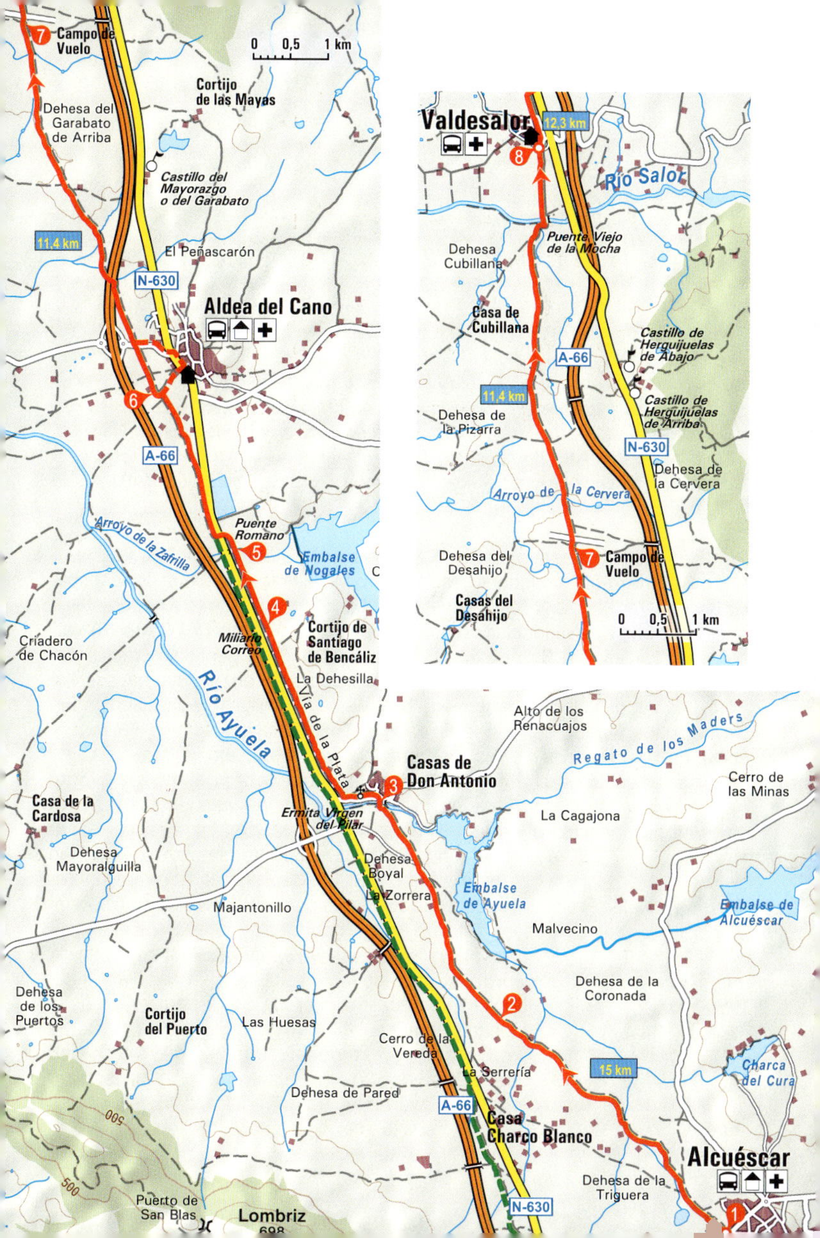
Campo de Vuelo
0 0,5 1 km
Cortijo de las Mayas
Dehesa del Garabato de Arriba
Castillo del Mayorazgo o del Garabato
11,4 km
El Peñascarón
N-630
Aldea del Cano
A-66
Puente Romano
Embalse de Nogales
Arroyo de la Zafrilla
Miliario Correo
Cortijo de Santiago de Bencáliz
La Dehesilla
Criadero de Chacón
Río Ayuela
Vía de la Plata
Casas de Don Antonio
Ermita Virgen del Pilar
Casa de la Cardosa
Dehesa Mayoralguilla
Dehesa Boyal
La Zorrera
Majantonillo
Embalse de Ayuela
Malvecino
Alto de los Renacuajos
Regato de los Maders
Cerro de las Minas
La Cagajona
Embalse de Alcuéscar
Dehesa de la Coronada
Dehesa de los Puertos
Cortijo del Puerto
Las Huesas
Cerro de la Vereda
La Serrería
15 km
Charca del Cura
Dehesa de Pared
Casa Charco Blanco
Alcuéscar
Dehesa de la Triguera
500
Puerto de San Blas
Lombriz
Valdesalor
12,3 km
Río Salor
Puente Viejo de la Mocha
Dehesa Cubillana
Casa de Cubillana
Castillo de Herguijuelas de Abajo
Castillo de Herguijuelas de Arriba
Dehesa de la Pizarra
Dehesa de la Cervera
Arroyo de la Cervera
Dehesa del Desahijo
Casas del Desahijo

	733.7	729.2	725.8	722.7	719.1		713.8		708.2 km	

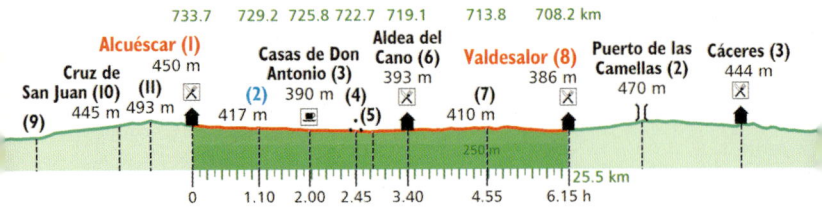

Alcuéscar (1) 450 m — Cruz de San Juan (10) 445 m — (11) 493 m — Casas de Don Antonio (3) 390 m — (2) 417 m — (4) — (5) — Aldea del Cano (6) 393 m — (7) 410 m — **Valdesalor (8)** 386 m — Puerto de las Camellas (2) 470 m — Cáceres (3) 444 m

250 m | 25.5 km

0 · 1.10 · 2.00 · 2.45 · 3.40 · 4.55 · 6.15 h

> ℹ️ Neben der Strecke liegen verstreut Reste römischer **Meilensteine** (miliarios). Diese etwas mehr als mannshohen Granitsäulen markierten im Abstand von je einer Meile die Distanzen auf der **Calzada Romana** (Römerstraße). Eine römische Meile misst etwa 1480 Meter – was wiederum 1000 Doppelschritten entsprechen soll. Die in den Granit gehauene Nische des **Miliario Correo** oder **del cartero** (dt. etwa: Meilenstein des Briefträgers) diente lange Zeit als »Postfach« für das abseits der Straße liegende Hofgut Santiago de Benacaliz. Heutzutage deponieren zuweilen Pilger kleine Botschaften darin.

Rund eine ¼ Std. später passieren wir die gut erhaltene kleine Brücke **Puente de Santiago** (5; römischer Ursprung, im Mittelalter umgebaut). Wenig später überqueren wir die N-630 nach links. Auf der Calzada Romana entfernen wir uns etwas von der Nationalstraße und gehen links an **Aldea del Cano** (6) vorbei. Wer zur etwa 400 m entfernten Herberge möchte, geht nach rechts am Sportplatz vorbei in den Ort. Die Herberge liegt kurz vor der N-630 rechts (links: Rest. Las Vegas). Die Vía geht geradeaus weiter. (Von der Herberge aus gehen wir denselben Weg zurück oder folgen der N-630 bis zum blauen Autobahnschild und gehen dort links bis zur Kreuzung mit der Vía; 700 m.)

Kurz nach dem Zusammentreffen der beiden Varianten finden wir ein Infopanel und einen Brunnen. Etwa ¼ Std. später gehen wir links unter der Autobahn hindurch. Nach und nach wird die mit weit verstreut stehenden Steineichen und Ginsterbüschen durchsetzte Landschaft steppenartiger. Gut 45 Min. später überqueren wir geradeaus das Flugfeld eines kleinen Sportflughafens (7) und steigen auf der anderen Seite einen flachen Hang hinauf, von wo aus Valdesalor zu sehen ist. Gut 1 Std. nach dem Flugfeld erreichen wir die in einer Senke liegende alte Römerbrücke (Puente Viejo de la Mocha). Geradeaus bergan gelangen wir zur Herberge am Ostrand von **Valdesalor** (8; ¼ Std.). Der in den 50er-Jahren des 20. Jh. entstandene Ort wartet nicht mit Sehenswürdigkeiten auf.

Ein Relikt aus der Römerzeit: der Meilenstein mit Postfach.

5.45 Std.
22,9 km

Valdesalor – Casar de Cáceres   13

Herbergen: Cáceres (444 m, 95.000 EW), **(1)** TH, ✪✪✪, 40 B/15 € (18 € MF). Albergue las Veletas, am Weg in C/ Margallo 36, Tel. 927 211 210 und 638 337 069. Recht gute Herberge, zentral gelegen. Küche, Waschm./Trockner, WLAN, Garten, Mahlzeiten. Ganztags, ganzjährig. **(2)** SH, ✪✪⌂, 60–70 B/16 € (18 € MF). Etwas außerhalb in Avda. de la Universidad s/n, Tel. 927 249 768/927 102 001. Ab C/ Godoy geradeaus in C/ Sande, geradeaus Avda. de San Blas, Herberge im großen Gebäudekomplex rechts vor der großen Kreuzung mit Avda. de las Delicias. Gute Herberge, Wäscherei, Cafeteria/Rest., WLAN. Ganztägig, ganzjährig. **Casar de Cáceres** (363 m, 4700 EW), SH, ✪✪, 24 B/gratis. Am zentralen Platz. Betreut von Bar El Siglo neben der Herberge, dort auch Stempel. Kleine Kochgelegenheit, Waschmaschine. Einfach, aber akzeptabel. Ganztags, ganzjährig.

Die Strecke: Einfache, flache Etappe, meist gut mit gelben Pfeilen und Granitpollern markiert, gute Wege. Bis Casar de Cáceres verläuft der Weg ein längeres Stück an der Landstraße.

Höhenunterschied: 200 m im Auf- und 220 m im Abstieg.

Kritische Stellen: In Cáceres auf die teils etwas hoch angebrachten Muschelmarkierungen, bzw. auch auf im Boden eingelassene Wegsymbole achten.

Landschaft: Eine landschaftlich eher unspektakuläre Etappe. Nach dem Puerto de las Camellas kommt Cáceres in Sicht. Der Weg ins historische Zentrum durch ein Gewerbegebiet und einen Teil der Neustadt zieht sich etwas. Danach geht es relativ schnell aus der Stadt hinaus und durch eine sehr karge Ebene nach Casar de Cáceres.

Infrastruktur: Cáceres alles 🛒 u. a. Concatedral de Santa María Mo–Fr 13 u. 19.30 Uhr, Sa 19.30 Uhr, So 10, 12, 13 u. 19.30 Uhr (Okt.–April je 18.30 Uhr statt 19.30 Uhr) ⛺ Camping Ciudad de Cáceres, etwas außerhalb an der N-630 in Richtung Salamanca gelegen 🚌 C/ Túnez s/n, Tel. 927 232 550, www.estacionautobuses.com 🚉 Avda. de Alemania s/n, Tel. 902 240 202 (Renfe) oder 927 235 061 ✚ Hospital General San Pedro de Alcántara, C/ Viena/Ronda de San Francisco s/n Tel. 927 256 200. Casar de Cáceres 🏧 ✗ € 🛒 ℹ️ 🅰 ✉ ⋈ ⌛ @ 🛒 Mo–Fr 19.30 Uhr, Sa 20 (Mai–Sept. Mo–Fr 20 Uhr, Sa 21 Uhr), So 9, 11, 12 Uhr.

Variante: In Cáceres gibt es ab der Plaza de San Francisco einen alternativen, etwa gleich langen Weg in die Altstadt hinein. Siehe Wegbeschreibung.

Anmerkung: (1) Besonders um Ostern und während des Musikfestivals WOMAD (Anfang Mai) empfiehlt sich in Cáceres eine frühzeitige Reservierung in den Herbergen oder sonstigen Unterkünften. **(2)** Die historische Altstadt von Cáceres (Weltkulturerbe der UNESCO) zählt mit zu den schönsten ganz Spaniens. Wer Zeit hat, sollte hier eine Übernachtung einplanen. Auch wenn die Energie nicht mehr für ausführliche Besichtigungen von Sehenswürdigkeiten reicht, sollte man zumindest bei einem zwanglosen, vielleicht sogar nächtlichen Bummel die Altstadt auf sich wirken lassen. Das Gassengewirr ist praktisch komplett mittelalterlich erhalten und von modernen Licht- und Reklameeinflüssen fast gänzlich verschont.

Von der Herberge von **Valdesalor (1)** aus gehen wir im Rechts-Links-Schwenk zum zentralen Platz mit Kirche und Rathaus und geradeaus in 10 Min. zur Tankstelle (mit Restaurant). Dort überqueren wir die N-630 nach rechts, bleiben kurz neben ihr und halten dann auf die Brücke über die Au-

In den Altstadtgassen von Cáceres.

tobahn zu. Danach wandern wir auf einem leicht ansteigenden Feldweg parallel zur N-630. Rund 45 Min. später gehen wir wieder nach links unter der N-630 hindurch und neben ihr hinauf zum **Puerto de las Camellas (2)**. Kurz darauf sehen wir auch schon Cáceres. Nochmals geht es über die Nationalstraße und dann immer dem Feldweg durch den kargen Landstrich folgend zum Stadtrand (¾ Std.).

Bei der Tankstelle gehen wir rechts über die Straße und links in die **Ronda de San Francisco**. Sie führt uns am Gericht (»Juzgados«) und zwei Krankenhäusern (»Hospital« und »Clínica«) vorbei zu einem Kreisverkehr mit Brückenfragment, der **Plaza** bzw. **Puente de San Francisco** (gut ½ Std.; im Gehweg auf der rechten Straßenseite sind Wegweiser eingelassen). Wir folgen schräg rechts der C/ Mira al Río, die zur C/ de San Roque wird. Kurz bevor diese nach rechts unten abknickt, nehmen wir den geradeaus laufenden Fußweg. Er bringt uns zum **Arco del Cristo**. Wir durchqueren ihn und gehen dann links in die Cuesta del Marqués, dann rechts über die Pl. San Jorge auf die zentrale Plaza de Santa María vor der **Kathedrale** von **Cáceres** (3; ¼ Std.).

Variante ab Plaza de San Francisco: Wir gehen direkt am Beginn der C/ Mira al Río links in die (gepflasterte) Einbahnstraße, dann nach links oberhalb des Kreisverkehrs entlang und folgen der dritten Straße (C/ Damas) nach rechts steil hinauf direkt in die Altstadt. Am Platz mit Palmen (Plaza de Santa Clara) steuern wir auf die kurze Straße geradeaus zu (u. a. Schild »Zona 20«) und gelangen auf dieser auf die quer verlaufende C/ Puerta de Mérida (Schild »Parador« nach links). Hier folgen wir der links versetzt beginnenden C/ Ancha, gehen beim Platz vor der Kirche (Iglesia de San Mateo) rechts und gleich wieder links in die schmale Gasse (Cuesta de la Compañía; am Anfang rechts: Palacio und Torre de las Cigüeñas, Storchenpalast- und turm), dann die Treppen hinunter auf die Plaza de San Jorge (mit Iglesia de San Francisco Javier und Palacio de los Golfines de Abajo), an dessen Ende durch die Gasse links über die Plaza de los Golfines zur **Kathedrale** (3; ¼ Std.).

ℹ️ Am schönsten ist die an sich schon sehr sehenswerte, weitgehend autofreie Altstadt, das **Barrio Monumental**, von **Cáceres** nachts, wenn nur spärliches Laternenlicht die Plätze und Gassen beleuchtet. Weder aufdringlich werbende Kneipen noch schrille Souvenirläden stören die Zeitreise ins Mittelalter und die Renaissance. Wenige spanische Städte haben ihr altes Zentrum so vorbildlich und historisch sensibel erhalten wie Cáceres. Nicht umsonst gehört die Altstadt seit 1986 zum Weltkulturerbe der UNESCO.

Unter den Römern war Norba Caesarina eine der fünf wichtigsten Kolonien der Provinz Lusitanien. Unter den Westgoten starb der Ort aus, erst die Araber belebten ihn unter dem Namen Hizn Quazris neu. 1169 eroberte König Fernando II. von León die Stadt, doch schon 1173 besetzten die Araber Cáceres erneut, verstärkten die Stadtmauer und errichteten Befestigungstürme (aus dieser Zeit noch erhalten: Torre de Bujaco, Torre de la Yerba und Torre del Horno). Der endgültige Anschluss an das Königreich León gelang Alfonso IX. am 23. April 1229, dem Vorabend des Feiertags des heiligen Georg (San Jorge), der seither Schutzpatron der Stadt ist. Von da an bis ins 16. Jh. hinein prägten durch Landwirtschaft zu Reichtum gekommene Adelsfamilien mit ihren je nach Mode der Zeit (Gotik, Renaissance) gestalteten Palästen das Stadtbild.

Bis zum 15. Jh. zierten stolze Türme die Silhouette von Cáceres. Dann ließ Königin Isabel, die Katholische, sie schleifen – als Strafe, weil die Stadt sie im Thronfolgestreit nicht unterstützt hatte. Die unzähligen Störche finden aber auch ohne Türme noch genügend Nistplätze! 1170 wurde in Cáceres der dem Schutz der Jakobspilger verschriebene Santiago-Orden gegründet, dem wenig später Fernando II., König von León, die Stadt übertrug.

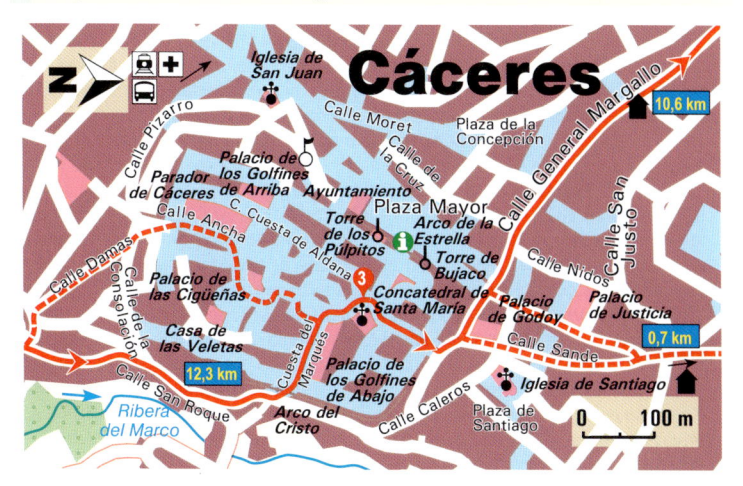

Blick von der Plaza Mayor auf den Torre de Bujaco (links) und die Stadtmauer (rechts).

Von der **Plaza Mayor**, seit dem 13. Jh. Markt- und Veranstaltungsplatz, gelangt man durch den **Arco de Estrella** (1723 nach Plänen von Manuel Larra de Churriguera, einem Neffen von Alberto Churriguera gebaut) in das **Barrio Monumental**, die Altstadt. Es ist vollständig von der maurischen Stadtmauer mit zwölf Türmen und fünf Toren umgeben. Der **Arco del Cristo**, 3. Jh., durch den die Pilger die Stadt betreten, ist das älteste Stadttor. Der trutzige **Torre de Bujaco** links vor dem Arco de Estrella stammt wie die Stadtmauer aus dem 12. Jh. Der Legende nach ließen die Araber hier einst 40 christliche Ritter köpfen (April–Okt. 10–14 Uhr und 17.30–20.30 Uhr, Nov.–März 10–14 Uhr und 16.30–19.30 Uhr, 2,50 €). Die dreischiffige, spätgotische **Concatedral de Santa María** (ab 16. Jh.) zeigt im Chor, am Kirchturm und der Tür zur Sakristei Renaissance-Einflüsse. Sie ist Grabstätte zahlreicher Adelsfamilien. Der Hauptaltar aus Zedernholz (15. Jh.) ist ein frühes Renaissancewerk der Bildhauer Roque Balduque und Guillén Ferrant (Mo–Fr 10–14 Uhr und 17–20 Uhr (Winter 16.30–19.30 Uhr), Eintritt 1 €, Glockenturm 1 €). Im **Palacio de los Golfines de Abajo** (Ende 15. Jh.) waren 1477 und 1479 die Katholischen Könige zu Gast. 1936, schon auf seinem Marsch auf Madrid, proklamierte sich hier Franco zum Generalíssimo, dem Oberbefehlshaber der faschistischen Falange. Heute ist der Palast Sitz der Provinzverwaltung. Der elegante, schlanke Turm des **Palacio de las Cigüeñas** (Palast der Störche, 15. Jh., auch Palacio del Capitán Diego de Ovando) entkam als einziger der Anti-Turm-Anordnung Königin Isabels. Der **Palacio de las Veletas** wurde im 15. Jh. über dem arabischen Alcázar (Burg) errichtet und beherbergt heute das **Museo Provincial** (prähistorische und römische Funde, Trachten, Kunsthandwerk und Gemälde jüngeren Datums, sowie der noch funktionsfähige arabische **Aljibe** (Zisterne) aus dem 11. Jh. (Sommer Di–Sa 9–15 Uhr und 17–20.30 Uhr [Winter nachmittags 16–19.30 Uhr], So 10.15–14.30 Uhr. Eintritt frei).

*Außerhalb der Stadtmauer befindet sich die **Iglesia de Santiago** (12.–16. Jh., Übergang Romanik zur Gotik) mit einer kleinen, anrührenden Pilger-Darstellung über der Puerta de los Peregrinos. Gegenüber der Kirche ziert ein außergewöhnlich schöner Eck-Erker den **Palacio de Godoy** (16. Jh.) des Konquistadors Francisco de Godoy, Kampfgefährte von Pizarro und Almagro in Peru und Chile.*
In Malpartida, etwa 11 km westlich von Cáceres, gründete der deutsche Fluxus-Künstler und Extremadura-Fan Wolf Vostell (1932–1998; u. a. für seine einbetonierten Autos z. B. auf dem Berliner Rathenauplatz bekannt) ein Museum.
Feiertage: *Am 22./23. April wird zu Ehren von **San Jorge** die Eroberung der Stadt pompös nachgespielt. Die **Osterprozessionen** sind im mittelalterlichen Ambiente besonders ergreifend. Seit 1992 findet in der ersten Maihälfte das internationale Musikfestival WOMAD statt. Im Juni gibt es das **Mittelalterfest** und das **Festival de Cáceres** mit Renaissance- und Barocktheater.*
Kulinarisches: *Neben den üblichen regionalen Spezialitäten sind frittierte oder eingelegte Tencas (Schleie, Süßwasserfisch) und Truchas del Jerte (Forellen aus dem Fluss Jerte) typisch für Cáceres.*
Oficina de Turismo: *Plaza Mayor, Di–So 10–14 und 17.30–20.30 (Winter nachmittags 16.30–19.30 Uhr), Tel. 927 247 172, www.ayto-caceres.es.*

Zu den Herbergen gehen wir rechts um die Kathedrale in die C/ Tiendas, nach der Plazuela del Socorro links. Zur städtischen Herberge folgt man nach rechts unten der C/ Godoy-C/ Sande (knapp ¼ Std.). Zur Privatherberge geht man geradeaus bzw. halb links durch die C/ Zapatería über die Plaza del Duque (links: Plaza Mayor) in die C/ General Margallo (10 Min.).
Weiter auf der langen C/ General Margallo gelangen wir zur Stierkampfarena, gehen schräg links an ihr vorbei und folgen der Straße abwärts. Nach gut 20 Min. kommen wir an einen Kreisverkehr. Die Straße nach Casar de Cáceres

Überschaubare Vegetation auf dem Weg nach Casar de Cáceres.

ist im (und gegen den) Uhrzeigersinn die zweite, die den Kreisverkehr verlässt. Die nächste ½ Std. wandern wir auf dem Seitenstreifen der moderat befahrenen Landstraße, bis links ein Feldweg durch eine sanft hügelige und nahezu baumlose Landschaft abzweigt. Nach ca. 1 Std. unterqueren wir die **A-66 (4)** und gelangen parallel zur Landstraße an den Ortsrand von **Casar de Cáceres** (½ Std.). Bei der Gabelung halten wir uns rechts und biegen links, beim Sportplatz und Schwimmbad, in die schattige Parkallee ein (Muschelkacheln im Boden). Geradeaus führt die C/ Larga Alta zur **Herberge** im Zentrum (**5**; ¼ Std.).

i *Die kleine Ortschaft **Casar de Cáceres** ist vor allem für ihren Käse berühmt. Die aus Schafsmilch hergestellte **Torta de Casar** ist keine Torte, wie der Name vermuten lässt, sondern eine Art Camembert: Unter der angereiften Schale verbirgt sich ein cremig-weicher, würziger Kern. Seit 1999 trägt er die Herkunftsbezeichnung D.O. Torta de Casar. Das Dach und der massive Kirchturm der **Iglesia de la Asunción** (15./16. Jh.) sind ein beliebter Nistplatz für unzählige Storchenfamilien. Der barocke Hauptaltar stammt aus dem 17. Jh. Eine sehr eigenwillige Sehenswürdigkeit ist die ondulierte **Busstation** des Architekten Justo García Rubio (Cáceres 1948). Aufgrund ihrer geschwungenen, runden Formen nennen die Einheimischen sie »patata frita«, Kartoffelchip.*
Feiertage: *1.–6. Januar: **Ronda de Ánimas**, seit dem 17. Jh. bestehende Tradition: Mitglieder der Bruderschaft*

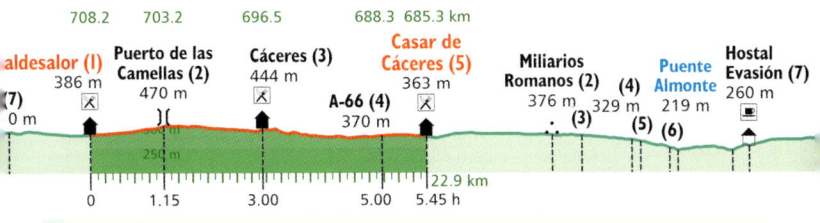

	708.2	703.2	696.5	688.3	685.3 km				
aldesalor (1)	Puerto de las Camellas (2)		Cáceres (3)		Casar de Cáceres (5)	Miliarios Romanos (2)	(4)	Puente Almonte	Hostal Evasión (7)
386 m	470 m		444 m	A-66 (4)	363 m	376 m (3)	329 m (5)	219 m (6)	260 m
0 m				370 m					

```
0        1.15      3.00       5.00  5.45 h                                      22.9 km
```

»de Ánimas« ziehen durch die Straßen und singen und beten für die Verstorbenen (ánima: Seele). An Karneval wird ebenso symbolisch wie ausgelassen die Hochzeit **Boda de Bujacos** zwischen zwei Strohpuppen gefeiert. Am letzten Augustwochenende dreht sich bei der **Fiesta de la Tenca** alles um diesen Süßwasserfisch (Schleie). In der Nacht vom 31. Okt. zum 1. Nov. werden beim **El Carbote** Esskastanien geröstet.

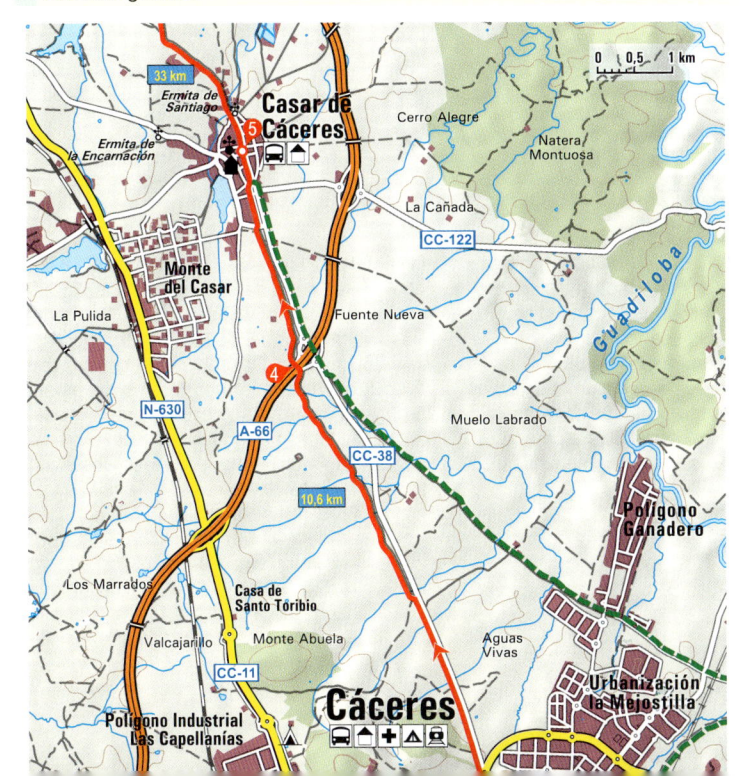

14 Casar de Cáceres – Cañaveral

8.15 Std.
33 km

Herbergen: Cañaveral (353 m, 1000 EW), TH, €€€, 20 B/18 € MF (1 Zi. mit 3 normalen Betten, 20–30 €/Person). Hostel-Alb. Cañaveral, Avda. Doctor Luis Boticario 12 (an Hauptstraße), Tel. 669 402 446. Küche, Waschm./Trockner, Mahlzeiten, Garten, WLAN. Ganztags, ganzjährig.
Die Strecke: Zu Beginn und am Ende der Etappe gute, breite unbefestigte Straßen, im Bereich des Alcántara-Sausees knapp 5,5 km auf dem Seitenstreifen der N-630. Nach dem Stausee und hinauf nach Cañaveral kurz steilere Anstiege. Kein Schatten. Z. T. rote Wegschilder des Fernwanderwegs GR 113 »Camino Natural del Tajo«.
Höhenunterschied: 370 m im Auf- und 380 m im Abstieg.
Kritische Stellen: Wegen der neuen Bahntrasse evtl. Umleitungen.
Landschaft: Von Casar de Cáceres bis zum Alcántara-Stausee folgt der Weg der Originalroute über eine herbe, aber nicht unfreundliche Hochebene. Bereits kurz hinter Casar de Cáceres ist Richtung Norden Cañaveral am Fuß der flachen Bergkette der Sierra Pequeña zu sehen – doch über Stunden scheint der Ort nie näher zu rücken. Bei gutem Wasserstand lässt der Embalse de Alcántara seine enorme Ausdehnung erahnen. Leider kreuzt die neue Trasse für den Hochgeschwindigkeitszug AVE dreimal den Weg und nimmt der Etappe etwas von ihrer einstigen herben Romantik.
Infrastruktur: An der N-630/Km 519.8 (am Ende des Abschnitts entlang der N-630) Hostal Bar Pesca Evasión, Tel. 927 090 510 (Reservierung empfohlen), www.alcantarapescaevasion.com; Cañaveral Avda. Doctor Boticario 46, Tel. 927 300 191, 24-Std.-Notdienst.
Hinweis: (1) Die touristische Herberge am Alcántara-Stausee war zuletzt (2015) bis auf Weiteres geschlossen. (2) Vor Cañaveral gibt es die Möglichkeit, den Ort auf einer Variante zu umgehen (ca. 400 m kürzer als Weg durch Ort).

Wir gehen in **Casar de Cáceres (1)** auf der C/ Larga nach Norden. Am Ortsende steht die dem heiligen Jakobus geweihte Ermita de Santiago an der originalen Calzada Romana bzw. Cañada Real (königlicher Viehtriebsweg). Der breite Feldweg steigt leicht bergan und beschreibt dann bei dem Steinhäuschen auf der Anhöhe (½ Std. ab Zentrum) eine Rechtskurve. Der sehr gute Feldweg verläuft nun geraume Zeit zwischen von Steinmauern eingefassten Kuhweiden, während sich ein weites, offenes Panorama vor uns ausbreitet. Bis auf ein paar Gehöfte wie El Palomar (gut 1 Std.) und die Finca La Higuera (½ Std.) wirkt die Gegend menschenverlassen. Kurz nach der Finca La Higuera liegen Reste von Meilensteinen verstreut am Wegesrand (**2**; vgl. Foto S. 24). Nach drei aufeinander folgenden Gattern kommen wir geradeaus an einem Hof (**3**; ½ Std.) vorbei und halten uns nach schräg rechts unten. Bei der Gabelung gehen wir geradeaus am

Herbe Landschaft vor dem Stausee.

Rückblick auf den Alcántara-Stausee..

Trinkloch vorbei und durch ein Gatter. ½ Std. später ist erstmals der Alcántara-Stausee zu sehen. Nach 20 Min. steht links am Weg ein weißes Haus. Gut 10 Min. später kreuzt die Schnellbahntrasse unseren Weg **(4)**. Während der Bauarbeiten musste man sie nach links umgehen; künftig geht man nach rechts und über die Brücke, danach nach links bis kurz oberhalb der N-630. Hier biegen wir in den Pfad rechts ein, passieren einen Unterstand **(5)** und gelangen auf einem leicht ab- und ansteigenden Pfad auf die Nationalstraße **(6**; ½ Std.). Auf ihrem linken Seitenstreifen (Vorsicht! Schneller Verkehr!) überqueren wir die Flüsse Almonte (10 Min.) und Tajo (1 Std.), die hier zum Embalse de Alcántara aufgestaut sind. Rechts der Straßenbrücken überspannen die neuen AVE-Viadukte die Flüsse. Die alte Römerstraße verläuft im See.

*Der 1969 fertiggestellte **Embalse de Alcántara** ist einer der größten Stauseen Europas und ein wichtiges Wasserreservoir der Extremadura. Benannt ist er nach der an der Grenze zu Portugal liegenden **Puente de Alcántara**. Die 105 n. Chr. ganz aus Granit und ohne Mörtel erbaute, 194 m lange, 8 m breite und knapp 60 m hohe Brücke über den Río Tajo gilt als ein Meisterwerk römischer Baukunst. Der Río Tajo ist der längste Fluss der Iberischen Halbinsel. Von seiner Quelle in der Sierra de Albarracín (Aragón) bis zur Atlantikmündung in Lissabon legt er über 1000 km zurück.*

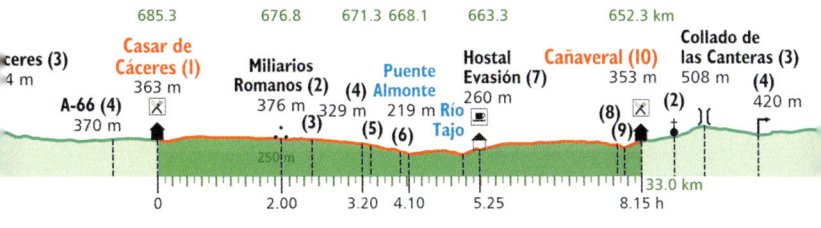

Nach mehr als 1¼ Std. ist endlich links etwas zurückgesetzt das **Hostal Pesca Evasión (7)** zu sehen. Hier verlassen wir die Nationalstraße nach rechts und steigen auf dem Feldweg auf die Hochebene hinauf (knapp 10 Min. nach der N-630: rechts ein Unterstand). Auf dem kargen Boden weiden vereinzelt genügsame Kühe zwischen den struppigen Ginsterbüschen. Nach dem insg. etwa 20-minütigen Aufstieg wandern wir praktisch schattenlos über die Hochebene. Knapp 45 Min. nach dem Unterstand und dann nochmals 45 Min. später quert die Schnellbahntrasse unseren Weg. Nach weiteren 45 Min. zweigt geradeaus die direkte Variante ab, die nicht nach Cañaveral hineinführt (**8**; bis zum Bahnhof: gut ½ Std., dort die Straße hinauf zur Vía: ¼ Std.). Wir gehen nach links unten zu einer unbefestigten Straße und schlagen diese nach links ein (evtl. vorhandenen alten Pfeil nach rechts ignorieren). Nach einem Tor biegen wir rechts zur **Puente de San Benito (9**; 14. Jh.) ab (10 Min.). Ab hier geht es steil bergauf, oben treffen wir auf die N-630 und gehen auf ihr bis zur Herberge in **Cañaveral** (**10**; knapp ½ Std.).

> ℹ️ Der Ortsname **Cañaveral** geht auf den Ursprung der Siedlung im 16. Jh. als Raststation an der Cañada Real zurück. Die zwischen dem 14. Jh. und 16. Jh. erbaute **Iglesia de Santa Marina** ist eine der ältesten Kirchen der Region. Recht gut erhalten ist der barocke Hauptaltar.

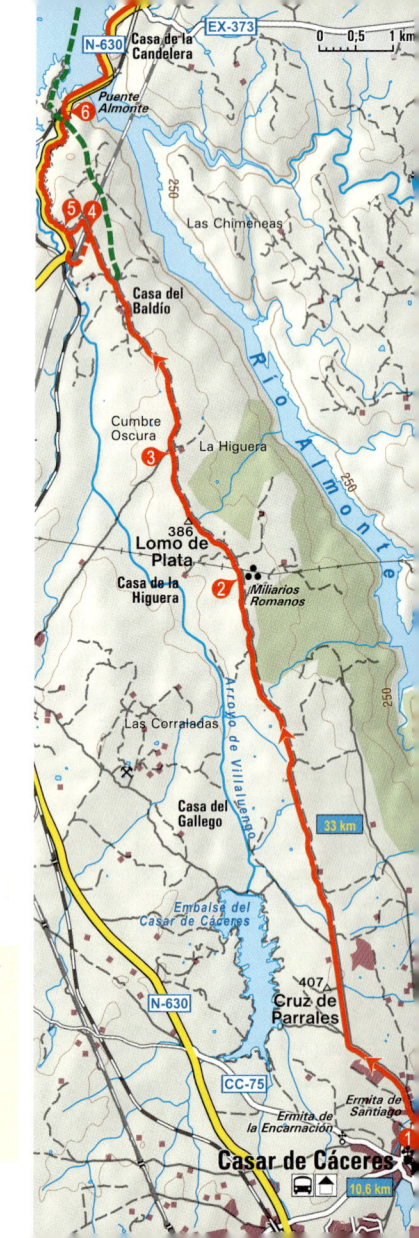

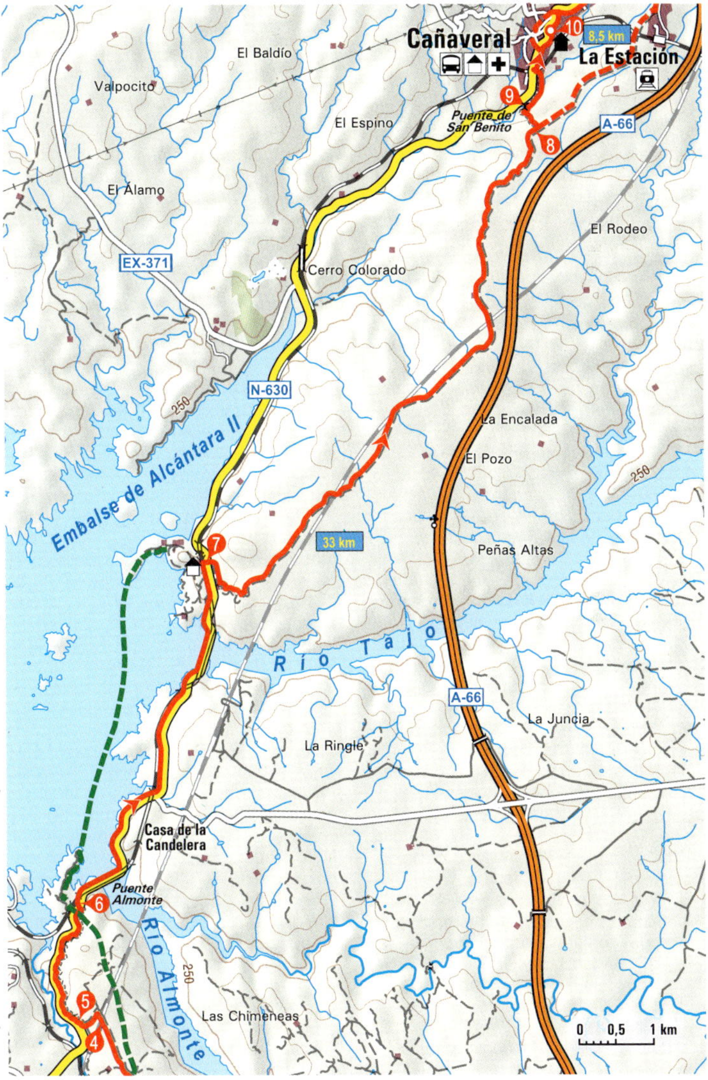

Cañaveral
La Estación
8,5 km
El Baldío
Valpocito
El Espino
Puente de San Benito
A-66
El Álamo
El Rodeo
EX-371
Cerro Colorado
N-630
250
Embalse de Alcántara II
La Encalada
El Pozo
250
33 km
Peñas Altas
Río Tajo
A-66
La Juncia
La Ringle
Casa de la Candelera
Puente Almonte
Río Almonte
250
Las Chimeneas
0 0,5 1 km

15 Cañaveral – Carcaboso

10.15 Std.
39,4 km

Herbergen: Grimaldo (473 m, 60 EW), VH, ⚹, 12 B/Spende. Herberge von Nachbarschaftsverein, neben Bar an Hauptstraße, dort auch Schlüssel. Einfache Herberge. Waschm., Mikrowelle. Ganzjährig. **Galisteo** (280 m, 1000 EW), S/TH, ⚹, 8 B (wenn voll, werden Pilger zum Camping in Riolobos gebracht/15 € MF). C/ Viña de Egido (vor Bar Los Emigrantes links die Straße hoch und rechts oder direkt danach durch die schmale Gasse links hoch), Tel. 927 451 150 und 605 824 086 (Nacho; Inhaber von Camping Las Catalinas in Riolobos, s. u.). Mikrowelle, WLAN. Offen nur anrufen, ganzjährig. **Carcaboso** (269 m, 1100 EW). TH, ⚹, 12 B/ 11 €. Alb. de Señora Elena, Ctra. de Plasencia 23 (Hauptstraße), Tel. 927 40 20 75 und 659 774 580. Seit den 1980er Jahren bietet Señora Elena Pilgern Unterkunft in ihrem Haus, so lange wie sonst kaum jemand entlang der Vía. Küche, Waschm./ Trockner, WLAN. Ganztags, ganzjährig.

Alternative Unterkünfte: Grimaldo Casa rural La Posada de Grimaldo (Sonderpreise für Pilger), Tel. 616 931 745 und 676 026 458, www.laposadadegrimaldo. es. **Riolobos** (275 m, 1250 EW) **(1)** Casa rural Abuela Maxi, C/ Álamo 6, Pilger ab 15 € MF. Tel. 670 733 093, www.abuelamaxi.com. **(2)** Casa rural La Troje, Plaza Mayor, Tel. 658 937 872. **(3)** Camping Las Catalinas (am östlichen Ortsausgang); Pilger 15 € MF (in Bungalow genannten Zimmern). Tel. 927 451 150 und 605 824 086 (Nacho), www.campinglascatalinas.es. **Galisteo (1)** Hotel Medina Ghaliayah (kurz vor Los Emigrantes), Tel. 927 452 406. **(2)** Los Emigrantes (nahe Herberge). Preis pro Zimmer ohne Bad (Änderungen möglich): 20 €, mit Bad: 25 €, Tel. 627 504 692 und 692 380 034. **Carcaboso** Hostal-Rest. Ciudad de Cáparra (an Hauptstraße, nach TH). Ab 20 €/Person. Tel. 927 402 032. www.ciudaddecaparra.com.

Die Strecke: Meist gut markiert, die ersten rund 20 km bis Riolobos Feldwege und Pfade durch Dehesas. Danach, durch die neue Wegführung (siehe Hinweis) bis Galisteo und Carcaboso auf wenig befahrenen Landstraßen. Vor allem ab Riolobos kaum Schatten.

Höhenunterschied: 420 m im Auf- und 500 m im Abstieg.

Kritische Stellen: Keine.

Landschaft: Nach den eher kargen Hochebenen erwarten uns wieder abwechslungsreichere Regionen. Bis kurz vor Riolobos geht es durch leicht hügelige Korkeichen-Dehesas. Im breiten Tal des Río Jerte, zwischen Galisteo und Carcaboso, bietet sich nach den vielen Kork- und Steineichen ein außergewöhnliches Bild: üppiges Buschwerk, Pappeln und Weiden markieren als grünes Band den von Feldern und Weidewiesen gesäumten Flusslauf.

Infrastruktur: Grimaldo ⛿ ⛿ ⛿ ⛿; Riolobos ⛿ ⛿ ⛿ ⛿ € ⛿ ⛿ @; Galisteo ⛿ ⛿ ⛿ ⛿ @ € ⛿ ⛿ ⛿ ⛿ Mo–Sa 18 Uhr, So 12 Uhr ✚ C/ Tomás Ávila, Tel. 927 452 002; Aldehuela del Jerte (276 m, 380 W) ⛿ ⛿; Carcaboso ⛿ ⛿ € @ ⛿ ⛿ ✚ ⛿ Di, Fr, Sa 19 Uhr, So 13 Uhr.

Hinweis: (1) Der Durchgang der Vía de la Plata durch ein Privatgrundstück ist gesperrt, daher wird der Weg über Riolobos geleitet. Vorteil: Dort gibt es Einkehr- und Übernachtungsmöglichkeiten. Nachteil: Bis Carcaboso wandert man nun 20 km an schattenlosen Landstraßen. **(2)** Alle Weidegatter, die passiert werden, sollten stets wieder sorgfältig geschlossen werden. **(3)** Der Weg ab Galisteo über San Gil ist nicht zu empfehlen. **(4)** Dank vieler alternativer Unterkünfte kann die lange Etappe auch auf zwei Tage aufgeteilt werden. Da besonders der erste Teil der nächsten Etappe ab Carcaboso durch eine wunderschöne Dehesa führt, empfiehlt es sich, auf jeden Fall dort zu übernachten und diesen Abschnitt in aller Frische am Etappenbeginn zu genießen.

652.3	648.1 644.4		636.8	632.6	626.0	623.4	618.0	612.9 km

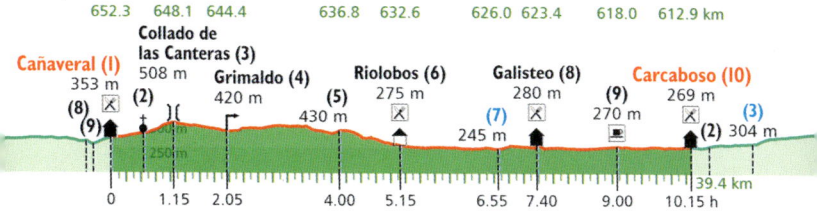

Cañaveral (1) 353 m (8) (9)
Collado de las Canteras (3) 508 m (2)
Grimaldo (4) 420 m
(5) 430 m
Riolobos (6) 275 m
(7) 245 m
Galisteo (8) 280 m
(9) 270 m
Carcaboso (10) 269 m (2)
(3) 304 m

0   1.15   2.05   4.00   5.15   6.55   7.40   9.00   10.15 h   39.4 km

Von der Herberge gehen wir auf der Hauptstraße aus **Cañaveral (1)** hinaus bis zum Kreisverkehr an der Zufahrtsstraße zum Bahnhof (Variante von links). Wir folgen der N-630 nach links, wechseln dann auf die alte Straße links von ihr und sehen nach Überqueren einer Schotterstraße links oben die **Ermita de San Cristóbal (2**; gut ½ Std.). Hier entfernen wir uns auf dem unbefestigten Weg nach links von der Straße und nehmen unter der Stromleitung hindurch den Anstieg in Griff. Im oberen Bereich wandern wir auf einem Waldweg durch Kiefern zum **Collado de las Canteras (3)** auf 508 m Höhe (¾ Std.).

Danach folgen wir dem Forstweg (nicht der Straße links davon) bergab bis zu einem alten Nachtclub an der N-630 (Puerto de los Castaños; 10 Min.). Wir gehen rechts daran vorbei und dann nach links von der Straße weg. Durch ein Gatter kommen wir auf einen schönen Pfad durch einen Korkeichenwald, je nach Jahreszeit verströmen Zistrosen ihren aromatischen Duft. Etwa 30 Min. später passieren wir abermals ein Gatter und überqueren einen Bach. Kurz danach zweigt nach rechts ein steiler Pfad hinauf nach **Grimaldo** und zur **Herberge** ab (**4**; ¼ Std.; von der Herberge aus nach rechts

Auf dem Weg nach Riolobos, der Blick nach Südwesten.

Pajares de la Rivera
Atrojes
Riolobos
Camping Las Catalinas
Dehesa del Cuchillar
Embalse de Arroyo Boquerón
Dehesa Vacía Atrojes
Dehesilla
Modiana
24,7 km
Dehesa Boyal
Holguera
Las Hacillas
Canal de la Margen Izquierda del Río Alagón
Dehesa de la Barranca
Arroyo del Boquerón
Cerro Cabildo
580
Dehesa de la Alberquilla
Arroyo de Acín
Dehesa de Holguera
22,3 km
Dehesa Calamocha
Dehesa de Grimaldo
Dehesa de Moncobel
El Pino
Ermita del Cabezón
Zapatero
752
La Muela
Grimaldo
Sierra de Zapatero
500
EX-109
8,5 km
La Marimorena
Los Alamillos
500
Casas de Millán
Collado de las Canteras
Puerto de los Castaños
Monasterio El Palancar
CC-30
N-630
Las Hazas
El Campillo
El Barrero
Ermita de San Cristóbal
Tebas
Embalse de Cañaveral
Cañaveral
Vega Redonda
La Lombriz
Ermita de Tebas
La Estación
Rivera del Castaño
Casa del Tresmal
33 km
A-66
La Muña
0 0,5 1 km
1
2
3
4
5
6

0 0,5 1 km
Carcaboso
38,8 km
Casas de Valdeherreros
10
EX-370
Las Zorreras
Dehesa de la Marquesa
Los Campazos
Jarilla del Sur
Las Talabanas
11 km
383
Mesa
Vado del Mimbre
El Majadal
Casas de la Marquesa
Avarientos
Aldehuela de Jerte
9
Río Alagón
Pradochano
Viñuelas
Casas de Patua
Cortijo Cabezo del Cerro
Río Jerte
250
Cortijo del Cabezo
Cortijo de Malpartida
EX-A1
EX-108
Galisteo
8
Alagón del Río
San Gil
250
Casa de la Torrecilla del Torreón
El Rincón
Arroyo de las Monjas
7
Río Alagón
Cortijo Fuente del Sapo
22,3 km
Coronillas
323
Dehesa de Larios
Senarillas
A-66
N-630
428
Fuente del Sapo
Cortijo de la Torrecilla del Carmen
6
Camping Las Catalinas
Riolobos
Embalse de Arroyo Boquerón
24,7 km

auf der Hauptstraße, am ersten Abzweig links in Richtung Holguera (10 Min.), über eine kleine Anhöhe und unter der Autobahn hindurch, kurz danach nach rechts mit dem Hauptweg durch das erste von noch vielen folgenden Weidegattern auf den Graspfad (¼ Std.; von links: direkter Weg).

Der direkte Weg führt geradeaus durch das Tal unterhalb von Grimaldo weiter und überquert nach rund 15 Min. die oben erwähnte Straße von Grimaldo nach Holgera. Von Pfeilen und Pollern geleitet wandern wir auf Pfaden und Feldwegen durch die sanft hügelige Landschaft. Mal präsentiert sie sich als Steineichen-Dehesa, manchmal gedeihen nur struppige Ginsterbüsche. Immer wieder müssen Gatter geöffnet und geschlossen werden. Nach etwa 1¾ Std. zeigt ein Schild »Camino de Santiago, Riolobos 4 km« nach links durch das Gatter die neue Wegführung an **(5)**.

Theoretisch kann man dem alten Weg noch gut 1 Std. geradeaus folgen und stößt kurz nach dem kleinen Stausee Embalse del Boquerón auf eine Straße. Spätestens hier ist der alte Weg nach rechts und links durch die Finca Valparaíso nicht mehr möglich. Stattdessen geht man auf der Straße 3 km/45 Min. nach links nach Riolobos (am Ortsanfang links: Camping Las Catalinas).

Der neue Weg folgt der der Kiesstraße durch die Dehesa, wobei er sich anfangs noch auf der Höhe hält, dann treten die Bäume nach und nach zurück und mit weiter Fernsicht wandern wir immer auf dem Hauptweg bleibend hinunter nach **Riolobos (6)**, das wir an der quer verlaufenden Hauptstraße erreichen (1¼ Std.). Ins Zentrum gelangt man geradeaus, nach rechts in 10 Min. zum Camping Las Catalinas. Unser Weg zweigt nach links in die Hauptstraße ein. Bei der Gabelung nach 5–10 Min. biegen wir rechts zur Tankstelle ab (links oben: der extravagante, schneeweiße kegelförmige Turm am Friedhofseingang, geradeaus an der Straße das Häuschen der städtischen Waage (»Báscula municipal«). An der Tankstelle vorbei folgen wir der Straße nach links und biegen in die nächste Querstraße rechts ein. Nun bleiben wir immer auf dieser Landstraße. Nach 1¾ Std. überquert sie den **Arroyo de las Monjas (7)**, nach nochmals knapp 45 Min. gelangen wir zu einem Kreisverkehr und gehen auf der mit »Galisteo« ausgeschilderten Straße (mit und gegen den Uhrzeigersinn die zweite) hinauf zur Kreuzung unterhalb von **Galisteo** (8; links der unscheinbare Eingang einer Bäckerei/»Panadería«).

Zur 600 m entfernten **Herberge** folgt man der Straße rechts bergan und bergab bis zur Bar Los Emigrantes, direkt vor oder direkt nach dieser nach links (Durchlass zwischen der Bar und dem Nachbarhaus) und gleich rechts.

> *Die aus Flusssteinen des Río Jerte gebaute **Stadtmauer (Muralla Almohade)** von Galisteo ist fast vollständig im Original erhalten. Sie entstand ab dem 9. Jh. unter der Herrschaft der arabischen Almohaden. 1217 unterstellte König Alfonso IX. von León den zu Alcántara gehörenden Ort dem Calatrava-Orden. Innerhalb der Stadtmauer ist Galisteo leider nicht ganz so schmuck, ein kurzer Bummel lohnt sich dennoch.*

*Weithin sichtbar ist der eigenwillige **Torre del Homenaje** oder **Picota**, auf dessen massiver Basis eine vergleichsweise zierliche Spitze (picota) ruht. Der Turm war Teil des arabischen, später zerstörten Alcázar und wurde im 14. Jh. wieder aufgebaut. Kurios, aber erklärbar ist die Nord-Süd-Ausrichtung der **Iglesia Parroquial de Nuestra Señora de la Asunción**. Sie wurde im 13. Jh. auf einer Mudéjar-Kirche errichtet. Diese war korrekt in West-Ost-Richtung erbaut (die Apsis ist noch erhalten), doch der größere Neubau musste aus Platzmangel um 90 Grad gedreht werden. Der vergoldete Barockaltar stammt aus dem 18. Jh. (Zwecks Besichtigung ggf. nach dem Pfarrer bzw. im Rathaus an der Plaza Mayor fragen.) Die Pilger verlassen den Ort über die außerhalb liegende **Puente Medieval** (16. Jh.).*
*Feiertage: Las Rajas; am 24. Dezember ziehen 33 in schwarzen Samt gekleidete Mitglieder der Bruderschaft des Gotteskindes (Cofradía del Niño de Dios) unter Anteilnahme der Anwohner Weihnachtslieder singend und trommelnd durch den Ort. Am 25. Dezember führen sie ein religiöses Theaterstück auf. Die **Patronatsfeiern** zu Ehren der heiligen Jungfrau (13.–15. August) werden mit Prozessionen, traditionellen Spielen und Kuhtreiben begangen.*
Kulinarisches: Seit dem 16. Jh. wird in der Region leicht rauchig schmeckendes Paprikapulver (D.O. Pimentón de la Vera) hergestellt.

Für den Weiterweg folgen wir an der Kreuzung mit der Bäckerei der Straße nach links und umgehen so das Zentrum außerhalb der Stadtmauer (man kann auch geradeaus auf der »Subida a la Puerta de la Villa« bergan zum Stadttor Puerta de la Villa gehen. Dort geht es rechts in die Altstadt, nach links unten zur Vía). Nach wenigen Minuten passieren wir einen Picknickplatz und die mittelalterliche Brücke. Wir biegen danach rechts in die Straße ein, gehen nach links durch den Kreisverkehr und unter der zweispurigen Straße hindurch und nach rechts auf die Landstraße, die uns uns durch **Aldehuela del Jerte** (**9**; gut 1¼ Std. seit Galisteo) nach **Carcaboso** bringt. Am Ortsanfang gehen wir auf der Hauptstraße nach links hinauf zur Bar Pascense und damit der **Herberge** von Señora Elena (**10**; gut 1¼ Std.).

*i Die aktuelle Wegführung der Vía de la Plata trennt sich vor **Carcaboso** von der Calzada Romana, die sich über die nicht mehr existente Puente de Guinea geradeaus über den Río Jerte fortsetzte. Hinter dem Ort treffen die Originalroute und der heutige Weg wieder zusammen.*
*In das Portal der **Iglesia de Santiago Apóstol** sowie im Innenraum sind Meilensteine aus der Zeit Kaiser Trajans eingearbeitet. Auch vor der Kirche sind noch einige »miliarios« zu sehen. Der **Río Jerte** ist vor allem für seine millionenfache **Kirschblüte** im weiter westlich verlaufenden Flusstal berühmt.*
*Feiertage: Am ersten Sonntag im Mai wird das **Cruz Bendita** (das geweihte Kreuz) gefeiert. Dabei wird ein 3,5 m hohes Eisenkreuz mit Blumen geschmückt und davor ein Blumenteppich ausgebreitet.*
Information: www.carcaboso.es.

16 Carcaboso – Aldeanueva del Camino

10.30 Std.
38,8 km

Herbergen: Aldeanueva del Camino (524 m, 800 EW), TH, ❀❀❀, 27 B (20 Plätze in Stockbetten, 7 in normalen Betten)/13 € (15 € MF). Alb. La Casa de mi Abuela, C/ Alcázar 4 (dem Weg geradeaus durch den Ort folgen, nach dem Dorfplatz über die Brücke, dann rechts), Tel. 692 531 587 und 630 410 740 und 927 479 314. Waschm./Trockner, Kochgelegenheit, Mikrowelle, WLAN. Ganztags, ganzjährig.

Alternative Unterkunft: Knapp 2¼ Std./ 8,3 km hinter dem Arco de Cápara zweigt rechts die Straße zum nochmals 2,5 km entfernten Hostal Asturias ab. Der Betreiber holt Pilger nach Anmeldung auch an dieser Stelle ab. Tel. 937 477 057.

Die Strecke: Bis auf wenige Stellen gut markiert, gute Wege. Gleich hinter Carcaboso hat man die Wahl zwischen zwei Varianten; eine verläuft parallel zu einem Wasserkanal, die andere auf der Originalroute durch Dehesas und Kuhweiden. Diese ist 1,3 km länger, aber etwas schöner.

Höhenunterschied: 420 m im Auf- und 160 m im Abstieg.

Kritische Stellen: Gut 1 Std. nach dem Abzweig zum Hostal Asturias stößt die Vía auf die N-630/A-66. Hier auf die Granitpoller achten, eventuell noch vorhandene alte gelbe Pfeile ignorieren.

Landschaft: Die Dehesa hinter Carcaboso ist eine der schönsten entlang der Vía. Knorrige, uralte Eichen, bemooste Felsen, dazwischen weidende Kühe, versetzen einen in eine romantische Schäferlandschaft. Vom Gehöft Ventaquemada an führt eine breite, mit alten Eichen durchsetzte Cañada zum Höhepunkt der Etappe, dem Arco de Cápara. Danach geht es durch eine weite Ebene in Richtung Ambroz-Tal. Rechter Hand werfen sich die Sierra de Béjar und Ausläufer der Sierra de Gredos auf. Der Calvitero, mit 2401 m der höchste Berg der Extremadura, ist z. T. bis weit in das Frühjahr mit Schnee gekrönt. Kurz nach der A-66 wandern wir auf einem historischen Weideweg nach Aldeanueva.

Infrastruktur: Informationszentrum Arco de Cápara (mit WC, Getränkeautomat, 300 m rechts hinter dem Hügel; Juni–Sept. Di–So 10–14 Uhr und 17–20 Uhr, Okt.–Mai Di–So 10–14 Uhr und 16–19 Uhr); Aldeanueva del Camino ✕ ⌂ (Hostal Montesol 1 km außerhalb in Richtung Baños de Montemayor, Tel. 927 484 335) € 🏧 🏪 🍴 ✉ A 💊 i @ 🚌 Mo–Sa 19 Uhr, So 12 Uhr ✚ Pl. del Rodeo, Tel. 927 479 144.

Anmerkung: (1) Die touristische Herberge in Oliva de Plasencia (rund 6,5 km ab Abzweig bei Ventaquemada, 18,7 km ab Carcaboso), war zuletzt geschlossen. Information zu Wiedereröffnung vor Ort. **(2)** Für die lange Etappe sollte man sich mit ausreichend Proviant und Wasser eindecken, da unterwegs keine Einkehrmöglichkeit und keine Brunnen.

Die Variante rechts kurz hinter Carcaboso.

Von der Herberge aus gehen wir ein Stück die Hauptstraße von **Carcaboso (1)** hinunter und links in die C/ José Sánchez Gallego und den Pfeilen folgend auf der C/ del Pozo aus dem Ort. Bei der Gabelung mit den Kreuzen nehmen wir rechts die Schotterstraße. Nach insgesamt 20 Min. bieten sich am Wasserkanal zwei Möglichkeiten **(2)**:

Variante 1 folgt geradeaus dem Wirtschaftsweg neben dem Kanal, nach gut 45 Min. biegen wir links in die Straße ein (**3**; daneben auch ein Wasserkanal).
Variante 2 biegt gemäß dem Granitpoller nach rechts ab. Nach ¼ Std. gehen wir bei der Kreuzung beim alten Stall nach links oben. Kurz hintereinander werden Weidetore passiert, dann beginnt eine sehr schöne Dehesa. Nach gut einer ¾ Std. gelangen wir zur oben erwähnten Asphaltstraße mit dem Wasserkanal (**3**), in die wir links einbiegen und damit die Variante beenden.
Nach nur etwa 100 m betreten wir durch das Tor rechts die Dehesa und folgen dem leicht ansteigenden Fahrweg. Schon nach wenigen Schritten beginnt ein märchenhafter, lichter Wald mit knorrigen Eichen und übermannshohen, bemoosten Findlingen. Nach gut 20 Min. passieren wir ein Weidetor, kurz danach ragt ein großer Wegstein in die Höhe. Hier zweigen wir rechts auf den Pfad ab, der links der Feldmauer verläuft, und wandern bald auf angenehmen Sandwegen durch die schöne Dehesa.
Knapp ½ Std. später wechseln wir nach einem weiteren Weidetor auf die rechte Seite der Mauer. Nach knapp 45 Min. steht ein gelber Poller links, wir folgen geradeaus den gelben Pfeilen und dem grünen Quader (nicht links durch das Tor gehen). Nach dem nächsten Gatter kurz danach sehen wir alte Korkeichen. Wenige Minuten darauf gelangen wir an ein Gehege aus Backstein. Hier gehen wir rechts und links um die Vereinzelungsanlage für das Weidevieh herum (**4**). Rund 15 Min. danach durchqueren wir abermals ein Gatter bei einem Tümpel, der dem Vieh als Tränke dient. 10 Min. später treffen wir auf die Landstraße beim Gehöft **Ventaquemada** (**5**; rechts in 6,5 km Entfernung: Oliva de Plasencia).
Jenseits der Straße beginnt der breite Weideweg, der auf der Calzada Romana verläuft. Für die nächsten gut 6 km ist sie unser Wanderweg. Wir orientieren uns an der Mauer rechts, d. h. halten uns bei den Gabelungen jeweils rechts, mal auf dem breiten Weg, mal auf Pfaden. Nach knapp 1½ Std. passieren wir die Finca de Monte de Mohedas, 20 Min. später steht er plötzlich mitten auf dem Weg: der **Arco de Cáparra** (**6**).

> *i* Der **Arco de Cáparra** ist das stattlichste Zeugnis der einst monumentalen Römerstadt **Cáparra**. Nachdem Capera oder Capara 74 n. Chr. unter Kaiser Vespasian das Stadtrecht erhielt, begann, begünstigt durch die Lage an der Verbindungsstraße Méri-

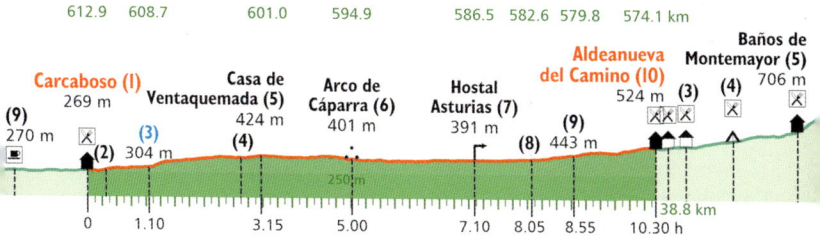

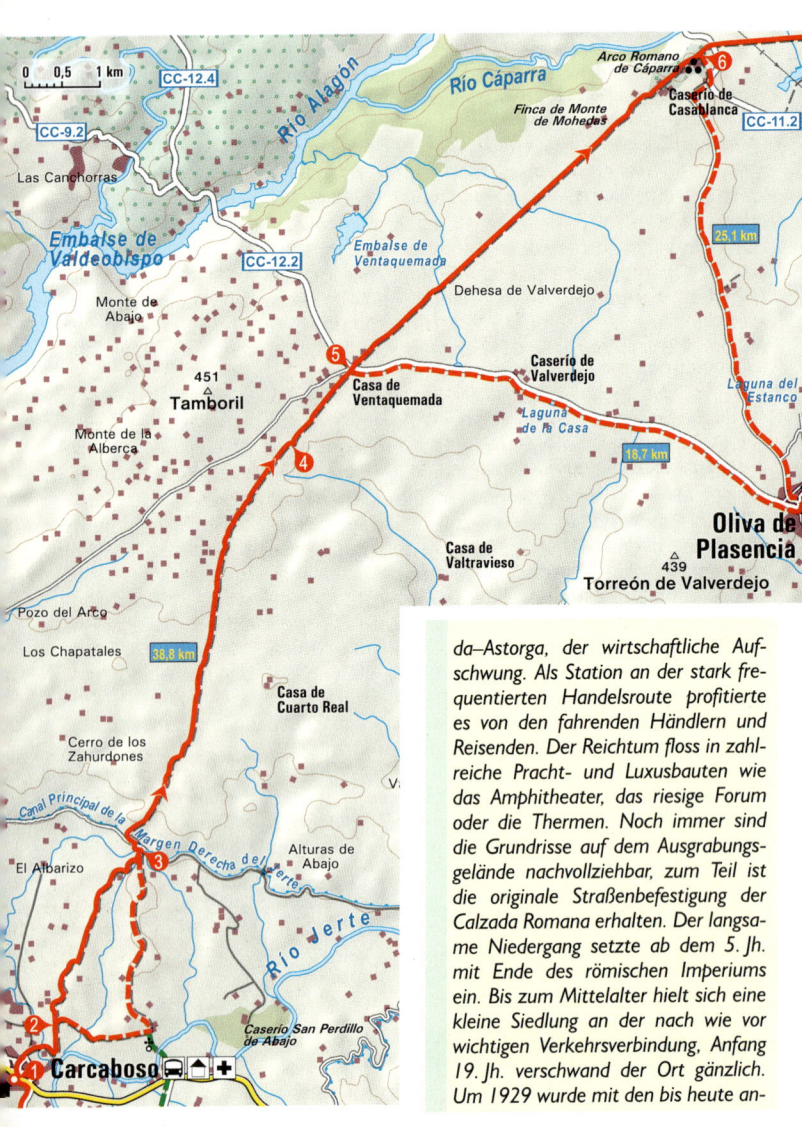

da–Astorga, der wirtschaftliche Aufschwung. Als Station an der stark frequentierten Handelsroute profitierte es von den fahrenden Händlern und Reisenden. Der Reichtum floss in zahlreiche Pracht- und Luxusbauten wie das Amphitheater, das riesige Forum oder die Thermen. Noch immer sind die Grundrisse auf dem Ausgrabungsgelände nachvollziehbar, zum Teil ist die originale Straßenbefestigung der Calzada Romana erhalten. Der langsame Niedergang setzte ab dem 5. Jh. mit Ende des römischen Imperiums ein. Bis zum Mittelalter hielt sich eine kleine Siedlung an der nach wie vor wichtigen Verkehrsverbindung, Anfang 19. Jh. verschwand der Ort gänzlich. Um 1929 wurde mit den bis heute an-

*dauernden Ausgrabungen begonnen. All die Jahrhunderte überlebt hat der **Arco de Cáparra** (1. Jh. n. Chr.). Das in Spanien einzigartige, 4-bogige Tor war kein Triumphbogen, sondern ein von Marcus Fidius Macer zu Ehren seiner Eltern Fidius und Bolosea gestifteter Gedenkbogen, wie einer in den Stein gemeißelten Inschrift in Latein auf der der Vía zugewandten Seite zu entnehmen ist. Im Informationszentrum vermitteln Schautafeln auch nicht Spanisch sprechenden Besuchern einen Eindruck von der Römerstadt (Juni–Sept. tgl. 10–14 Uhr und 17–20 Uhr, Okt.–Mai. tgl. 10–14 Uhr und 16–19 Uhr. Eintritt frei).*

Durch den Bogen gelangen wir zu einer kleinen Straße, über die wir leicht rechts auf einen Feldweg zwischen Mauern bzw. Buschwerk aus Brombeeren, Ginster und Eichen kommen. Nach einem Gatter öffnet sich das Gelände (½ Std.). Mit Blick auf die Berge wandern wir durch die weite Ebene. Der Weg kreuzt einen Bach, einen weiteren mit Granitblöcken als Brücke und nochmals einen Bachlauf und stößt nach knapp 1 Std. an einem Tor auf eine kleine Straße, die wir links einschlagen (bzw. den Pfad rechts daneben wählen). Alle Abzweige links und rechts ignorieren wir. Etwa 45 Min. später ist nach rechts der Abzweig zum Hostal Asturias angezeigt **(7)**. 20 Min. später mündet unsere Straße in eine Landstraße, wir gehen rechts und auf dem Randstreifen weiter. Bei einer Gabelung nach 10 Min. knickt sie nach rechts ab (links: verfallenes Haus), wir folgen schräg links, d. h. geradeaus dem Feldweg bzw. bald dem Pfad neben der kleineren Straße (oder gehen direkt auf dieser).

Gut 30 Min. später unterqueren wir die **A-66 (8)** nach rechts und nehmen gleich links den mit »Vía Pecuaria« (Weideweg) angeschriebenen Weg und überqueren den Bach. Ist dies nicht möglich, geht man ein kurzes Stück weiter Richtung Nationalstraße und quert dort den Bach. (Evtl. noch vorhandene

Der Torbogen und die Ausgrabungsstätte von Cáparra.

alte Pfeile nach rechts ignorieren: Route vor dem Autobahnbau). Die Quader leiten uns nach dem Bach wieder nach links, erneut unter der Autobahn hindurch und auf ein Sträßchen links davon.

Wir bleiben kurz neben der Autobahn, dann schwenkt der Weg schräg links von ihr weg. Noch vor der nächsten, quer verlaufenden Straße weist ein Poller wieder rechts zur N-630 bzw. Autobahn (10 Min.). Wir folgen der N-630 nach links, wechseln auf die andere Straßenseite, unterqueren dann die A-66 und wandern rechts von ihr, bis wir sie nach rechts auf dem nach Südost schwenkenden Schottersträßchen verlassen (¼ Std.; den gleich darauf links abzweigenden Feldweg ignorieren, kurz danach Gehöft rechts am Weg). Nach 20 Min. biegen wir scharf links in die »Cañada Real« (**9**; königlicher Viehtriebweg) ein. Wir befinden uns nun wieder auf dem Routenverlauf von vor dem Autobahnbau. Durch eine schöne, hügelige Dehesa passieren wir eine Schutzhütte für Hirten (gut ½ Std.), 15 Min. später schwenkt unser Weg nach links oben. Oben finden wir ein Gehöft (10 Min.), nachdem wir links abbiegen und unter der A-66 hindurch zur N-630 kommen. Wir gehen nach rechts, biegen am Ortsrand rechts und gleich wieder links ab und erreichen geradeaus durch den Ort und über den oberen Rand des kleinen Dorfplatzes die Herberge von **Aldeanueva del Camino** (**10**; ½ Std.).

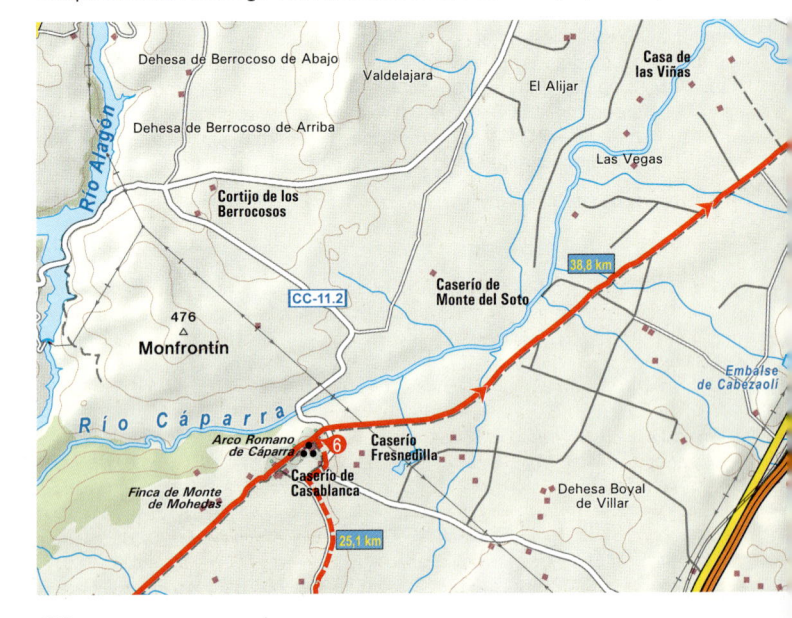

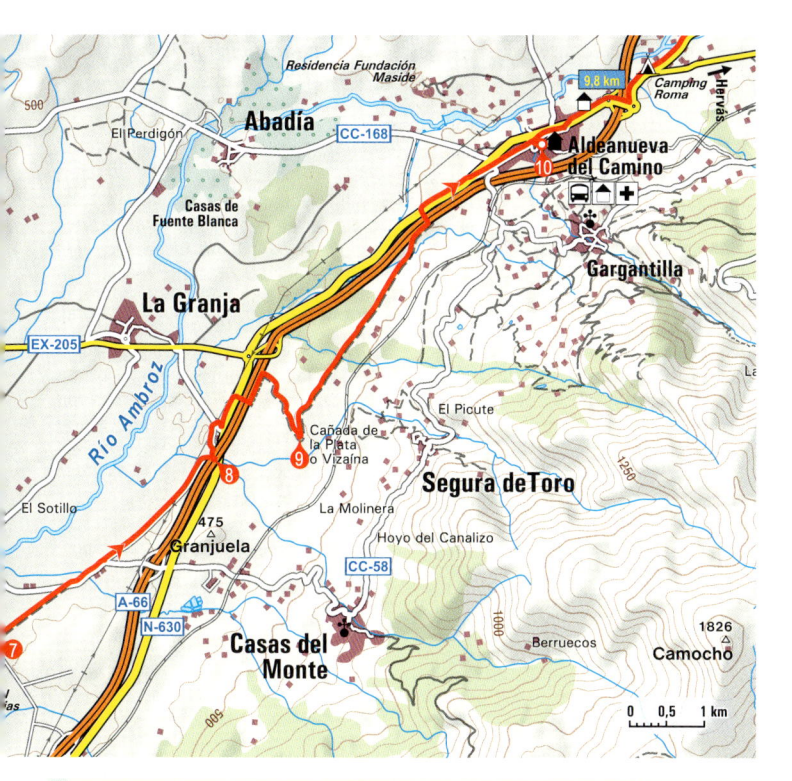

ℹ️ Die Geschichte des Städtchens **Aldeanueva del Camino** ist recht kurios. Von den Römern gegründet, geriet es unter den Arabern in Vergessenheit. Nach Vertreibung der Mauren bildete die den Ort teilende Vía de la Plata die Grenze zwischen den Königreichen León und Kastilien. Der westliche Teil wurde der Leoneser Grafschaft Alba und der Diözese von Coria unterstellt, der östliche fiel an die kastilische Grafschaft Béjar und die Diözese von Plasencia.

So erklärt sich auch, warum es zwei im 15./16. Jh. erbaute Kirchen gibt: die an der Vía gelegene Unterkirche **Iglesia de San Servando** und die Oberkirche **Iglesia de Nuestra Señora del Olmo**. Die administrative Trennung endete 1834 mit der Errichtung eines gemeinsamen Rathauses, die kirchliche Teilung dauerte bis 1954, seither gehört der Ort der Diözese Coria-Cáceres an. Einige Handwerker pflegen noch die Korbflechterei (cestería) aus Kastanienholz. Bekannt ist der Ort auch für die Herstellung von Pimentón, Pulver von über dem Rauch von Eichenholz getrockneten Paprika.

17 Aldeanueva del Camino – Calzada de Béjar

6.15 Std.
21,9 km

Herbergen: Baños de Montemayor (706 m, 780 EW), TH, ●●●, 12 B/13 € MF. Herberge (Tel. 923 020 328/679 228 208) und Informationszentrum Vía de la Plata (Tel. 923 020 329) in restauriertem Altbau, C/ Castañar 40. Nach Hauptplatz rechts über Plaza Pizarro den violetten Schildern folgend in die C/ Cano hoch, dann rechts in C/ Castañar. Essraum, Garten. (Rucksack kann im Informationszentrum deponiert werden: tgl. Juni–Sept. 10–14 Uhr und 17–20 Uhr, Okt.–Mai 10–14 Uhr und 16–19 Uhr), ganzjährig, besser vorher anrufen, besonders an Wochenenden und Feiertagen. **Calzada de Béjar** (787 m, 100 EW), PH, ●●●, 24 B/10 € (2 DZ, Preis vor Ort erfragen). Albergue Alba-Soyara, Tel. 646 410 643 oder 923 416 505. Herberge liegt in renoviertem Altbau am Ortsanfang links vom Weg. Küche, aber auch Zubereitung von Mahlzeiten durch Herbergsmutter, Aufenthaltsraum mit Kamin. Ganzjährig.
Die Strecke: Gut markiert, gute Wege. Bis Baños de Montemayor vorwiegend auf Seitenstreifen der N-630. Das Gelände wird bergiger. Hinter Baños geht es auf einem Waldweg erst bergab ins Tal des Río Cuerpo de Hombre und dann wieder bergauf nach Calzada de Béjar.
Höhenunterschied: 520 m im Auf- und 260 m im Abstieg.
Kritische Stellen: Keine.
Landschaft: Die Wanderung auf der N-630 lässt keine rechte Freude am grünen Valle del Ambroz aufkommen. Mit Beginn der Provinz Salamanca (autonome Region Castilla y León) auf dem Pass »Puerto de Béjar« ändert sich die Landschaft radikal. Grüne Laubwälder flankieren den Weg durch das Tal des Río Cuerpo de Hombre. Nach dem Aufstieg nach Calzada wird es wieder etwas karger.
Infrastruktur: ⌂ ✕ knapp ¼ Std. hinter Aldeanueva; 20 Min. später bei 1. Abzweig nach Hervás: ⌂ ✕ Hostal Roma, Tel. 927 484 038, www.hostal-roma.com ▲ ✕ (Ostern bis ca. Sept.); 2. Abzweig Hervás Camping Las Cañadas ▲ ✕ (www.lascanadas.es); Baños de Montemayor ⌂ ✕ ▭ A ⊠ ✕ ℹ ⌂ ▭ € @ (in Bibliothek gratis) ✚ Pl. Pizarro 1, Tel. 923 482 012; ½ Std. hinter Baños Puerto de Béjar ▭ ✕ (Casa Adriano, keine Herberge! Hier gibt es lediglich einen Stempel für die Credencial) ▭ (Ortsende) Calzada de Béjar (Casa rural) ▭ ▭.
Anmerkung: (1) Die touristische Herberge in Hervás (rund 7 km östlich des Wegs) war zuletzt geschlossen. Information zur evtl. Wiedereröffnung vor Ort. **(2)** Wer in der Herberge von Calzada selbst kochen möchte, muss sich in Baños mit Lebensmitteln eindecken, da im Ort keine Einkaufsmöglichkeit. Ggf. auch für die Folgeetappe vorsorgen! **(3)** Ab dem Puerto de Béjar kommen wir auf die 800 bis über 1000 m hohe zentralspanische Hochebene. Besonders im Frühling und Herbst macht sich dies klimatisch bemerkbar: Die Temperaturen sinken etwas, besonders nachts.

Von der **Herberge (1)** aus gehen wir zunächst ein paar Schritte zurück zur Hauptstraße und auf dieser nach rechts, am Ortsende schwenken wir nach links zur N-630 (**2**; Restaurant und Hostal; ¼ Std.). Kurz danach gehen wir durch den Kreisverkehr rechts über die Autobahn zu einem zweiten Kreisverkehr, nach dem wir nach links wieder zur N-630 gelangen. Wenig später zweigt rechts die Straße nach Hervás (besitzt noch fast vollständig erhaltenes ehemaliges jüdisches Viertel) ab, links befinden sich das Hostal, Restaurant und der Campingplatz (**3**; knapp 30 Min.).

Nun wandern wir auf dem Seitenstreifen der N-630 weiter. Auf der Höhe des Kieswerkes (gut ½ Std.) wechseln wir auf die rechte Straßenseite auf einen Feldweg neben der Nationalstraße (nicht ganz rechts abbiegen!). Eine ¼ Std. später passieren wir den zweiten Abzweig nach Hervás (**4**; Campingplatz und Restaurant). Nach einer ½ Std. entfernen wir uns etwas von der N-630, kehren wieder zu ihr zurück und überqueren sie wenig später nach links (20 Min.). Bergab und wieder bergauf gelangen wir an den Ortsanfang von **Baños de Montemayor**. An der Kirche vorbei gehen wir auf der C/ Mayor zum zentralen Platz (**5**; gut 20 Min.).

Das Tal des Río Cuerpo de Hombre.

i *Schon die Römer genossen die heilenden Thermalquellen von **Baños de Montemayor**. Das **Balneario de Baños de Montemayor** (balneario = Kurhaus, baños = (Kur-)Bäder) ist eines der ältesten Heilbäder Spaniens. Ein Teil der römischen Strukturen ist in das heutige Kurbad integriert, ein anderer dient als Museum. Die 43° C warmen, schwefelhaltigen Thermalquellen eignen sich besonders für die Behandlung von Rheuma und Atemwegserkrankungen. Das gemäßigte Mikroklima im Tal des Río Ambróz macht Baños zum beliebten Naherholungsgebiet mit entsprechender touristischer Infrastruktur.*

*Die **Iglesia de Santa Catalina** (15./16. Jh.) beherbergt einen sehenswerten barocken Hauptaltar in platereskem Stil. Die Kirche dient als Veranstaltungsraum. Mitte des 16. Jh. begann der Bau der **Iglesia de Santa María de la Asunción** im Ortszentrum. Die unteren beiden Abschnitte des Kirchturms stammen aus der gotischen Epoche, der obere aus der Renaissance. Sehenswert ist die Nordfassade der aus Granit gebauten Kirche mit dem platereskem Portal. Der Innenraum wurde bis auf den vergoldeten Renaissance-Altar im Lauf der Zeit stark verändert (Infor-*

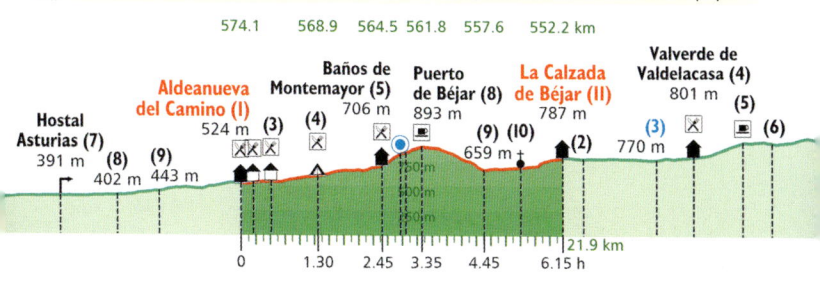

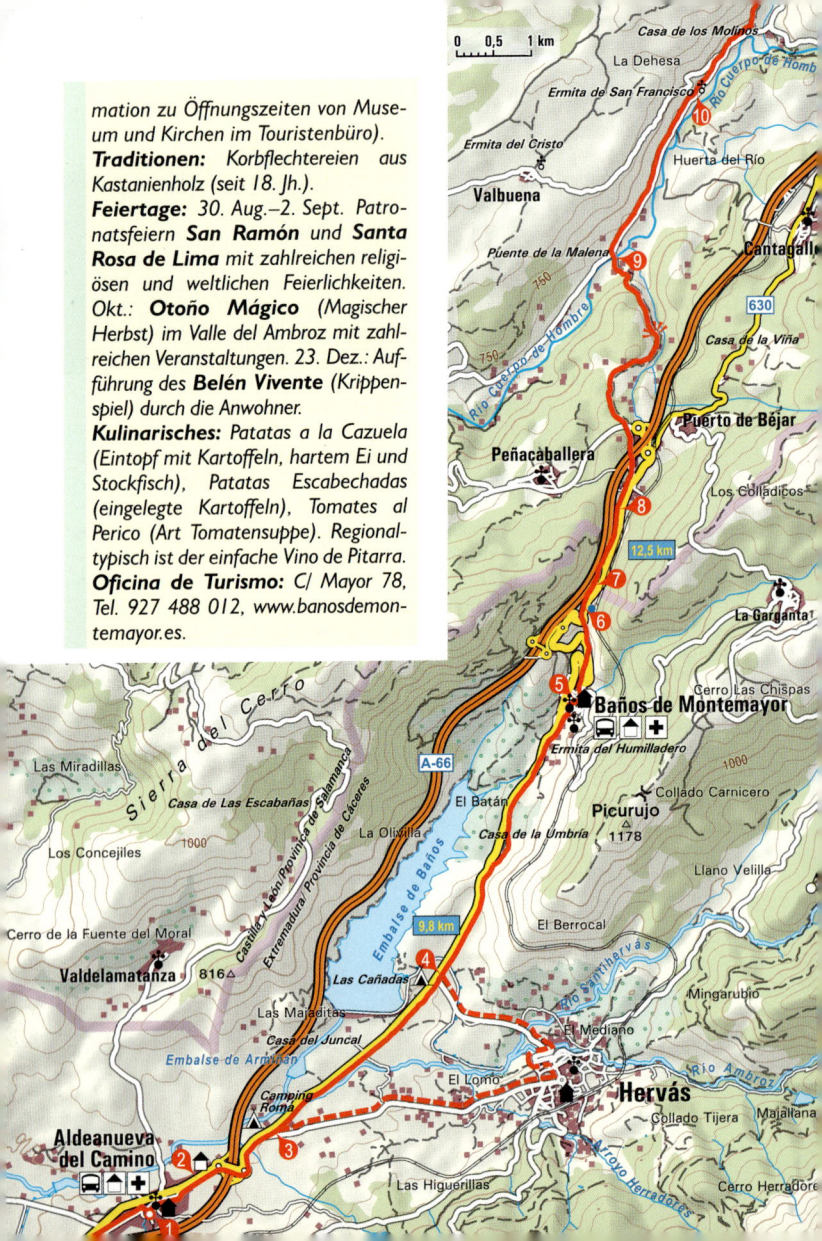

mation zu Öffnungszeiten von Museum und Kirchen im Touristenbüro).
Traditionen: Korbflechtereien aus Kastanienholz (seit 18. Jh.).
Feiertage: 30. Aug.–2. Sept. Patronatsfeiern **San Ramón** und **Santa Rosa de Lima** mit zahlreichen religiösen und weltlichen Feierlichkeiten. Okt.: **Otoño Mágico** (Magischer Herbst) im Valle del Ambroz mit zahlreichen Veranstaltungen. 23. Dez.: Aufführung des **Belén Vivente** (Krippenspiel) durch die Anwohner.
Kulinarisches: Patatas a la Cazuela (Eintopf mit Kartoffeln, hartem Ei und Stockfisch), Patatas Escabechadas (eingelegte Kartoffeln), Tomates al Perico (Art Tomatensuppe). Regionaltypisch ist der einfache Vino de Pitarra.
Oficina de Turismo: C/ Mayor 78, Tel. 927 488 012, www.banosdemontemayor.es

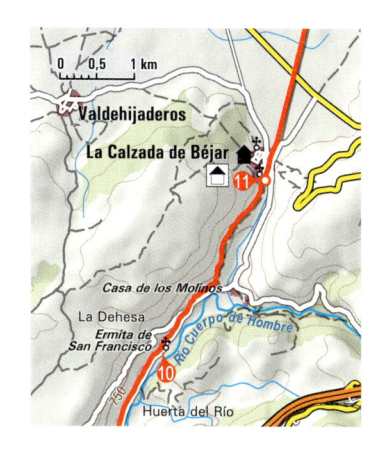

Über die Plaza Mayor gehen wir am Rathaus vorbei (links etwas versteckt steht die Kirche). Am oberen Ende des Platzes zeigen rechts die violetten Schilder zur Herberge, die Vía schwenkt nach links, an der Panadería Olga vorbei auf die C/ Castillejo. Von ihr biegen wir in die erste Straße rechts ein und verlassen den Ort bergauf. Kurz darauf beginnt ein kurzes Stück des alten römischen Straßenpflasters. Nach etwa 30 Min. liegt rechts am Weg ein Brunnen **(6)**, kurz danach heißt es auf dem Seitenstreifen der N-630 weiterwandern (oder ein kurzes Stück auf einem Waldweg weiter links davon). Im Anstieg kommen wir nach 10 Min. in die **Provinz Salamanca (7**; Castilla y León) und 15 Min. später auf die Passhöhe **Puerto de Béjar (8**; Tankstelle, Bar). Leicht bergab verlassen wir die N-630 nach links, gehen unter der Autobahn hindurch, über eine Landstraße und auf einem Waldweg hinab ins grüne Tal des Río Cuerpo de Hombre. Etwa 1¼ Std. nach dem Pass überqueren wir die **Puente de la Malena (9)**, folgen den Pfeilen rechts und wandern bequem auf einem Feldweg unterhalb des kleinen Sträßchens durch das Flusstal. Vorbei an der **Ermita de San Franciso (10**; knapp 45 Min.) gelangen wir zu einem Sträßchen (¼ Std.). Gleich darauf zweigt bei den beiden Häusern der Weg nach links oben ab. Der Pfad bringt uns bergan zur Herberge von **Calzada de Béjar** (**11**; knapp ¾ Std.).

Blick von Calzada de Béjar nach Süden.

Die autonome Gemeinschaft Castilla y León

Die Comunidad Autónoma de Castilla y León (2.520.000 Mio. EW, 94.227 km^2) hat neun Provinzen: Ávila, Burgos, León, Palencia, Segovia, Salamanca, Soria, Valladolid, Zamora. Die Hauptstadt ist Valladolid.

Castilla y León, die flächenmäßig größte autonome Region Spaniens, ist die Wiege des neuzeitlichen Spaniens und der spanischen Hochsprache, des »Castellano«. Bis dahin war es jedoch ein langer Weg. Nach der Besetzung der westgotischen Hauptstadt Toledo durch die Araber (714) gründeten einige der verbliebenen Westgoten das asturische Königreich. 722 begann mit der Schlacht bei Covadonga (Asturien) unter Führung von Pelayo der Aufstand der Christen gegen die arabischen Eindringlinge. Anfang des 10. Jh. wurde das Königreich León gegründet. Kurz darauf spaltete sich die Grafschaft Burgos ab und nannte sich fortan Castilla (abgeleitet von »castillo«, Burg). Immer wieder vereinten und trennten sich die beiden Reiche, bis sie 1230 unter König Fernando III. endgültig zum Königreich Castilla y León geeint und Burgos Hauptstadt wurde. Durch die Heirat Isabels I. von Kastilien mit Fernando II. von Aragón (1469) und die Eroberung der letzten arabischen Bastion Granada (1492) entstand aus den beiden mächtigen Königreichen Kastilien und Aragonien der neue spanische Staat.

Historisch und geografisch gesehen bilden die zentralspanischen Regionen Castilla y León (auch Castilla la Vieja, Altkastilien), Castilla la Mancha (Castilla la Nueva, Neukastilien) und die Region Madrid (seit 1561 ist Madrid spanische Hauptstadt) eine Einheit. Auf der flachen, kargen Meseta, dem zwischen 800 und 1000 m hoch gelegenen, dünn besiedelten zentralspani-

Auf dem Weg nach Zamora, Abstieg nach Villanueva de Campeán (Etappe 22).

Ein kleines Highlight, der Weg am Stausee kurz hinter Calzadilla de la Tera (Etappe 26).

schen Hochland, herrscht ein raues Klima, mit sengend heißen Sommern und bitterkalten Wintern. Dennoch verfügt Castilla y León mit Städten wie Salamanca und Zamora an der Vía de la Plata, Burgos, León und Astorga am Camino Francés, aber auch Ávila, Segovia oder Valladolid über einen unermesslichen kulturhistorischen Reichtum.

Bei Granja de Moreruela verzweigt sich der Pilgerweg zu zwei fast gleich langen Varianten (je rund 370 km bis Santiago). Der Camino Sanabrés schwenkt nach Westen und führt über Puebla de Sanabria (daher der Name »sanabrés«) und Ourense (Galicien) nach Santiago. Die andere Route stößt bei Astorga (Provinz León) auf den Camino Francés. Bis Granja de Moreruela bzw. Astorga verlaufen beide Stränge durch teils zermürbend monotone, nur dünn besiedelte Ebenen, auf denen Ackerbau und Viehhaltung betrieben werden. Dann werden beide Wege bergiger und grüner. Kulturelle Höhepunkte bilden Salamanca, die älteste Universitätsstadt Spaniens, Zamora, das »lebende Museum der Romanik«, sowie, am Camino Francés, die alte Bischofsstadt Astorga und Ponferrada mit der alten Templerburg.

Das Herbergsangebot verbessert sich seit einigen Jahren. Neue, meist private Unterkünfte entstehen, alte werden saniert. Leider haben einige Etappen durch den Bau der Bahntrasse für den Hochgeschwindigkeitszug AVE und der Autobahn A-66 einiges an Attraktivität eingebüßt. Dies betrifft vor allem das Teilstück Montamarta–Granja de Moreruela (Etappen 23/24), in Teilen Etappe 27 sowie die Strecke Padornelo–Lubián (Etappe 28).

18 Calzada de Béjar – Fuenterroble de Salvatierra

5.15 Std.
20,6 km

Herbergen: Valverde de Valdelacasa (801 m, 65 EW), SH, ⓔⓔⓔ, 22 B/10 € (4 DZ 15 €). Alb. Santiago Apóstol (an der ersten großen Kreuzung bei der Kirche in die Straße links, bzw. Info in der Bar am Weg/Ortsausgang), Tel. Bürgermeisterin Mari Cruz 923 165 050, Tel. Bar 615 672 470 (Antonio). Küche, Mikrowelle, Waschm., normale Betten. Ganztags, ganzjährig. **Fuenterroble de Salvatierra** (950 m, 260 EW), KH, ⓔⓔⓔ, ca. 70 B/Spende. Pfarrhaus von Pfarrer Don Blas, Tel. 923 151 083. Auf der Vía läuft man direkt darauf zu. Großes Pfarrhaus und mehrere Anbauten, Andachtsraum. Frühstück. Ganztags, ganzjährig.
Die Strecke: Gut markiert, vorwiegend gute Feldwege oder kleine Landstraßen mit moderaten Höhenunterschieden.
Höhenunterschied: 290 m im Auf- und 130 m im Abstieg.
Kritische Stellen: Keine.
Landschaft: Hinter Calzada de Béjar wartet eine sehr offene und grüne Landschaft. Bis Valverde de Valdelacasa zieht sich die Vía als Weideweg durch ausgedehnte Dehesas. Im ersten Streckenabschnitt fallen die wie Kopfweiden gestutzten Eschen auf. Wir nähern uns langsam den ausgedehnten Ebenen des kastilischen Hochlands.
Infrastruktur: Valverde de Valdelacasa ⊠ ⌂ (Casa Rural); Valdelacasa (945 m, 280 EW) ▣ ▨ ▣ ✚; Fuenterroble de Salvatierra ⊠ ⌂ (Casa Rural) ▨ Ⓐ ▣ ▢ Info in Herberge.

Wir durchqueren **Calzada de Béjar (1)** der Länge nach und folgen dann dem schräg links abzweigenden Feldweg. Nach insgesamt knapp 30 Min. gehen wir über eine Landstraße **(2)** in einen Weideweg. Nun wandern wir geraume Zeit über die weite, an afrikanische Savannen erinnernde Ebene. Nach dem Bach **Río de Sangusín (3**; 1¼ Std.) biegen wir rechts in die Landstraße ein und nehmen 200 m später den Feldweg nach links oben. Auf ihm gelangen wir nach **Valverde de Valdelacasa (4**; knapp ¾ Std.). Nach (oder vor) der Kirche gehen wir links zur Straße nach **Valdelacasa (5**; knapp 1 Std.). Noch vor dem Zentrum werden wir links, gleich wieder rechts und geradeaus über die Hauptstraße auf die Landstraße geleitet. Bei einer Info-Tafel zur Vía de la Plata links in den Feldweg **(6**; ½ Std.), nach 500 m rechts (oder direkt bei der Tafel rechts in den Feldweg) und dann immer geradeaus bis **Fuenterroble de Salvatierra (7)**. Bei der Dreiergabelung am Ortsanfang gehen wir auf der mittleren Straße (C/ Larga) durch den Ort zur Herberge (1½ Std.).

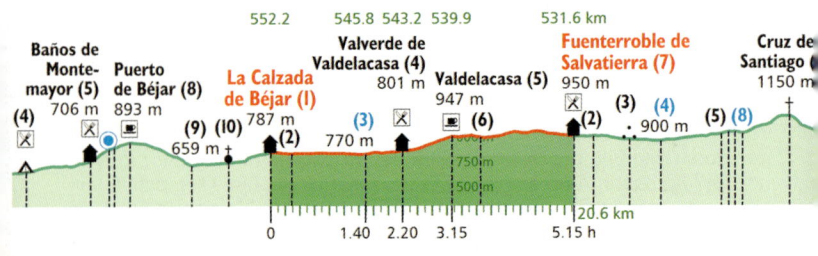

110

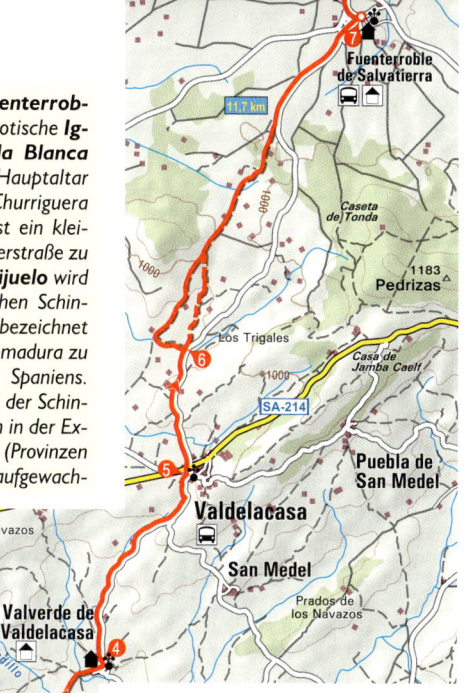

ℹ️ Schönstes Bauwerk von **Fuenterroble de Salvatierra** ist die gotische **Iglesia de Santa María la Blanca** (15. Jh.). Der barocke Hauptaltar wird der Bildhauerfamilie Churriguera zugeschrieben. Daneben ist ein kleines Stück restaurierte Römerstraße zu sehen. Der Nachbarort **Guijuelo** wird oft als Wiege des spanischen Schinkens (**Jamón Ibérico**) bezeichnet und gehört neben der Extremadura zu den größten Produzenten Spaniens. Tatsächlich stammt ein Teil der Schinken der **D.O. Guijuelo** von in der Extremadura und Andalusien (Provinzen Huelva, Sevilla, Córdoba) aufgewachsenen Schweinen, deren Schinken in Guijuelo luftgetrocknet wird. Nicht zuletzt auch deshalb wurde die D.O. Dehesa de Extremadura ins Leben gerufen, um den eigenen Schinken zu fördern und zu vermarkten. Sehr schmackhaft sind jedoch beide Produkte allemal!

19 Fuenterroble de Salvatierra – Morille

8.45 Std.
32 km

Herbergen: San Pedro de Rozados (973 m, 250 EW), **(1)** PH, 🅿, 14 B/7 €. Alb. Mari Carmen, C/ Oriente 9, Tel. 923 344 075. Ganzjährig. **(2)** TH, 🅿🅿, 8 B/8 €. Alb. Casa Miliario, C/ Rosario 17, Tel. 600 898 909 (oder Aushang). Kleines Häuschen. Mikrowelle. Ab ca. 12 Uhr, ganzjährig. **Morille** (932 m, 250 EW), SH, 🅿, 6 B (plus 24 B bei Bedarf)/6 €, Schlüssel, Stempel in Bar Isa daneben, Tel. 699 179 786. Reine Schlafherberge. Ganzjährig.

Die Strecke: Meist gut markiert, vorwiegend gute Feldwege, bis auf den Anstieg zum Cruz de Santiago auf der Sierra de la Dueña flaches Geländeprofil.

Höhenunterschied: 410 m im Auf- und 430 m im Abstieg.

Kritische Stellen: Auf der Sierra de la Dueña kann die Markierung an einer Stelle lückenhaft sein, auf Beschreibung achten.

Landschaft: Über eine steppenartige Ebene wandern wir auf die langgestreckte Sierra de la Dueña zu. Oben bekommt man aus 1150 m Höhe einen guten Eindruck von der Ausdehnung dieser riesigen, fast menschenleeren Region. Danach bestimmen zunehmend weite, fast baumlose Felder und Weiden den Landstrich, der je nach Witterung seinen eigenen Reiz entfaltet.

Infrastruktur: San Pedro de Rozados 🍴 🛒 🅰 🏠 (Centro de Turismo Rural VII Carreras, Tel. 923 344 075, www.turismoruralviicarreras.es) 🚌; Morille 🍴 🏠 (Casa Rural, Tel. 690 718 555 www.turismoruralviadelaplata.com).

Anmerkung: Da es bis San Pedro de los Rozados keine Einkehrmöglichkeit gibt, mit Proviant und Wasser vorsorgen.

Aus der **Herberge (1)** kommend folgen wir der Haupt-, dann Landstraße nach rechts, bis rechts ein breiter Weideweg abzweigt (**2**; 20 Min.). Auf ihm wandern wir auf die Sierra de la Dueña mit ihrem Kamm aus Windrädern zu. Nach knapp 45 Min. steht ein römischer Meilenstein am Weg (**3**), 30 Min. später steigt der Weg nach dem (meist trockenen) Bach **Arroyo de Navalcuervo (4)** sanft an und führt an einem Holzkreuz vorbei in ein Steineichenwäldchen. Kurz darauf kommen wir an eine Wegkreuzung vor einem Zaun. Wir gehen links und rechts und gleich wieder links zwischen zwei Zäunen den rampenartigen Hang hinauf. Praktisch immer geradeaus gelangen wir zur Landstraße nach Navarredonda (**5**; gut 1 Std.).

Wir gehen geradeaus darüber und bei der nächsten Gabelung (**6**) rechts. Der Abzweig an der nächsten Gabelung (**7**) ist evtl. schlecht markiert: Hier folgen wir schräg links dem Feldweg und wandern parallel zur Sierra. Nach

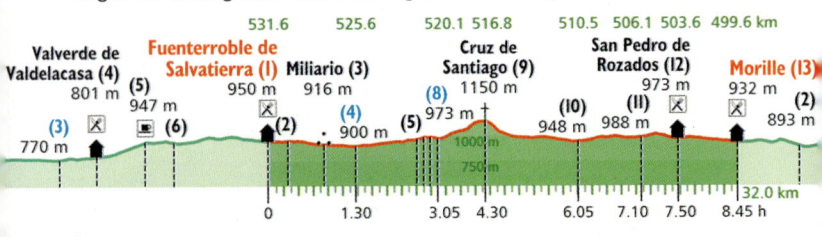

112

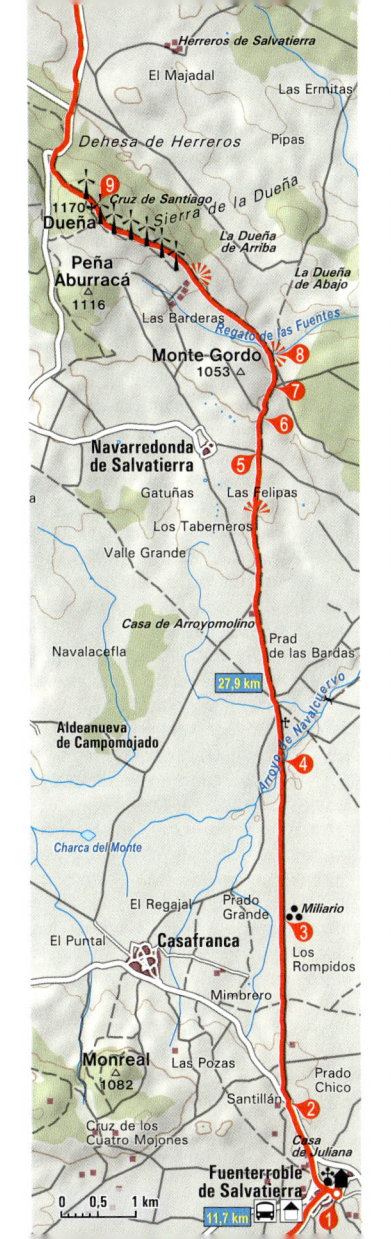

Auf dem Weg zur Sierra de la Dueña.

etwa 10 Min. finden wir in einer Senke wieder Pfeile bei einer Viehsperre (**8**). Mit dem Pfad nach links oben beginnt der letzte Anstieg. Kurz vor Erreichen des ersten Windrades wird der Pfad flacher (¾ Std.). Mit weiten Blicken erreichen wir schließlich das **Cruz de Santiago** (**9**; ¾ Std.). Gleich danach geht es durch den Eichenwald steil bergab und dann rechts auf die Landstraße (¼ Std.). Auf dieser (bzw. auf unbefestigten Wegen, die sich erst rechts, dann links daneben anbieten) gelangen wir zum **Arroyo de los Mendigos** (dt. etwa Bettlerbach) und dem Gehöft **Cazadilla de los Mendigos** (**10**; gut 1¼ Std.).

Danach führt die Straße über eine kleine Anhöhe. Nach gut 1 Std. zweigt links ein Pfad **(11)** ab, der di-

113

rekt auf die Baumgruppe oben auf dem Hügel zusteuert. Oben bietet sich ein schöner Blick in die weite Landschaft, bei klarem Wetter ist rechts bereits auch Salamanca auszumachen. Nach einem kurzen Marsch bergab ist **San Pedro de Rozados (12)** erreicht (gut ½ Std.). Am Ortsrand biegen wir links ab. Nach 200 m geht es rechts, vorbei an der Alberge Mari Carmen (gleich dort links kommt man zur Albergue Casa Miliario) zu einer T-Kreuzung, dort nach rechts und dann geradeaus über die Landstraße auf den Feldweg, der kurz darauf nach links abknickt. Durch Kuhweiden und Äcker bringt er uns nach **Morille (13)**. Kurz vor dem Ort schwenken wir rechts und kommen geradeaus zur Herberge (1 Std.; rechts am Weg kurz vor kleinem Platz).

i *In den 50er-Jahren herrschte im etwas verschlafen wirkenden Dörfchen **Morille** Goldgräberstimmung, ausgelöst durch das Vorkommen u. a. von Zinn und Wolfram in der Umgebung. Viele nach dem Bürgerkrieg verarmte Arbeiterfamilien erhofften sich in den teils mit völlig veralteter Technik betriebenen Minen ein bescheidenes Einkommen. Über 1000 Einwohner zählte der Ort damals, ehe in den 60er-/70er-Jahren der Abbau mangels Rentabilität wieder eingestellt wurde.*

4.45 Std.
19 km

Morille – Salamanca 20

Herbergen: Salamanca (800 m, 148.000 EW), SH, 18 B/Spende. Casa de la Calera, beim Huerto de Calixto y Melibea, Tel. 652 921 185. Noch vor der Kathedrale beim Archivo de la Guerra Civil rechts in C/ El Expolio und im Links-rechts-rechts-Schwenk zur Herberge (Muscheln in Boden eingelassen). Mikrowelle, Trockner. Ausstellung des Pilgerpasses. 12–13 Uhr: Möglichkeit, den Rucksack zu deponieren; Einlass: 16–22 Uhr. Ganzjährig.
Alternative Unterkünfte: Salamanca **(1)** Hostal La Catedral, Rúa Mayor 46, Tel. 923 270 614, www.hostalcatedralsalamanca.com. **(2)** Hostería Sara, C/ Meléndez 11, Tel. 923 281 140, www.hostalsara.org. **(3)** Juhe Alb. Juvenil Lazarillo de Tormes, C/ Lagar, Tel. 923 194 249. www.alberguesalamanca-municipal.com.
Die Strecke: Gut markiert, gute Feldwege, flaches Gelände.
Höhenunterschied: 150 m im Auf- und 280 m im Abstieg.
Kritische Stellen: Keine.
Landschaft: Die Dehesas werden von Weiden und Feldern abgelöst, die Landschaft wird offener und weitläufiger.
Infrastruktur: Miranda de Azán (831 m,

Morgenstimmung kurz hinter Morille.

460 EW) ; Salamanca @ Kathedrale u. a. Mo–Fr 9.30 Uhr, So 11 Uhr und 12 Uhr Filiberto Villalobos 71, Tel. 923 236 717 Paseo de la Estación (national) Tel. 923 329 619 Hospital: Paseo de Carmelitas 74–94, Tel. 923 269 300. Centro de Salud: Avda. Comuneros 27–31, Tel. 923 126 591.
Anmerkung: Es gibt Berichte, nach denen Touristen in Lokalen auf der Plaza Mayor von Salamanca höhere Preise bezahlen mussten; evtl. Preise vorher klären.

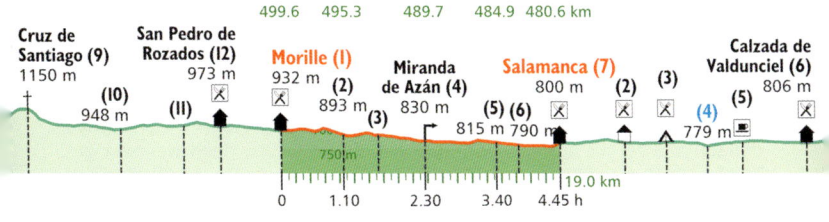

Wir verlassen **Morille (1)** aus der Herberge kommend nach rechts und gelangen am Ortsende auf einen Feldweg. Ohne Abzweigungen kommen wir auf ihm durch ein Gatter (knapp ¾ Std.). Nach dem Gehöft **Ariseos de Arriba** (2; 20 Min.) knickt der Weg nach links ab und steigt wieder leicht bergan. Am Hof **Aldeanueva** (3; gut ½ Std.) vorbei wandern wir auf dem breiten Feldweg

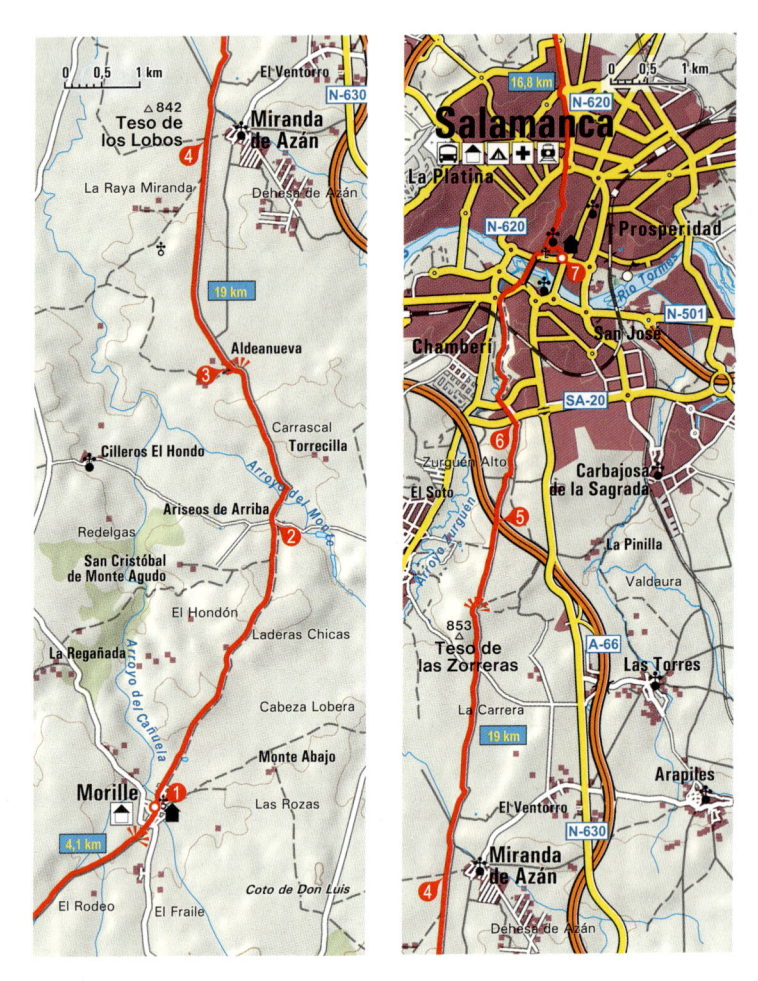

durch die sanft hügeligen Felder auf Salamanca zu. Nach rund 45 Min. liegt 300 m rechts vom Weg der kleine Weiler **Miranda de Azán (4)**. Gut 45 Min. danach stehen wir auf einer Anhöhe mit einem Kreuz, nach weiteren gut 15 Min. unterqueren wir die **A-66 (5)**, 20 Min. später die **SA-20 (6)**. Danach gehen wir geradeaus, über den Kreisverkehr, dahinter den Fußweg hinunter und rechts in den Park. Wo der Parkweg eine Schleife zurück beschreibt, folgen wir geradeaus dem Pfad und biegen dann in den von Laternen gesäumten Weg links ein. Unter der Bahnlinie hindurch stoßen wir bei einer Tankstelle auf die Straße (½ Std.). Nach rechts kommen wir zur **Puente Romano** (knapp ¼ Std.). Danach gehen wir schräg rechts die Rampe hinauf, schwenken links in die Stadt und finden auch gleich, beim Archivo de la Guerra Civil (C/ Tentenecio Ecke C/ El Expolio) den Abzweig rechts zur **Herberge (7)**. Links zum Südportal der Kathedrale und zweimal rechts abbiegend kommen wir zum Eingang (10 Min.). Beim Archiv geradeaus, an der Kathedrale vorbei, gelangt man über die Rúa Mayor zur **Plaza Mayor** von **Salamanca** (10 Min.).

> In Spaniens ältester Universitätsstadt, **Salamanca**, pulsiert zwischen altehrwürdigen Bauten das Leben einer modernen, jungen Metropole. Die außerordentlich schöne Altstadt ist Nationaldenkmal und gehört zum UNESCO-Weltkulturerbe. Aus der von Hannibal 217 v. Chr. eroberten iberischen Siedlung entstand das römische Salmantica oder auch Helmantica, eine wichtige Handelsstadt am Río Tormes. 15 der 27 Bögen der mächtigen **Puente Romano** stammen noch aus der Römerzeit. Die Eroberung durch die Mauren im 8. Jh. und zerstörerische Kriege stürzten die Stadt in die Bedeutungslosigkeit. Erst 1100, unter der Herrschaft von Alfonso IV. von Kastilien, erwachte Salamanca zu neuem Leben. 1218 gilt als das Gründungsjahr der **Universität**, sie ist damit die älteste Hochschule Spaniens. Im 16. Jh. soll sie bis zu 12.000 Studenten gezählt haben (die junge Hauptstadt Madrid hatte ja gerade mal 30.000 Einwohner). In ihren Hallen lehrten u. a. der Humanist Fray Luis de León (1527–91), der Mystiker Juan de la Cruz (1542–91) und der Philosoph Miguel de Unamuno (1864–1936), und auch Spaniens Nationaldichter Miguel de Cervantes (1547–1616) studierte hier. Die **Hauptfassade** (1534) der Universität ist eines der schönsten Beispiele des platteresken Stils, der in Salamanca zu seiner meisterlichsten Ausprägung gelangte. Möglich machte dies der feinkörnige, leicht zu bearbeitende Sandstein, der in der Abendsonne golden leuchtet. Im reichen Ornament- und Wappenschmuck ist auf einem Totenkopf ein Frosch platziert. Er ist eine Allegorie auf die Ausschweifung und gilt als Glücksbringer: Studenten, die ihn ohne Hilfe finden, werden ihre Examen bestehen (Besichtigung: Mo–Sa 10–14 Uhr und 16–19.30 Uhr, So 10–13.30 Uhr. Eintritt 10 €).
>
> Im 16. Jh. erreichte Salamanca den Zenit seines kulturellen und finanziellen Reichtums, der in etlichen sakralen und profanen Prachtbauten seinen Ausdruck fand. Um 1513 begann Baumeister Juan Gil de Hontañón mit dem Bau der neuen Kathedrale

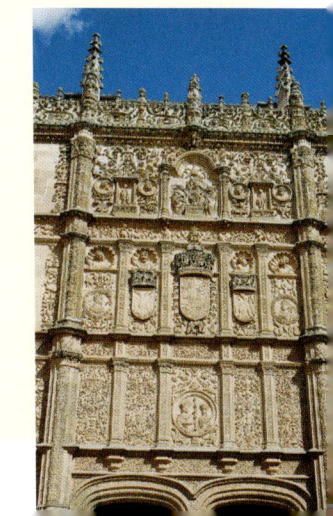

(**Catedral Nueva**). Das erst 1733 vollendete Bauwerk verbindet spätgotische, platereske und barocke Elemente. Sehenswert sind der 104 m lange und 48 m breite Innenraum und das Chorgestühl von Alberto de Churriguera. Vom »Neubau« gelangt man in die zwischen 1100 und 1200 entstandene romanische Kathedrale (**Catedral Vieja**). Hier beeindrucken u. a. der **Hauptaltar** (ab 1445) des Italieners Nicolás Florentino sowie die Wandmalereien in der Turmkapelle. Vom Dach der Kathedrale bietet sich ein schöner Blick über Salamanca und den eigenwillig, wie mit steinernen Fischschuppen gedeckten **Torre del Gallo** (Wetterhahnturm). Eine Kuriosität befindet sich an der **Puerta de Ramos** (Zugang zur neuen Kathedrale): ein **Astronaut**; bei der Restaurierung 1992 verewigte sich damit ganz nach mittelalterlichem Brauch der Steinmetz Miguel Romero. (Kathedrale, Museum und Kreuzgang tgl. April–Sept. 10–19.15 Uhr, Okt.–März 10–18 Uhr, letzter Einlass je 45 Min. vorher, Eintritt 4,75 €, www.catedralsalamanca.org; Infos zu Messen unter Link »culto«.) Das Herzstück Salamancas ist die **Plaza Mayor**. Der von dreistöckigen Häusern mit Arkaden umgebene, 1729–55 unter Felipe V. nach Plänen von Alberto de Churriguera gebaute Platz gilt als einer der prächtigsten Spaniens. Bis zum 19. Jh. wurden hier Stierkämpfe ausgetragen, heute ist er beliebter Treffpunkt. 1514 ließ der Santiago-Ritter Talavera Maldonado seinen Stadtpalast, die **Casa de las Conchas** (Haus der Muscheln), errichten. Herrliche Fenstergitter und rund 300 Jakobsmuscheln zieren die Fassade – unter einer der Muscheln soll der Legende nach ein Goldschatz versteckt sein (Mo–Fr 9–21 Uhr, Sa 9–14 Uhr und 16–19 Uhr, So 10–13 Uhr und 16–19 Uhr, Eintritt frei). Der Renaissance-Palast **Palacio de Monterrey** (1539) wurde bis ins 20. Jh. oft von anderen Architekten kopiert. Um 1617 begann die rund 150-jährige Bauzeit der **Clerecía**, der riesigen, kuppelgekrönten Jesuitenkirche neben der Casa de las Conchas.
Im **Archivo General de la Guerra Civil** werden Unterlagen zum Spanischen Bürgerkrieg aufbewahrt. Die **Iglesia de San Martín** entstand um 1103, der Zeit der christlichen Neubesiedlung. Die **Iglesia de San Marcos** (Ende 12. Jh.) hat einen kreisrunden Grundriss. Sehenswert sind das **Convento de las Dueñas** (platereske Fassade von 1533) und das **Convento de San Estéban** (Ende 16. Jh., platereskes Hauptportal). Spanischen Jugendstil zeigt die **Casa Lis** (**Museo de Art Nouveau und Art Decó**, April–16. Okt. Di–Fr 11–14 Uhr und 16–20 Uhr, 17. Okt.–März Di–Fr 11–14 Uhr und 16–19 Uhr), Sa/So 11–20 Uhr. Eintritt 4 €, Do morgens gratis).
Souvenirs: Salamanca ist bekannt für Gold- und Silberschmiedarbeiten (Goldknöpfe sind Symbol der Provinz), Lederarbeiten und Spitzenklöppelei. Frösche als Glücksbringer findet man in mannigfachen Ausführungen.
Feiertage: Die **Osterprozessionen** in Salamanca sind sehenswert, aber nicht so spektakulär wie in Sevilla oder Zamora. Am Ostermontag wird seit dem 16. Jh. der

Lunes de Aguas (Wassermontag) mit einem großen Picknick am Fluss gefeiert. Die Tradition geht auf eine Anordnung Felipes II. zurück. Um während der Fastenzeit die Gelegenheiten zu fleischlicher Sünde zu mindern, mussten während dieser 40 Tage alle Prostituierten die Stadt verlassen. Am Ostermontag holte sie der Padre de las Putas, der »Hurenvater«, mit einem Boot in die Stadt zurück. Während des Patronatsfestes **San Juan de Sahagún** (12. Juni, um die Knoblauchernte) werden in der ganzen Stadt Knoblauchzöpfe feilgeboten. Prozessionen, Stierkämpfe und zahlreiche Freiluftveranstaltungen gibt es während der Hauptfiesta zu Ehren der **Virgen de la Vega** (8.–15. Sept.). Am 31. Oktober erklimmt der **Mariquelo** den Turm der neuen Kathedrale und spielt mit der Schalmei eine sog. »Charrada«. Damit wird des Lissaboner Erdbebens von 1755 gedacht, das auch Teile Salamancas zerstörte, die neue Kathedrale aber weitgehend verschonte.
Kulinarisches: Lentejas de Armuña (Linsen aus Armuña), Jamón ibérico aus Guijuelo und Hornazo Salmantino (u. a. mit Dauerwürsten und iberischem Schinken gefüllte Pastete; nicht zu verwechseln mit dem extremeñischen süßen Schmalzgebäck).
Oficina de Turismo: Plaza Mayor 32. Tel. 923 218 342. Sommer Mo–Fr 9–14 Uhr und 16.30–20 Uhr, Sa 10–20 Uhr, So 10–14 Uhr, Winter Mo–Fr 9–14 Uhr und 16–18.30 Uhr, Sa 10–18.30 Uhr, So 10–14 Uhr. www.salamanca.es.

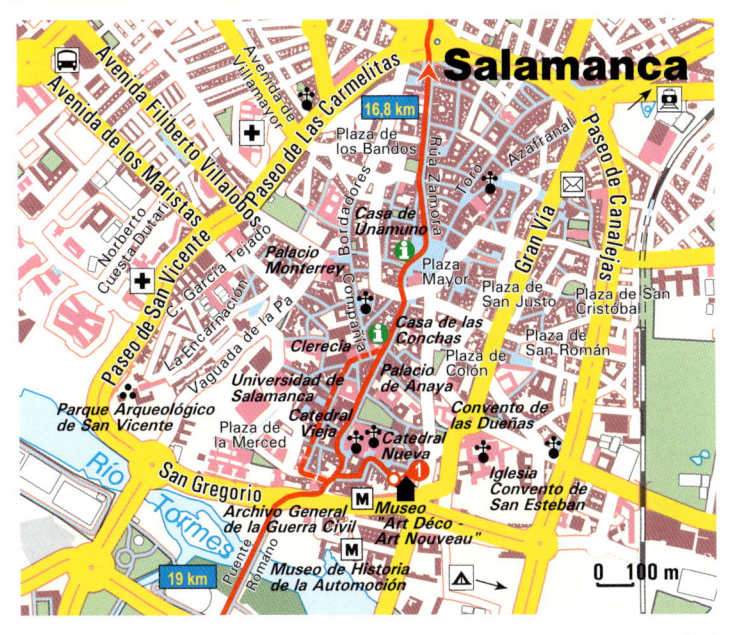

21 — Salamanca – El Cubo de la Tierra del Vino

9.45 Std.
37,5 km

Herbergen: Calzada de Valdunciel (806 m, 650 EW), SH, ●●●, 8 B/5 €. Schlüssel (sofern kein anderer Aushang): Mo–Fr 11.30–13 Uhr, in ACVM (Gemeindezentrum), Ruta de la Plata s/n (hinter Herberge) 18–20 Uhr in Bibliothek (hinter Kirche), ansonsten Tel. an Tür anrufen. Klein, aber gepflegt, Mikrowelle, eine Herdplatte. Ganzjährig. **El Cubo de la Tierra del Vino** (840 m, 370 EW), **(1)** TH, ●●●, 10 B/12 €. (EZ 20 €, DZ 24 €). Alb. Torre de Sabre, Travesía de la Ermita 1 (Hinweis Ortsanfang nach rechts), Tel. 633 424 321 und 697 759 418. Mahlzeiten, Waschm./Trockner, WLAN, Garten. Ganztags, ganzjährig. **(2)** TH, ●●●, 12 B/12 €. Alb. F&M, C/ García de la Serna 4 und C/ Torro (im Ortszentrum, links), Tel. 685 808 085, 615 295 690, 980 577 371. Küche, Waschm./Trockner, WLAN. 11–21 Uhr, ganzjährig.

Die Strecke: Gut markiert, flaches Geländeprofil. Vorwiegend unbefestigte Wirtschaftswege, hinter Calzada de Valdunciel parallel zur N-630 bzw. A-66, dabei immer wieder kleine Umwege an quer verlaufenden Brückenauffahrten.

Höhenunterschied: 270 m im Auf- und 230 m im Abstieg.

Kritische Stellen: Keine.

Landschaft: Die flache, nur mit Feldern kultivierte Landschaft zeichnet sich durch eine extreme Übersichtlichkeit aus, in der das Auge kaum Anhaltspunkte findet. Erst vor El Cubo de la Tierra del Vino bereichern in der Ferne einzelne Wälder die Aussicht.

Infrastruktur: Aldeaseca de Armuña (819 m, 870 EW) ▭ ▬ ▭ € ▭; Castellanos de Villiquera (820 m, 680 EW) ▭ ▬; Calzada de Valdunciel ▭ Hostal El Pozo, C/ La Laguna s/n. Tel. 923 310 286 ▭ ▭ A € ▭ ▭ @ ▭ ✚ C/ La Laguna, s/n, Tel. 923 310 251; El Cubo de la Tierra del Vino ▭ A ▬ ▭.

Anmerkung: Nach der Autobahnauffahrt hinter Calzada de Valdunciel macht der Weg mangels Brücke zwei lange Schleifen, um so das Flussbett auf der N-630 zu überwinden; ist der Fluss gänzlich trocken, kann man auch geradeaus hindurchgehen (markiert).

Die prachtvolle Plaza Mayor von Salamanca.

0 0,5 1 km
20,7 km
N-630
A-66
Las Zarzas
Arroyo de la Vega
Calzada de Valdunciel
Valdunciel
Estación de Valdunciel
El Campo
El Sierro
Los Largos
Castellanos de Villiquera
Urbanización Las Cecilias
Arroyo de Cedillos
Arroyo de Encina
A-66
16,8 km
Aldeaseca de Armuña
El Prado
Los Páramos
Arroyo del Valle
Villamayor
Estadio Helmántico
Valle San Martín
SA-300
Salamanca
La Platina
El Marín

El Cubo de la Tierra del Vino
Las Llanas
A-66
Arroyo de la Nava del Muerto
Provincia de Zamora
Provincia de Salamanca
Los Oteros
Arroyo de Izcala
Trincheras de San Pedro
Izcala
20,7 km
Los Quiñones
Centro Penitenciario de Topas
Los Corzos
Las Rollizas
La Tierrica
Los Tejares
El Conejar
Los Jarales
Huelmos de San Joaquín
Urbanización El Chinarral
Prado del Moro
Cañedino
SA-601
Huelmos de Cañedo
Rivera de Cañedo
0 0,5 1 km
Valdeladueña

	480.6	476.2	468.1	463.8	458.7		450.2 447.5	443.1 km

Salamanca (I) 800 m — **Aldeaseca de Armuña (3)** 819 m — **Calzada de Valduncieℓ (6)** 806 m — **Rivera de Cañedo (7)** 799 m — **Provincia de Zamora (10)** 850 m — **El Cubo de la Tierra del Vino (II** 840 m

(5) 815 m (6) — (2) — (5) (4) 820 m — 779 m — (8) (9) — (2) 869 m

0   1.15   3.25   4.30   5.45   8.00   8.35   9.45 h   37.5 km

Von der **Herberge (1)** gehen wir zurück zur C/ Tentenecio und nach rechts an der Kathedrale vorbei (die eigentlich markierte Route verläuft weiter westlich durch die C/ Libreros). Geradeaus durch die Rúa Mayor (Fußgängerzone) und an ihrem Ende in einem Links-rechts-Schwenk gelangen wir auf die **Plaza Mayor** (10 Min.). Schräg rechts, unter dem Rathaus hindurch, beginnt die Rúa Zamora. Wir folgen ihr immer geradeaus bis zum Kreisverkehr kurz vor der Stierkampfarena (knapp ½ Std.; schräg rechts vorne zu sehen), wo wir schräg links die Avda. de Raimundo de Borgoña (N-630) einschlagen. Nach 10 Min., auf Höhe des Einkaufszentrums Carrefour, wechseln wir auf die rechte Straßenseite auf eine Art Fußweg. Durch einen Vorort mit dem Fußballstadion **Helmántico** (2; knapp ½ Std.; Restaurants und Hotels) kommen wir unter der A-62 hindurch auf die N-630. Wir wandern am besten auf dem linken Seitenstreifen, bis sich nach ½ Std. links ein Feldweg abseits der Straße anbietet. Er bringt uns in 20 Min. in den kleinen Ort **Aldeaseca de Armuña (3)**. Auf der Höhe von Bank und Laden gehen wir links und hinter der Kirche vorbei am Ortsrand entlang. Dann biegen wir in den zweiten Feldweg nach rechts ein. Unter der A-66 hindurch gelangen wir zu ein paar Höfen (knapp ½ Std.). Der Pfeil an einer Mauer meint den nächsten Abzweig rechts (nicht an der Mauer entlang nach rechts). Nun immer geradeaus, hinab in die Senke des **Arroyo de la Encina (4)**, dann leicht bergan, beim Sportplatz leicht links nach **Castellanos de Villiquera** (5; ¾ Std.; Bar im Zentrum). Wir gehen nach links um das Dorf herum, biegen bei der T-Kreuzung nach rechts und gleich wieder links ab und folgen dem Feldweg nach **Calzada de Valduncieℓ** (6; gut 1 Std.).

In den baumlosen Weiten der Meseta ...

> ℹ *Viele der massiven Steinhäuser von **Calzada de Valduncieℓ** zeigen den typischen Baustil der Region. Die ältesten Teile der Pfarrkirche **Iglesia Parroquial de Santa Elena** stammen*

... wirkt der Mensch ganz klein und unscheinbar.

aus dem 12. Jh., der Chor und die Sakristei aus dem 16. Jh., die barocke Eingangstür sowie der an Churriguera angelehnte Barockaltar entstanden im 18. Jh. In der Kirche befindet sich auch eine Darstellung von Jakobus. Am Ortsausgang verabschieden einige römische Meilensteine die Pilger. www.calzadadevaldunciel.es.

Wir verlassen den Ort auf dem Feldweg nach Norden und biegen bei dem einsam in der Landschaft stehenden Schild »Camino de Santiago« (gut ¼ Std.) nach rechts ab. Nach knapp ½ Std. biegt der Feldweg nach Norden und verläuft nun immer links von der A-66 und N-630 (evtl. auch Pfeile direkt entlang der N-630). Wir umgehen die Autobahnauffahrt (gut ¼ Std.) und gelangen an das meist trockene Flussbett der **Rivera de Cañedo** (7; ¼ Std.). Hier macht man entweder den Umweg zur N-630, auf ihr über die Brücke und wieder nach links auf den Feldweg (knapp ¼ Std.) oder geht geradeaus durch das Flussbett.
Ab jetzt wandern wir immer geradeaus auf diesem Wirtschaftsweg, wobei wir insgesamt fünf Mal kleine Schleifen an Brücken auslaufen. Unterwegs passieren wir das Gefängnis von Topas (**8**; rechts, gut 2 Std.), den **Arroyo de Izcala** (**9**; gut ½ Std.) und die Grenze zur **Provinz Zamora** (**10**; ½ Std.).
Kurz darauf, auf der Höhe eines einzeln stehenden Hauses, werden wir auf die alte Nationalstraße geleitet, von der wir 15 Min. später nach links und auf der Straße nach **El Cubo de la Tierra del Vino (11)** wandern. Zur ersten Herberge geht es am Ortsanfang rechts, zur zweiten im Ort links.

*Nur noch der Name von **El Cubo de la Tierra del Vino** (etwa: der Eimer des Weinlandes) spielt auf die Zeiten an, als man hier vom Weinbau lebte, bis die Reblausplage im 19. Jh. die Weinstöcke zerstörte. Seither konzentriert sich die Landwirtschaft auf den Getreideanbau. Der auf der Hälfte des Weges zwischen Salamanca und Zamora gelegene Ort bot wahrscheinlich schon zur Römerzeit Unterkünfte für Reisende auf der Calzada Romana.*
Feiertage: *Am ersten Wochenende im August werden zu Ehren von **Santo Domingo de Gúzman** Viehtriebe und Stiertreiben veranstaltet.*

22 El Cubo de la Tierra del Vino – Zamora

7.45 Std.
31,5 km

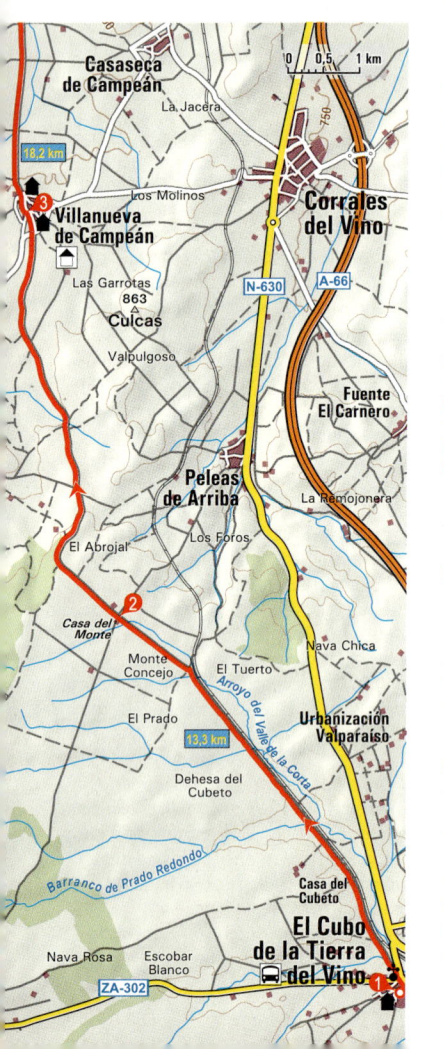

Herbergen: Villanueva de Campeán (758 m, 130 EW), **(1)** TH, ⌂⌂, 16 B/6 € (3 Zi. 10/12 €). Alb. Vía de la Plata. Tel. 980 560 365. Vor Bar Vía de la Plata, dort ggf. auch Info. Waschm., WLAN. Offen, ganzjährig. **(2)** SH, ⌂⌂, 10 B/6 €. Bei kleinem Platz mit Bar Vía de la Plata rechts. Kontakt laut Aushang. Kochplatte. Offen, ganzjährig. **Zamora** (640 m, 64.000 EW), SH, ⌂⌂⌂, 36 B/Spende. C/ Cuesta de San Cipriano s/n, (nach Duero-Brücke schräg rechts, dann über den Platz links hoch, oben links um das Gebäude in die Gasse und durch scharfe Rechtskurve bis zum Eingang), Tel. 980 509 427. Gute Herberge. Küche; Frühstück, WLAN. Info zu Messen/Stadt. 13.30–22 Uhr, bis 8 Uhr Aufbruch, ganzjährig.
Die Strecke: Gut markiert, gute Wege, geringe Höhenunterschiede.
Höhenunterschied: 130 m im Auf- und 330 m im Abstieg.
Kritische Stellen: Keine.
Landschaft: Der Weg entfernt sich von der Nationalstraße und wird landschaftlich attraktiver. Wäldchen und Pappelhaine und ein leicht hügeliges Gelände lösen die monotonen Felder der Vortage ab.
Infrastruktur: Villanueva de Campeán ⌂ ⌂ ⌂ So 12 Uhr ⌂ www.laposadadelbuencamino.com; Zamora ⌂ ⌂ ⌂ ⌂ ⌂ ⌂ ⌂ € @ ⌂ Ctra. de la Estación s/n ⌂ Avda. Alfonso Peña s/n, Tel. 980 521 281 ⌂ Info in Herberge ✚ Hospital Virgen de la Concha, Avda. Requejo 35, Tel. 980 548 200; Centro Médico de Zamora, Ronda San Torcuato, 15, Tel. 980 536 449.
Anmerkung: Während der berühmten Karwoche von Zamora kann es schwierig sein, eine Unterkunft zu finden, daher rechtzeitig informieren bzw. reservieren.

Wir gehen von der Herberge **(1)** zur Hauptstraße und auf dieser nach Norden zur Kirche. Dort folgen wir kurz der Straße bis zur links abzweigenden Kiesstraße (10 Min.). Nun wandern wir geraume Zeit parallel zu den stillgelegten Gleisen. Links erstrecken sich Felder, rechts Eichenwäldchen. Nach knapp 1¼ Std. beschreiben die Schienen eine Rechtskurve, die Vía schwenkt nach links und gleich wieder rechts. Durch weite Felder wandern wir an einer flachen Hügelkette vorbei, bald tauchen große Wegsteine auf. Nach einem Hof (Casa del Monte, **4**) gelangen wir auf eine Anhöhe, wo der Weg nach rechts abknickt (knapp ½ Std.). Oben bietet sich ein weiter Blick in die Ebene und auf den Ort Cabañas de Sayago, der jedoch weit links liegen bleibt. Wieder bergab schlängelt sich die Vía durch einen mit kleinen Äckern, Baumgruppen und Gebüschen recht lieblichen Landstrich. Nach knap 1¼ Std. kommt **Villanueva de Campeán (3)** in Sicht, dessen Zentrum wir kurz darauf erreichen (gut ¼ Std.).

> *Die Geschichte von **Villanueva de Campeán** beginnt mit der Gründung des **Franziskanerklosters El Soto** (1406). Der Legende nach wurde das Konvent nach einem besonders blutigen, durch die Inquisition ausgelösten Kampf gegründet. Es bestand bis ins 18. Jh. und ist heute eine Ruine, ebenso wie die **Iglesia Santa del Soto** (13. Jh.).*

Wir durchqueren den Ort geradeaus und wandern auf einem Feldweg in ein weites Tal mit Feldern und Baumgruppen. Zunächst hält der Weg direkt auf den Ort San Marcial zu, zweigt aber kurz vor dem Ort

| | | 443.1 | 436.1 | 429.7 | 425.8 | 421.6 | 417.9 | | 411.6 km |

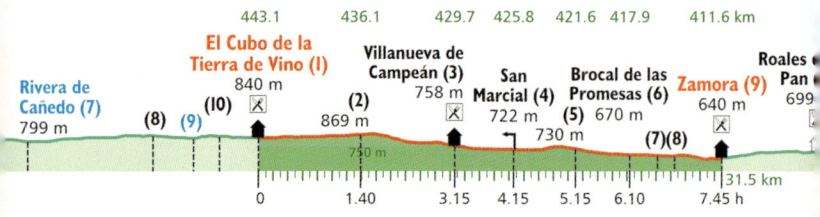

```
                          El Cubo de la
                        Tierra de Vino (I)      Villanueva de
                             840 m              Campeán (3)    San      Brocal de las    Zamora (9)    Roales
 Rivera de                                         758 m     Marcial (4)  Promesas (6)      640 m       Pan
 Cañedo (7)       (8)  (9)  (10)                     (2)      722 m   ┐    (5)   670 m       (7)(8)     699
 799 m                                               869 m            │          730 m
                                                                     750 m
```

0   1.40   3.15   4.15   5.15 6.10   7.45 h   31.5 km

um 90 Grad rechts ab (**4**; 1 Std.; zum Ort mit Bar: 1,3 km geradeaus; von dort über Landstraße ZA-305 nach Norden in 30 Min. Anschluss an Hauptweg). Kurz darauf ebenso abrupter Linksschwenk. Leicht ansteigend gelangen wir an eine T-Kreuzung mit einer Kiesstraße (knapp ½ Std.). Wir überqueren sie und schlagen dahinter schräg rechts den Feldweg ein. Bei der T-Kreuzung auf der Anhöhe links und rechts in die Landstraße (20 Min.). Wir folgen ihr gut 15 Min. und verlassen sie dann geradeaus auf dem Feldweg (**5**; die Straße selbst schwenkt nach rechts). Nun schlängelt sich der Weg bald als Pfad durch Felder. Bei der T-Kreuzung an der Wegsäule gehen wir links und nach 400 m rechts (½ Std.) und kommen zum **Brocal de las Promesas** (**6**; 20 Min.), einem Wunsch- bzw. Gelübdebrunnen. Wir biegen schräg rechts in Richtung Bahn ab. Nach knapp 30 Min. überqueren wir eine Straße (**7**; links: kleines Gewerbegebiet). Bei dem Gehöft (**8**) 15 Min. später folgen wir dem Feldweg nach links oben und sehen bald die Kathedrale von Zamora.

Wir erreichen den Stadtrand (20 Min.) und gehen geradeaus über die Hauptstraße in die C/ Fermoselle durch den Vorort zum Uferweg am Río Duero. Am Ufer entlang, mit einer Postkartenaussicht auf die malerisch über dem Fluss gelegene Stadt, die Trümmer der Römerbrücke und die alten Wassermühlen, gelangen wir zur 16-bogigen, romanischen Brücke (12. Jh.) (20 Min.). Nach der Brücke gehen wir schräg rechts in die C/ del Puente, dann links über die Pl. de Santa Lucía, gleich danach links in die C/ San Cipriano (nach rechts führt die Vía ins Zentrum), die weiter oben scharf rechts um das Erdgeschoss der **Herberge** von **Zamora (9)** abbiegt und zu ihrem Eingang führt (10 Min.).

> *i* **Zamora** ist vielleicht die größte Überraschung der Vía de la Plata. Nicht so schillernd wie Sevilla und weniger monumental als Salamanca, hat sich die Stadt über dem Duero einen eigenen Charme zwischen Romanik und Jugendstil bewahrt. Die über 20, meist hervorragend erhaltenen romanischen Kirchen in der Altstadt haben Zamora den Beinamen »Lebendes Museum der Romanik« gegeben. Berühmt sind die in ihrer nüchternen Theatralik äußerst ergreifenden Osterprozessionen. Wahrscheinlich siedelten bereits Kelten auf dem Hügel über dem Duero, ehe es zum römischen Ocellum Duri wurde. Den Befreiungskämpfen unter Zamoras Volksheld Viriato soll es geschuldet sein, dass aus jener Zeit nur noch wenige Spuren erhalten sind. Unter den Westgoten erhielt die Stadt im 7. Jh. den Namen

Das Dach der Kathedrale von Zamora.   *Die alten Wassermühlen im Duero.*

Semure, die Mauren nannten sie Azemur (wilder Olivenhain) und Samurah (Stadt der Türkinnen). Sie bauten ab dem 9. Jh. die Stadtmauer (**murallas**), die bis ins 13. Jh. immer weiter perfektioniert wurde. König Fernando I. von Kastilien und León, der die Stadt im 11. Jh., nach schwieriger Eroberung, mit Christen neu besiedelte, nannte Zamora die »gut befestigte« (la bien cercada). Im 12. und 13. Jh. entstanden die bis heute bewunderten romanischen Kirchen. Mit der Zentralisierung der Macht nach Madrid im 16. Jh. verlor die Stadt an Bedeutung.

Viele der romanischen Kirchen lassen sich auch mit müden Pilgerbeinen bequem besichtigen. Auf der vom alten und neuen Rathaus flankierten **Plaza Mayor** erhebt sich die **Iglesia de San Juan** (12./13. Jh.; schöne Ornamente am Hauptportal und Rosette; schmale, längs zum Schiff geschwungene Deckenbögen; Di geschl.). Auf der C/ Ramón Carrión liegen auf dem Weg zur Kathedrale der **Palacio de los Condes de Alba y Aliste** (Ende 15. Jh., heute Parador Nacional), die **Iglesia de la Magdalena** (12. Jh., eine der schönsten romanischen Kirchen, Steinmetzarbeiten am Südportal und am Grabmal einer unbekannten Dame; Di geschl.) und die **Iglesia de San Pedro y San Ildefonso** (11./12. Jh. mit gotischen Einflüssen).

Der romanische Grundbau der **Catedral** entstand in nur 23 Jahren (1151–74), später kamen gotische und neoklassizistische Elemente hinzu. Markant sind die mit schuppenartigen Steinplatten gedeckte Kuppel in byzantinischem Stil und der robuste Kirchturm. Das einzig noch erhaltene Portal (**Portal del Opispo** – Bischofsportal) an der Südfront zeigt wunderschöne romanische Steinarbeiten. Im Innern sind u. a. das um 1480 von Juan de Bruselas geschnitzte Chorgestühl (**Sillería**) und der Hauptaltar (**Retablo Mayor**) aus Carrara-Marmor (18. Jh.) hervorzuheben (Kathedrale und Kathedralmuseum [u. a. flämische Wandteppiche aus dem 15.–17. Jh.]; Okt.–März tgl. 10–14 Uhr und 17–20 Uhr, April tgl. 10–14 Uhr und 17–20 Uhr; Mai– Sept. tgl. 10–20 Uhr, Eintritt 4 €, mit Museum 6 €, Mo nachmittags gratis). Neben der Kathedrale liegen die Ruinen der Burg (**Castillo**) und der Burgpark. Gegenüber der Kirche befindet sich die **Casa del Cid** (16. Jh.), eines der wenigen Beispiele ziviler romanischer Architektur in Spanien. Es war das Wohnhaus von Doña Urraca, Tochter von Fernando I., Königin von Zamora und Waffenpatin von Spaniens Natio-

nalheld El Cid, der ebenfalls in dem Palast logierte und in der **Iglesia de Santiago Caballero** (außerhalb der Stadt, 12. Jh.) den Ritterschlag erhalten haben soll.
Ferner sehenswert: **Iglesia de San Cipriano** (Ende 11. Jh., eine der ältesten Kirchen der Stadt; schöne Aussicht über den Duero; Di geschl.), **Museo de la Semana Santa** (Einblicke in die Ostertraditionen; Di–Sa 10–14 Uhr und 17–20 Uhr, So 10–14 Uhr. Eintritt 4 €), **Iglesia Santiago El Burgo** (12. Jh., neben der Kathedrale die einzige Kirche mit original erhaltenem Grundriss), **Aceñas de Olivares** (drei Wassermühlen am Duero, 11./12. Jh.). Die meisten Kirchen sind wochentags vor- und nachmittags, So nur morgens geöffnet.
Feiertage: Osterprozessionen zur **Semana Santa**. Pfingstmontag Wallfahrt zu Ehren der **Virgen de la Concha** (Stadtpatronin); Ende Juni **Feria y Fiestas de San Pedro**, viele Veranstaltungen, u. a. Knoblauchfest.
Kulinarisches: Deftige, knoblauchlastige kastilische Küche: Sopa de Ajo (Knoblauchsuppe), Sopa de Boda (Eintopf mit Schinken und Paprikawurst), Arroz a la Zamorana (Reis u. a. mit Schweinsohr, -speck und -haxe), Cabrito (in Ton gebratene Ziegenhaxe). Die würzigen Käse der D.O. Queso Zamorano passen gut zum rustikalen Landbrot **Pan de Carbajales**. Unter D.O. Ribera del Duero firmieren einige der Spitzenweine Spaniens, doch auch die Tropfen der D.O. Toro sind nicht zu verachten.
Oficina de Turismo: Plaza de Arias Gonzalo 6, Tel./Fax: 980 533 694. Juni–Sept. tgl. 10–14 Uhr und 17–20 Uhr, Okt–Mai Mo–Fr 10–14 Uhr und 16–19 Uhr, Sa 10–14 Uhr und 16–20 Uhr, So 9–15 Uhr, www.turismoenzamora.es.

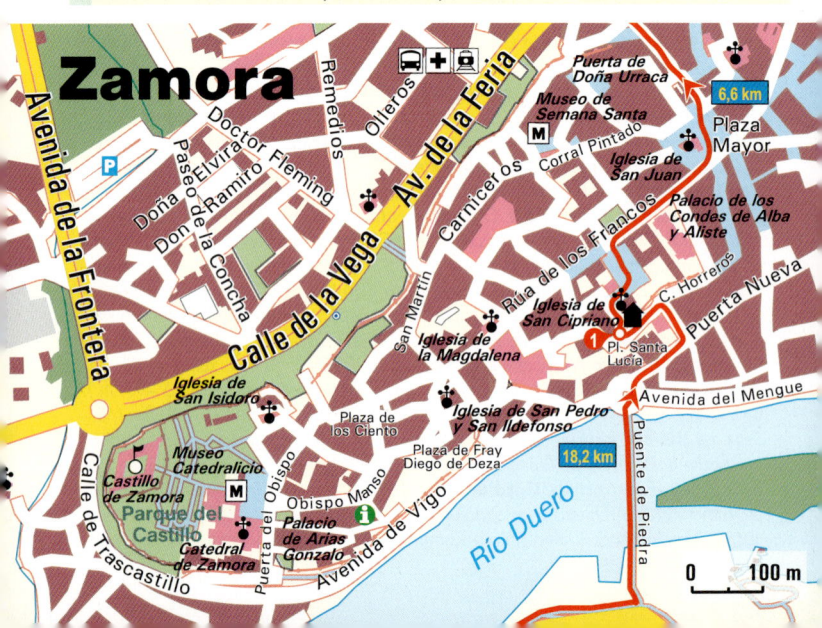

Zamora – Riego del Camino 23

9 Std.
36 km

Herbergen: Roales del Pan (699 m, 790 EW), SH, ⌂, 4 B/Spende. An N-630, Eingang Art Garagentor. Schlüssel im Rathaus, Tel. 980 538 670 oder im Ort fragen. Kein Warmwasser. Mai–Sept. **Montamarta** (689 m, 600 EW), SH, ⌂, 20 B/5 €. Tel. laut Aushang. Südlich vom Ort/rund 600 m östlich von Camino an N-630. Recht einfach, etwas abgelegen, aber Rest. in der Nähe. Offen, ganzjährig. **Fontanillas de Castro** (718 m, 90 EW), SH, ⌂, 34 B/Spende. An N-630, südlicher Ortsrand bei Sportplatz, Tel. 980 555 620. Eher einfaches Matratzenlager. Ganztags, ganzjährig. **Riego del Camino** (700 m, 110 EW), SH, ⌂, 15 B/Spende. Haus mit gelbem Briefkasten in Ortszentrum/C/ España 32 (vgl. Wegbeschreibung). Schlüssel bei Dorita Alonso (betreut die Herberge), wohnt in C/ España 3, Tel. Aushang. Einfach, aber ordentlich. Ganzjährig.
Die Strecke: Gut markiert, meist gute, breite, aber schattenlose Feldwege.
Höhenunterschied: 250 m im Auf- und 200 m im Abstieg.
Kritische Stellen: Keine.
Landschaft: Freunde übersichtlicher, leerer Landschaften kommen auch auf dieser Etappe auf ihre Kosten. Tierra del Pan (Brotland) heißt die von Getreideanbau und flachen, weiten Horizonten geprägte Region. Die Schönheitsfehler: Zweimal kreuzt der Hochgeschwindigkeitszug AVE die Vía, wegen der neuen A-66 verläuft das Teilstück beim Ricobayo-Stausee nun eher unromantisch nahe der Autobahn.
Infrastruktur: Roales del Pan ⌂ 🅰 ✉ ✂ 🍽 🚌 @ (im Rathaus); Montamarta ✕ ⌂ 🍽 🅰 @ ✚ im Rathaus, Tel. 980 450 044; Riego del Camino ✕ 🍽.
Anmerkung: Bis Tábara bzw. Benavente meist nur einfache Einkehrmöglichkeiten am Weg, die u. U. nicht immer zuverlässig geöffnet haben, und vor allem keine Bankautomaten und größeren Läden. Ggf. in Zamora mit kleinem Wegproviant vorsorgen!

Wir gehen bei der Herberge **(1)** rechts durch den Durchgang, beim Platz links, dann rechts auf der Rúa de los Francos zur **Plaza Mayor**. Wir überqueren den Platz schräg links und folgen der C/ de la Costallina, unten gehen wir links, dann geradeaus über den Kreisverkehr in die Avda. Puebla de Sanabria. Kurz darauf biegen wir schräg rechts in die C/ de la Hiniesta ein. Über einen Kreisverkehr (kurz danach rechts Wegstein »Santiago 377 km«; ½ Std.) verlassen wir auf einem Weg neben der ZA-P-1450 Zamora. Nach 15 Min. (vor einem Strommast) verlassen wir sie nach rechts. Nach der Umgehungsstraße biegen wir rechts, dann links und wieder rechts ab und kom-

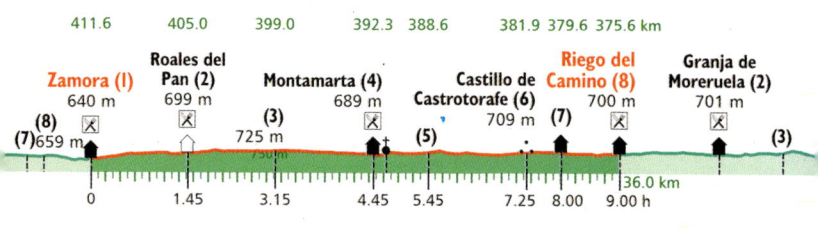

411.6	405.0	399.0	392.3	388.6	381.9	379.6	375.6 km
Zamora (I)	**Roales del Pan (2)**	Montamarta (4)		Castillo de Castrotorafe (6)		**Riego del Camino (8)**	Granja de Moreruela (2)
640 m	699 m	689 m		709 m		700 m	701 m
(8)		(3) 725 m		(5)	(7)		(3)
(7) 659 m							

| 0 | 1.45 | 3.15 | 4.45 | 5.45 | 7.25 | 8.00 | 9.00 h | 36.0 km |

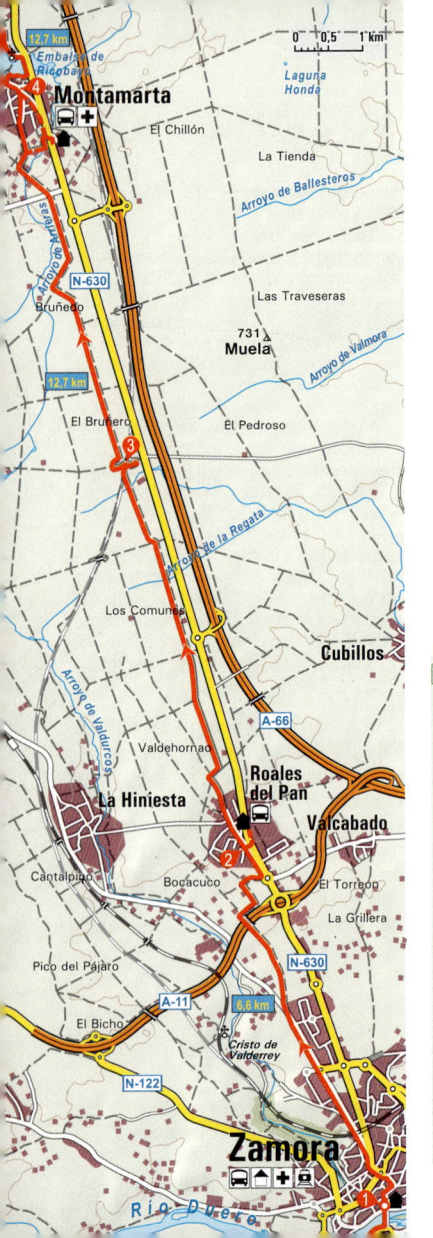

men links nach **Roales del Pan** (**2**; 1 Std.). Wir durchqueren den Ort geradeaus (die Herberge liegt rechts an der N-630). 10 Min. nach dem Ortsende biegt der Weg rechts und wieder links ab und verläuft dann parallel zur A-66 bzw. N-630. Nach gut 1¼ Std. überqueren wir den AVE (**3**), 45 Min. danach schwenkt der Weg links und gleich wieder rechts. Schräg links über eine Straße und bei der großen Wegtafel rechts kommen wir zum Abzweig zur **Herberge** von **Montamarta** (¼ Std.; rechts weg vom Weg, im Links-rechts-Schwenk unter der N-630 durch, danach nach rechts oben zur Herberge, 600 m. Von dort zur Vía: zurück zur Unterführung, danach rechts neben der N-630, beim ersten Abzweig links in den Ort bis zum Kirchplatz (**4**), ¼ Std.). Direkter Weg: auch ¼ Std.

i Im 15. Jh. war das 1407 gegründete *Monasterio de los Jerónimos* von *Montamarta* ein wichtiges theologisches und philosophisches Zentrum der Region, in dem u. a. der erste Prior des königlichen Klosterpalastes zu Madrid, El Escorial, und Beichtvater von Karl V. ausgebildet wurde. Im 16. Jh. wurde das Kloster nach Zamora verlegt, heute sind nur noch Ruinen übrig. Die Pfarrkirche *Iglesia de Miguel Arcángel* stammt aus dem 16. Jh., ebenso wie die außerhalb gelegene *Ermita de la Virgen del Castillo*.

Feiertage: *1. u. 6. Jan.:* ***El Zangarrón***, *eine bunt maskierte, vogelscheuchenartige Figur, die als burleske Autorität u. a. die Dorfjugend durch den Ort treibt und verprügelt (als Bronzeskulptur auf dem Kirchplatz dargestellt).*

Wir verlassen den Ort am Rathaus vorbei und biegen nach dem Frontón-Platz (Art Squash-Spiel) rechts ab. Bei Trockenheit geradeaus durch den Stauseeausläufer, ansonsten nach rechts und links an der Straße zur Kapelle. Dort gehen wir links hinauf auf einen Feldweg. Nach gut 45 Min. gehen wir rechts unter dem **AVE (5)** hindurch, danach links bis zu einem Feldweg. Auf ihm rechts, und nach gut 5 Min. vor dem Wäldchen nach links. Bergab gelangen wir nochmals zur AVE-Trasse, neben der wir rechts abbiegen. Dann geht es geradeaus über die N-631, rechts haltend kurz an der N-630 weiter und nach rechts darüber auf den neuen, breiten Weg. Auf diesem überqueren wir die A-66 und wandern nun rund 45 Min. rechts von ihr weiter, bis wir sie wieder nach links überqueren und danach dem Weg nach rechts folgen. Der neue Schotterweg geht in einen alten Feldweg über und bringt uns zu den links oben thronenden Ruinen von **Castrotorafe (6)**.

i *Die Festung **Castrotorafe** war im Mittelalter Hauptsitz des Santiago-Ordens. Nachdem Alfonso VII. 1129 der Siedlung Sonderrechte (fueros) verliehen hatte, entwickelte sie sich zu einer der bedeutendsten Städte der Region. Strategisch wichtig war die Brücke über den Río Esla an der Straße nach Galicien und Portugal. Mit ihrer Zerstörung begann der Niedergang der Festung, im 18. Jh. wurde sie aufgegeben.*

Wir gehen geradeaus und biegen nach 20 Min. scharf rechts nach **Fontanillas de Castro (7)** ab (¼ Std.; an N-630). Die gelben Pfeile leiten durch den Ort, am Ortsende auf einen Feldweg rechts. Nach dem Bach kommen wir rechts zur N-630 in **Riego del Camino** (gut ¾ Std.). An der N-630 entweder links, nach der Bar rechts in den Ort, an der Kreuzung rechts und links zum kleinen Platz, dort rechts, dann links zur C/ España mit der **Herberge (8**; links). Oder geradeaus über die N-630 bis zum Platz, dort wie oben rechts weiter.

Camino Sanabrés

24 Riego del Camino – Tábara

8.30 Std.
32,9 km

Herbergen: Granja de Moreruela (701 m, 270 EW), SH, ☕☕, 20 B/5 €. An N-630 (der Vía links folgend). Anmelden und bezahlen in Bar Teleclub (an der N-630 60 m nach rechts, dann links über die Straße, Backsteinhaus, Tel. 980 587 183). Einfach, aber neu. Ganztägig, ganzjährig. **Faramontanos de Tábara** (711 m, 420 EW), SH, ☕, 4 B/gratis. Am Ortsausgang, Schlüssel Bar Boya im Zentrum, nahe Kirche. Tel. Rathaus 980 595 053. Klappbetten, Duschen. Ganzjährig. **Tábara** (765 m, 890 EW), SH, ☕☕, 14 B/Spende. Herberge liegt 700 m vom Zentrum entfernt am südwestlichen Ortsrand, ausgeschildert. Tel. 637 926 068 (José Almeida). Von Hospitaleros betreut, gemeinsames Abendessen in Pilgeratmosphäre. Waschm., Terrasse, Gemeinschaftsraum. Ganzjährig.
Die Strecke: Vorwiegend gut markierte Feldwege. Einige leichtere Höhenunterschiede mögen nach den langen, flachen Etappen ungewohnt in die Beine gehen.
Höhenunterschied: 320 m im Auf- und 260 m im Abstieg.
Kritische Stellen: (1) Nach der Brücke über den Río Esla ist der Abzweig nach links auf den Uferpfad sehr deutlich markiert; nur Radfahrer sollten bis Faramontanos de Tábara weiter der Straße folgen (ab Brücke 9 km, also 3 km weniger als der Fußweg/die Vía). **(2)** Je nach Wasserpegel verschwindet ein Teilstück entlang des Río Esla im Wasser. Dann muss man sich u. U. den Weg etwas beschwerlich durch das Buschwerk bahnen.
Landschaft: Die leeren Landschaften der Meseta liegen hinter uns. Ab Granja beginnt eine liebliche, hügelige Landschaft, in die sich der Río Esla ein malerisches Tal gegraben hat. Je nach Jahreszeit verströmen Lavendel und Zistrosen einen aromatischen Duft. Nach dem Tal wartet zwar wieder eine relativ flache Hochebene, doch mit bewaldeten Hügelketten am Horizont. Und: Es ist der endgültige Abschied von der N-630 und der A-66, nur dem AVE begegnen wir noch des Öfteren.
Infrastruktur: Granja de Moreruela ✕ 🗎 🅰 🏠 🚌 @ *i* Centro de Interpretación del Císter – Informationszentrum zum Zisterzienser-Orden Juli/Aug. Mo–Fr 11–14 Uhr und 17–20 Uhr, Sept.–Juni Mo–Fr 11–14 Uhr und 16–18 Uhr; Faramontanos de Tábara 🗎 (9–14 Uhr) 🅰 ✕ 🚌 @; Tábara ■ ✕ 🅰 🚌 @ Hotel/Rest. Rural El Roble, Tel. 980 590 300, www.turismoruralelroble.es € 🗎 🗎 🛒 @ 🅿 Mo–Sa 19 Uhr, So 13 Uhr ✚ C/San Lorenzo, s/n (24-Std.-Dienst), nahe Herberge, Tel. 980 590 218.

Von der **Herberge (1)** gehen wir zur N-630 und schräg rechts in den Betonweg auf der anderen Straßenseite und biegen dann rechts in die Vía ein. Immer dem Hauptweg folgend wandern wir, erst links, dann rechts der A-66, schattenlos bis **Granja de Moreruela (2)**. (Auf der quer verlaufenden Straße vor dem Ort nach links gelangt man zum alten Kloster, s. u.). Nach der Brücke schwenkt der Weg rechts zur N-630. Nach links passiert die Vía die Herberge, nach rechts gelangt man zur Bar Teleclub zum Anmelden (1¾ Std.).

i *In **Granja de Moreruela** trennen sich der **Camino Sanabrés** und der zum Camino Francés führende Weg. Das schönste Bauwerk des Ortes liegt rund 3 km entfernt und ist auch von außen sehenswert, die Ruinen des **Monasterio de Santa María de Moreruela**. Gegründet wurde das Kloster von französischen Zisterziensermönchen als eines der ersten ihres Ordens auf der Iberischen Halbinsel. Sie wa-*

Der Weg führt am Nordufer des Río Esla bis auf die Anhöhe etwas links der Bildmitte.

ren Teil der christlichen Siedlungspolitik von König Alfonso VII., da um Klöster stets Höfe und Siedlungen wuchsen. Hier liegt auch der Ursprung von Granja (Bauernhof) de Moreruela. Der größtenteils im 17. Jh. erbaute Gebäudekomplex war seit der Auflösung der Klöster im 19. Jh. dem Verfall preisgegeben, die inzwischen teilrestaurierten Reste, besonders der imposanten Kirche und des Kreuzgangs (12./13. Jh.) sind jedoch sehenswert (April–Sept. Do–So 10–15.30 Uhr und 16.30–20.30 Uhr, Okt.–März 10–13.30 Uhr und 15.30–17.30 Uhr, www.granjademoreruela.net).

Die Vía führt vor der Kirche links in den Ort und verlässt ihn vorbei am Wegweiser Ourense/Astorga nach Westen. Nach 15 Min. unterqueren wir nochmals die A-66, 5 Min. danach lenkt uns ein Wegstein in den Feldweg nach rechts oben (den zweiten der zwei aufeinanderfolgenden). Auf und ab zieht er sich schnurgerade durch Felder und Eichenhaine. Nach knapp 1 Std. schwenkt er leicht nach links und knickt dann im 90-Grad-Winkel nach rechts ab (**3**; Variante: dem Wegstein geradeaus folgen, vor dem Esla rechts und auf einem Pfad bis zur Straße, rund 600 m länger). Durch flache Zistrosenbüsche kommen wir geradeaus zu einer T-Kreuzung, wo wir links abbiegen. Kurz danach geht es steil bergab und rechts zur Landstraße (½ Std.). Auf dieser nach links kommen wir über den **Río Esla** (**4**; knapp 10 Min.). Gleich nach der Brücke zeigen viele

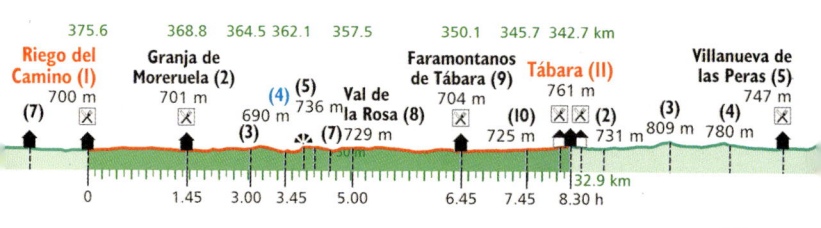

Pfeile nach links auf den schmalen, anfangs felsigen Uferpfad (geradeaus: Radfahrer). Er führt uns rund 10 Min. teils direkt am Ufer entlang, dann nehmen wir nach schräg rechts den steilen Aufstieg in Angriff (vor dem Aufstieg gabelt sich der Pfad: beide Stränge vereinen sich kurz danach wieder). Bei der Verschnaufpause oben lässt sich die schöne Aussicht ins Esla-Tal genießen (**5**; ¼ Std.).

Die Markierung (Pfeile, Steinmännchen) ist nun evtl. etwas unklar: Auf der kleinen Freifläche auf der Kuppe schwenken wir nach rechts und gehen an der Hausruine vorbei, wandern durch ein nettes Steineichenwäldchen und stoßen nach ca. 10 Min. auf eine schräge T-Kreuzung **(6)**, wo wir links abbiegen, bei der nächsten T-Kreuzung (15 Min.) wieder links **(7)**. Mit immer wieder schönen Ausblicken wandern wir durch alte Eichenplantagen, später an einem Feld entlang, bis links die Einfahrt der Finca **Val de la Rosa (8)** auftaucht (knapp ½ Std.). Hier geht es auf dem Feldweg rechts weiter. Nach Überqueren einer kleinen Straße bietet sich ein umfassender Rundblick in den weiten Talkessel (25 Min.), kurz danach biegen wir scharf links ab, behalten knapp 30 Min. diese Südwest-Richtung bei und wandern dann rechts auf dem schnurgeraden Feldweg nach **Faramontanos de Tábara**. Wir folgen der nach Süden schwenkenden C/ Benavente und biegen dann rechts zum Dorfplatz ab (¾ Std.). Danach gehen wir links und gleich rechts in die C/ del Pozo. Bei der Kapelle halten wir uns rechts, die **Herberge (9)** befindet sich im »Salón Servicios Municipales« (Gemeindesaal; 10 Min.). Links oder rechts

Aprilwetter über Tábara.

daran vorbei gehen wir über die Landstraße auf den gerade nach Westen laufenden Feldweg. Nach gut 30 Min. biegen wir scharf links und 10 Min. später scharf rechts ab. Nach etwa 15 Min. überqueren wir die AVE-Trasse **(10)** und gehen weiter geradeaus bis zu einer schrägen T-Kreuzung kurz vor dem Ort (½ Std.). Nach rechts setzt sich die Vía fort, wir gehen nach links zur Kirche und über die N-631 zum Hauptplatz von **Tábara**. Die Wegweiser lenken uns links über den begrünten Platz, bei der Caja Rural nach rechts und durch den Ort zur etwas außerhalb gelegenen **Herberge** (**11**; 10 Min.).

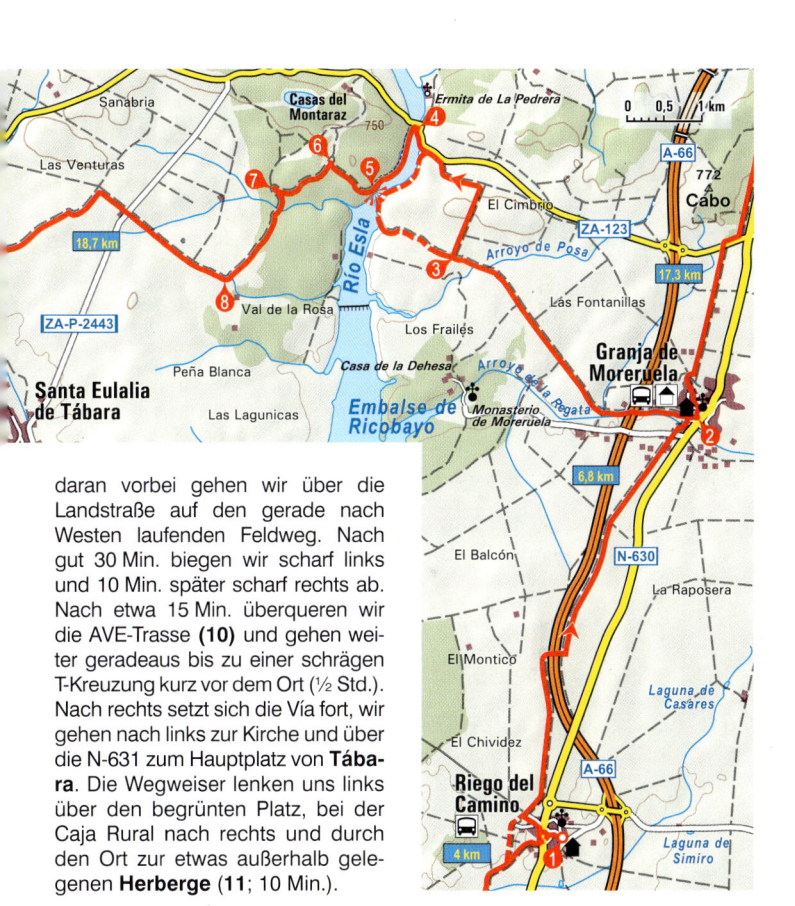

*Die 1137 geweihte **Iglesia de Santa María de Tábara** mit ihrem markanten Kirchturm steht auf den Ruinen des vom maurischen Herrscher Almansor zerstörten **Monasterio San Salvador**. Mit bis zu 600 Nonnen und Mönchen war das im 9. Jh. gegründete Kloster eines der wichtigsten religiösen Zentren der Region.*
*In seinem Skriptorium entstand um 970 der **Beato de Tábara** (Tábara-Beatus), eine wegen ihrer reichen farbigen Illustrationen besonders wertvolle Handschrift. Das Manuskript wird heute im Madrider Nationalarchiv aufbewahrt. (Kleine Dauerausstellung im Skriptorium, dort auch Stempel für den Pilgerausweis, geöffnet Di–Sa 12–14 Uhr.)*

25 Tábara – Santa Marta de Tera

6 Std.
23,3 km

Herbergen: Villanueva de las Peras (747 m, 90 EW), TH, €€€, 7 B/10 €. Alb. La Alameda, C/ La Alameda 21 (Schilder), Tel. 980 641 799 und 680 603 808 oder Bar-Rest. La Moña. Küche, Waschm., Garten; normale Betten. Ganztags, ganzjährig. **Santa Croya de Tera** (727 m, 370 EW), PH, €€€, 38 B/12 € (+ EZ/DZ/ 3er-Zi 20–30 €/Person). Casa Anita, am Ortsende, rechts vor der Brücke über den Río Tera, Tel. 980 645 244. Die Herbergsbetreiber sprechen etwas Deutsch. Mahlzeiten, Internet, WLAN, Waschm. März–Okt. 12–23 Uhr. Sonst nur ab 15 Personen mit Anmeldung. **Santa Marta de Tera** (742 m, 250 EW), SH, €€€, 14 B+M/5 €. C/ La Iglesia 10 (nach der Kirche rechts, kleines Eckhaus), Tel. Rathaus 980 649 050. Küche, Waschm. 10–22 Uhr, März–Dez.

Die Strecke: Gut markiert, gute Feldwege. Aus Tábara hinaus gibt es zwei Alternativen, eine durch den Ort und eine direkte an der Straße entlang zur Vía.

Höhenunterschied: 210 m im Auf-, 240 m im Abstieg.

Kritische Stellen: Kurz hinter Tábara stand zuletzt wegen der Trasse des AVE die endgültige Wegführung noch nicht fest, Änderungen zum angegebenen Verlauf möglich.

Landschaft: Die Etappe führt durch die östlichen Ausläufer der Sierra de la Culebra und über die Sierra de las Cavernas in das breite Tal des Río Tera. Die Wanderung mit ihren moderaten Steigungen gestaltet sich nach den Ebenen der Meseta erfreulich abwechslungsreich.

Infrastruktur: Villanueva de las Peras ⊠ ▣ @; Santa Croya de Tera ⊠ ▣ ➜ A ▣ @ € ohne Automat ⌇ (Flussbad); Santa Marta de Tera ▣ ▣ @.

Anmerkung: Da es bis Mombuey keinen Geldautomaten gibt, sollte man in Tábara gegebenenfalls vorsorgen und sich mit genügend Bargeld eindecken.

| | | 342.7 | 340.4 | 335.9 | 331.9 | 328.2 | 325.8 | | 319.4 km |

Val de la Rosa (8) 729 m — **Faramontanos de Tábara (9)** 704 m — **Tábara (1)** 761 m — (10) 725 m — (2) 731 m — (3) 809 m — (4) 780 m — **Villanueva de las Peras (5)** 747 m — **Santa Croya de Tera (6)** 727 m — **Santa Marta de Tera (7)** 732 m — (2) — **Calzadilla de Tera (3)** 751 m — (4)

0   0.30   1.45   2.50   3.45   4.25   6.00 h   23.3 km

Von der **Herberge (1)** gehen wir zurück ins Zentrum und links an der Kirche vorbei aus dem Ort. Bei der Gabelung kurz darauf halten wir uns links. Nach insgesamt 30 Min. stoßen wir auf den AVE **(2)**. Zuletzt ging es geradeaus darüber (falls nicht mehr möglich: weiter links befindet sich eine neue Brücke), bei der folgenden Kreuzung links und auf den Feldweg rechts (links: die neue Brücke). Er folgt kurz dem AVE, schwenkt dann rechts und links zur Landstraße ZA-100. Über diese geradeaus hinweg auf dem Feldweg bis zur nächsten Kreuzung, dort rechts (von links: Variante).

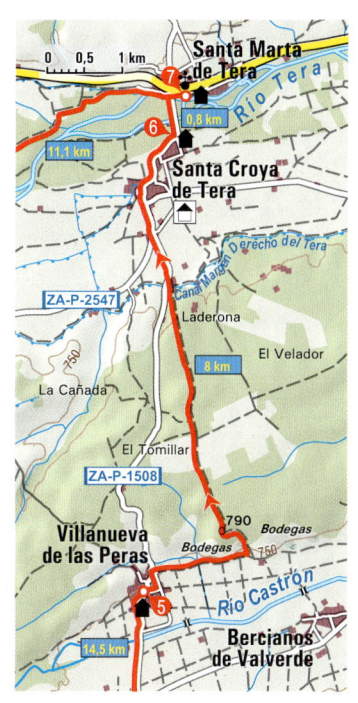

Variante ab Herberge: Aus der Herberge kommend links hoch zur Straße und auf dieser hinunter. Nach 10 Min. kommt man über die N-631 in die ZA-100 und folgt dieser, bis nach ca. 20 Min. ein Pfeil in den breiten Feldweg links zeigt. Auf diesem nach 5 Min. rechts und über die AVE-Trasse, kurz danach Zusammentreffen mit dem Hauptweg. Nun wandern wir mit moderatem Anstieg nach Norden auf einen kleinen Pass **(3**; knapp 45 Min. seit Zusammentreffen der beiden Wege). Bergab kommen wir durch ein weites Tal mit locker stehenden Eichen, Zistrosen, Pappeln und kleineren Feldern. Nach kurzer Zeit steigt der Weg wieder sachte bergan und bergab. Im Abstieg passieren wir einen auffälligen, großen Wegstein **(4**; gut 1 Std.). Weiter geradeaus treffen wir auf eine Landstraße, folgen geradeaus der Straße und gelangen im Rechtsbogen ins Zentrum von **Villanueva de las Peras** (**5**; knapp 1 Std.). Wir gehen geradeaus an der Bar vorbei und nach 200 m links. Vor dem letzten Haus wenden wir uns nach rechts auf den parallel zum Hang verlaufenden Feldweg. Nach insgesamt 30 Min. beginnt nach links der Aufstieg. Zwischen den Eichen verströmen Thymian und Zistrosen ihren aromatischen und für die Vía fast schon typischen Duft. Immer dem Hauptweg folgend wandern wir über den flachen Höhenzug in das Tal des Río Tera hinunter, wo wir auf die Landstraße stoßen (knapp 1¼ Std.). Sie führt uns geradeaus nach **Santa Croya de Tera** und geradeaus durch den Ort zur kurz vor der Brücke rechts liegenden **Herberge** (**6**; gut ½ Std.).

> *Die von Puebla de Sanabria bis fast nach Tábara verlaufende **Sierra de la Culebra** (dt. etwa: Schlangenberge) beherbergt mit – je nach Jahrgängen – 30 bis 60 Paaren eine der größten Populationen von Iberischen Wölfen auf der spanischen Halbinsel. Einheimische bedienen Fremde gern mit mehr oder weniger schaurigen Geschichten über Begegnungen mit diesen legendären Raubtieren. Angst braucht jedoch kein Pilger zu haben, Wölfe sind sehr scheue Tiere. Bis ins 18. Jh. lebten in den damals noch dichten Eichen- und Kastanienwäldern auch Bären. Heute ist das durchschnittlich 800–1200 m hohe Mittelgebirge mit einer Fläche von rund 66.000 ha ein Naturpark und nationales Jagdgebiet mit großen Herden von Damwild. Auf portugiesischer Seite setzt sich das Gebiet als Naturpark Montesinos fort. Die für die Region typischen **Bodegas** sind für die Einheimischen etwa das, was den Deutschen ihr Schrebergarten ist. Bereits vor rund 200 Jahren wurden die stollenartigen Gänge in die lehmige Erde gegraben, oberirdisch sind sie an den Türen in den Hängen erkennbar. Fast jede Familie hatte ihre eigene Bodega, kelterte*

Endlich: Die Landschaft wird wieder grüner und lieblicher.

darin Wein, der zur täglichen Ernährung gehörte wie Wasser und Brot. Ältere Anwohner erzählen, dass sie als Kinder ganz selbstverständlich Wein zum Essen bekamen. Je nach Größe und Wohlstand der Familien wurden die Bodegas erweitert und weitervererbt. Auch heute noch wird darin eigener Wein gekeltert. Vor allem am Domingo Tortillero, dem Tortilla-Sonntag eine Woche vor Palmsonntag, trifft sich ganz **Santa Croya de Tera** bei den Bodegas, es wird gegrillt und Tortillas (spanisches Omelette) zubereitet, man besucht sich gegenseitig und trinkt natürlich viel Wein.

Etwa 2 km südlich von Santa Croya befindet sich ein **Eselgestüt**, in dem der zamoranisch-leonesische Esel (Asno Zamorano Leonés) gezüchtet wird. Der Betreiberverein trägt zum einen zum Erhalt der selten gewordenen, robusten Rasse bei, zum anderen werden die hübschen Tiere mit ihren langen, flauschigen Ohren auch zu therapeutischen Zwecken eingesetzt. Info in der Herberge Casa Anita und unter www.aszal.com.

Rustikales Mahl in einer Bodega.

Auf der anderen Seite des Río Tera liegt **Santa Marta de Tera** (7; ¼ Std).

Jakobusfigur in Santa Marta de Tera.

[i] *Die Ende 11. Jh. erbaute Pfarrkirche **Santa Marta de Tera** präsentiert sich in annähernd unverfälschtem romanischen Stil. Im Mittelalter, zur Zeit des größten Pilgerstroms, fungierte sie auch als Kloster und Pilgerherberge. Bedeutendstes Detail ist die über dem dem Fluss zugewandten Portal platzierte **Jakobus-Statue** aus dem 11. Jh. Sie wird als die älteste erhaltene Steinskulptur des Apostels angesehen. Eine verkleinerte Kopie befindet sich im Jakobsweg-Museum in Astorga. (April–Sept. Di–So 10–13 Uhr und 17–20 Uhr, Okt.–Dez. 10–14 Uhr und 16.30–18.30 Uhr.)*

26 Santa Marta de Tera – Mombuey

9.45 Std.
36,5 km

Herbergen: Calzadilla de Tera (751 m, 360 EW), SH, ⚫⚫, 6 B/Spende. Am Ortseingang links in Ort, Schlüssel in C/ Olleros 9. Einfach, aber ordentlich, im Ort nur kleine Läden, keine Einkehrmöglichkeit. Ganzjährig. **Olleros de Tera** (750 m, 180 EW), PH, ⚫⚫⚫, 6 B/6 €. Alb. La Trucha, C/ La Fuente 44 (statt an Schleuse in Ort, bei nächster Gelegenheit links, 1. Haus links), Tel. 980 644 767. Mahlzeiten in dazugehöriger Bar/Rest. Normale Betten, Mikrowelle, WLAN. Ganztags, ganzjährig. **Villar de Farfón** (800 m, 15 EW), PH, ⚫⚫⚫, 4 B/Spende. Alb. de peregrinos Rehoboth, Travesía de la Iglesia 25 (Ortsausgang links), Tel. 647 297 390, Craig und Dorothea Wallace aus Südafrika. Christliche Pilgeraufnahme in liebevoll renoviertem Steinhaus. Küche mit Grundnahrungsmitteln, Garten. Ganztags, ganzjährig. **Rionegro del Puente** (800 m, 320 EW), VH, ⚫⚫⚫, 32 B (bei Bedarf mehr)/7 €. Alb. Virgen de la Carballeda, von Bruderschaft Cofradía de los Falifos betreut. Schlüssel: Bar Central (neben Kirche) Tel. 980 652 027/980 652 132 oder Bar Palacio, Plaza Losada, Tel. 980 652 085. Küche, Aufenthaltsraum, Waschm./Trockner, Heizung. Ganzjährig. **Mombuey** (891 m, 440 EW), SH, ⚫⚫, 11 B/Spende. Schlüssel ggü. in Haus Nr. 4. Stempel im Schuhladen Calzados Alonso. Steinhaus, Dusche. Ganzjährig.
Die Strecke: Gut markiert, gute Wege und Pfade.

Höhenunterschied: 330 m im Auf- und 180 m im Abstieg.
Kritische Stellen: Keine.
Landschaft: Pappelplantagen und üppiges Buschwerk säumen zu Beginn den Río Tera, der Wasservögeln Lebensraum bietet. Ab Olleros de Tera verlässt der Weg das Tera-Tal und betritt bei Villar de Farfón die Tierras de Sanabria und die Gemarkung Carballeda. Parallel zum Fluss geht es hinauf zum Stausee Nuestra Señora de Agavanzal. Eichen, Ginster und Zistrosen bestimmen auch hier die Vegetation. Viele kleine, fast nur noch von alten Menschen bewohnte Dörfer, wie etwa Villar de Farfón, sind Ergebnis der anhaltenden Landflucht. Die veränderten geografischen Bedingungen sieht man bald auch daran, dass solide Häuser aus Granit die Lehmbauten zunehmend ablösen.
Infrastruktur: Grillplatz La Barca 🍴 ⛲ 🏊 alles bei Flussbad, evtl. im Sommer und/oder an Wochenenden geöffnet; Calzadilla de Tera 🍴 🅰 🛒 ⛲ ✚ neben Herberge, Tel. siehe dort; Olleros de Tera 🍴 🛒 @; Rionegro del Puente 🍴 🛒 ℹ 🚌 @; Mombuey 🍴 🅰 ✉ € 🚌 🚆 @ 🏨 Hotel La Ruta, Tel. 980 642 730, www.hotellaruta.com 📞 Info am Kirchportal ✚ am Weg am Ortseingang, Tel. 980 644 404.
Anmerkung: Ab Olleros de Tera gelangt man entlang dem Fluss zum Stausee; die unwesentlich längere (Forst-)Straßenvariante empfiehlt sich nur für Radfahrer.

Von der Herberge von **Santa Marta de Tera (1)** gehen wir an der Kirche vorbei geradeaus auf das Asphaltsträßchen parallel zum Tera, das sich bald als Feldweg durch zahlreiche Pappelplantagen zieht. Bei der Gabelung sowie bei den folgenden zwei T-Kreuzungen gehen wir jeweils links, bei der nächsten Gabelung rechts. Nun immer rechts vom Fluss gelangen wir nach einem abschließenden Rechtsknick bei einem kleinen Kieswerk zur Landstraße, in die wir links einbiegen. Rechts (westlich) neben der Straße liegen der Grillplatz und das Strandbad **La Barca (2**; 1½ Std.). Gleich nach der Brücke schlagen wir rechts den Feldweg ein. Nach 45 Min. kommen wir an der Landstraße ZA-P-

2547 heraus. Wir folgen ihr rechts oder nehmen den Feldweg gegenüber, der im Rechtsbogen ebenfalls wieder auf die Straße trifft. Kurz darauf zweigt rechts ein Weg ab, der uns an einem Brunnen vorbei im Linksbogen zu einer Verzweigung bringt. Die **Vía** biegt nach rechts ab und umgeht Calzadilla dem Wasserkanal folgend. Geradeaus geht es nach **Calzadilla de Tera** (**3**; ½ Std.). Zur Herberge geht man links in die C/ de la Iglesia, dann schräg links in die C/ de las Eras bis zur Herberge: einzeln stehendes Gebäude an einer Freifläche (¼ Std.; von hier zur Vía: zurück zur Dreiergabelung, in die zweite Straße von links und beim zweiten kleineren Platz links zum Kanal). Die Vía zweigt rechts zur Kirchenruine ab, dort auf dem Pfad nach rechts und zweimal links abbiegend zum Wasserkanal. Trotz Verbotsschild (»prohibido el paso«) folgen wir dem Pfad neben dem Kanal, bis wir kurz nach einer Schleuse links nach **Olleros de Tera** abbiegen, das uns mit einigen halb verfallenen Adobe-Häusern empfängt. Noch vor der Kirche nach rechts, bei der nächsten Gabelung wieder rechts gelangen wir zur **Herberge** (**4**; knapp ¾ Std.).

Lehmziegelhäuser in Olleros de Tera.

Variante Straße: Geradeaus an der Kirche vorbei zur Hauptstraße, dort geradeaus in Richtung »Otero de Bodas« und kurz darauf beim Brunnen rechts (!), bei der nächsten Gabelung links aus dem Ort und auf dem von hölzernen Leitungsmasten gesäumten Asphaltsträßchen weiter. Nach dem Pappelwäldchen links (1,3 km, Pfeile) in die Forststraße und bis zur Stoppstelle (2,6 km, Wegstein), dort rechts hinunter zur Staumauer (500 m).

Der **Hauptweg** biegt bei der Herberge links, dann rechts ab zur Hauptstraße und verlässt diese gleich wieder nach links zur **Ermita de Nuestra Señora del Agavanzal** (**5**; ½ Std. ab Ortsmitte). Nach der Kirche folgen wir dem Kiesweg nach links. Etwa 15 Min. später sollten Radfahrer dem Kiesweg nach links oben folgen, dort rechts in die Asphaltstraße (Variante Straße) (**6**). Wanderer nehmen den u. U. teilweise verwachsenen Pfad schräg rechts. Auf ihm gelan-

gen wir ganz nah an das Ufer (evtl. abzweigende Pfade ignorieren). Nach etwa 10 Min. schwenkt der Pfad durch flechtenbehangene Eichen links hinauf. Bei der Straße gehen wir links und im Rechtsbogen zur Staumauer (**7**; 25 Min.).
Nach der Mauer schlagen wir links den landwirtschaftlichen Weg ein und wandern mit schönen Aussichten am überaus hübschen Ufer mit kleinen Sandbuchten entlang. Dann entfernen wir uns vom See und gehen bei der Stoppstelle links in den Weiler **Villar de Farfón** (**8**; 1¼ Std.). Vor der Kirche geht es rechts und wieder rechts aus dem Ort (Wasser und Getränke bei der Herberge) auf einen Feldweg, der bald als Pfad durch kleine Äcker, Wiesen und Wäldchen leicht bergan führt. Wieder bergab gelangen wir zu ein paar Gewerbehallen an der N-525. Daran vorbei durch den kleinen Flusspark, dann rechts unter der Brücke hindurch gelangen wir nach links oben nach **Rionegro del Puente (9)**, wo man direkt auf die Herberge zugeht (1½ Std.).

> *i* *Der berühmteste Sohn von **Rionegro del Puente** ist Diego de Losado (1511–1569), Spross der Herren von Rionegro und Gründer der venezolanischen Hauptstadt Caracas. Die Kirche **Santuario de Nuestra Señora de la Carballeda** entstand vom 15. bis 18. Jh. Der Legende nach half die Señora de la Carballeda (die Eichen-Jungfrau) im Mittelalter einer Pilgergruppe durch eine Wundertat über den reißenden Río Negro. Seither ist sie die Schutzpatronin der Region. Am 3. Sonntag im September findet ihr zu Ehren eine große Fiesta statt. Das Heiligtum ist auch Sitz der **Cofradía de los Falifos**, einer der ältesten, im 13. Jh. gegründeten Bruderschaften Spaniens, die sich der Pilger und der Bedürftigen in der Umgebung annahm. Heute betreut die Bruderschaft die im ehemaligen Pilgerhospiz untergebrachte Herberge. Immer häufiger säumen Carballos, sommergrüne Stieleichen, den Weg. Carballo kommt aus dem Galicischen und hat der Region den Namen gegeben. Da die Eichen sehr spät austreiben, präsentieren sie sich bis weit ins Frühjahr mit kahlen Ästen.*

Wir folgen an der Herberge vorbei der rechts von der N-525 wegführenden Straße. Kurz danach schwenken wir rechts über die A-52 und wandern danach nach links ein gutes Stück neben ihr. Dann entfernt sich die A-52 nach links, die Vía verläuft in einigem Abstand zur N-525 über die Hochebene zu den ersten

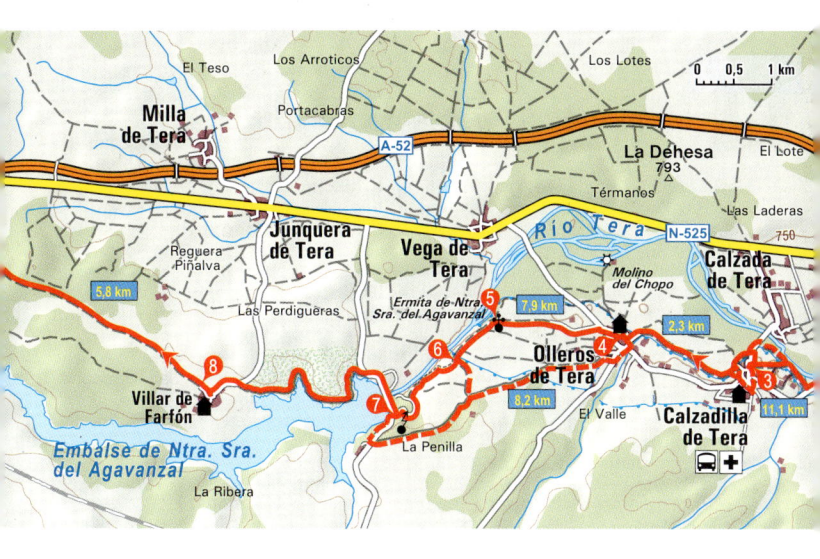

Gebäuden (Hotel, Restaurant) von **Mombuey**. Auf dem Gehweg gehen wir ins Zentrum, dort links in Richtung Kirche (Schild »Monumento Nacional«) und finden gleich rechts im kleinen Steinhäuschen die **Herberge** (10; 2½ Std.).

> *Wie eine Rakete zeigt der graue Kirchturm der Pfarrkirche **Nuestra Señora de la Asunción** (13. Jh.) in den Himmel. Seine Architekten, Ritter des legendären Templerordens, im 12. und 13. Jh. Herren von **Mombuey**, gaben ihm seine eigenwillige Gestalt. Der wehrhafte Glockenturm diente auch als Wachturm. Ein aus der Fassade schauender Stierkopf steht in Verbindung mit dem Namen von Mombuey, der sich aus dem lateinischen Monte ad Boviam, etwa Stierhügel, ableitet.*
> *Feiertage: Anfang November erinnert die Sankt-Martins-Messe an Mombueys Vergangenheit als wichtigster Marktfleck der Region.*
> *Kulinarisches: Als Wegzehrung gut geeignet sind die deftigen, reifen Queso de Oveja (Schafskäse), Chorizo del Pueblo (Landdauerwurst) oder Cecina de Vaca, Caballo oder Cabra (luftgetrocknetes Rinder-, Pferde- oder Ziegenfleisch).*

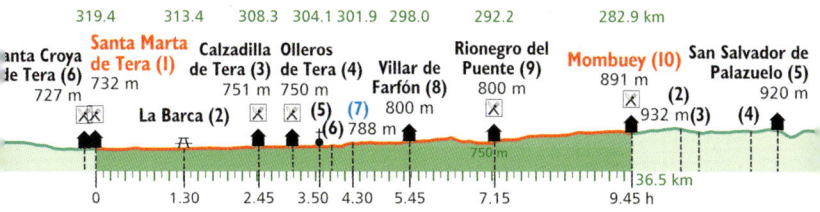

27 Mombuey – Puebla de Sanabria

8.45 Std.
30,9 km

Herbergen: Cernadilla (903 m, 160 EW), SH Alb. La Fragua zuletzt geschlossen. **San Salvador de Palazuelo** (920 m, 60 EW), SH, ⊜, 4 B/Spende, im Zentrum, vor/bei der Kirche nach links unten, Schlüssel beim Bürgermeister (»alcalde«); Rathaus Cernadilla Tel. 980 644 424. Ganzjährig. **Asturianos** (977 m, 260 EW), ⊜⊜, 6 B+12 M/4 €. Raum in Sporthalle (nördlich oberhalb vom Ort, gelbe Fußspuren weisen den Weg), Schlüssel in Bar daneben. Große Duschen. Etwas abgelegen, aber Essen in der Bar; WLAN. 14 Uhr [Sommer früher]–22.30 Uhr, ganzjährig. **Puebla de Sanabria** (904 m, 1500 EW), PH, ⊜⊜⊜, 34 B/12 €. Alb. Casa Luz. Tel. 980 620 268 / 619 751 762. Ortsanfang, unterhalb von Altstadt/vor Brücke links an Straße. Küche, Waschm./Trockner, Terrasse, Internet, WLAN. Ganztägig (bis ca. 22.30 Uhr), März–Okt.
Die Strecke: Relativ gut markiert, Feldwege und Pfade durch hügeliges Gelände.
Höhenunterschied: 420 m im Auf- und 410 m im Abstieg.

Kritische Stellen: Kurz hinter Asturianos evtl. schlecht markiert.
Landschaft: Wir nähern uns Galicien, und langsam gewinnt der Weg an Höhe. Nördlich von Puebla de Sanabria erstreckt sich das über 2000 m hohe Peña-Trevinca-Massiv. Immer wieder passiert der Weg fast oder ganz verlassene Dörfer.
Infrastruktur: Valdemerilla (900 m, 10 EW) ⌂; Cernadilla ⌂; San Salvador de Palazuelo ⌂; Entrepeñas (922 m, 60 EW) ⌂; Asturianos ✕ A @; Palacios de Sanabria (988 m, 280 EW) ✕ ⌂ ⊟ A; Triufé (956 m, 30 EW) ⌂ Casa Rural El Refugio del Poeta, Tel. 649 506 778, www.deturismoporsanabria.es; Puebla de Sanabria ✕ ⌂ ⊟ € @ ⊠ A ⌂ i ⓚ März–Okt. Mo-Sa 20 Uhr (Winter 18.30 Uhr), So 12.30 Uhr ✚ Barrio San Francisco, Tel. 980 620 734.
Anmerkung: (1) Hinter Entrepeñas war bis Juni 2015 eine alte, inzwischen unnötige Umleitung um die AVE-Baustelle markiert: ignorieren. **(2)** Da wenige Einkehrmöglichkeiten, an Proviant denken.

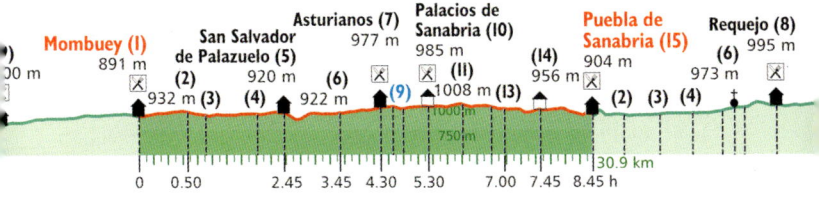

Wir verlassen **Mombuey (1)** vor der Kirche nach rechts und wandern parallel zur N-525, bis der Weg nach links über die A-52 abbiegt. Bei der Gabelung kurz nach der Brücke gehen wir scharf rechts und überqueren wenig später die **AVE-Trasse** (**2**; gut ¾ Std.). Danach schwenkt der Weg rechts, bei dem folgenden Gehöft wieder rechts nach **Valdemerilla** (**3**; 20 Min.). Auf dem Platz nach dem Friedhof gehen wir rechts zur kleinen Plaza de la Constitución und schlagen dort links das unbefestigte Sträßchen nach **Cernadilla** (**4**) ein (1 Std.). Von dort bringt uns ein Sträßchen nach **San Salvador de Palazuelo** (**5**; gut ½ Std.; zur Herberge bei Kirche links hinunter, 100 m).
Nach dem Ort führt uns ein Forstweg in ein kleines Tal hinunter und gleich wieder recht stramm bergauf. Oben überqueren wir ein Sträßchen, wandern durch Eichen und Kastanien, biegen in das folgende Sträßchen links ein und gelangen, mit Blick zum Stausee von Cernadilla links, nach **Entrepeñas** (**6**; 1 Std.). Am Dorfplatz gehen wir nach rechts aus dem Ort und zweigen kurz danach auf den Feldweg links ab (Pfeile geradeaus ignorieren! Alte Umleitung). Bergab unterqueren wir den AVE, wieder ansteigend geht es über die A-52 und im Links-rechts-Schwenk nach **Asturianos** (gut ¾ Std.). Geradeaus über die N-525 finden wir nach 200 m eine T-Kreuzung (**7**): Rechts zur Herberge (400 m), links setzt sich der Weg fort. Wir folgen kurz der N-525, verlassen sie rechts und nehmen den Feldweg nach links unten durch Ginsterbüsche (**8**; 20 Min.). Bei der unscheinbaren Gabelung (rechts: alte Mauer) folgen wir dem Pfad nach rechts

unten. Zwischen alten Mauern gelangen wir zum **Arroyo de Bernal** (9; ¼ Std.). Danach geht es auf dem Pfad nach links zur 100 m entfernten alten Straße, von der gleich wieder ein Pfad nach rechts abbiegt. Er schwenkt gleich nach rechts und links und führt nach einger Zeit über eine Landstraße an den oberen Ortsrand von **Palacios de Sanabria** (10; 25 Min.). Wir gehen nach links um die Kirche herum und schräg rechts über die Straße auf den Trampelpfad. Durch einen Wald knorriger Kastanien erreichen wir **Remesal** (11; ¾ Std.).

> *In der kleinen Kapelle von **Remesal** traf sich 1506 Fernando der Katholische mit seinem Schwiegersohn Felipe I., el Hermoso (Philipp der Schöne), um die durch den Tod seiner Frau Isabel ausgebrochenen Erbfolgestreitigkeiten zu schlichten. Statt an Isabels Tochter Juana, aufgrund von Anzeichen von Wahnsinn »la Loca« (die Wahnsinnige) genannt, ging die Krone an Felipe.*

Geradeaus durch den Weiler und auf einem Waldweg kommen wir zur Autobahn und überqueren sie kurz darauf nach links. Nach ca. 300 m achten wir bei dem Strommast auf den scharf rechts abzweigenden Pfad (12; ½ Std.). Auf ihm geht es zum Ortsanfang, dort rechts und zur Kirche von **Otero de Sanabria** (13; 20 Min.). Der Straße aus dem Ort folgend wandern wir unter der Autobahn hindurch und wieder bergauf in das pittoreske, fast ausgestorbene **Triufé** (14; ¾ Std.), in dem es im Mittelalter ein Pilgerhospiz gab.
Am Ortseingang biegen wir links ab, nach 10 Min. nochmals links in das Sträßchen und über die Autobahn zur N-525 (½ Std.; Hotel, Restaurant). Beim Kreisverkehr nach links gelangen wir geradewegs zur **Herberge** von **Puebla de Sanabria** (15; noch vor dem Fluss links; ½ Std.).

> *Das hoch über dem Zusammenfluss des Río Tera und des Río Castro gelegene **Puebla de Sanabria** wurde als eine der ältesten Siedlungen Zamoras im Jahr 509 erstmals schriftlich erwähnt. Spätestens ab dem 12. Jh. erlangte die zwischen den Königreichen León, Galicien und Portugal gelegene »Urbe sanabrie« Bedeutung als Grenzstadt. Im 15. Jh. begann Don Rodrigo Alfonso de Pimentel, Graf von Benaven-*

te, mit dem Bau des **Castillo de los Condes de Benavente**, um den Vormarsch der Araber abzuwehren. 1506 logierten darin Juana la Loca (die Wahnsinnige) und ihr Ehemann Felipe I., el Hermoso. Das wuchtige Gebäude mit dem fast quadratischen **Torre del Homenaje** (Bergfried), auch El Macho genannt, dominiert die Silhouette des Städtchens. Der Gebäudekomplex wurde durch Kriege mehrfach zerstört. Nach einer Teilrestaurierung beherbergt er diverse Gemeindeeinrichtungen. Grandios ist der Ausblick vom Turm in das bergige Umland. An der Plaza Mayor, gegenüber dem **Ayuntamiento** (15./16. Jh.), steht die **Iglesia de Nuestra Señora de Azogue**. Ende des 12. Jh. begonnen, ist sie noch romanisch beeinflusst (romanische Blumenornamente an Säulenkapitellen; im Innern ein Taufbecken aus dem 12. Jh.), weist aber bereits gotische Kreuzbögen und Fensterstürze auf. Die Orgel wurde 1780 erbaut und 1930 zuletzt gespielt (Juli/Aug. tgl. 11–14 Uhr und 17–20 Uhr, Apr.–Juni und Sept.–Dez. Fr 12–14 Uhr und 16–18 Uhr, Sa/So 11–14 Uhr und 16–19 Uhr.). Fast schon alpin mutet das historische Zentrum mit den traditionellen, mit Schiefer gedeckten, massiven Steinhäusern und hölzernen Balkonvorbauten an.

15 km entfernt befindet sich der **Lago de Sanabria** (Foto unten). Mit einer Ausdehnung von etwa 3,2 mal 1,6 km und einer Tiefe von 51 m ist der auf 1000 m Höhe gelegene See der größte aus einem Gletscher entstandene See der Iberischen Halbinsel. Im 22.500 ha großen Naturpark, der weite Teile der Sierras Segundera und Cabrera umfasst, finden sich bis in 1700 m Höhe rund 35 weitere ehemalige Gletscherseen. Mit einer reichen Flora und Fauna, hohen Bergen und tiefen Tälern und der an das raue Klima angepassten Architektur ist die Region beliebtes Wanderziel. Rund 30 km nordwestlich erhebt sich der mit 2127 m höchste Berg Galiciens, der Peña Trevinca im gleichnamigen Massiv. Wer Zeit hat, dem sei ein Abstecher zum See empfohlen.

Feiertage: 7.–9. Sept.: Fiesta de Nuestra Señora de las Victorias mit Gigantes y Cabezudos (Umzüge mit riesigen Figuren), Stiertreiben und Feuerwerken.

Kulinarisches: Gebirgsbäche und der Gletschersee liefern Truchas (Forellen). Aus dem nahen Galicien kommt Pulpo a la Sanabresa (gekochter Tintenfisch mit Olivenöl, grobem Meersalz, Paprikapulver und Knoblauch). Typisch sind Ternera (Kalbfleisch), Setas (Pilze) und Habones con Chorizo (große Bohnen mit Paprikawurst).

Oficina de Turismo: In der Burg, Tel. 980 620 734, Sept.–Juni tgl. 11–14 Uhr und 16–20 Uhr, Juli/Aug. tgl. 11–14 Uhr und 17–22 Uhr, www.turismosanabria.es.

28 Puebla de Sanabria – Lubián

8.30 Std.
28,4 km

Herbergen: Requejo (995 m, 150 EW), **(1)** SH, ◐, 20 B/5 €. Bei Bar/Rathaus Straße nach rechts oben folgen, bei Apotheke rechts. Tel. laut Aushang. Offen, es kommt jemand zum Stempeln, ggf. in Bar beim Rathaus fragen. Einfach, aber ordentlich. 100 m weiter an Straße **(2)** TH, ◐◐◐, 18 B/ 12 €. Casa Cerviño, Tel. 980 620 505 und 686 024 213. Küche, Waschm./Trockner, kleiner Laden, Internet. Geräumig. Offen, ganzjährig. **Lubián** (1023 m, 180 EW), SH, ◐◐, 16 B/3 €. Steinhaus direkt am Ortseingang. Schlüssel laut Aushang. Einfach, aber ordentlich, etwas beengt. 2-Platten-Herd, etwas Geschirr. Ganzjährig.
Die Strecke: Meist gut markiert, einige teils morastige Pfade. Mit dem Aufstieg zum Padronelo-Pass auf 1352 m Höhe erreicht die Vía de la Plata ihren höchsten Punkt.
Höhenunterschied: 670 m im Auf- und 550 m im Abstieg.
Kritische Stellen: Umleitungen wegen AVE-Baustellen, siehe unten.
Landschaft: Eine eigenartige Landschaft wartet auf die Pilger, in der sich Eichenwälder, je nach Jahreszeit kahl oder mit üppig grünem Laubwerk und Farnteppichen im Unterholz, und karge, von Heidekraut und Ginster rosa und gelb gefärbte Hänge abwechseln. Die vielen Bachläufe sollten nicht darüber hinwegtäuschen, dass man sich in einer waldbrandgefährdeten Region befindet.
Infrastruktur: Iglesia de Santiago de Terroso ⌂; Requejo ⌂ ✕ ⛽ 🏧 A @ 🚌; Padornelo (1301 m, 30 EW) ⌂, im Oberdorf an N-525: ⌂ ✕ @ 🚌 alles in www.hotelpadornelo.com; Lubián ⌂ ✕ ⛽ 🏧 @ 🚌 Casa de Irene (bei Herberge, dort auch gutes Abendessen), Tel. 689 498 304, oder Bar Javi (Rest./Zimmer), Tel. 980 624 030 (an Hauptstraße, oberhalb vom Dorfkern).
Anmerkung: (1) Etwa 1 Std. nach Requejo stößt der Weg kurz unterhalb des Padronelo-Passes auf die Baustelle des AVE-Tunnels. Offiziell werden die Pilger ab Requejo über die N-525 geschickt. Inoffiziell konnte man diese Stelle bis Sommer 2015 vor allem an Wochenenden ohne Baubetrieb nach links umgehen und kam an der im Text beschriebenen Hausruine heraus. Da sich die Situation schnell ändern kann, sollte man sich auf jeden Fall vor Ort über den aktuellen Stand informieren. **(2)** Die Umleitung entlang der N-525 ist knapp 1 km länger. Nach gut 5 km/1½ Std. empfiehlt sich, am Beginn der Brücke die Straße nach rechts zu verlassen. Der Feldweg unterquert die A-52, schlägt einen weiten Linksbogen, unterquert die A-52 erneut und steigt auf den N-525-Tunnel hinauf. Oben an der Kreuzung nach links zur Portilla de Padornelo/Vía. Dieser Weg ist zwar 400 m länger als durch den Tunnel, aber sicherer. **(3)** Nach dem Padronelo-

Pass gibt es auch eine neue Wegführung, siehe Wegbeschreibung. Radfahrer müssen entweder auf die Straße über Acibeiros und Hedroso ausweichen (gefährlicher Lkw-Verkehr) oder über die Pfade schieben. **(4)** Bis A Gudiña keine Geldautomaten!

Von der Herberge **(1)** aus gehen wir über die Flussbrücke und steigen gegenüber die ca. 230 Stufen bergan (oder: a) links auf der Straße bergan, oben rechts durch die Altstadt zur Kirche hinauf; b) auf der Straße nach rechts ohne Anstieg in wenigen Minuten um die Stadt herum). Oben kommen wir rechts und gleich wieder links zum **Kirchplatz** (20 Min.). Wir gehen mit dem Kirchportal im Rücken rechts oder links an dem (Park-)Platz vorbei zur Straße hinter dem Haus, auf das wir zugehen (C/ San Bernardo/C/ Florida), und nach rechts. In der Linkskurve (Müllcontainer) rechts in den Weg am Friedhof vorbei bergab, beim nächsten Querweg links hinunter zur Straße. Dort biegen wir in die untere der beiden (nicht ganz links in die obere) ein (10 Min.). Nach etwa 15 Min. achten wir auf den scharf links unten abzweigenden Weg **(2)**. Er schwenkt gleich wieder nach rechts und führt uns durch ein Wäldchen ganz nah an das

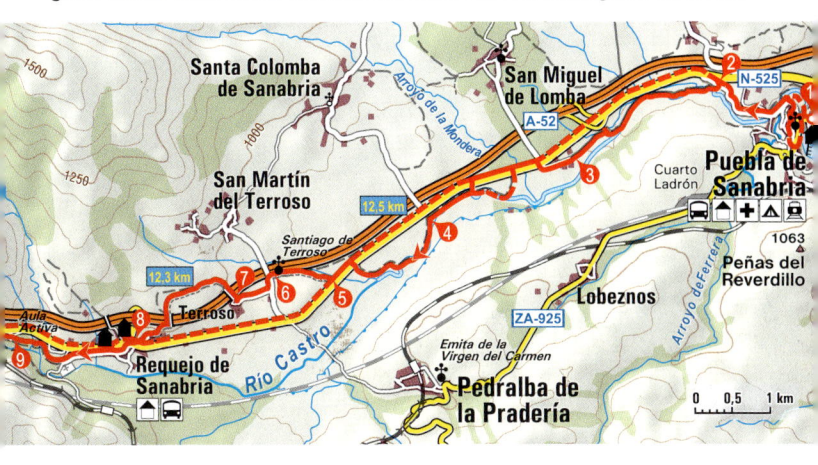

Ufer des Río Castro. Für gut 20 Min. wandern wir nun auf diesem sehr schönen Uferpfad, teils vom Plätschern des Bachs und Quaken der Frösche begleitet. Wir bleiben alle Abzweige ignorierend rechts vom Bach, bis unser Weg nach rechts schwenkt und auf eine T-Kreuzung trifft. Hier links und dann geradeaus durch das Schotterwerk hindurch (**3**) zur N-525. Wir folgen ihr nach links. Nach etwa 5 Min. könnte man auf dem Feldweg nach links zum Bach und dort rechts in einen Pfad einbiegen. Einfacher ist, an bzw. dann auf einem Trampelpfad neben der Straße zu bleiben, bis wir nach etwa 30 Min. zu einer Furt gelangen (**4**; rechts: Abzweig der Straße nach Sta. Colomba). Wir gehen links durch die Furt. Die breite Sandstraße wird nach dem Fischerhäuschen (»Refugio de Pescadores«) zu einem Weg am Río Castro. Nach etwa 20 Min. schwenkt er rechts vom Bach weg und führt unter der Stromleitung hindurch über die Wiese zur N-525. An dieser nach links bis zum Abzweig rechts (**5**; 5 Min.) und auf dem Waldweg zur **Iglesia de Santiago de Terroso** (**6**; ¼ Std.).

i *Die kleine romanische **Iglesia de Santiago de Terroso** (um 12. Jh.) ist dem heiligen Jakobus geweiht. In der Westfassade ist eine Nische mit einer Jakobusdarstellung eingelassen, Jakobsmuscheln zieren das Südportal. Schon Päpste und Könige sollen im Mittelalter hier auf ihren Pilgerreisen nach Santiago Zuflucht gefunden haben.*

An der Straße nach der Kirche links und gleich wieder rechts kommen wir nach **Terroso** (**7**; 10 Min.). Die Pfeile leiten uns durch den Ort und in einem Rechts-links-Bogen über die Autobahn und in einen ansteigenden Waldweg. Von diesem zweigt links ein etwas unscheinbarer Pfad in den Wald ab (¼ Std.). Teils steinig und nass geht es bergab zu einem Feldweg, auf dem wir nach links abermals die Autobahn überqueren und nach **Requejo** (**8**) gelangen (½ Std.). Rechts der Hauptstraße folgend finden wir die **Herbergen**. Wir gehen zwischen Rathaus (Ayuntamiento) und Bar auf das von schönen Steinhäusern

Blick auf Lubián, die letzte Ortschaft Kastiliens vor Galicien.

gesäumte Sträßchen und durch den Ort bis zum Friedhof (¼ Std.). Wer die Umleitung entlang der Straße wählt, geht rechts zur N-525 und dort links. Die Via folgt dem Feldweg geradaus. Über eine Anhöhe (bei der Gabelung links) steigen wir zu einem Bach mit Brücke ab, dann beginnt der Aufstieg. Nach der Aula Activa (**9**; Naturlehrhaus; 20 Min.) zweigen wir links von der Schotterstraße ab und wandern wir erst moderat, dann steiler bergan, hin und wieder flutet der Bach unseren Weg. Nach etwa 1 Std. stoßen wir auf die Baustelle des AVE-Tunnels. Sofern sie nach links umgangen werden kann, gelangt man zu einer Hausruine (**10**). Hier gehen wir wieder mit dem Originalweg links und über den Bach. Kurz darauf überqueren wir

Auf dem alten Passweg.

nach rechts den kanalisierten Bach und folgen rechts dem Waldweg bergauf. Er schlängelt sich durch den Wald und mündet nach gut 45 Min. in eine Freifläche. Rechts öffnet sich der Blick zurück ins Tal, wir gehen links; rechts von uns führt die N-525 durch den Tunnel des Padornelo-Passes. An der **Portilla de Padornelo (11)** haben wir auf 1352 m die höchste Erhebung der gesamten Vía de la Plata erreicht (knapp ¼ Std.; von rechts die Umleitung Straße).

Wir gehen geradeaus, an der N-525 über die Autobahn und kommen auf dem links abzweigenden Weg nach **Padornelo** (**12**; 20 Min.; Bar rechts oben an der N-525). Die Pfeile leiten durch den Unterort zur N-525 und an dieser weiter (nach 15 Min.: Hotel/Rest.) zum Abzweig nach Acibeiros (**13**; 20 Min.). Wegen der AVE-Baustelle biegt der Weg hier jetzt links ab (Radfahrer können rechts der Straße folgen, aber Vorsicht! Baustellenverkehr!). Wir gehen auf der Straße rund 20 Min. bergab. Nach den Wassertanks schlagen wir den Pfad (**14**) nach links unten ein und unterqueren nach rechts die Autobahn. Direkt danach biegen wir links ab, bleiben ein Stück neben der A-52, dann schwenkt der Weg nach rechts. Gleich darauf folgen wir links dem schönen Naturweg durch locker stehende Eichen bergab. Nach knapp 30 Min. führt uns ein Steinsteg rechts über einen Bach (**15**). Auf einem breiten Weg wandern wir nun etwa 10 Min. geradeaus auf Lubián zu. Dann schwenkt der Weg nach links, beschreibt eine Rechtskurve, biegt dann scharf rechts ab und überquert den Río Pedro (15 Min.). Geradeaus gelangen wir zu einem Querstäßchen (die Originalroute) und nach links bergauf zur Herberge von **Lubián** (**16**; 15 Min.).

> *Das kleine Bergdorf **Lubián** ist die letzte Ortschaft Zamoras vor der Grenze zu Galicien. Auch hier sind die alten Häuser im regionalen Stil aus Granit gebaut und mit Schiefer gedeckt. Der Name Lubián gibt wahrscheinlich einen Hinweis darauf, dass es früher Wölfe – lobos – in der Region gab.*

Die autonome Gemeinschaft Galicien

Die Comunidad Autónoma de Galicia (knapp 2,8 Mio. EW/29.575 km²) gliedert sich in vier Provinzen: A Coruña, Lugo, Ourense und Pontevedra. Hauptstadt ist Santiago de Compostela.

Von allen Regionen am spanischen Jakobsweg ist Galicien die geheimnisvollste. Wie kaum sonst in Spanien ist bis heute vorchristliches Gedankengut verwurzelt, haben uralte Kulturen ihre Spuren hinterlassen, wie etwa Hünengräber aus der Zeit der Megalithkultur (4. Jahrtausend v. Chr.) oder in Stein gravierte, mystische Symbole aus der Bronzezeit (1800 v. Chr.).

Die tiefsten Spuren hinterließen die Kelten, die hier von 500 v. Chr. bis zum Einfall der Römer um 135 v. Chr. siedelten. Sie gaben den Namen (Galläker) und prägten die Sprache, die aufgrund einer schwächeren Romanisierung ihre Eigenarten bewahrte. Das »Gallego« ist eine sehr weiche, melodiöse Sprache, mit deutlicher Verwandtschaft zum Portugiesischen, das sich aus ihm entwickelt hat. Das »Gallego« ist noch sehr in Sprache und Schrift verbreitet, besonders auf dem Land wird es von älteren Menschen fast ausschließlich gesprochen. Ein im 5. Jh. gegründetes Königreich der Sueben wurde im 6. Jh. von den Westgoten unterworfen. Der maurische Einzug auf die Iberische Halbinsel im 8. Jh. blieb für Galicien weitgehend folgenlos. Erst das im 8. Jh. gefundene Apostelgrab machte Galicien über die Grenzen der Iberischen Halbinsel hinaus bekannt. Im 10./11. Jh. existierte ein eigenständiges galicisches Königreich, das jedoch bald in den Königreichen León bzw. Kastilien aufging. In der weiteren Entwicklung Spaniens spielte Galicien eine untergeordnete Rolle. Wirtschaftliche Rückständigkeit führte ab dem 19. Jh. zu einer großen Auswanderungswelle besonders nach Südamerika. Bis heute leben rund 300.000 wahlberechtigte Galicier im Ausland. Und noch immer ist Galici-

Das Kloster Oseira ist einer der Höhepunkte vor Santiago.

en, das vorwiegend von Landwirtschaft und Fischerei lebt, eine der ärmeren Gebiete Spaniens. Internationaler Tourismus spielt in der landschaftlich äußerst schönen Region kaum eine Rolle. Die Abgelegenheit und das regenreiche, wenn auch milde Klima tragen dazu bei. Größter Anziehungspunkt ist Santiago de Compostela.
Die Bindung an das keltische Erbe ist nach wie vor eng; sei es in der Musik (etwa die »Gaita«, galicischer Dudelsack), in

Die imposante Römerbrücke von Ourense.

der Frage, ob es Hexen (»meigas«) gibt, wozu die Galicier eine eindeutig zweideutige Einstellung haben: »Ich glaube nicht an Hexen, aber es gibt sie«, oder im Glauben an die übernatürlichen Kräfte von Steinen und dem Meer.

Der **Camino Sanabrés** führt knapp 220 km durch Galicien. Nur langsam gelangen die Pilger vom eher spröden, rund 1000 m hoch gelegenen Hochland in die grünen, und meist nur wenig besiedelten Landschaften Galiciens. Leider quert die neue AVE-Trasse einige Male die Vía de la Plata, besonders die Etappe von A Gudiña nach Laza leidet teils sehr unter dem Baustellenverkehr. Kulturell interessante Stationen sind Ourense und das Kloster von Oseira.

Auf dem **Camino Francés** trennen uns ab dem Pass O Cebreiro noch rund 160 km bis Santiago. Das Heiligtum O Cebreiro und das Kloster Samos stellen hier die Höhepunkte dar, ansonsten ist der Weg (galicisch »Camiño«) vor allem ein Naturerlebnis mit Kuhweiden, schattigen Eichen- und Eukalyptuswäldern und malerischen Dörfern.

Sehr unterschiedlich ist die Herbergssituation auf den beiden Varianten. Auf dem Camino Sanabrés ist das Herbergsangebot eher übersichtlich, zumal auch einige Herbergen der galicischen Landesregierung (»Xunta«) den AVE-Bauarbeiten zum Opfer fielen. Inzwischen gibt es auch private Anbieter. Die Qualität ist in der Regel gut und Überbelegung außer eventuell zu Stoßzeiten (August, Feiertage) die Ausnahme. Auf dem Camino Francés dagegen herrscht meist und ebenfalls besonders um Ostern sowie im Sommer großer Andrang, da viele Pilger erst in Galicien (O Cebreiro, Sarria) mit der Wanderung beginnen, doch gibt es inzwischen fast in jedem Ort mindestens eine Unterkunft.

Wer zum Abschluss noch Zeit hat, dem sei die Fortsetzung des Weges an die Küste empfohlen. Die Strecke nach Finisterre absolviert man in der Regel in drei Etappen, von dort lässt sich noch eine Tageswanderung nach Muxía anhängen. Die schöne, größtenteils naturbelassene Küste mit weißen Sandstränden, zerklüfteten Klippen und schönen Sonnenuntergängen lohnt den Weg.

29 Lubián – A Gudiña

7.15 Std.
24,1 km

Herbergen: A Gudiña (976 m, 800 EW), XH, €€€, 24 B/6 €. Im Ort beim Abzweig »Terras de Tives« rechts unter Brücke durch, danach rechts hoch. Herberge offen oder anrufen: Tel. 696 207 722 oder 609 566 485 oder laut Aushang. Stempel/bezahlen 19.45–20.15 Uhr, um diese Uhrzeit bitte da sein. Küche. Ganzjährig.
Die Strecke: Gut markiert. Aufstieg zum A-Canda-Pass über teils steinige oder morastige Pfade, ab Galicien gute Wege, Gelände hügelig, aber insgesamt flacher.
Höhenunterschied: 570 m im Auf- und 620 m im Abstieg.
Kritische Stellen: Keine.
Landschaft: Ab Lubián gestalten permanente und radikale Landschaftswechsel auf teils nur wenigen Kilometern die Wanderung abwechslungsreich und interessant. Die kargen Berghänge im Westen der Provinz Zamora gehen nach dem A-Canda-Pass in liebliche, grüne Wiesen und Felder über, dazwischen erstrecken sich hin und wieder mit großen Granitfindlingen übersäte Hochebenen.
Infrastruktur: Santuario de la Tuiza; Vilavella (1040 m, 160 EW) Vilavella Hotel&Spa, Tel. 988 594 242, www.hotelspavilavella.es; O Pereiro (943 m, 25 EW) 900 m rechts an N-525 Rest./Pensión Cazador, Tel. 988 425 596 www.restaurantepensioncazador.com; O Cañizo (1066 m, 200 EW); A Gudiña (1) Hostal Oscar, Tel. 988 421 014. (2) Hostal La Madrileña, Tel. 988 421 030 @ u. a. nachmittags in Bibliothek. Info in Herberge. Estrada Nacional (am Ortseingang), Tel. 988 421 225.
Anmerkung: Die Etappe ist zwar kurz, aber aufgrund der Höhenunterschiede relativ anstrengend. Die in den galicischen Herbergen ausgegebene leichte Mehrbettwäsche kann man, um weniger Material zu verschwenden, mehrfach benutzen.

Wir durchqueren **Lubián (1)** von der Herberge aus der Länge nach und wandern auf der Betonstraße bergab, über den Río Tuela zum unter dem mächtigen Autobahnviadukt gelegenen **Santuario de la Tuiza (2**; knapp ¾ Std.).

Elevation profile

Portilla de Padornelo (11) 1352 m — Lubián (1) 1023 m — Puerto de A Canda (5) 1259 m — Vilavella (7) 1040 m — O Canizo (13) 1057 m — A Gudiña (14) 976 m — A Venda do Bolaño (6) 1086 m

223.6 220.3 216.8   212.2   208.3   203.2 199.5 km

24.1 km
0   0.55   2.15   3.30   4.40   6.10   7.15 h

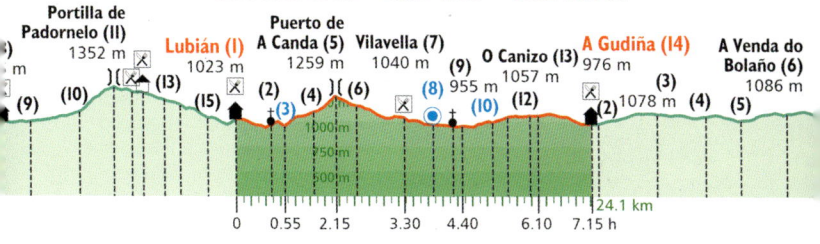

*Das Heiligtum **Santuario de la Tuiza** wurde im 18. Jh. mit den Steinen seiner Vorgängerkirche in gemäßigtem barocken Stil errichtet. Die Kirche ist der Virgen de las Nieves, der Schneejungfrau, geweiht, die große Verehrung bei galicischen Erntehelfern genoss. Bei der Rückkehr von der Meseta baten sie um Beistand für die Überquerung des A-Canda-Passes. Jeden 5. August und am letzten Sonntag im September ist das Heiligtum Ziel von Wallfahrten und Schauplatz von Fiestas.*

Vor der Kirche gehen wir rechts hoch und parallel zur Autobahn an einer Kapelle vorbei (kleine Abkürzung: hinter der Kirche rechts und geradeaus zum Hauptweg). Das Asphaltsträßchen führt über eine kleine Kuppe in eine Senke. Bevor es erneut ansteigt, verlassen wir es nach links und überqueren den **Arroyo de la Tuiza** (3; ¼ Std.). Kurz danach schlagen wir den Pfad nach rechts oben ein. Der Aufstieg zum A-Canda-Pass beginnt, steile und steinige Passagen wechseln sich mit flachen, bequemeren Erdpfaden ab. Mit zunehmender Höhe lichtet sich der Wald, bis nur noch Heidekraut wächst. Bei der zweiten Feuerschneise wendet sich der Pfad scharf nach links oben (4; 40 Min. Nach nach weiteren 40 Min. sind der **A-Canda-Pass (5)** und die Grenze zu **Galicien** erreicht. In Richtung Zamora öffnet sich der Blick ins Tuiza-Tal, in Richtung Galicien erstrecken sich grüne Hügelketten bis zum Horizont.

Ab nun weisen neben den gelben Pfeilen auch Wegsteine mit blau-gelben Muschelkacheln und den verbleibenden Kilometern bis Santiago die Rich-

155

Am A-Canda-Pass.

tung. Die erste Angabe »246,24 km« bezieht sich auf die Variante über Verín, über Laza sind es noch knapp 220 km. In der Provinz Ourense finden sich zudem vom galicischen Künstler Nicanor Carballo aus Sandstein gestaltete Wegsteine.

Ein moderat steiler Feldweg bringt uns in den Weiler **A Canda** (**6**; 20 Min.). Gerade hindurch beginnt die Landstraße, von der wir nach 10 Min. auf den Pfad links abbiegen. Unter den Bahngleisen hindurch wandern wir in leichtem Auf und Ab durch ein sehr schönes Tal mit Eichen und den für Galicien typischen Kastanienbäumen nach **Vilavella** (**7**; ¾ Std.; Einkehr im Hotel&Spa an der Hauptstraße, bei der Kirche oder an der N-525 nach Osten außerhalb des Orts).

Hinter Vilavella führt die Wanderung weiter durch das idyllische, grüne Tal. Allenthalben verwandeln Bäche Wiesen in wahre Feuchtbiotope. Nach gut 30 Min. passieren wir einen Brunnen (**8**), knapp 30 Min. später die Kapelle Virgen de Loreto. Geradeaus, über die Landstraße und links kommen wir nach **O Pereiro** (**9**; 10 Min.). Der Ort wird der Länge nach durchquert (am Ende Hinweis rechts zum Rest./Pension Cazador). Danach entfernen wir uns geradeaus von der Straße. In der hügeligen, wieder kargeren Landschaft scheinen vor allem riesige Felsbrocken gut zu gedeihen. Nach einem Bach (**10**; gut ½ Std.) steigt der Weg wieder an und stößt nach 20 Min. auf ein Landsträßchen (**11**), wo wir rechts und gleich wieder links abbiegen. Nach knapp ½ Std. weist ein Schild (**12**) auf eine 400 m rechts, an der N-525 gelegene Bar, kurz darauf betreten wir **O Cañizo** (**13**). Von dort kommen wir ansteigend zur N-525 (20 Min.). Mit ihr überqueren wir die Autobahn, kurz danach gehen wir auf einem rechts abzweigenden Feldweg im Linksbogen um eine Solaranlage herum und wandern dann auf dem Gehweg neben der N-525 bergab und bergauf nach **A Gudiña**. Oben gehen wir rechts (braunes Schild »Terras de Tives«) unter der Bahn durch, danach rechts zur **Herberge** (**14**; ¾ Std.).

> *i* ***A Gudiña*** *gehörte im 18. Jh. der Grafschaft Monterrei an und war ein klassischer Durchgangsort mit zahlreichen Gasthäusern und Herbergen für Reisende und Pilger. Es hat noch heute den Charakter einer Durchgangsstation. In schlichtem barocken Stil präsentiert sich die **Iglesia de San Martiño** (1619).*
> ***Feiertage:*** *1. November: Bei der Fiesta del Jabalí con Castañas dreht sich alles um Wildschweinbraten mit Kastanien.*
> ***Kulinarisches:*** *Bica Manteiga (Biskuit), Castañas (Kastanien, eingelegt, als Marmelade, als Püree oder als Mehl), Montonico (»Häufchen«, Blätterteig mit Kondensmilch und Ei-Schaum; ziemlich süß, aber lecker).*

Die Süd-Route *(Alternative zu 30–32)*

33 Std.
125 km

In A Gudiña trennen sich die Wege bis Ourense. Die Süd-Route über Verín fällt über weite Strecken mit der Nationalstraße zusammen, sie wird vor allem von Radfahrern gewählt. In Verín stößt der aus Portugal kommende Pilgerweg dazu. Bei Wanderern hat sich die landschaftlich schönere Strecke über Laza etabliert; auch, weil die Herbergen alle um die 40 km auseinanderliegen.

Wegstein in der Provinz Ourense.

Herbergen: **Verín** (385 m, 10.400 EW), 40 km ab A Gudiña, XH, €€, 26 B/6 €. Untergeschoss des alten Stadtpalastes Casa do Escudo (18. Jh.), Tel. 988 411 614. Schlüssel im Touristenbüro (gleiches Gebäude): Di-Sa 10–13.30 Uhr und 16–20.30 Uhr, ansonsten Telefon-Nr. der Protección Civil an Herberge/Touristenbüro, Einlass bis 23 Uhr. Einfach, aber ordentlich. Ganzjährig. **Sandiás** (660 m, 1400 EW), 43 km ab Verín, XH, €€€, 24 B/6 €. Bei Ortseingang links, großes, neues Haus. Schlüssel in Café O Campo hinter Rathaus (Consello de Sandiás), Tel. 988 446 024. 9– ca. 21 Uhr. Küche. Ganzjährig. Ourense, 36 km ab Sandiás. Info siehe Seite 167.

30 A Gudiña – Laza

10.15 Std.
34,7 km

Herbergen: Campobecerros (891 m, 120 EW), TH, ☕☕🛏, 18 B/5 €. Alb. da Rosario, C/ Cardenal Quiroga 9 (Schilder oder in Bar fragen), Tel. 650 530 547, 988 308 943. Internet, Waschm. geplant. Ganztags, ganzjährig. **Laza** (483 m, 1500 EW), XH, ☕☕☕, 36 B/6 €. Schlüssel und Stempel bei Protección Civil in Ortsmitte (ausgeschildert), Tel. 988 594 112, 24-Std.-Dienst. Schöne Herberge. Heller, großer Pavillon, Küche, Sitzecke. Ganztags, ganzjährig.

Die Strecke: Gut markiert, gute Wege, vorwiegend Asphalt, nur einige wenige Passagen unbefestigt. Die erste Hälfte hält sich der Weg mit geringen Höhenunterschieden auf rund 1000 m. Hinter Campobecerros werden dann nochmals zwei kleine Pässe überquert, ehe es auf einem unbefestigten Sträßchen stetig bergab auf knapp 500 m hinuntergeht.

Höhenunterschied: 580 m im Auf- und 1070 m im Abstieg.

Kritische Stellen: Die ersten gut 10 km/ 2¾ Std. bis Venda da Capela begleitet uns leider wieder die AVE-Baustelle. Die zeitweise angegebene Umleitung (ca. 8 km länger) muss jedoch nicht gegangen werden. Zwar stört der Baustellenverkehr besonders wochentags teils erheblich, doch ist die Strecke wie beschrieben machbar, erhöhte Vorsicht ist aber angebracht.

Landschaft: Die radikalen Landschaftswechsel setzen sich auch auf dieser Etappe fort. Zunächst wandern wir auf einer Höhenstraße mit wunderbaren, leider durch die AVE-Baustelle bzw. Trasse entlang der alten Bahnlinie Ourense–Puebla de Sanabria–Zamora getrübten Rundblicken. Spröde, von Heidekraut und Ginster rosa und gelb gefärbte Berghänge strafen Galiciens Ruf als eine der grünsten Regionen Spaniens zunächst noch Lügen. Rechts des Weges sieht man bei klarem Wetter den in einem tiefen Taleinschnitt gelegenen Stausee das Portas. Geradeaus zeichnen sich die von unzähligen Feuerschutzschneisen überzogenen Berge der Montes do Invernadeiro ab. Endlose Hügelketten erstrecken sich nach Süden bis zum Horizont. Ab Campobecerros prägen Nadelbäume die Vegetation, während wir auf klimatisch mildere 500 Meter Höhe in das im grünen und lieblichen Tal des Río Támega gelegene Laza hinunterwandern.

Infrastruktur: Venda Capela (1018 m, 10 EW) 🍴; Campobecerros 🍴🛏@🏠 Casa Núñez, Tel. 988 305 421; Portocamba (930 m, 30 EW) 🍴; As Eiras (768 m, 5 EW) 🍴; Laza 🏠🍴🛏🅰@✉🛒€ (Bank ohne Automat) 🛒 Mo–Fr 20.30 Uhr, So 12 Uhr ✚ C/ Castiñeiro, Tel. 988 422 217.

Anmerkung: (1) Bis Campobecerros (20 km/5¾ Std.) keine Einkehrmöglichkeit, mit Proviant vorsorgen. **(2)** In Laza gibt es nur eine Bank ohne Geldautomat (nur vormittags geöffnet), der nächste Bankautomat fand sich zuletzt (Stand 2015) erst wieder kurz vor Ourense!

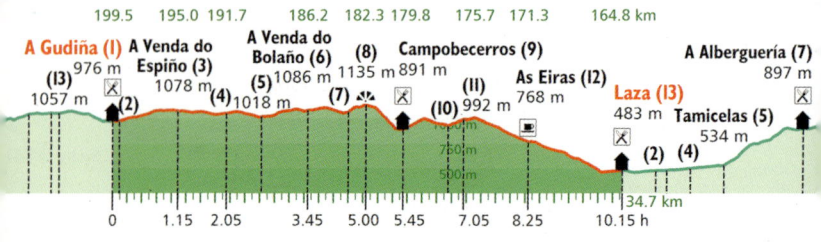

```
            199.5   195.0  191.7    186.2  182.3 179.8    175.7  171.3           164.8 km
A Gudiña (I)    A Venda do      A Venda do       (8)  Campobecerros (9)                     A Albergueria (7)
   (13)  976 m   Espiño (3)     Bolaño (6)  1135 m  891 m                                         897 m
        1057 m            1078 m       (5) 1086 m         (7)         As Eiras (I2)
                 (2)        (4) 1018 m            (II)  992 m    768 m   Laza (I3)
                                           (7)   (10)                   483 m  Tamicelas (5)
                                                                                 534 m
                                                                                  (2)  (4)
                                                               750 m
                                                               500 m
                                                                      34.7 km
   0        1.15    2.05     3.45     5.00   5.45     7.05    8.25    10.15 h
```

Unter dem Morgennebel liegt der Embalse das Portas verborgen.

Von der Herberge **(1)** aus gehen wir wieder unter der Bahn hindurch und rechts auf der Rúa Maior durch die Altstadt, bis zwei Wegsteine die beiden Routen anzeigen **(2)**. Wir gehen nach rechts aus dem Ort und biegen nach knapp 20 Min. rechts in das Asphaltsträßchen ein. Ab hier setzt der Lkw- und Baustellenverkehr der AVE-Trasse ein. In gemäßigter Steigung führt es bergan in die sehr offene Landschaft. Rückwärts fällt der Blick über A Gudiña auf die zuvor durchquerten Grenzberge zwischen Zamora und Galicien. Nach gut 45 Min. kommen wir am Weiler **Venda do Espiño (3)** vorbei.

> *Die **Vendas** (kastilisch Singular »venta«) waren früher Gasthäuser und Herbergen an Reisewegen, die reisenden Erntearbeitern, Viehtreibern, fahrenden Händlern und nicht zuletzt auch Pilgern Verpflegung und Unterkunft boten. Die hier am Weg gelegenen Vendas werden meist nur noch von einigen Alten und Kleinstlandwirten bewohnt.*
> *Von der Wanderstrecke aus ist die alte **Bahnlinie Sierra de la Culebra** zu sehen, Anfang des 20 Jh. war sie eine der großen Ingenieurleistungen der spanischen Eisenbahngeschichte. Mit ihren 182 Tunnels hat sie nach der Bahnlinie Belgrad–Bar die weltweit meisten Tunnels. Rund 78 km ihrer insgesamt 452 km von Zamora über Ourense, Santiago de Compostela bis A Coruña verlaufen durch Tunnels. Ihre Fertigstellung nach rund 40 Jahren Bauzeit im Jahr 1958 bedeutete eine enorme Verbesserung des Güter- und Personenverkehrs zwischen Galicien und Zentralspanien. Der Hochgeschwindigkeitszug AVE wird die Bahnanbindung Galiciens deutlich verbessern.*

Weiter auf der Straße gelangen wir nach **Venda da Teresa (4**; gut ¾ Std.). Die Straße schwenkt am Ortsanfang nach rechts, wir gehen schräg links durch den Ort und verlassen ihn auf einem Feldweg, der bald darauf wieder in die Straße einbiegt, die uns nach **Venda da Capela (5**; knapp ¾ Std.) bringt. Von hier bis Campobecerros wird der AVE durch einen Tunnel verlaufen, die schlimmsten Störungen durch die Bauarbeiten lassen wir erst einmal hinter uns.

Wir wandern steil bergauf durch den Weiler, vorbei an den halb verfallenen ehemaligen Bahnarbeiterunterkünften. Nach einem kurzen Stück Forstweg erreichen wir wieder auf der Straße **Venda do Bolaño** (**6**; 1 Std.). Über einen kleinen Pass kommen wir in eine Senke mit einem Schild, das rechts auf die Aussicht zur Serra Seca (dt. trockenes Gebirge) und den Stausee hinweist (**7**; ¾ Std.).

Hier verlassen wir die Straße auf dem halb links ansteigenden Forstweg. Radfahrern oder bei Schnee sei empfohlen, auf der Straße zu bleiben. Wir steigen den steilen Rücken hinauf, nach etwa 30 Min. verflacht sich der Weg (**8**). Wenig später beginnen wir uns rechts haltend mit dem Abstieg. Unten biegen wir links in die Straße nach **Campobecerros** (**9**; gut ½ Std.) ein.

> *i* ***Campobecerros*** *liegt am Rande des Naturparks **O Invernadeiro**. Der 5722 ha große, bis auf 1600 m ansteigende bergige Landstrich war eine der großen und artenreichen Waldflächen Galiciens, die aber auch immer schon vom Menschen für die Jagd sowie Weide- und Forstwirtschaft genutzt wurde. Ein verheerender Waldbrand im Jahr 1979 brachte die Wende: 1997 wurde das Gebiet als Naturpark unter Schutz gestellt. Kastanien, Eichen und Schlehen breiten sich wieder aus. Wölfe, Damwild, Wildschweine, aber auch Gämsen, Murmeltiere, Adler und Falken sind in den Bergen und Tälern heimisch. (Besuch nur nach Anmeldung, max. 30 Personen pro Tag. Kontakt: Umweltamt Ourense, Tel. 988 386 376 (Mo–Fr 9–14 Uhr), servizo.conservacion.natureza.ourense@xunta.es).*

Bei Campobecerros tritt der AVE aus dem Tunnel, auch beim Aufstieg auf die Bergkuppe begegnen wir den Bauarbeiten. Danach kommen wir in den fast verlassenen Weiler **Portocamba** (**10**; 1 Std.). Durch den Weiler bergan gelangen wir zu einem großen Holzkreuz (**11**; 20 Min.); hier geht es auf den Forstweg links. Nach einem weiteren kurzen Stück bergauf beginnt der Abstieg. Schöne Aussichten auf die mit Fichten, Kiefern, Kastanien und vereinzelten Schlehen bedeckten Berghänge sorgen für Kurzweil. Im winzigen **As Eiras** (**12**; knapp 1½ Std.; Punto de Apoyo: Getränke, Obst gegen Spende). Wir folgen der befestigten Waldstraße bergab. Rechts erstreckt sich das liebliche und grüne Tal des Río Trez, bald ist das in einem Talkessel liegende Laza zu sehen. Nach gut 1¼ Std. weist ein Wegstein in den rechts von der Straße wegführenden Pfad (Radfahrer können auf der Straße bleiben). Über den Fluss gelangen wir auf die Landstraße OU 112 und auf ihr nach links, beim Schild »Albergue 1 km« (tatsächlich 600 m) rechts ins Zentrum von **Laza** (**13**; 20 Min.).

> *Laza, ebenso Verín und Xinzo de Lima (und andere Orte Galiciens), sind für ihre ausgesprochen rüden, **O Entroido** genannten Karnevalsbräuche berüchtigt. Als Außenstehender sollte man sich die Teilnahme vorher gut überlegen! Im Mittelpunkt steht dabei das wüste Treiben der »Peliqueiros« (in Verín »Cigarrón«, in Xinzo de Lima »Pantalla«). Am Karnevalssonntag grüßen die mit farbenfroher Tracht, Holzmaske und einer Mitra ähnlichen Kopfbedeckung verkleideten Peliqueiros das Volk mit Peitschenknallen und verteilen die traditionelle Bica (typischer Biskuit): sozusagen die galicische Variante von »Zuckerbrot und Peitsche«. Von Montag auf Dienstag bewerfen sie ohne Rücksicht auf Verluste das Publikum mit Asche, Mehl – und mit einem Gemisch aus lebenden Ameisen und Erde. Um die Beißfreude der Tiere zu fördern, werden sie vorher längere Zeit mit Essig »scharf« gemacht. Zahmer geht es dagegen in Verín und Xinzo de Lima zu, dort werden »nur« Erde und schmutzige Lappen als Wurfgeschosse verwendet. Zum Ursprung des Brauchs gibt es eine Menge Theorien, die schönste ist sicherlich, dass es sich um eine Verballhornung früherer Steuereintreiber des Grafen von Monterrei handelt, die, ähnlich wie der ungeliebte Berufsstand der Henker, ihre wahre Identität hinter Masken verbargen.*

31 Laza – Xunqueira de Ambía

9.15 Std.
33 km

Herbergen: Albergueria (897 m, 30 EW), PH, ❀❀, 24 B/Spende. Gehört zur Bar Rincón del Peregrino, Tel. 628 832 269 (Luis Sandes Fernández). Altes, liebevoll hergerichtetes Haus, Küche (Grundnahrungsmittel können gekauft werden), Essen auch im Rincón. WLAN, Waschm./Trockner. Ganztägig, ganzjährig außer 10. Dez.–Jan. **Vilar de Barrio** (664 m, 1500 EW), XH, ❀❀, 24 B/6 €. Bei Tankstelle in Ortsmitte rechts. Gepflegte Herberge, Küche (ohne Geschirr). 12–22 Uhr, Ganzjährig. **Xunqueira de Ambía** (551 m, 480 EW), XH, ❀❀, 24 B/6 €. Recht schöne Herberge, 500 m vor dem Ort. Von ca. 12.30–15.30 Uhr und gegen 20 Uhr kommt jemand zum Kassieren und Stempeln. Küche für einfache Gerichte ausgestattet. Ganzjährig.
Die Strecke: Gut markiert, anfangs auf Seitenstreifen der Landstraße, dann gute Wege und Pfade. Steiler Aufstieg von Tamicelas nach Albergueria. Danach keine extremen, aber kontinuierliche An- und Abstiege. Erholung gibt es auf dem topfebenen, aber auch schnurgeraden Teilstück zwischen Vilar de Barrio und Bóveda.
Höhenunterschied: 710 m im Auf- und 640 m im Abstieg.
Kritische Stellen: Keine.
Landschaft: Aus dem fruchtbaren Tal des Támega klettert der Weg auf über 900 m in eine heideähnliche Landschaft. Nach dem Höhenzug geht es wieder hinunter in mildere Regionen, in denen u. a. Birken, Haselsträucher und Erlen gedeihen. Bis Xunqueira de Ambía verliert der Weg weiter an Höhe, mit Weiden, Feldern und Eichenwäldern wird die ländlich geprägte Gegend merklich grüner. Immer wieder liegen kleine und kleinste Weiler an der Strecke.
Infrastruktur: Tamicelas (534 m, 30 EW) 🛏; Albergueria 🛏 @ 6 km entfernt: 🛏 Aldea rural Couso Galán (zum Landhotel umgebautes Dorf; Pilger können abgeholt werden, Tel. 988 302 845, www.cousogalan.com); Vilar de Barrio 🍴🛏🏨🚌💶 (Bank ohne Automat) ✚ Praza Toural, Tel. 988 449 470; Bóveda (649 m, 130 EW) 🛏; Vilar de Gomareite (644 m, 120 EW) 🛏; Bobadela (651 m, 60 EW) 🛏; Padroso (690 m, 15 EW) 🛏; Cima da Vila (676 m, 20 EW) 🛏; Xunqueira de Ambía 🛏🍴🚌🏨@🛒 18.15 Uhr (Winter ca. 19.15 Uhr) ✚ C/ Capitán Cortés (am Weg aus Ort), Tel. 988 436 079.
Anmerkung: Zwischen Laza und Tamicelas verläuft der offizielle Weg über die Landstraße: bis Souteleo Verde (½ Std.) neben der OU-113, dann links durch den Ort (Apoyo al Peregrino: kleine Stärkungen). Danach wieder ein kurzes Stück an der OU-113, rechts weg davon nach Tamicelas (¾ Std.).

Von der Herberge **(1)** kommend biegen wir rechts in die Straße gegenüber der Protección Civil ein. Bei dem Platz oberhalb der Sparkasse Caixanova geht es rechts am Lokal »Taberna de Ardillas« vorbei. (Man kann auch geradeaus weiter zur Landstraße OU-113 und dann auf dieser rechts gehen; dort ist auch eher eine schon früh geöffnete Frühstücksbar zu finden.) Durch die C/ Picota und die Calle (bzw. Camiño) de la Rúa kommen wir zur OU-113 und wandern auf deren Seitenstreifen. Nach gut ½ Std. biegen wir links in die Nebenstraße ab. Der offizielle Weg überquert kurz danach die Brücke nach links **(2)**. Wir folgen dem kleinen Sträßchen vorbei an **Vilameá (3**; ¼ Std.) und **Castro (4**; 20 Min.) und weiter nach **Tamicelas (5**; gut ½ Std.). Am Picknickplatz gehen wir links und rechts in den Ort, bei Haus Nr. 1 schwenken wir links und finden nach rechts oben den markierten Weg (von links: Hauptweg).

162

Nun steigen wir über teils kahl geschlagene Feuerschneisen, teils durch Kiefernwälder aufwärts, steile Rampen wechseln sich mit flacheren Passagen ab. Bald treten die Kiefern zugunsten einer ruppigeren, schattenlosen Heidelandschaft zurück, während der Blick zurück in das eben noch durchwanderte grüne Tal des Támega fällt. Nach 1½–1¾ Std. biegen wir am höchsten Punkt rechts in die OU-113 ein **(6)**. Ein Schild verheißt die Bar Rincón del Peregrino nach 500 m, tatsächlich sind es noch 1,1 km bis nach **Alberguería (7**; 20 Min.).

Am Aufstieg nach Alberguería.

i **Alberguería** *(von albergue = Herberge) besaß im Mittelalter eine vom Malteserorden betreute Pilgerherberge. An der Fassade der kleinen Dorfkirche **Iglesia de Santa María** (17. Jh) ist noch ein Malteserkreuz zu erkennen. Im Inneren birgt sie eine geschnitzte Jakobusfigur. Luis, der Inhaber der einzigen Bar im Ort, »Rincón del Peregrino«, zeigt die Kirche auf Anfrage.*
Die vorbeikommenden Pilger bekommen von Luis eine Jakobsmuschel (span. vieira, concha), auf der sie sich mit Name, Herkunft, Datum und einem Gruß verewigen dürfen, sodann wird sie an Wand oder Deckenbalken der Bar genagelt. Auf diese Weise ist seit 2004 bereits eine beeindruckende Sammlung von Pilgergrüßen aus aller Welt entstanden.

Nach dem »Rincón« gehen wir links und auf einen über die Hochebene führenden Feldweg. Nach knapp ½ Std. kommen wir über eine kleine Straße, wandern südlich der OU-113, überqueren sie dann nach rechts und kommen nach links neben der Straße zu einem exponiert stehenden Holzkreuz

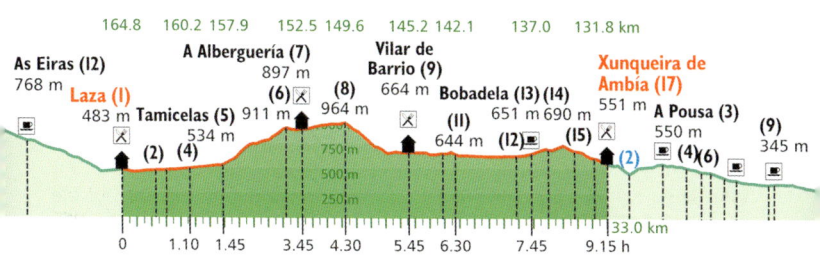

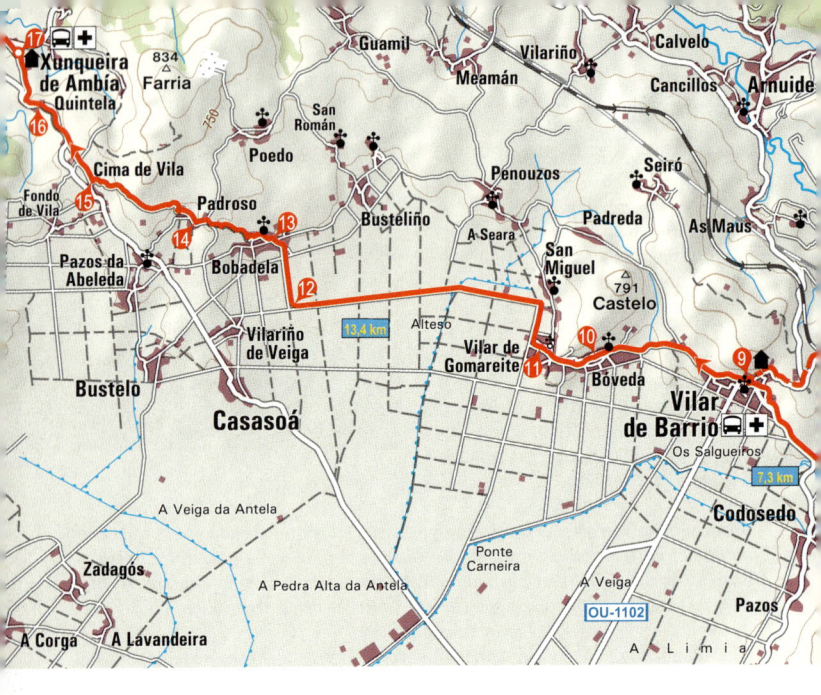

(**8**; gut ¼ Std.). Bergab öffnet sich bald der Blick in die in einem breiten Talkessel gelegene Ebene. Nach wenigen Minuten treffen wir erneut auf die OU-113, die wir kurz darauf nach links auf einem Waldweg verlassen. Unten biegen wir vor dem Gatter rechts ab und schwenken danach links in das Sträßchen ein. Dieses stößt auf die Landstraße nach Vilar de Barrio (gut ¾ Std.). Kurz vor dem Ort nehmen wir schräg rechts das kleine Sträßchen und werden zum Platz im Zentrum von **Vilar de Barrio (9)** geleitet (knapp ½ Std.). Die Herberge liegt 200 m rechts der Tankstelle an der Straße.

> *i* *Das Städtchen **Vilar de Barrio** lebt vor allem von der Landwirtschaft, insbesondere dem Kartoffelanbau. Das wichtigste Fest der Stadt dreht sich denn auch um die Kartoffel. Anfang Oktober, nach der Ernte, wird die nahrhafte Knolle gefeiert. Die Verbundenheit des Ortes mit dem Pilgerweg ist an der Pilgermuschel im Stadtwappen abzulesen. Typisch für die Region und ganz Galicien sind die **Hórreos**, auf Stelzen gebaute, lange und schmale Speicher für Getreide, vor allem Mais (Foto S. 166).*

Wir gehen bei der Tankstelle links und geradeaus durch den Ort auf die Landstraße. Sie führt durch den lang gestreckten Weiler **Bóveda** (**10**; ½ Std.), der übergangslos in **Vilar de Gomareite** (**11**) übergeht. Archäologi-

164

sche Funde belegen, dass diese Orte einst an der Römerstraße XVIII zwischen Astorga und Braga (Portugal) lagen. Bei der T-Kreuzung am Ortsende gehen wir rechts und kurz darauf links in den Feldweg (½ Std.). Dieser zieht sich schnurgerade durch die Ebene. Rechts und links des Weges erstrecken sich von Baum- und Buschgruppen begrenzte Felder. Nach etwa einer ¾ Std. folgen wir der Camino-Wegmarke im 90-Grad-Winkel nach rechts **(12)**. Nach der Stoppstelle geht es erst geradeaus, dann links und gleich rechts durch die Gasse ins Zentrum von **Bobadela** (**13**; 20 Min.; geradeaus an der Gasse vorbei Getränke in der alten Dorfkneipe, sofern es sie noch gibt). Nach dem Ort nimmt uns im Wald ein von Natursteinmauern eingefasster Weg auf (galicisch: »Corredoira«).

Oben, nach dem Eichenwald, überqueren wir ein Sträßchen und biegen gleich danach links nach **Padroso** ab (**14**; 20 Min.). Hinter dem Weiler schwenkt der Weg rechts in eine Corredoira, nach dem bemoosten Wasserbecken gehen wir links hoch. Oben bietet sich von der kahlen Bergkuppe ein umfassender Rundblick (25 Min.). Der anfangs felsige Pfad führt bergab wieder in ein Eichenwäldchen. Gleich bei den ersten Häusern von **Cima da Vila** (**15**; 10 Min.) biegen wir scharf rechts in den Feldweg ein. Er führt durch lichten Laubwald nach **Quintela** (**16**; 25 Min.). Danach ist rechts die Herberge von **Xunqueira de Ambía** angezeigt, die wir auf der kleinen Straße in 10 Min. erreichen **(17)**.

> *Xunqueira de Ambía entwickelte sich rund um das Kloster und die Stiftskirche **Colegiata de Santa María la Real**. Der Legende nach war hier im 4. Jh. die Jungfrau Maria in einem Binsendickicht (span. juncal, davon abgeleitet galicisch Xunqueira) erschienen, woraufhin ihr eine Kapelle geweiht wurde. Im 9. Jh. bildete sich eine einfache Klostergemeinschaft, die ab 1150 dem Augustinerorden unterstand. 1164 ordnete König Fernando II. von León den Bau der Stiftskirche an, Anfang 13. Jh. wurde sie fertiggestellt. Der Kirchturm der romanischen Kirche erfuhr um das 17. Jh. eine Renovierung im barocken Stil. Sehenswert sind die Reste des Chorgestühls (16. Jh.), der Barockaltar und die Orgel (1757; beim Orgelfestival im August spielen auf ihr renommierte Organisten) sowie der spätgotische Kreuzgang (claustro, 16. Jh.). Im Mittelalter unterhielt das Kloster eine Herberge für bis zu 100 Pilger. Der Gebäudekomplex ist Nationaldenkmal. (Keine festen Öffnungszeiten.)*
> ***Feiertage:*** *Das sonst eher ruhige Städtchen erwacht bei zahlreichen Feiertagen zu Leben: Am 2. Februar wird San Blas, des Schutzheiligen der Atemwege gedacht, am 29. April San Pedro Mártir. Der Märtyrer starb durch Axthiebe auf den Kopf – daher gilt er als Schutzheiliger für jegliche Kopfbeschwerden. An Fronleichnam werden die Hauptstraßen und -plätze mit bunten Blumenteppichen geschmückt. Weitere wichtige Feiertage sind Karneval und Ostern.*

6 Std.
22,4 km

Xunqueira de Ambía – Ourense 32

Herbergen: Ourense (180 m, 107.000 EW), **(1)** TH, ☕☕🛏, 32 B/17 € MF (ab 10 Personen 15 €). Alb. Grelo Hostel, Rúa Peña Trevinca 40 (am Weg zu XH), Tel. 988 614 564 (Reservierung möglich). Waschm./Trockner, Mikrowelle, Toaster, WLAN, Internet; Duschen ohne Sichtschutz. 24 Std., ganzjährig. **(2)** XH, ☕☕🛏, 46 B/6 €. Im ehemaligen Convento de San Francisco, Rúa da Granxa, Tel. laut Aushang. Große, aber relativ gute Herberge, Küche mit Koch- und Essgeschirr, Waschm./Trockner. Internet, WLAN. 13–22 Uhr. Ganzjährig.
Die Strecke: Gut markiert, vorwiegend kleine Landstraßen, wenig anspruchsvoll. Bis auf anfängliche Steigung eher flach, ab Seixalbo bis Ourense abfallend.
Höhenunterschied: 210 m im Auf- und 580 m im Abstieg.
Kritische Stellen: Bei A Pousa (gut 1 Std. ab Start) quert ein AVE-Tunnel die Vía; spätestens hier und im weiteren Verlauf ist mit Baustellenverkehr zu rechnen.

Landschaft: Die erste Hälfte der Etappe führt auf der Landstraße teils fast übergangslos durch viele Dörfer und Weiler. Ab dem Industriegebiet knapp 2½ Std. vor Ourense beginnt der Einzugsbereich der Provinzhauptstadt. Je nach Jahreszeit ist der klimatische Wandel zwischen dem Ausgangspunkt auf über 500 m und dem Ziel auf 150 m spürbar – Ourense ist eine der wärmsten Städte Galiciens.
Infrastruktur: A Pousa (550 m, 10 EW) 🍴 🛒; Penelas (389 m, 60 EW) 🛒; Venda do Río/Pereiras (355 m, 60 EW) 🛒 🍴; A Castellana (305 m, 190 EW) 🍴 🛒; Reboredo (278 m, 400 EW) 🍴 🛒 @ 🏧 €; Seixalbo (198 m, 880 EW) 🍴 🛒 @ 🛒; Ourense 🍴 🛒 🏧 € @ 🏧 🛒 🛏 🚌 außerhalb an N-120/Ctra. de Vigo, Tel. 988 216 027 🚆 Plaza de la Estación 🚌 Kathedrale Mo–Sa 8, 10, 11, 20 Uhr, So 8.30, 9.30 (galicisch), 10.30, 12, 20 Uhr ✚ Centro de Salud, Av. Xoan XXIII 6 (Rúa Papa Juan XXIII), Tel. 988 385 580.

Von der Herberge **(1)** gehen wir zum Kirchplatz von **Xunqueira** und danach schräg rechts über die Rúa de Colón in die C/ Capitán Corés. Diese führt bergab, am Gesundheitszentrum vorbei, aus dem Ort. Beim Fußballplatz gehen wir geradeaus in den Feldweg und unten geradeaus über die Straße auf den Pfad. Nach der Brücke über den **Río Arnoia (2)** folgen wir kurz der Straße bergauf, ehe wir sie nach rechts verlassen, um schließlich wieder zu ihr zurückzukehren und nach **A Pousa (3)** zu gelangen (gut 1 Std.). Ab hier wandern wir auf dem Sträßchen durch **Salgueiros** (**4**; ½ Std.), mit einem kurzen Abstecher von der Straße durch **Gaspar** (**5**; ¼ Std.), wieder auf der Straße nach **A Beirada** (**6**; 10 Min.), **Ousende** (**7**; ¼ Std.) und **Penelas** (**8**; ¼ Std.). Die sanfthügelige Landschaft entschädigt für die lange Wanderung auf Asphalt, wochentags stört jedoch der Baustellenverkehr. Langsam nimmt die Siedlungsdichte zu, Orte wie **Venda do Río** (**9**; gut ½ Std.), **Pereiras** und **A Castellana** gehen fast übergangslos ineinander über, gleich danach beginnt mit dem **Industriegebiet San Ciprian da Viñas** (**10**; gut ¾ Std.) das Einzugsgebiet von Ourense.

Wir gehen geradeaus durch das Industriegebiet, bei der T-Kreuzung biegen wir links ab, bei der nächsten Kreuzung nach rechts gelangen wir in den Vorort **Reboredo** (**11**; ½ Std.). In der Linkskurve folgen wir dem geradeaus ansteigenden Sträßchen. Oben gehen wir schräg links über die Straße und auf dem Asphaltsträßchen bergab. Unten laufen wir rund 400 m an der OU-105, verlassen sie dann nach rechts und gehen schräg links über die Bahngleise und die OU-105 nach **Seixalbo** (**12**; ¾ Std. seit Reboredo; Kirche mit schönem mittelalterlichen Wegkreuz). Im Rechts-links-Schwenk durch den Ort kommen wir auf ein Sträßchen, das in die OU-105 mündet (¼ Std.). Auf dem Gehweg gehen wir zu einem großen Kreisverkehr **(13)**. Die Vía läuft schräg links weiter über die Fontes das Burgas zur Kathedrale von **Ourense** (25 Min.). Zu den **Herbergen** gehen wir geradeaus, an der Alb. Grelos (10 Min.; links) vorbei zur öffentlichen im alten, großen Konvent am höchsten Punkt der Straße (**14**; gut 10 Min.).

i *Steil zieht sich **Ourense** den östlichen Hang über dem Río Miño empor. Goldstadt, Aurium, nannten es die Römer, aufgrund der reichen Goldfunde am Flussufer. Doch auch wenn die Zeiten des Goldrausches längst vorbei sind, sprudeln die bereits im Altertum bekannten und geschätzten Thermalquellen **Las Burgas** bis heute munter mit 67 Grad aus der Wand. Die Römer gaben der Stadt mit der Brücke über den breiten Fluss einen ersten Entwicklungsimpuls. In elegantem Schwung spannt sich die 1230 erneuerte **Puente Romano** von Ufer zu Ufer (siehe Foto S. 153). Ihr mittlerer Bogen misst in der Höhe 38 Meter und hat eine Spannbreite von 43 Metern. Schon früh wurde Ourense Bischofssitz und erlebte im 5. und 6. Jh. als suebische, später westgotische Residenzstadt eine erste Blütezeit. Nach der Vertreibung der Mauren folgte eine dunkle Zeit steter Überfälle durch Araber und Normannen. Im 11. Jh. leitete Sancho II. von Kastilien die christliche Wiederbesiedlung ein. Im 12. Jh. war die Bischofsstadt wieder religiöses und reiches Handelszentrum, nicht zuletzt dank des kaufmännischen Geschicks der großen jüdischen Gemeinde. Die von den Katholischen Königen Isabel und Fernando spanienweit angeordnete Vertreibung der Juden Ende des 15. Jh. trieb die Stadt in den wirtschaftlichen Ruin. Erst mit der Verbesserung der Verkehrswege ab dem 19. Jh., wie etwa dem Bau der Bahnlinie Zamora–A Coruña, etablierte sich Ourense wieder als Industrie- und Handelsstandort.*
*Die **Altstadt** mit ihren Fassaden und Straßenbelägen aus Granit und die **Catedral de San Martiño** (12./13. Jh.) im Stil der compostelanischen Romanik geben einen Vorgeschmack auf Santiago de Compostela. Die Kathedrale steht an der*

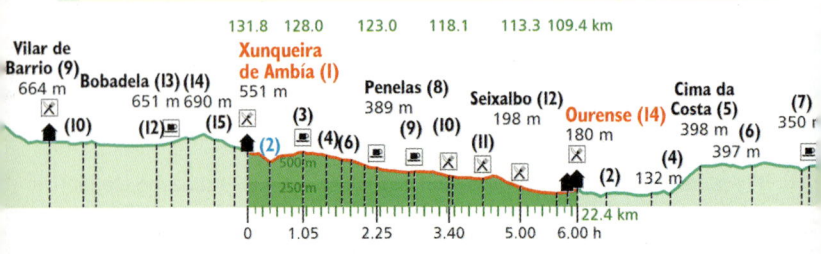

Stelle einer suebischen, von den Mauren zerstörten Kirche. Der Legende nach soll der suebische Herrscher Carriarico im 6. Jh. den heiligen Martin von Tours um Hilfe für seinen kranken Sohn angefleht haben. Nach vollbrachter Wundertat ließ er dem Heiligen die Kirche errichten. Ein außergewöhnliches Beispiel romanischer Bildhauerkunst ist das dem Pórtico de la Gloria der Kathedrale von Santiago nachempfundene **Pórtico del Paraíso** (Paradiespforte). Die in kräftigen Farben kolorierten Steinskulpturen zeigen die 24 Alten der Apokalypse sowie die vier Apostel und vier Propheten. Der Mittelpfeiler wird vom heiligen Jakobus und der Jungfrau Maria eingenommen. Das gotische Retablo

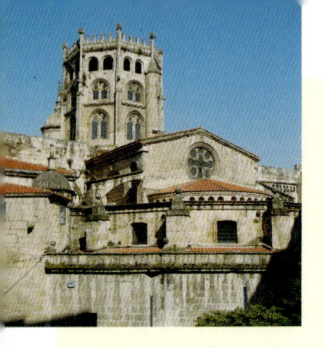

Kathedrale von Ourense.

am Hauptaltar stammt aus dem 14. Jh. Ein schönes Beispiel galicischen Barocks ist die über und über mit Gold verzierte **Capilla del Cristo** (1567–74), in der der hoch verehrte Santo Cristo zu sehen ist. Glaubt man der Überlieferung, dann war die mit echtem Haar versehene Christusfigur in Finisterre an Land gespült worden (Mo–Sa 11.30–13.30 Uhr und 16–19.30 Uhr, So 16.30–19.30 Uhr). Im Kathedralmuseum sind u. a. Emailarbeiten aus dem 13. Jh. zu sehen (Mo–Sa 12–13 Uhr und 16.30–19 Uhr, So 16.30–19 Uhr, www.obispadodeourense.com). Ganz in der Nähe der Kathedrale befinden sich die **Iglesia de Santa Eufemia** (17.–18. Jh., Fassade galicischer Barock) und, am Ende einer steilen Treppe, die **Iglesia de Santa María Nai** (11. Jh., Anf. 18. Jh. barocke Umgestaltung).

Termen: Entlang des Río Miño gibt es eine Reihe von Thermalbädern und -becken, einige davon sind frei zugänglich und kostenlos nutzbar – die ideale Entspannung für müde Pilger! Informationen gibt das Tourismusbüro.

Feiertage: Karneval (**O Entroido**). Prozessionen während der **Semana Santa**. 3. Mai: Frühlingsfest **Os Maios**, mit aus Zweigen und Blumen kunstvoll hergestellten Figuren. Juni: Hauptfiesta mit großen Feuerwerken und Blumenschlacht. 11. Nov.: **Os Magostos**, Feier zu Ehren Sankt Martins mit großen Freudenfeuern und heißen Esskastanien. Im Frühjahr internationales Jazz-, im November internationales Kino-Festival.

Kulinarisches: Pulpo Gallego (auf Holztellern servierter und mit Paprikapulver gewürzter gekochter Krake), Chuletón de Buey (großes Rinderkotelett) und Cocido Gallego (schmackhafter und recht nahrhafter galicischer Eintopf). Im atlantischen Klima Galiciens gedeihen hervorragende Weißweine, etwa die am Río Miño angebauten Weine der D.O. Ribeiro und Ribeira Sacra.

Oficina de Turismo: Isabel la Católica 1, Tel. 988 366 064. Mo–Fr 9–14 Uhr und 16–20 Uhr, Sa/So/Feiertag 11–14 Uhr. www.turismodeourense.es und www.ourense.es.

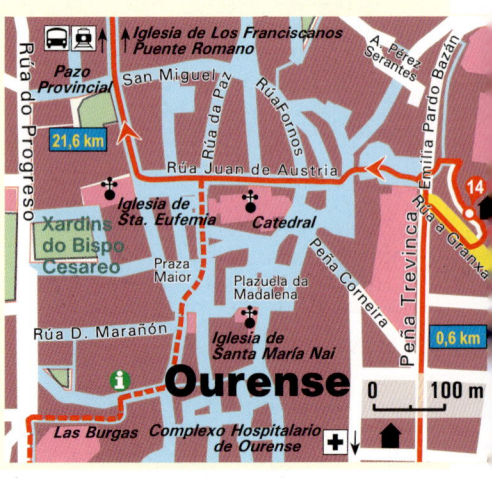

6.45 Std.

21,6 km

Ourense – Cea 33

Herbergen: Cea (516 m, 740 EW), XH, ©©©, 42 B/6 €. Offen oder Tel. laut Aushang. Im Ort offiziellem galicischem Jakobsweg-Schild folgen. Gute Herberge in restauriertem Altbau aus Granit, ausgestattete Küche, Aufenthaltsraum. Ganzjährig.
Die Strecke: Ab Ourense gibt es zwei etwa gleich lange Varianten bis Cea. Beide führen aus dem Talkessel hinauf in eine leicht hügelige Region. Die ältere Variante links wartet knapp 2 Std. hinter Ourense mit einer bis zu 19-prozentigen Steigung auf. Der Anstieg der Variante rechts/Osten ist allerdings kaum weniger anstrengend. Beide führen teils über Landstraßen, teils über Feld- und Waldwege. Beide sind gut markiert: die linke Variante mit gelben Pfeilen und den Sandstein-Wegweisern, die rechte zusätzlich mit den offiziellen Jakobswegsteinen.
Höhenunterschied: 630 m im Auf- und 300 m im Abstieg.
Kritische Stellen: Keine.

Landschaft: Landschaftlich ähneln sich die Varianten, beide sind recht reizvoll. Das Einzugsgebiet von Ourense weicht rasch einer sehr grünen und ländlich geprägten Region. Umgeben von Wäldern, Äckern und Weiden liegen kleine Weiler am Weg.
Infrastruktur: Alternative links: Cachaxúas (132 m, 30 EW) ▣; Cima da Costa (398 m, 130 EW) ▣ ▣; Mandrás (390 m, 20 EW) ▣ ▣; Casanova (493 m, 75 EW) ▣; Cea ▣ ▣ ▣ A € ▣ ▣ @ ▣ ✚ Praza da Feira 9, Tel. 988 282 401.
Alternative rechts: Cudeiro/Pazo do Soutelo (187 m, 420 EW) ▣; Ermita de San Marco da Costa ▣; Tamallancos (440 m, 220 EW) ▣ A ▣ ▣ ▣; Bouzas (448 m, 90 EW) ▣ ▣; Faramontaos (424 m, 95 EW) ▣ (an N-525); Viduedo (480 m, 90 EW) ▣ ▣ ▣.
Anmerkung: Da es auf der Variante links weniger Einkehrmöglichkeiten gibt bzw. diese evtl. nicht verlässlich geöffnet sind, mit Proviant vorsorgen.

Wir gehen unterhalb der Herberge im alten Konvent **(1)** auf den kleinen Platz (Ausblick auf die Kathedrale) und dort die Treppe hinunter. Unten gehen wir durch die Rúa Estrela schräg links in die Rúa del Corregidor (galicisch Correxidor), dann gleich rechts in die C/Rúa de Gravina und schräg rechts durch die Rúa de Juan de Austria zur Nordseite der **Kathedrale** (5 Min.). An ihr vorbei biegen wir rechts in die Rúa Valentín Lamas Carbajal und immer geradeaus durch die Fußgängerzone (Rúa do Paseo). Bei der C/ Concejo (oder Concello; ggü. Sportwagen aus Bronze) biegen wir links ab und gleich rechts durch die C/ Juan/Joan XXIII und links in die Avda. de la Habana. An ihrem Ende gelangen wir schräg rechts bis zum Platz vor der **Puente Romano** (25 Min.).
Nach der Römerbrücke folgen wir der Avda. de As Caldas bis zur Kreuzung mit der Avda. de Santiago. Ein Wegstein aus Sandstein markiert hier den Beginn der beiden Varianten (**2**; knapp 10 Min.).

Variante links:
Wir gehen geradeaus auf der Avda. de las Caldas hinauf und am Bahnhof vorbei in die C/ Euloxio Gómez Franqueira. Nun wandern wir immer geradeaus bis zum Abzweig **Quintela/Castro de Beiro (3)** nach rechts (gut ¾ Std.). Die Straße zieht sich vorbei an ein paar Holz- und Metallwerkstätten bergauf (ei-

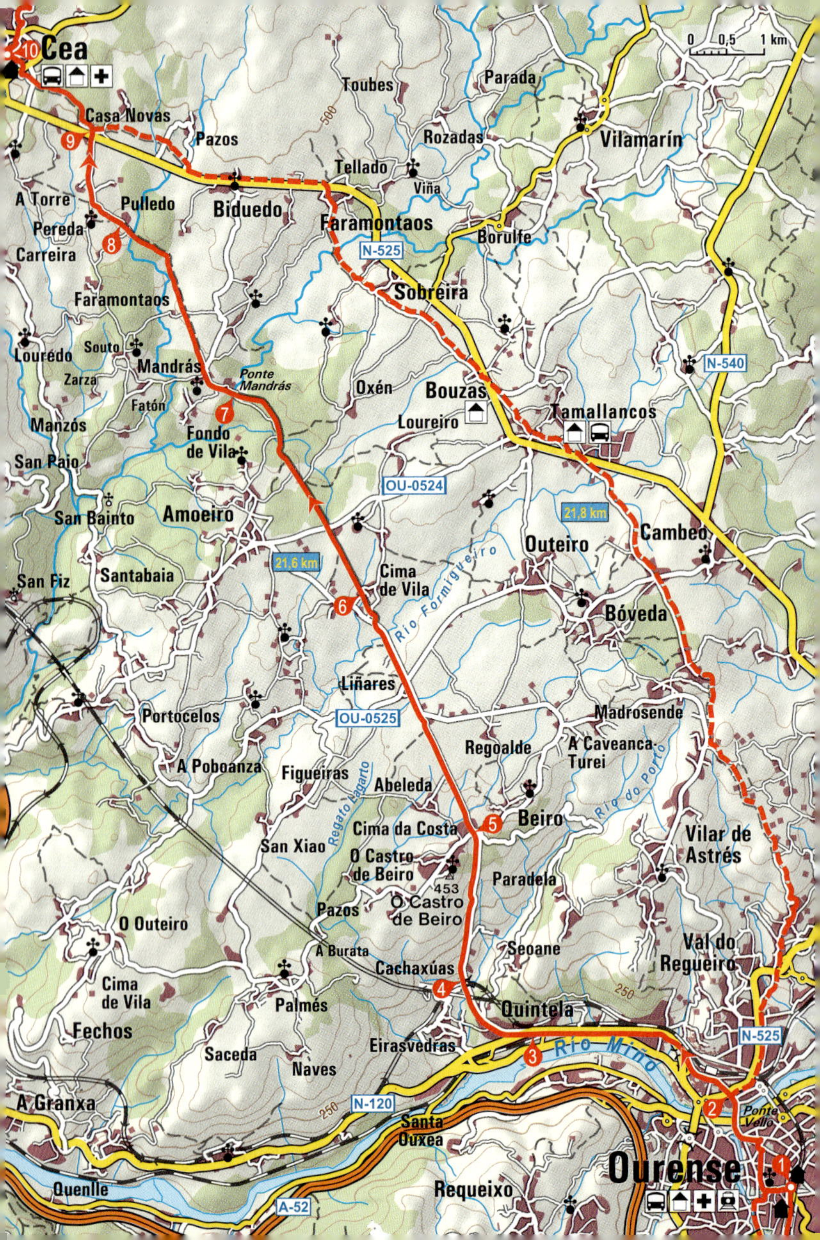

Cea
Toubes
Parada
Casa Novas
Pazos
Rozadas
Vilamarín
Tellado
Viña
A Torre
Pulledo
Biduedo
Faramontaos
Borulfe
Pereda
N-525
Carreira
Sobreira
Faramontaos
Louredo
Souto
Mandrás
N-540
Zarza
Ponte Mandrás
Oxén
Bouzas
Fatón
Tamallancos
Manzós
Fondo de Vila
Loureiro
San Paio
OU-0524
San Bainto
Amoeiro
21,8 km
Cambeo
Outeiro
21,6 km
San Fiz
Santabaia
Cima de Vila
Río Formigueiro
Bóveda
Liñares
Portocelos
OU-0525
Madrosende
A Poboanza
Regoalde
A Caveanca-Turei
Figueiras
Abeleda
Regato Lagarto
Río do Porto
Beiro
Cima da Costa
Vilar de Astrés
San Xiao
O Castro de Beiro
Paradela
453
Pazos
O Castro de Beiro
O Outeiro
Val do Regueiro
A Burata
Seoane
Cachaxúas
Cima de Vila
Palmés
Quintela
250
Fechos
Río Miño
N-525
Eirasvedras
Saceda
Naves
A Granxa
N-120
Ponte Vello
250
Santa Ouxea
Ourense
Quenlle
Requeixo
A-52
0
0,5
1 km
500

nen evtl. nach links zeigenden Pfeil ignorieren). Bei der Gabelung bleiben wir geradeaus in Richtung Costiña de Canedo und kommen bergab erst unter dem mächtigen Viadukt des AVE, dann unter der alten Bahnlinie hindurch zum Beginn des steilen Anstiegs in **Cachaxúas** (4; 20 Min.). Nach 1 Std. signalisiert ein abwärtszeigendes Schild »19 % Gefälle«, dass wir das Schlimmste hinter uns haben, die letzten rund 40 Höhenmeter bis **Cima da Costa (5)** erschüttern einen da kaum noch (10 Min.; Rest. unregelmäßig geöffnet).

Kurz nach dem Weiler führt ein uns breiter Kiesweg leicht bergauf durch einen Wald. Er mündet in die Landstraße OU-0525 und passiert die Kreuzung nach Liñares (¾ Std.). Kurz nach der Brücke über den **Arroyo Formigueiro** verlassen wir die Straße nach rechts auf einem Pfad, der uns in den Weiler **Cima de Vila** (6; ¼ Std.) bringt . Nun wandern wir praktisch immer geradeaus auf dem leicht ansteigenden Weg durch einen Laubmischwald. Am höchsten Punkt überqueren wir ein Landsträßchen (OU-0524, knapp ½ Std.), wenig später wird unser Waldsträßchen zu einem idyllischen Waldweg, der an der mittelalterlichen Brücke **Ponte Mandrás** (7; knapp ¾ Std.) endet. Steil bergan kommen wir zur Bar Mandrás im Oberdorf (10 Min.). Teils auf Landstraßen, teils auf Waldwegen wandern wir nach **Pulledo** (8; ¾ Std.) und von dort über die Asphaltstraße nach **Casas Novas (9)**, wo wir die Nationalstraße überqueren und links abbiegen (½ Std.; von rechts: Variante rechts).

Variante rechts (21,8 km/6 Std.; 570 m im Auf-, 230 m im Abstieg):
Hier folgen wir der C/ Santiago bis zur Cepsa-Tankstelle (¼ Std.), wo eine kleine Straße rechts abzweigt. Ein Wegstein gibt die Distanz bis Santiago mit 103 km an. Bergauf gelangen wir über die N-525 in den Vorort **Cudeiro** mit dem alten Adelshaus **Pazo do Soutelo** (18. Jh.; schönes Wappen an Fassade) (¼ Std.). Weiter bergauf, teils auf einem schönen, schattigen Granitweg kommen wir zur **Ermita de San Marco da Costa**, von wo aus bei klarem Wetter nochmals Ourense zu sehen ist (¼ Std.). Etwa ¼ Std. später überschreiten wir den Km 100 bis Santiago. Mal auf Sträßchen, mal auf Wald- und Kieswegen wandern wir durch das lose mit kleinen Weilern und einzelnen Häusern besiedelte Gebiet. Immer wieder spenden mächtige alte Ei-

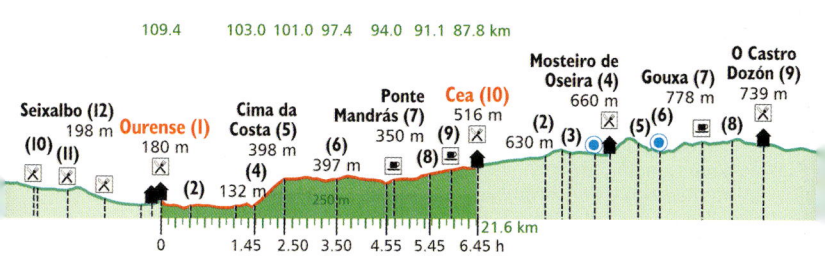

Die gut erhaltene mittelalterliche Brücke von Mandrás.

chen Schatten. Nachdem zweimal kleinere Bäche überquert wurden, geht es rechts über die N-525 nach **Tamallancos** (1½ Std.). Der Weg führt gerade durch den Ort zur N-525, die nach links überquert wird. Durch **Bouzas** (¼ Std.) wandern wir auf Waldwegen und -straßen nach **Sobreira** (½ Std.). Kurz danach führt die mittelalterliche **Ponte Sobreira** über den Arroyo de Orbán. Vorbei an malerisch verfallenen Häusern erreichen wir bergauf **Faramontaos** (½ Std.). Kurz danach überqueren wir bei **Viduedo** (¼ Std.) nochmals die N-525 und gelangen auf einem Waldpfad nahe der Nationalstraße nach **Casas Novas** (½ Std.).

Von **Casas Novas (9)** wandern wir durch den Wald und dann über eine Straße (20 Min.). Nach der Schule gehen wir links und unter der Unterführung hindurch, danach rechts und links kommen wir in den Ort. Beim Hórreo weist das Jakobsweg-Schild den Weg links zur Herberge von **Cea** (**10**; 10 Min.).

In Cea sollte man auf jeden Fall das rustikale Holzofenbrot aus Weizenmehl, das Pan de Cea, kosten. Die erste schriftliche Erwähnung des Brotes stammt aus dem 13. Jh., als König Sancho IV. dem Abt des nahe gelegenen Klosters Oseira das Kirchen- und monatliche Marktrecht zusprach. 1883 hob ein erster Reiseführer über Galicien das »exquisite« Brot von Cea hervor, das bis heute nichts von seiner Beliebtheit eingebüßt hat. Jeden 1. Sonntag im Juli ist ihm eine eigene Fiesta gewidmet.
*Die Geschichte von Cea selbst ist eng mit dem Aufstieg und Fall des Klosters von Oseira zwischen dem 12. und 19. Jh. verbunden. Sehenswert ist der alte Ortskern mit den typischen Granithäusern und einigen Hórreos. Die **Iglesia de San Facundo** stammt aus dem 13. Jh. Der Glockenturm (**Torre del Reloj**) im Zentrum mit seinen vier Eckbrunnen wurde 1926–28 erbaut.*

11 Std.
37,8 km

Cea – Laxe 34

Herbergen: Monasterio de Oseira (660 m, 35 EW), KH, ⚐⚑, 40 B/6 €. Tel. 988 282 004. Einfache Unterkunft in Nebengebäude an Ostseite der Klosterkirche. Möglichkeit, an gesungener Messe teilzunehmen. Im Winter kaum beheizbar. In Portería (Pförtner) anmelden (9–13 Uhr und 15.30–19.30 Uhr (Winter 18.30 Uhr), ganzjährig. **Castro Dozón** (739 m, 200 EW), SH, ⚐⚑, 28 B/6 € (EZ 10 €). An Straße weiter und links, Gebäude beim Schwimmbad (gut 400 m ab Ortsende; zur Vía, ca. 400 m: zurück zur N-525, schräg links darüber, auf der abzweigenden Straße bis zur querverlaufenden Vía), Tel. 986 780 471. Küche. 13–22 Uhr, ganzjährig. **Laxe** (460 m, 60 EW), XH, ⚐⚑, 28 B/6 €. (Auch Herberge von Lalín genannt). Tel. laut Aushang. Am unteren Ortsanfang rechts. Geräumig, Küche ohne Utensilien. 13–23 Uhr, ganzjährig.
Die Strecke: Es gibt zwei Alternativen bis Castro Dozón. Die längere und landschaftlich schönere führt über das sehenswerte Kloster Oseira (gelbe Pfeile und Sandstein-Wegweiser). Teils Hauptwege, teils kleine Nebenstraßen. Die steten An- und Abstiege strengen auf Dauer an. Die kürzere Variante (Muschel-Wegsteine) führt über kleine Nebenstraßen und durch viele kleine Weiler. Ab kurz vor Castro Dozón queren immer wieder die N-525, die Autobahn und die AVE-Trasse den Weg.

Höhenunterschied: 850 m im Auf- und 900 m im Abstieg.
Kritische Stellen: Die kurze Variante ist zum Teil nicht eindeutig markiert.
Landschaft: Der Weg verläuft weiter durch einen Flickenteppich aus Wäldern, kleinen Äckern und Weiden und führt die Pilger durch kleinste Bauerndörfer. Lediglich um Castro Dozón, wo sich die Route der Nationalstraße nähert, und um Estación Lalín stören Straßen, der AVE und Siedlungen die Weltabgeschiedenheit.
Infrastruktur: Variante Oseira: Oseira ⚑ ⚐; A Gouxa (778 m, 60 EW) ⚑.
Variante kurz: Cotelas (554 m, 90 EW) ⚑ ⚐; Piñor de Cea (550 m, 100 EW) ⚑ A ⚐; Arenteiro (623 m, 60 EW) ⚑.
Fortsetzung: Castro Dozón ⚑ ⚐ A ⚐ @ ⚐ ⚑ ✚ Tel. 986 781 277; Santo Domingo (685 m) ⚐; Estación de Lalín (477 m, 130 EW) ⚐ ⚑ @ ⚑ ⚑; A Bouza (526 m, 30 EW) ⚑; A Eirexe (524 m, 10 EW) ⚑; Laxe ⚐ (400 m nördl. von Herberge an N-525 und im Industriegebiet südostl.).
Anmerkung: (1) Bis Silleda (9 km ab Laxe) kein Geldautomat. **(2)** Der Weg über das Kloster Oseira ist die schönere Wahl. Wegen der Länge und der großen Höhendifferenz ist die Gehzeit großzügig bemessen. **(3)** Bei Übernachtung in Oseira oder Castro Dozón ist die Etappe gut auf zwei Tage aufteilbar.

Wir gehen aus der Herberge **(1)** rechts und gleich wieder rechts zum zentralen Platz. Dort halten wir uns schräg rechts und kommen zwischen der Metzgerei und dem Gemüseladen hindurch an der Post vorbei zur Kreuzung. Geradeaus gelangen wir zum Fußballplatz, den wir nach links und dann nach rechts umgehen. Kurz darauf nimmt uns ein schöner Waldweg auf. Der Weg gewinnt an Höhe, während die Landschaft zunehmend karger wird. Mit Natursteinmauern voneinander getrennte Weiden liegen wie Karomuster auf den Hügeln. Nach dem Weiler **Silvaboa** (**2**; 630 m, 5 EW; 1¼ Std.) führt uns ein kleines Sträßchen steil bergauf und über eine Bergkuppe (698 m) hinunter nach **Pieles** (**3**; 670 m, 50 EW; gut ½ Std.). Ab dort folgen wir der Straße zum **Monasterio de Oseira** (**4**; ¾ Std.; gal. Mosteiro de Oseira).

175

*ℹ️ Das in einem einsamen, grünen Tal gelegene, imposante **Monasterio de Santa María de Oseira** wird oft als der galicische Escorial bezeichnet, in Anlehnung an den königlichen Klosterpalast bei Madrid. So prachtvoll es sich heute präsentiert, erinnert kaum noch etwas daran, dass es bis 1930 in Ruinen lag. Der genaue Ursprung des Klosters liegt im Unklaren, erste schriftliche Urkunden belegen ab 1137 eine Gemeinschaft von vier Benediktinermönchen. Wenig später überschrieb ihnen König Alfonso VII. umfangreiche Ländereien. Die wachsende Mönchsgemein-*

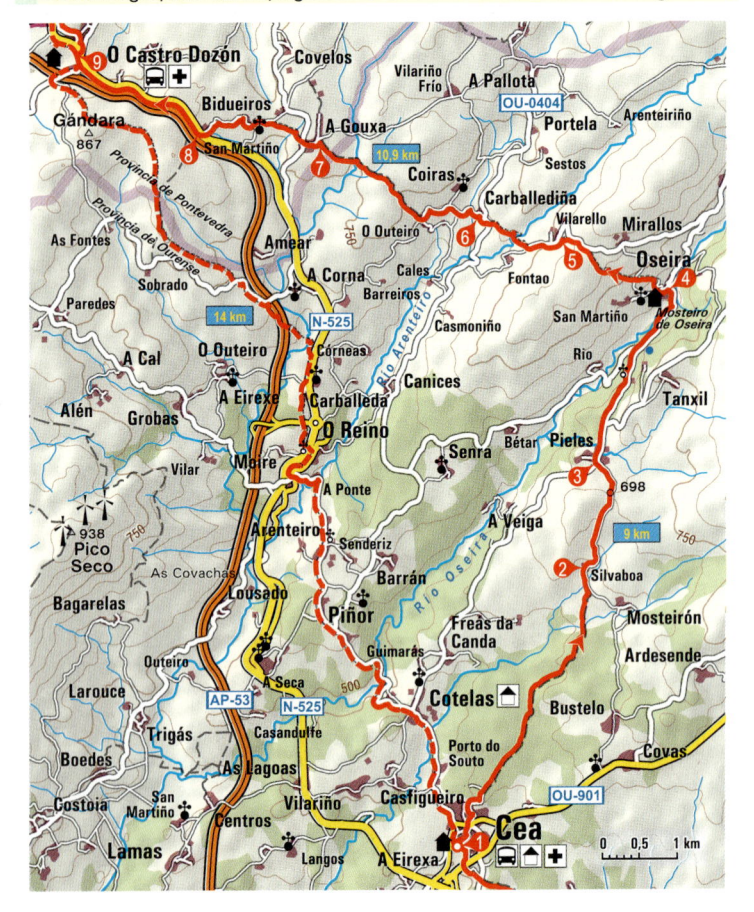

*schaft unterstellte sich schließlich den Regeln des im 12. Jh. hoch angesehenen Zisterzienserordens. Die gleichermaßen in der Landwirtschaft wie in Wissenschaft und Theologie bewanderten Mönche brachten die Abtei in den folgenden Jahrhunderten zur wirtschaftlichen und geistig-kulturellen Blüte, die sich in der prachtvollen Ausgestaltung der Anlage widerspiegelte. 1835 verließen die Mönche aufgrund der staatlich angeordneten Auflösung der Klöster und Kirchengüter Oseira. Plünderungen und Verfall waren die Folge. 1929 begann eine kleine Gruppe von Zisterziensermönchen mit dem Wiederaufbau. Die liebevolle und originalgetreue Restaurierung wurde 1989 von der Europäischen Union mit dem Preis »Europa Nostra« ausgezeichnet. Der englische Schriftsteller Graham Greene zog sich zuweilen in die Hospedería des Klosters zurück, Anfang der 80er-Jahre wurden hier Teile seines Werks »Monsignore Don Quijote« mit Sir Alec Guinness in der Hauptrolle verfilmt. Die Besichtigung der Anlage gleicht einem Rundgang durch die Zeit. Das älteste erhaltene Bauwerk ist die **Klosterkirche** (Romanik, Übergang zur Gotik). Mitte des 12. Jh. begonnen, wurde sie 1239 geweiht. Im schlichten romanischen Chorumgang ist eine der seltenen Mariendarstellungen mit säugendem Jesuskind an der Brust zu sehen (**La Virgen de la Leche**, kolorierter Stein, 13. Jh.). Sehenswert sind auch die Kuppel über dem Kreuzgewölbe (um 1282), die Decken- und Wandmalereien (17. Jh.), das spätbarocke, aus Granit gearbeitete Altarbild sowie die fast plane gotische Gewölbedecke unter der Tribüne (Ende 16. Jh.). Über die **Sakristei** (16. Jh.) gelangt man in den alten **Kapitelsaal**. Irritierend sind die krumm in sich gewundenen Säulen. Zur Decke hin fächern sie sich in ein Netzgewölbe mit feinen Rippen aus, weshalb der Raum auch Palmensaal heißt. Die Außenfassade der Kirche wurde um 1640 fertiggestellt, die Klosterfassade entstand rund 60 Jahre später. Neben dem geometrischen Kassettenschmuck zeigt sie das Wappen von Oseira, in dessen Zentrum zwei Bären (span. Oso) zu erkennen sind, sowie Szenen aus dem Leben der Heiligen Bernhard und Benedikt. Das Klosterinnere ist von der dem Zisterzienser-Stil eigenen Schlichtheit geprägt. Bei der rund 45-minütigen Führung sind ferner zu sehen: die Kreuzgänge **Claustro de los Medallones** (16. Jh., mit Stein-Medaillons verziert), **Claustro de los Pináculos** (16. Jh., Säulen mit zinnenartigem Abschluss) und der **Claustro de los Caballeros** (18. Jh., erinnert an die Verbindung des Zisterzienserordens mit verschiedenen Ritterorden), die prächtige **Escalera de Honor** (Ehrentreppe, 17. Jh.), das alte Refektorium (16. Jh.) mit der meisterhaft wiederhergestellten gotischen Gewölbedecke, sowie ein kleines Lapidarium u. a. mit Resten des alten Kanalsystems aus Steinröhren. Führungen auf Spanisch, Mo–Sa stündlich 10–12 und 15.30–18.30 Uhr (im Winter je nach Lichtverhältnissen nur bis 17.30 Uhr) So 12.45 Uhr und stdl. 15.30–18.30 Uhr (Winter 17.30 Uhr); Messe So 11.30 Uhr. Eintritt 3 €. Warme Kleidung empfohlen.*
Info: *www.mosteirodeoseira.org (Andachtszeiten unter Comunidad – Horario).*

Aus dem Kloster kommend gehen wir links und gleich rechts den Betonweg hinauf. Nach 200 m verlassen wir ihn auf dem links berganführenden Trampelpfad. Oben treffen wir auf ein Sträßchen und kommen kurz darauf nach

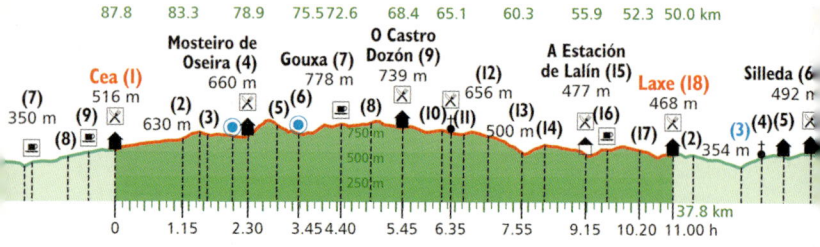

Vilarello (**5**; ¾ Std.), wo wir dem Sträßchen nach links folgen. Nach 10 Min. zweigt rechts ein anfangs schmaler und steiniger Pfad in ein kleines Bachtal ab. Nach dem Bach steigen wir nach links hinauf nach **Carballediña** (**6**; 20 Min.) und wandern auf dem Sträßchen **Outeiro de Coiras** (20 Min.), wo wir nach rechts oben abbiegen. Vor **A Gouxa** (**7**; Provinz Pontevedra; knapp ¾ Std. gehen wir links und gleich rechts zwischen den Häusern hindurch. Nach **Vidueiros** (gut ¼ Std.) treffen wir bei **San Martiño** (**8**; ¼ Std.) auf die N-525 und gehen auf dem Seitenstreifen nach **Castro Dozón** (**9**; ½ Std.).

Variante ohne Umweg über Oseira (31,6 km/7½ Std.):
Diese Variante führt von der Herberge aus geradeaus (also nicht rechts zur Plaza abbiegen) auf die Straße nach Oseira (Schild). Ein Wegstein mit Muschelkachel markiert den Weg. Von hier aus geht es weiter auf der Landstraße, wobei zum Teil in Kurven kurze Pfade den Weg abkürzen. Nacheinander gelangt man etwa im ¼-Std.-Abstand durch **Porto do Souto**, **Cotelas**, **Piñor de Cea**, **Arenteiro**. Von **Ponte** aus steigt der Weg hoch nach **O Reino** und überquert die N-525. Nach rechts gelangt man parallel zur Nationalstraße nach **Carballeda** (¼ Std.). Wenig später zweigt bei **Córneas**, etwa auf der Höhe des Abzweigs nach Pereira, ein Pfad nach links unten ab, wo in etwa die Grenze zur Provinz Pontevedra verläuft. Durch die Senke geht es wieder hinauf auf eine mit Ginster und Heidekraut bewachsene Anhöhe (¼ Std.). Hier biegt man links in das Sträßchen ein und achtet nach etwa ¼ Std. auf den rechts abgehenden unbefestigten Weg. Auf ihm wandert man nun durch eine vorwiegend kahle Landschaft. Schließlich gelangt man über einen kleinen Pass nach **Castro Dozón** (1 Std.), wo man links in die N-525 einbiegt.

Auf Höhe der Schule (links) von **Castro Dozón** verlassen wir die N-525 nach rechts (geradeaus ist die Herberge angeschrieben), bei der Gabelung nach dem Friedhof geht es links und dann neben der N-525 weiter. Nach knapp 45 Min. wechseln wir kurz auf die linke Seite und kommen kurz darauf zum **Alto de Santo Domingo** (**10**). Nach 20 Min. verlassen wir die N-525 nach links (**11**). Wir kommen durch den Weiler **Puxallos** (**12**; ½ Std.) und über die Autobahn nach **Pontenoufe** (**13**; knapp ¾ Std.), von dort wandern wir durch das Tal des Río Asneiro bergauf in den Weiler **A Xesta** (**14**; ½ Std.). Kurz danach kreuzen wir die AVE-Trasse und gelangen links von ihr nach **Estación de Lalín** (**15**; ¾ Std.; beim Kreisverkehr in die Straße nach links: Einkehrmöglichkeiten).

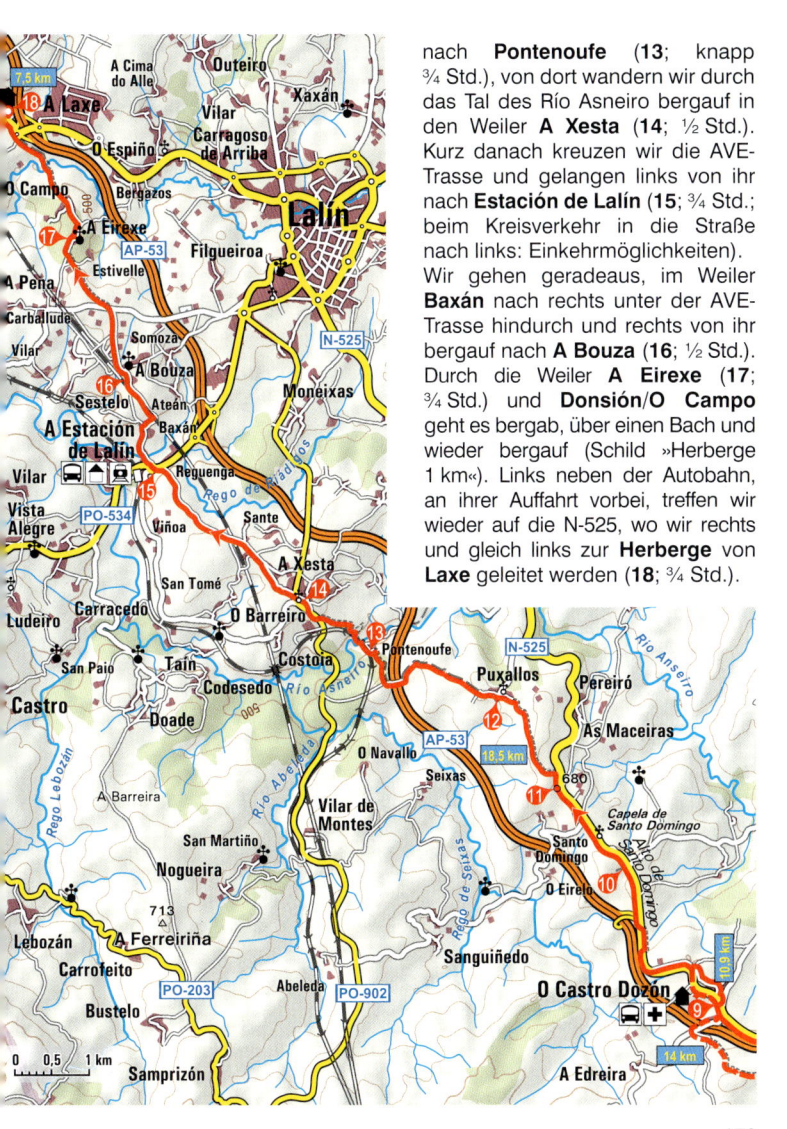

Wir gehen geradeaus, im Weiler **Baxán** nach rechts unter der AVE-Trasse hindurch und rechts von ihr bergauf nach **A Bouza** (**16**; ½ Std.). Durch die Weiler **A Eirexe** (**17**; ¾ Std.) und **Donsión**/**O Campo** geht es bergab, über einen Bach und wieder bergauf (Schild »Herberge 1 km«). Links neben der Autobahn, an ihrer Auffahrt vorbei, treffen wir wieder auf die N-525, wo wir rechts und gleich links zur **Herberge** von **Laxe** geleitet werden (**18**; ¾ Std.).

35 Laxe – Outeiro (A Vedra)

9.30 Std.
33,5 km

Herbergen: Pazo Trasfontao (467 m, 15 EW), TH, €€€, 10 B/8 € (1 DZ 40 €). Alb. Trasfontao, Tel. 650 261 774. Waschm./Trockner, Küche; Mahlzeiten. Garten, Pool. WLAN. Platz für Zelte. 12–19 Uhr (oder anrufen), ganzjährig (Mai–Sept. Reservierung empfohlen). **Silleda** (492 m, 4000 EW), **(1)** KH, €€€, 55 B/3 € (Pavillon), 7 € (Schlafsaal), EZ 10 €. Alb. Santa Olaia, C/ María Colmeiro 4 (im Ort auf Höhe der Kirche in Gasse rechts), Tel. 986 580 013. Mikrowelle, Waschm., Andachtsraum. Reservierung möglich. 12–22 Uhr, Juni–Sept., sonst nur Gruppen ab 5 Personen. **(2)** TH, €€€, 20 B/15. Juni–Sept. 8 €, sonst 10 €. Alb. Túristico Silleda, C/ Venezuela 38 (vor Alb. Santa Olaia Hinweis nach rechts; 400 m bis Herberge), Tel. 986 580 192 (Reservierung möglich). Küche, Waschm./Trockner, WLAN. Normale Betten. Ganztags, ganzjährig. **(3)** TH, €€€, 10 B/7 €. Gran Alb. del Peregrino, Rúa Antón Alonso Ríos/Rúa San Isidro 18 (an Alb. Santa Olaia vorbei bis Durchgangsstr., dort geradeaus, 2. Kreuzung schräg rechts; 400 m), Tel. 615 604 393 (Reservierung möglich). Küche, Waschm./Trockner, WLAN. Ab 13 Uhr, ganzjährig. **Dornelas** (290 m, 60 EW), PH, €€€, 10 B/ 12 €. Alb. Leiras 1866, Tel. 620 483 603. Gemeins. Abendessen, Waschm. Ganztags, ganzjährig, außer Weihnachten. **Ponte Ulla** (74 m, 340 EW), TH, €€€, 31 B/EZ/DZ 6er-Zi. 10 €/Person. Alb. O Cruceiro da Ulla (an N-525), Tel. 981 512 099. Waschm./Trockner, WLAN, Mahlzeiten. Ganztags, ganzjährig. **A Vedra**, Ortsteil **Outeiro** (291 m, 40 EW), XH, €€€, 32 B/6 €. Küche (in Ponte Ulla einkaufen; es wird auch Essen geliefert, Info in Herberge). 13–22 Uhr, ganzjährig.

Die Strecke: Gut markiert, Wege und kleine Landstraßen durch hügeliges Terrain, längerer Ab- und Anstieg bei Ponte Ulla.
Höhenunterschied: 630 m im Auf- und 810 m im Abstieg.
Kritische Stellen: Keine.
Landschaft: Auf den letzten Kilometern bis Santiago lässt sich nochmals die volle Schönheit des grünen Nordwestens Spaniens genießen.
Infrastruktur: Prado (445 m, 200 EW) ⌧ Ⓐ; Silleda ⌧ ⌂ ⌦ ⌥ € @ Ⓐ ⌤ ✚ Avda. del Parque s/n, Tel. 986 580 230/061; Bandeira (321 m, 750 EW) ⌧ ⌂ ⌦ € @ ⌥ Ⓐ ⌤; Dornelas ⌤; Ponte Ulla ⌧ ⌥ @ ⌤.
Anmerkung: In Silleda bzw. Bandeira die letzten Geldautomaten vor Santiago.

Aus der Herberge **(1)** rechts und auf dem Fußweg kommen wir zur N-525 und biegen nach dem Restaurant links ab. Bei **Bendoiro** (**2**; 20 Min.) und **Prado** tangieren wir kurz die N-525 und wandern dann auf einem Sträßchen bergab ins Tal. Kurz vor der Brücke nehmen wir den Weg links hinunter zur alten Steinbrücke (10. Jh.) über den **Río Deza** (**3**: knapp 1 Std.). Wieder bergauf kommen wir durch locker gestreute Höfe erneut zur N-525, schräg rechts gegenüber liegt die dem heiligen Jakobus geweihte Kapelle von **Taboada** aus dem 12. Jh. (**4**; ½ Std.).

Wir gehen nach links durch den Wald und beim kleinen Industriegebiet abermals links. Durch einen Eichenwald gelangen wir zum alten Gut (Pazo) von **Trasfontao** (**5**; 20 Min.). Nach rechts kommen wir auf einem alten Pflasterweg über den Río de Mera, dann ansteigend über eine Landstraße, kurz danach wenden wir uns rechts und dann links ins Zentrum von **Silleda** (**6**; ½ Std.; Hinweis zur TH 2 kurz vor der Kirche/Herberge Santa Olaia nach rechts).

	A Estación	50.0	45.4	40.6	36.4 33.8	28.5	24.6	20.7	16.5 km

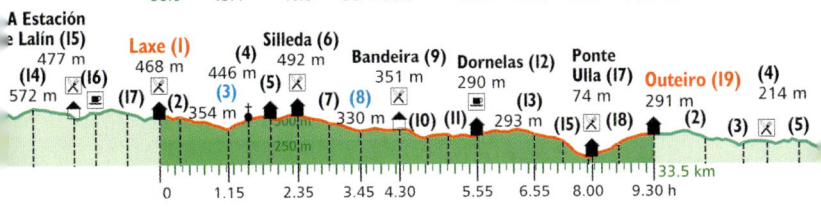

```
A Estación         50.0      45.4    40.6    36.4 33.8        28.5      24.6    20.7    16.5 km
e Lalín (I5)     Laxe (I)            Silleda (6)
   477 m          468 m   (4)  446 m  492 m    Bandeira (9)  Dornelas (I2)  Ponte
 (I4)       (I6)                (5)           351 m          290 m       Ulla (I7)   Outeiro (I9)   (4)
572 m     (I7) (2)  (3)   (4)      (7) (8)       (I3)           74 m      291 m    214 m
                        354 m        330 m (I0) (II)  293 m    (I5)  (I8)       (2)  (3)  (5)

                                                                                     33.5 km
    0       1.15    2.35    3.45  4.30     5.55      6.55     8.00    9.30 h
```

> ℹ️ Die dynamische Kleinstadt **Silleda**, seit dem 19. Jh. Hauptstadt der Region Trasdeza, liegt im landwirtschaftlichen Zentrum Galiciens und ist bedeutender Messestandort. Jeweils im Juni findet die wichtigste Messe statt, die internationale galicische Grüne Woche (**Feria Internacional Semana Verde de Galicia**). Die **Iglesia de Santa Baia** entstand im 19. Jh. auf den Fundamenten einer Kirche aus dem 10. Jh.
> **Feiertage:** Mitte Juli Sommerfest.
> **Kulinarisches:** Eine süße Spezialität sind Melindres de Silleda, glasierte Teilchen aus Mandeln, Mehl, Eiern und Honig oder Anis.
> **Oficina de Turismo:** Rúa de José Antonio s/n, Tel. 986 581 028. www.silleda.es.

Bei dem Platz bei der Kirche biegen wir rechts ab und verlassen nach links auf der Hauptstraße den Ort. Kurz darauf werden wir im Links-rechts-Schwenk auf ein Sträßchen südlich der N-525 geleitet. Nach dem Vorort **O Foxo** schwenkt der Weg bei der kleinen Fabrik nach links und bringt uns durch **San Fiz** (7; ¾ Std.). Kurz danach folgen wir rechts dem Waldweg. Abwechselnd durch Wald und über offenes Gelände kommen wir über den Bach **Río Toxa** (8; ½ Std.) und danach leicht ansteigend unter der N-640 hindurch und über die AP-53. Bei der folgenden Gabelung gehen wir rechts bergab, dann bergauf zur N-525 und an dieser links ins Zentrum von **Bandeira** (9; ¾ Std.).

> ℹ️ Der Jakobsweg und die Landwirtschaft haben die Entwicklung von **Bandeira** begünstigt. Im 13. Jh. wuchs die Ortschaft um eine (heute verschwundene) Santiago-Kapelle. Im 17. Jh. war es bereits ein wichtiger Marktflecken.
> **Feiertage:** Am dritten Augustwochenende wird die **Fiesta de la Empanada** begangen mit Kochwettbewerben und reichlich Kostproben der Empanadas, einer galicischen Spezialität (mit Fleisch, Fisch oder Meeresfrüchten und Gemüse gefüllte Pasteten in zum Teil beeindruckenden Dimensionen).

Wir durchqueren den Ort der Länge nach. Kurz nach dem letzten Haus zweigen wir rechts in eine Waldstraße ab. Durch **Vilariño** (10; ½ Std.) und über offene Felder kommen wir zum Gehöft **Parcuiña** (11; 20 Min.). Danach führt uns ein Waldweg zu einem Sträßchen, dem wir geradeaus folgen (¼ Std.; nicht links hinauf). Beim Weiler **Dornelas (12)** biegt der Weg nach links oben ab (¼ Std.). Nach gut 30 Min. schwenken wir an einem Sträßchen nahe der N-525 links und gleich wieder rechts. Auf dem schönen Waldweg erreichen wir **A Carballeira** (**13**; ½ Std.) und geradeaus über die Straße **O Seixo** (**14**; ¼ Std.). Danach biegen wir rechts nach **Castro** (**15**; ¼ Std.) ab und steigen mit Blick auf die alte und die imposante neue Eisenbahnbrücke hinunter ins Tal des **Río Ulla** (Grenze zur Provinz A Coruña) und gelangen rechts über die Brücke nach **Ponte Ulla** (**16**; ½ Std.). Dann gehen wir links und noch vor der Straßenbrücke rechts hinauf (zur Herberge: an der Straßenbrücke Treppe nach rechts oben). Oben stoßen wir auf die N-525 und folgen ihr ein Stück bzw. entfernen uns kurz nach links, eh wir sie nach rechts überqueren und nach schräg rechts unter der Bahn hindurchgehen. Danach schwenkt der Weg links, biegt beim Weiler **Eiravedra** (**18**; 45 Min.) zweimal rechts ab und führt dann im Linksbogen bergan durch den Wald. Knapp ¾ Std. später schlagen wir links das Sträßchen ein und stehen kurz danach an der Kapelle und dem Brunnen von **Santiagüiño**. Die **Herberge** von **Outeiro (19)** findet sich rund 300 m geradeaus weiter rechts am Weg.

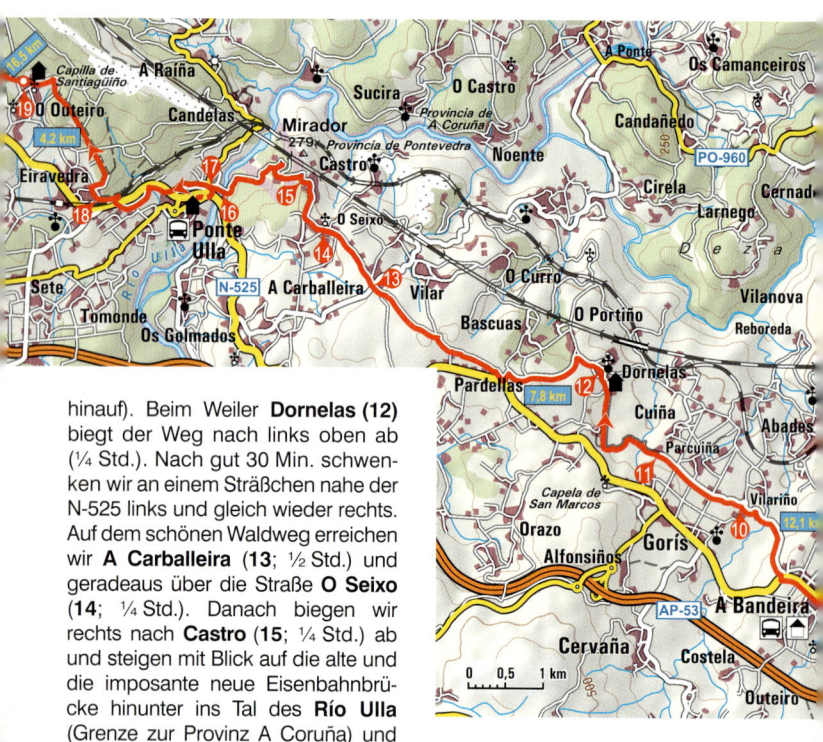

*ℹ️ Die **Capilla** und die **Fuente de Santiagüiño** (Foto links) entstanden Ende des 17. Jh., wobei der Brunnen 1724 von einem höheren Standort hierher verlegt wurde. In der Mitte ist eine Jakobsfigur aus Granit zu sehen, flankiert wird der Heilige von seinen treuen Jüngern Teodorus und Athanasius. Einige Theorien besagen, dass diese Skulpturen ursprünglich aus dem alten romanischen, von Meister Mateo geschaffenen Chor der Kathedrale von Santiago stammen.*

*Eine Inschrift spielt auf die Legende um die Bestattung des heiligen Jakobus an, die eng mit dem nahen und den Galiciern heiligen Berg **Pico Sacro** verbunden ist (Foto S. 26). Sie erzählt, dass die beiden Jünger, nachdem Jakobus der Ältere auf Befehl von Herodes Agripa im Jahr 42 n. Chr. geköpft worden war, den Leichnam im Boot von Jerusalem nach Galicien überführten. Bei Padrón am Río Sar (ein Zufluss des Ulla, rund 20 km weiter westlich von Ponte Ulla) angelangt, baten sie die heidnische Königin Lupa um Erlaubnis, den Apostel beerdigen zu dürfen. Diese schickte die beiden ans Kap Finisterre, wo sie, je nach Version, von einem römischen Legaten oder einem heidnischen Priester eingesperrt wurden. Nachdem ihnen die Flucht gelungen war, hieß die hinterlistige Lupa sie am Pico Sacro zwei Ochsen für den Transport des Leichnams holen. Die Ochsen, die tatsächlich wilde Kampfstiere waren, wurden beim Auftauchen der Aposteljünger auf wundersame Weise zahm und brachten den Körper Jakobus' bis zu seiner Grabstätte im heutigen Santiago. Ob derartiger Wunder sei Königin Lupa schließlich zum Christentum übergetreten.*

36 Outeiro (A Vedra) – Santiago de Compostela

4.45 Std.
16,5 km

Herbergen: Santiago de Compostela (253 m, 96.000 EW), **4 km östlich des Zentrums: (1)** XH, ●●⌂, 80 B/1. Nacht 10 €, 2. und 3. Nacht: 7 €. Residencia de Peregrinos San Lázaro, Rúa San Lázaro s/n, Tel. 981 571 488. Kurz nach großer Brücke rechts, hinter Museo Pedagógico. Küche. Rezeption 9–21 Uhr, ganzjährig. **2 km östlich des Zentrums: (2)** PH, ●●●, 40 B/Juli/Aug. 12 €, sonst 10 €. Alb. Santo Santiago, Rúa do Valiño 3, Tel. 657 402 403. Mehrere Nächte möglich. Ganztägig, ganzjährig. **(3)** TH, ●●●, 64–70 B/10 € (Ostern, Juli/Aug. 12 €). Alb. Acuario, Rúa de Valiño, Hinweis am Weg nach li. unten. Tel. 981 575 438. Küche. Mehrere Nächte, Rucksacklagerung, Reservierung. 9–24 Uhr, März–Nov. **(4)** VH, ●●●, 110 B/8 €. Alb. Fin del Camino (vom Pilgerbüro betreut), Rúa de Moscóva s/n (nahe PH 3). Tel. 981 587 324. Mikrowelle. 11.30–24 Uhr, Ostern u. Mai–15. Okt. **Zentrum: (5)** TH, ●●●, 18 B/12 €. O Fogar de Teodomiro, Pl. de la Algalia de Arriba 3, Tel. 981 582 920. Küche. 10–23 Uhr, ganzjährig. **(6)** TH, ●●●, 58 B/15–20 €. Alb.-Hostel The Last Stamp, Rúa Preguntorio 10, Tel. 981 563 525. Schließfächer, Küche. Rezeption ganztags, Reservierung, Einchecken ab 14 Uhr, März–Mitte Dez. **(7)** TH, ●●●, 16 B/14–18 € (Nebensaison 14 €). Alb. Azabache, C/ Azabachería 15 (nahe Kathedrale), Tel. 981 071 254. Küche. Rezeption 10–17 Uhr, Feb.–Dez. **(8)** Alternative mit moderaten Preisen: Seminario Mayor, nahe Kathedrale (Pilger: EZ ab 23 € DZ ab 40 €), Tel. 981 560 282, reservas@sanmartinpinario.eu. **Westlich des Zentrums: (9)** PH, ●●●, 34 B/Ostern, Juni–Okt. 15–17 €, sonst 13–15 €. Alb. Mundoalbergue, C/ San Clemente 26, Tel. 981 58 86 25. Küche, Garten. Ganzjährig. **(10)** TH, ●●●, 48 B/Hochsaison 16 €, Nebensaison 12 €. Hostel Roots&Boots, Rúa Campo do Cruceiro do Gaio 7, Tel. 699 631 594. Küche, großer Garten. Rezeption 10–23 Uhr, ganzjährig. **Südlich des Zentrums: (11)** KH, ●●⌂, 173 B/Ostern, Juni–Sept., 9.–12. Okt.: 12 € (restl. Zeit 10 €, EZ 15 € bzw. 13 €). Seminario Menor, Avda. Quiroga Palacios. Tel. 881 031 768. Küchen, W/T, Schließfächer. 8.30–24 Uhr, ca. Mitte März–Okt. **Nördlich des Zentrums: (12)** TH, ●●●, 84 B/17–19 € (EZ 24 €). Alb. turístico La Salle (gehört zu Hostal La Salle), Tras de Santa Clara s/n, Tel. 981 585 667. Stock- u. normale Betten, Bad pro Zimmer. Ab 15 Uhr, Feb.–21. Dez. **(13)** TH, ●●●, 30 B/Ostern, Mitte Juli–Aug. 13 € (sonst 10 €). Alb. Meiga Backpackers, C/ Basquiños 67, Tel. 981 570 846. Küche, Garten. 10–22 Uhr, 15. Jan.–15. Dez.

Die Strecke: Gut markiert. Teils Waldwege, teils Landstraßen.
Höhenunterschied: 350 m Auf-, 390 m Abstieg.
Kritische Stellen: Keine.
Landschaft: Bis zum Stadtgebiet von Santiago dominieren Eukalyptuswälder.
Infrastruktur: Susana (214 m, 210 EW) 🍴 🅰 @ 🚌 🚉; Santiago de Compostela alles, 📖 Kathedrale 12 und 19.30 Uhr Pilgermesse, 🚉 Rúa do Hórreo (keine Gepäckaufbewahrung, nur im Zentrum, s. u.), Tel. 981 591 859, www.renfe.es ✈ Lavacolla. Tel. 981 547 501 🚌 Rodríguez de Vigurí, Tel. 981 542 416 ✉ Rúa do Franco 4 (Hauptpostamt, nahe Kathedrale).
Anmerkungen: (1) Pilgerbüro (Oficina de Peregrinos) in Santiago: Rúa do Vilar 1 (Umzug in Rúa das Carretas geplant), Tel. 981 562 419, Ostern/April–Okt. tgl. 8–21 Uhr, Nov.–März tgl. 10–19 Uhr, 25. Dez. u. 1. Jan. geschl. (»Compostela« dann in der Sakristei der Kathedrale), www.peregrinossantiago.es. **(2)** Die Kathedrale von Santiago darf nicht mit Rucksack, Pilgerstab oder anderem Gepäck betreten werden. Gepäckaufbewahrung (»consigna«): beim Pilgerbüro, im Hauptpostamt (nahe Kathedrale) und bei privaten Anbietern. **(3)** Praktisch alle Herbergen haben Waschmaschinen, Trockner sowie PCs mit Internet oder WLAN, weshalb dieser Punkt nicht extra aufgeführt ist.

Von der Herberge **(1)** aus folgen wir dem Waldweg. Nach gut ½ Std. schwenken wir links in ein Sträßchen. Bei der Stoppstelle gehen wir geradeaus, wenig später biegen wir nach rechts unten ab und wandern durch das weit verstreute **Lestedo/Ardaris** (**2**; 20 Min.) nach **Rubial** (¼ Std.). Hier biegen wir links in ein Sträßchen ein. Immer geradeaus kommen wir über den Río Saramo nach **Deseiro de Abaixo** (**3**; knapp ½ Std.). Wir biegen links ab und bei nächster Gelegenheit, kurz vor der N-525, wieder rechts (100 m gerade-

185

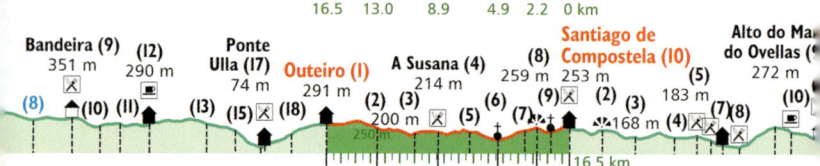

aus: Bar/Rest. an N-525). Unser Weg hält sich ein gutes Stück rechts der Nationalstraße, biegt dann links in die Straße (geradeaus: Bahnhof von Susana) und stößt in **Susana (4)** wieder auf die N-525 (knapp ½ Std.).
Wir überqueren die N-525, schlagen einen Rechtsbogen und überqueren sie abermals. Durch locker besiedeltes Gebiet und unter der Bahn hindurch gelangen wir nach **Aldrei** (5; ¾ Std.). Danach gehen wir links in die Straße, erneut unter der Bahn durch und danach rechts. Der Markierung folgend kommen wir zur **Ermida de Santa Lucía** (6; gut ½ Std.). Der Camino Real (königlicher Weg) führt uns bergauf durch **Piñeiro**, rechts vor uns sehen wir das Kulturzentrum Cidade da Cultura de Galicia. Nach etwa 30 Min. gehen wir unter der Autobahn hindurch und bei **Angrois (7)** über die AVE-Trasse. Weiter bergauf gelangen wir über eine Straße in eine gepflasterte Straße (**8**; 20 Min.). Hier kommt der große Moment: Auf der gegenüberliegenden Anhöhe ragen die Türme der Kathedrale von Santiago aus den umliegenden Dächern.
Wir wandern geradeaus durch die Vorstadt hinunter zum Río Sar und der Stiftskirche **Santa María do Sar** (9; ¼ Std.). Danach folgen wir der Rúa do Sar – Rúa do Castro de Douro – Rúa do Patio de Madres bergan. An der T-Kreuzung geht es rechts und links über die Ampel, dann geradeaus durch den Arco Mazarelos auf die Praza da Universidade. Sie geht in die Praza da Fonseca über, von der wir links zur Rúa de Caldeira kommen und auf dieser nach rechts zur Rúa de Xelmírez. Auf dieser nach links und am Ende nach rechts gelangen wir zur **Kathedrale** von **Santiago de Compostela** (**10**; 20 Min.).

> *Santiago de Compostela* ist neben Rom und Jerusalem der dritte große und einer der bedeutendsten Wallfahrtsorte der Christenheit. Entstanden aus dem und für den Jakobskult, ist die vitale Stadt ein architektonisch-kulturelles Gesamtkunstwerk. Wie aus einem Guss wirkt die aus galicischem Granit erbaute Altstadt.
> Die aus Sevilla kommenden Pilger passieren die im 12. Jh. am Ufer des Río Sar errichtete **Colexiata de Santa María a Real do Sar**. Bemerkenswert sind die im 17./18. Jh. außen angefügten massiven Stützpfeiler und die (vermutlich wegen eines Baufehlers) stark geneigten Wände und Säulen im Innern sowie der Kreuzgang aus dem 13. Jh. mit Säulenkapitellen des Kathedralbaumeisters Mateo (Mo–Sa 18–20.30 Uhr (Winter 17–19.30 Uhr), So 9–13.30 Uhr; Messe Mo–Sa 20 Uhr (Winter 19 Uhr), So/fei 10.30 und 12.30 Uhr).

*Die über den Camino Francés kommenden Pilger erstanden früher in der **Rúa dos Concheiros** von den Muschelverkäufern (concheiros) die Jakobsmuschel als Beweis ihrer Pilgerschaft. Durch die **Porta do Camiño**, bis 1835 Standort eines der sieben Stadttore, gelangten sie in die Stadt. Das mächtige Benediktinerkloster **San Martín Pinario** nördlich der Kathedrale wurde kurz nach der Entdeckung des Apostelgrabes im 9. Jh. gegründet, der heutige Bau entstand im 16.–18. Jh. Links davon erhebt sich die Nordfassade der Kathedrale, daneben der erzbischöfliche Palast **Pazo de Xelmírez** (12./13. Jh.). Bischof Diego Xelmírez (span. Gelmírez, 1099–1140 Bischof von Santiago de Compostela) war die wichtigste kirchenpolitische Figur in den Anfängen des Jakobskultes.*

Endlich am Ziel.

*Alle Pilger finden sich auf der **Praza do Obradoiro** ein, vor der monumentalen barocken Fassade der **Catedral de Santiago de Compostela** (1650–1750, Renovierung läuft noch). Sie verbirgt die romanische, 1075–1211 entstandene Kathedrale mit dem von 1168 bis 1188 vom genialen Meister Mateo geschaffenen **Pórtico de la Gloria** (Restaurierung noch bis Ende 2016/Anfang 2017). Zentrales Element des reichen Figurenschmuckes ist die Mittelsäule mit der Darstellung des hl. Jakobus, darüber thronend Christus der Erlöser, umgeben von den vier Evangelisten. Von Millionen von Pilgerhänden abgegriffen ist die Säulenbasis, die Wurzel des Baumes Jesse. Inzwischen ist das Berühren der Säule verboten. Links davon stehen auf einem Pfeiler die Propheten Jeremias, Jesaja, Moses und Daniel, Letzterer verzückt lächelnd. Nach Meinung des Volkes freute er sich über die von Kennerhand gearbeitete barbusige Schönheit gegenüber. Die Kirchenoberen ließen daraufhin die für die unschicklichen Spekulationen verantwortlichen Brüste abflachen. Die Bauern, so wird erzählt, protestierten auf ihre Weise: Sie formten einen Käse nach Vorbild des Corpus delicti und nannten ihn Tetilla (Brüstchen). Die dem Altar zugewandte, kniende Figur soll Meister Mateo sein, angeblich dazu verurteilt, sein Werk nie sehen zu dürfen. Er wird auch **Santo dos Croques**, der Heilige der Kopfnüsse genannt, da man durch dreimaliges Berühren seines Hauptes mit der Stirn an seinem Genie teilhaben konnte (der Zugang ist inzwischen abgesperrt). Der **Botafumeiro**, das rund 60 kg (gefüllt 100 kg) schwere, 160 cm hohe versilberte Weihrauchfass, kommt nur zu besonderen Anlässen zum Einsatz (s. u.), sonst wird es in der Bibliothek aufbewahrt. Früher machte er den strengen Körpergeruch der Pilger erträglicher. Heute ist er ein beliebtes Spektakel, wenn er an 35 m langen Seil hängend durch das Querschiff geschwenkt wird. Zweimal ist er dabei schon über das Ziel hinaus und aus der Kirche geschossen. Beherrscht wird der 97 m lange Kirchenraum vom aufwendig gearbeiteten **Altar** mit dem mit Gold, Silber und*

Edelsteinen geschmückten *Jakobus*. Erst wenn die Treppe hinter dem Altarraum erklommen und der Apostel umarmt ist, ist die Pilgerreise zu Ende. In der Krypta unter dem Altar ruhen die angeblichen Reliquien des Heiligen (Kathedrale: 7–je nach Jahreszeit 20.30–21 Uhr, Museum: April–Okt. tgl. 9–20 Uhr (sonst 10–20 Uhr), Pilger 4 €. Einstündige Führungen auf Spanisch/Englisch über die Dächer der Kathedrale tgl. 10–14 Uhr und 16–20 Uhr (jeweils zur vollen Stunde, max. 25 Personen) nach Anmeldung: Tel. 902 557 812, online: www.catedraldesantiago.es unter »Horarios« (Öffnungszeiten) – »Más información y reservas« – »Visitas individuales« – »Cubiertas« (auch Infos zu günstigen Kombi-Tickets). 12 €; Pilger, Senioren ab 65 J., Studenten, Gruppen: 10 €).
Links der Kathedrale steht das **Hospital de los Reyes Católicos**. Die 1489 von den Königen Isabel und Fernando gestiftete, 1509 eröffnete Pilgerherberge ist heute ein Parador Nacional (staatliches Luxushotel) und gilt als das älteste Hotel der Welt. Noch immer besteht die Tradition, die jeweils zehn ersten Pilger zum Frühstück (9 Uhr), Mittagessen (12 Uhr) und Abendessen (19 Uhr) einzuladen. Dazu muss man sich zu den genannten Zeiten am Garagentor links unterhalb des Haupteinganges einfinden und Original oder Kopie der Compostela (bis 3 Tage nach Ausstellung) vorlegen. Nach Westen schließt der **Pazo de Raxoi** (1777), Rathaus und Parlamentssitz der autonomen Regierung, den Platz ab, nach Süden das **Colegio de San Jerónimo** (17. Jh.), einst Schule für Kinder mittelloser Eltern, heute Institut für galicische Studien. Südlich der Kathedrale liegen die **Praza das Praterías** vor dem gleichnamigen, ältesten erhaltenen Portal der Kathedrale und die **Praza da Quintana**, auf die sich in Heiligen Jahren die **Porta Santa** (17. Jh., verziert mit Skulpturen aus dem 12. Jh.) öffnet.
Museen: Museo de las Peregrinaciones y de Santiago, Pilgermuseum, zwei Gebäude: Rúa de San Miguel (Di–Fr 10–20 Uhr, Sa 10.30–13.30 u. 17–20 Uhr, So 10.30–13.30 Uhr, gratis) und Praza das Praterías (Di–Sa 10–14 u. 17–21 Uhr Winter 16–20 Uhr), So 11–14 Uhr, Pilger gratis). **Museo do Pobo Galego**, galicisches Volkskundemuseum, San Domingo de Bonaval, Di–Sa 10.30–14 und 16–19.30 Uhr, So/Feiertag 11–14 Uhr, 3 €. **Centro Galego de Arte Contemporáneo**, Museum für zeitgenössische Kunst, C/ Valle-Inclán, Di–So 11–20 Uhr, gratis. Außerhalb der Stadt befindet sich das vom amerikanischen Architekten Peter Eisenman entworfene Kulturzentrum und Prestigeprojekt **Cidade da Cultura de Galicia**. Aus finanziellen Gründen wurden nur vier der ursprünglich sechs geplanten Gebäude mehr oder weniger fertig; sie können tgl. besichtigt werden (Anfahrt: Buslinie 9; www.cidadedacultura.org).
Botafumeiro: Der Weihrauchkessel ist u. a. zu sehen: jeden Fr in der Messe um 19.30 Uhr, 6. Jan., Ostersonntag, Christi Himmelfahrt, 23. Mai, Pfingsten, 15. Aug. (Mariä Himmelfahrt), 1. Nov., 8. Dez. (Mariä Empfängnis), 25. u. 30. Dez. und wenn er beantragt wurde, Information: botafumeiro@catedraldesantiago.es.
Feiertage: Um Christi Himmelfahrt **Fiestas de la Ascensión**, Umzüge, Viehmarkt und reichlich Pulpo a la Feira. 2. Julihälfte, **Santiago Apóstol**, Feier zu Ehren Jakobus', zahlreiche Veranstaltungen und großes Feuerwerk über der Kathedrale.
Kulinarisches: Spanische Pilger gönnen sich oft eine **Mariscada** (Fisch- und Meeresfrüchteplatte), dazu passt natürlich ein galicischer Weißwein. Süßer Abschluss ist

eine **Tarta de Santiago** (Mandelkuchen).
Information: Oficina de Turismo, Rúa do Vilar 63, Tel. 981 555 129. Mo–Fr 9–19 Uhr, Sa/So/fei 9–14 und 16–19 Uhr; Ostern, Sommer tgl. 9–21 Uhr. Hier auch Information zu Unterkünften. www.santiagoturismo.com.

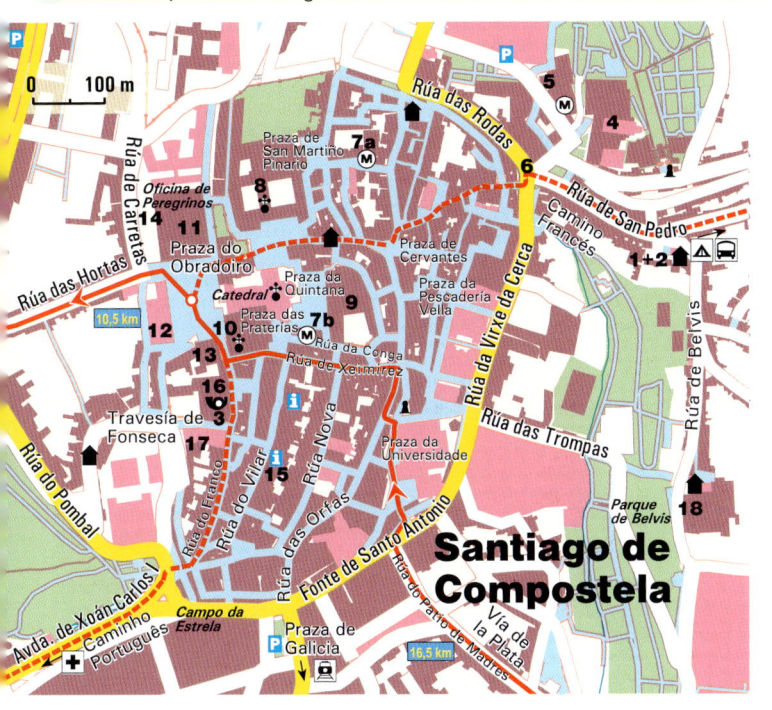

1 Herbergen vor dem Zentrum
2 Resid. de Peregrinos San Lázaro
3 Schließfächer
4 Galicisches Volkskundemuseum
5 Museum für zeitgenössische Kunst
6 Puerta del Camino
7 Pilgermuseum (zwei Gebäude)
8 Kloster San Martín de Pinario
9 Konvent San Paio de Antealtares
10 Kathedrale/Praza do Obradoiro
11 Hostal de los Reyes Católicos (Parador Nacional)
12 Galicischer Landtag/Rathaus
13 Colegio de San Jerónimo
14 Pilgerbüro (Umzug von Rúa de Vilar in Rúa das Carretas geplant)
15 Touristeninformation
16 Hauptpostamt
17 Polizei
18 Seminario Menor

Variante über den Camino Francés

24-V Riego del Camino – Villabrázaro

10 Std.
39,1 km

Herbergen: Granja de Moreruela (701 m, 270 EW), SH, ☕☕☕, 20 B/5 €. Näheres siehe Etappe 24, S. 132. **Barcial del Barco** (702 m, 270 EW), TH, ☕☕☕, 14 B/8 € (10 € MF, 18 € HP). Alb. Las Eras (am Weg/Ortsanfang), Tel. 980 640 073 und 675 550 051. Küche, WLAN. Ggf. bei Ankunft anrufen, ganzjährig. **Benavente** (741 m, 19.900 EW), SH ☕☕☕, 12 B/4 €. Alter Bahnhof in C/ de la Estación (nahe Schwimmbad). Schlüssel in Touri-Info, Tel. 980 634 211 (Öffnungszeiten vgl. Stadtbeschreibung S. 194). Küche. März–Okt. **Villabrázaro** (715 m, 200 EW), SH, ☕, 22 B/Spende. Schlüssel in Bar Real (am Ortseingang). Bei Bar Straße schräg rechts hoch in Ort, oben über Plaza in Straße gegenüber bis zu kleinem Haus rechts am Ortsrand. Ganzjährig.

Die Strecke: Meist gut markiert, ebenes Gelände, gute Wege. Bis Barcial del Barco verläuft der Weg nahe der N-630/A-66, bis Benavente durch Wälder und Pappelplantagen im Tal des Esla, dann bis Villabrázaro vorwiegend auf kleiner Landstraße.

Höhenunterschied: 260 m im Auf- und 240 m im Abstieg.

Kritische Stellen: Der beschriebene Web ab Barcial del Barco entlang der alten Bahnlinie ist evtl. zugewachsen und nicht (gut) markiert, aber schöner; die Pfeile geradeaus weisen einen langen Umweg entlang von Straßen.

Landschaft: Der erste Streckenabschnitt durch Ebene mit ihren schier endlosen Feldern wird durch die Nähe zur N-630 und A-66 noch etwas öder. Schön sind die Laubwälder hinter Barcial del Barco um den Río Esla. Die Stadt Benavente ist recht schnell durchquert. Ab dann wird die Landschaft mit Feldern, Pappelhainen und kleineren Erhebungen wieder abwechslungsreicher und lieblicher.

Infrastruktur: Santovenia del Esla (714 m, 325 EW) 🍴🏨🚌🚐; Villaveza del Agua (717 m, 240 EW) 🍴🚐; Barcial del Barco 🏨🍴🚌@; Benavente 🍴🏨🚐🏧€@ℹ️ ✉️ 🚌 Av. El Ferial 100, Tel. 980 632 711 ✚ Hospital Comarcal, C/ del Hospital de San Juan 4, Tel. 980 631 900; Villabrázaro 🚌 🏨

Anmerkung: In Villabrázaro hat die Bar Real morgens evtl. noch nicht geöffnet. Ggf. in Benavente für Frühstück einkaufen.

Bis zur Verzweigung der Wege in **Granja de Moreruela (2)** folgen wir Etappe 24, S. 132 (1¾ Std.). Dort gehen wir Richtung Astorga den Berg hinauf, oben schräg links über den kleinen Platz bis zum Abzweig in den breiten Feldweg nach rechts. Nach etwa ½ Std. überqueren wir die Landstraße nach Tábara. Die Vía setzt sich auf einem Weg links neben der N-630 fort bis **Santovenia (3**; 1½ Std.). Erst rechts, dann links der N-630 wandern wir nach **Villaveza del Agua (4**; 1½ Std.) und wieder links der Nationalstraße nach **Barcial**

365.4	358.8	350.5	342.3	337.2 333.7	326.3 km
Riego del Camino (1)	**Granja de Moreruela (2)**	**Santovenia (3)**	**Barcial del Barco (5)**	**Benavente (7)**	**Villabrázaro (8)**
700 m	701 m	712 m	702 m	741 m	715 m
(7)			(4) 696 m	(6) 696 m	(2)

| 0 | 1.45 | 3.50 | 5.55 | 7.05 8.00 | 10.00 h 39,1 km |

del Barco (**5**; knapp ¾ Std.). Wir verlassen den Ort rechts der N-630, unterqueren diese kurz darauf links und folgen den stillgelegten Gleisen (evtl. etwas verwachsen). Links davon fließt der Río Esla. Nach der ersten Eisenbahnbrücke steigen wir den Bahndamm (½ Std.) links hinunter und wandern auf dem Feldweg durch offene Felder und geometrisch angelegte Pappelhaine. Die zweite Brücke bleibt links liegen, bei der dritten führt der Weg kurz vor der weißen Hausruine nach rechts oben auf die Schienen (¼ Std.). Die imposante Eisenkonstruktion führt im dichten Auenwald über den hier sehr breiten Esla – nach den baumlosen Ebenen der Vortage ein ungewohntes Naturerlebnis. Danach geht es rechts hinunter und der Weg schlängelt sich durch Pappelwälder und Felder nach **Villanueva de Azoague** (**6**; ½ Std.).

191

Durch den kleinen Ort gelangen wir nach knapp 30 Min. zu einem Kreisverkehr am Stadtrand von Benavente. Dort gehen wir links und unter der N-525 hindurch. (Direkter Weg zur Herberge, 1 km: hier links, in die zweite Straße rechts und geradeaus.) Ins Stadtzentrum geht man geradeaus und nach ca. 200 m in die erste Straße (Avda. de la Libertad) links, dann über die Kreuzung und rechts in die Ronda de Fernando III el Santo, die in die C/ de los Carros mündet. Bei der Plaza de Juan Carlos I folgen wir rechts der C/ Dr. Jesús García Muñoz bis zur Plaza de Santa María im Zentrum von **Benavente** (**7**; knapp ½ Std.).

i **Benavente** *blickt auf eine lange Siedlungsgeschichte zurück. An den fruchtbaren Ufern der fischreichen Flüsse Esla und Órbigo ließen sich schon asturische Ureinwohner nieder, ihnen folgten die von Norden eingewanderten Kelten und Sueben. Die Römer nannten den an der Verbindungsstraße zwischen Sevilla und Astorga gelegenen Ort Brigec(i)o. Aus der Zeit der maurischen Herrschaft ist wenig bekannt. Die Geschichtsschreibung setzt im 12. Jh. ein, da König Fernando II. von León die Wiederbesiedlung mit Christen förderte. Mit der Erteilung des Stadtrechtes (1164) sowie des wöchentlichen und jährlichen Marktrechtes entwickelte sich Benavente zu einem reichen Handelszentrum. 1230 fand mit dem Abkommen von Benavente die historische Vereinigung der Königreiche Kastilien und León unter König Fernando III. statt. Vom 14. bis 19. Jh. unterstand die zur Grafschaft erhobene Stadt der Adelsfamilie der Pimentel. Während des Unabhängigkeitskrieges Anfang des 19. Jh. zerstörten napoleonische*

Truppen weite Teile der Stadt. Als Ende des 19. Jh. durch die staatlich angeordnete Auflösung der Klöster drei Konvente schließen mussten, kam auch das geistig-kulturelle Leben zum Erliegen. Mit Beginn des 20. Jh. etablierte sich Benavente wieder als ein dynamischer Gewerbe-, Industrie- und Agrarstandort.

Die bedeutendsten Bauwerke stammen aus der Zeit Fernandos II. Ab 1180 entstand in schönstem, von den Zisterziensern beeinflusstem romanischen Stil die **Iglesia de Santa María del Azogue** im Herzen Benaventes (Azogue von arab. souk = Markt) mit ihren harmonisch proportionierten Apsiden. Sehenswert sind die beiden romanischen Portale. Der Name der zwei Jahre später begonnenen **Iglesia de San Juan del Mercado** spielt ebenfalls auf die für die Stadt wichtigen Märkte an (mercado, span. für Markt). Besonders schön ist das Tympanon (Bogenfeld) des Südportals. Von der ab Ende 12. Jh. errichteten Burg **Castillo de la Mota** haben Napoleons Truppen lediglich den im 16. Jh. erbauten **Torreón del Caracol** (Schneckenturm) übrig gelassen. Er ist heute Teil des Parador Nacional. Das **Hospital de la Piedad** (16. Jh.) war früher ein Pilgerhospiz.

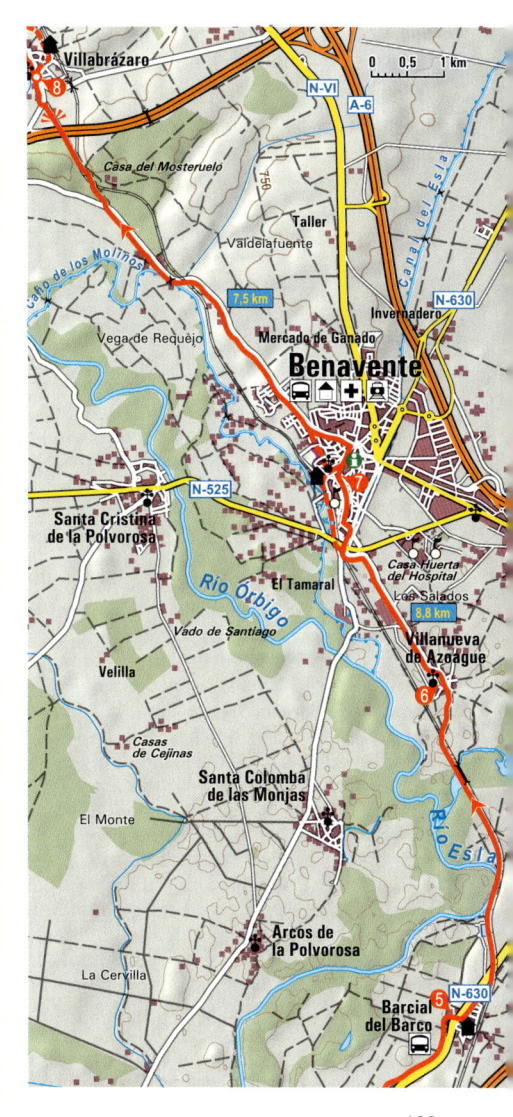

Eingänge zu den in den Hügel gegrabenen Bodegas.

Feiertage: *Karneval mit dem symbolischen Begräbnis der Sardine (**Entierro de la Sardina**, in Spanien verbreitetes humoristisches Ritual in der Nacht zum Aschermittwoch). **Semana Santa** mit Osterprozessionen. Ab Montag nach Ostermontag wird bei der **Fiestas de la Veguilla** die Schutzpatronin der Region gefeiert. Eher fragwürdig ist dabei das Spektakel El Toro Enmaromado, bei dem ein Stier an einem dicken Tau (maroma) durch die mit Menschen überfüllten Straßen getrieben wird.*
Kulinarisches: *Paprika (pimiento), mit eigener Feier Ende September. Truchas del Tera (Forellen aus dem Río Tera), Cangrejos (Krebse), Bacalao a la Cazuela (Eintopf mit Stockfisch) sowie im Holzofen (Horno de Leña) zubereitete Fleischgerichte. Feos (die Hässlichen), süße Teilchen aus Mandeln, Zucker, Mehl und Ei. Recht bodenständig sind die Weine der Vinos de la Tierra Valles de Benavente.*
Oficina de Turismo: *Plaza Mayor 1 (Zentrum) Tel. 980 634 211; Juli–Sept. Mo–Fr 10–14 Uhr und 17–19 Uhr. Sa/So 11–14 Uhr. Okt–Juni. Mo–Fr 10–14 Uhr und 16.30–18.30 Uhr, Sa 11–14 Uhr und 16.30–18.30 Uhr. So 11–14 Uhr. www.turismobenavente.es, www.benavente.es.*

An der Südseite der Kirche vorbei gehen wir geradeaus in die C/ de los Herreros und auf dieser immer geradeaus bis zur großen Kreuzung, dort links auf der Avda. Cañada de la Vizana in Richtung Manganeses aus der Sadt. (Knapp 400 m kürzere Variante: Ab der Plaza de Juan Carlos I in die C/ de Sancti Spiritus, nach gut 10 Min. beim Kreisverkehr links in die Vía.)
Dann wandern wir auf der Landstraße weiter. ½ Std. nach Ortsende wird die Bahn unterquert, etwa ¼ Std. später folgen wir dem Schotterweg nach rechts oben (die Straße beschreibt eine Linkskurve). Nun wandern wir links neben den stillgelegten Schienen. Von der Anhöhe (¼ Std.) ist bereits **Villabrázaro** zu sehen, das nach einer ¼ Std. erreicht ist. Die Herberge **(8)** liegt am anderen Ortsende etwas rechts vom Zentrum, 10 Min. von der Bar Real entfernt.

8.15 Std. / 35,6 km — Villabrázaro – La Bañeza 25-V

Herbergen: Alija del Infantado (736 m, 550 EW), SH, ●●, 12 B+M/8 €. Refugio de Peregrinos. Häuschen ca. 1 km vor dem Ort. Kl. Teeküche. Offen oder anrufen, Tel. 660 068 794 und 690 051 012, ganzjährig. **La Bañeza** (791 m, 10.600 EW), VH, ●●●, 36 B/5 €. Alb. de Peregrinos Monte Urba. Am oberen Ortsrand am Weg, C/ Bello Horizonte. Schlüssel in Haus Nr. 20 oder Nr. 6 gegenüber. Recht geräumige Herberge der Jakobswegfreunde. Kleine Küche, Waschmaschine, Aufenthaltsraum, viele Informationen (auch Zeiten der Messe). Ganzjährig.
Die Strecke: Vorwiegend gut markiert, in flachem Gelände anspruchslos über kleine Straßen und Feldwege.
Höhenunterschied: 170 m im Auf- und 100 m im Abstieg.
Kritische Stellen: Keine.
Landschaft: Bis La Bañeza zieht sich der Weg erst durch das breite und fruchtbare Tal des Río Órbigo (Ribera del Órbigo) und dann des Río Jamuz. Viele Pappelhaine, Felder und kleine Ortschaften lockern die weitläufige und fruchtbare Ebene auf. Entlang der Flussläufe und auf den Äckern lassen sich immer wieder Störche beobachten. Mit Überschreiten des Río Órbigo über die Puente de la Vizana betreten wir die Provinz León.
Infrastruktur: Maire de Castroponce (740 m, 170 EW) ▣ ▭ ▬; Alija del Infantado ▣ (nahe Herberge) ▭ @ ▬ (Casa Rural) € ⓘ ▣ ▬ ▤ A ✚ (bei Rathaus) Tel. 987 667 466; La Nora del Río (719 m, 100 EW) ▣; Quintana del Marco (755 m, 440 EW) ▣ A; La Bañeza ▣ ▬ ▭ € ✉ A ▤ ⓘ @ ▣ ✚ C/ Juan de Ferreras, Tel. 987 642 500.
Anmerkung: Erste Einkehrmöglichkeit erst in Alija del Infantado. Das einzige Restaurant befindet sich am Ortsanfang nahe der Herberge, im Ort selbst gibt es nur eine Bar. Für alle Fälle mit etwas Proviant vorsorgen.

Wir durchqueren **Villabrázaro** der Länge nach. Wer von der Herberge **(1)** aus startet, nimmt den Feldweg nach rechts unten und geht geradeaus (schräg links) über die Kreuzung zur Landstraße und biegt in diese nach rechts ein. Die Straße führt in sanften Wellen durch das breite und grüne Tal des Órbigo. Die Wälder und Grünstreifen zwischen den Feldern und entlang dem Fluss bieten Lebensraum für Wildschweine, Füchse und auch Damwild. Nach einiger Zeit heben sich, bei klarem Wetter, Richtung Nordwesten die Montes de León vom Horizont ab, das Bergmassiv, das es hinter Astorga zu überqueren gilt. Nach etwa 2 Std. passieren wir **Maire de Castroponce (2)**. Gut ½ Std. später markiert die **Puente de la Vizana (3)** die Grenze zur Provinz León.

Puente de la Vizana.

ⓘ *Puente de la Vizana wurde ursprünglich von den Römern errichtet und bis ins 20. Jh. mehrfach zerstört und wieder aufgebaut. Während des*

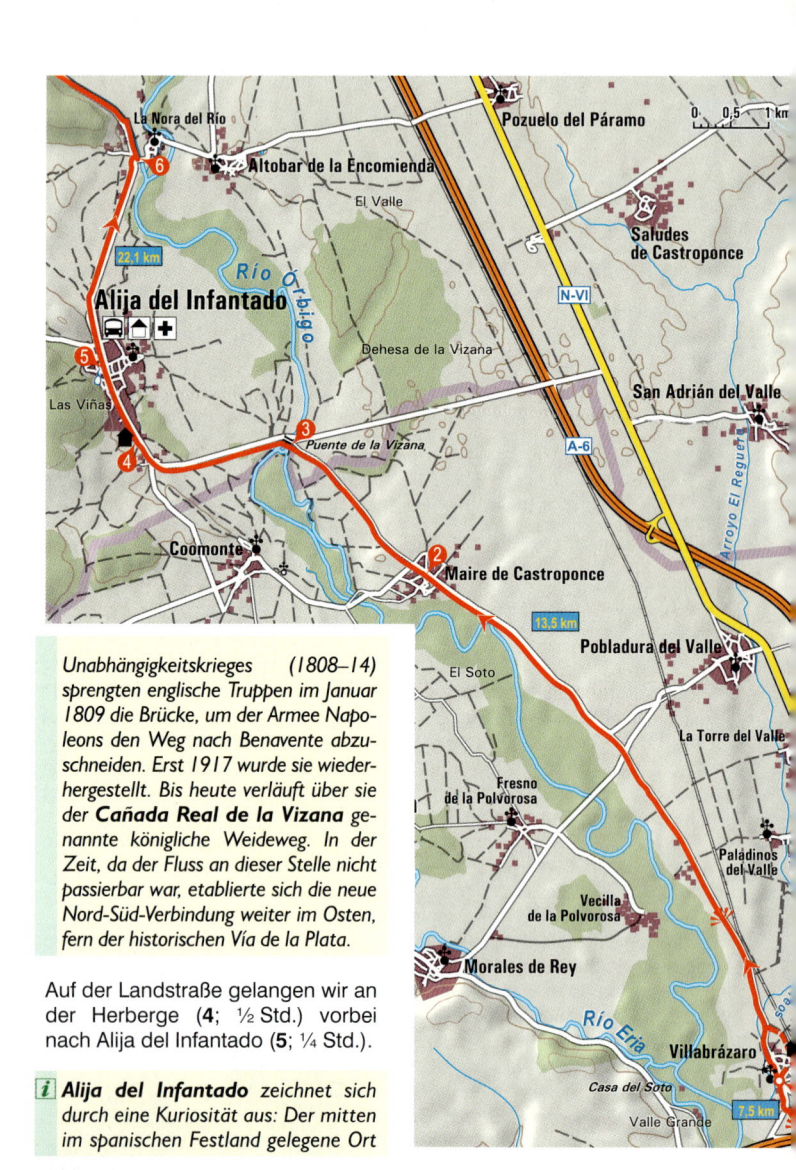

*Unabhängigkeitskrieges (1808–14) sprengten englische Truppen im Januar 1809 die Brücke, um der Armee Napoleons den Weg nach Benavente abzuschneiden. Erst 1917 wurde sie wiederhergestellt. Bis heute verläuft über sie der **Cañada Real de la Vizana** genannte königliche Weideweg. In der Zeit, da der Fluss an dieser Stelle nicht passierbar war, etablierte sich die neue Nord-Süd-Verbindung weiter im Osten, fern der historischen Vía de la Plata.*

Auf der Landstraße gelangen wir an der Herberge (**4**; ½ Std.) vorbei nach Alija del Infantado (**5**; ¼ Std.).

i *Alija del Infantado zeichnet sich durch eine Kuriosität aus: Der mitten im spanischen Festland gelegene Ort*

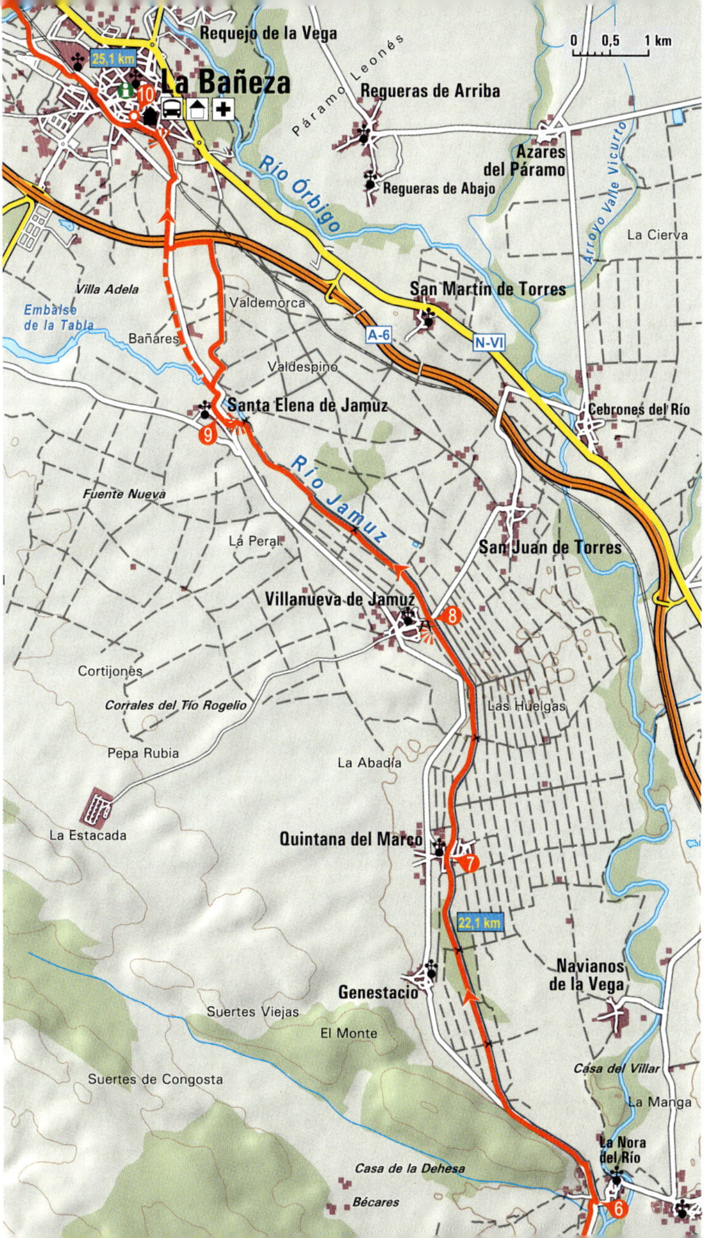

Requejo de la Vega
La Bañeza
25,1 km
10
Páramo Leonés
Regueras de Arriba
Regueras de Abajo
Azares del Páramo
Río Órbigo
Arroyo Valle Vicurto
La Cierva
0 0,5 1 km
Villa Adela
Embalse de la Tabla
Valdemorca
San Martín de Torres
A-6
N-VI
Bañares
Valdespino
Santa Elena de Jamuz
9
Cebrones del Río
Río Jamuz
Fuente Nueva
La Peral
San Juan de Torres
Villanueva de Jamuz
8
Cortijones
Corrales del Tío Rogelio
Las Huelgas
Pepa Rubia
La Abadía
La Estacada
Quintana del Marco
7
22,1 km
Navianos de la Vega
Genestacio
Suertes Viejas
El Monte
Suertes de Congosta
Casa del Villar
La Manga
La Nora del Río
Casa de la Dehesa
Bécares
6

nimmt für sich in Anspruch, die meisten Seeleute pro Einwohner zur spanischen Marine entsandt zu haben. Ihnen ist das **Marinedenkmal** mit großem Anker in der Ortsmitte gewidmet. Auch Christoph Kolumbus wurde auf seinen Entdeckungsreisen von Seemännern aus Alija begleitet. Vermutlich waren auch sie auf der Vía de la Plata nach Sevilla gewandert. Das **Pilgerkreuz** am Ortsausgang auf dem Hügel rechts erinnert an die ehemals vier mittelalterlichen Pilgerhospize. Im 15./16. Jh. errichteten die Herren von Infantado den Burgpalast (**Palacio-Castillo**) auf den Fundamenten einer Festung aus dem 11. Jh. Die im Winter 1808 von den Engländern und 1887 bei einem Brand zerstörte Burg ist teilweise restauriert. Nahe der Burg erhebt sich an der Plaza Mayor die **Iglesia de San Verísimo** (13. Jh.; Portal und Chor Renaissance) mit ihrem markanten, vieleckigen Turm. Die **Iglesia de San Estéban** (13.–16. Jh.) im Oberdorf war ursprünglich Teil eines Templer-Konvents. Die Außenfassade ist rein romanisch, der Kirchturm wurde im 19. Jh. angefügt, im Innern mischen sich Barock (Altar) und Mudéjar-Stil (kunstvoll gearbeitete Holzdecke). Stolz ist man in Alija auf mineralhaltiges Heilwasser, wie es etwa aus der **Fuente de San Ignacio »El Caño«** sprudelt. In die lehmigen Hügel des Oberdorfes sind zahlreiche Bodegas, Weinkeller, gegraben.

Feiertage: Sehr archaisch muten die Karnevalsfeiern, **El Antruejo**, an. Beim **Ritual del Jurru** kämpfen die Jurrus, Verkörperung des Bösen, gegen die Birrias, die Guten, mit obligatorischem Sieg der Guten. Die Tierfelle, wilden Zottelhaare und die Furcht einflößenden Holzmasken der Jurrus erinnern fast ein bisschen an afrikanische Traditionen. Die Birrias sind weiß gekleidet und tragen ebenfalls Holzmasken. Die Masken beider Figurentypen sind zum Teil über 100 Jahre alt. Am 2. Juliwochenende gibt es bunte Trachtenumzüge und -tänze, Prozessionen und Stierkämpfe anlässlich der **Fiesta del Sacramental**.

Kulinarisches: Typisch sind Alubias del Reñón, eine spezielle, regionale Bohnensorte.

Auf der Landstraße erreichen wir den Ortsrand von **La Nora del Río** (6; ¾ Std.). Die Pfeile zeigen rechts über die Brücke und dann gleich links in die Schotterstraße neben dem von Weiden und Pappeln gesäumten kanalisierten Río Jamuz. Sie führt uns nach **Quintana del Marco** (7; 1¼ Std.).

[i] Im Ort sind noch die Ruinen des **Palacio-Castillo de Conde de Luna** aus dem 15. Jh. zu sehen, auf denen zahlreiche Störche ihre Nester gebaut haben.

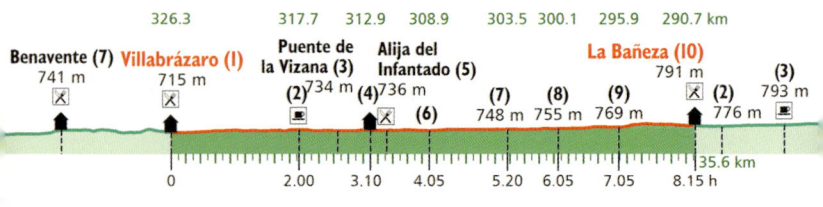

Nach links geht es in den Ort, der Weg verläuft geradeaus am Fluss weiter. Nach etwa ¾ Std. liegt links in Sichtweite **Villanueva de Jamuz** (**8**; Ruine Palacio-Castillo de los Quiñones, 15. Jh.). Noch etwa ½ Std. bleibt der Weg neben dem Fluss, schwenkt dann bei einem kleinen Pappelhain nach rechts und links und folgt dann in etwas Entfernung weiter dem Flusslauf. Nach etwa 20 Min. geht es nach links über den Fluss nach **Santa Elena de Jamuz** (**9**; 10 Min.), wo wir rechts in die Landstraße LE-114 einbiegen. Wir folgen ihr durch die Rechts- und die Linkskurve und könnten dann auch auf ihr bleiben. Wir biegen aber rechts in den Feldweg

Ein freundlicher Gruß vom Wegesrand.

ein, gehen bei der nächsten Kreuzung links, kurz danach knickt er erst rechts, dann links ab und führt geradewegs auf die A-6 zu. An dieser nach links stoßen wir wieder auf die LE-114, der wir nach rechts folgen. Kurz vor La Bañeza gehen wir rechts über die Eisenbahnbrücke und in einem Linksbogen in die C/ Santa Elena, beim Stoppschild dann links und gleich wieder rechts in die C/ San Julián, rechts in die C/ San Roque und kurz danach links in die C/ Bello Horizonte, an deren Anfang sich rechts die Herberge von **La Bañeza** (**10**; 1¼ Std.) befindet. Das Zentrum liegt rund ¼ Std. entfernt.

*La Bañeza ist das wirtschaftliche Zentrum der Agrarregion. Im Dezember 1808 soll hier Napoleon, von den Engländern zur Flucht in Richtung Astorga gezwungen, die Nachricht von der österreichischen Kriegserklärung erhalten haben, woraufhin er schließlich den Rückzug aus Spanien antrat. Die beiden wichtigsten Sehenswürdigkeiten sind die **Iglesia de Santa María** (16.–18. Jh., Barockaltar 17. Jh.; geöffnet 8.30–13.30 Uhr und 16.30–21.30 Uhr) im Zentrum und die am Weg gelegene **Iglesia del Salvador** (12. Jh., Apsis 10. Jh., schönes Steinportal aus dem 19. Jh., geöffnet zur Messe, 8.30 und 20 Uhr).*
Feiertage: *Karneval mit Hexennacht (**Noche Bruja**), fantasievollen Kostümumzügen und symbolischer Beerdigung der Sardine (Fest von touristischer Bedeutung). In der Karwoche, am Mittwoch vor Gründonnerstag **Fiesta del Santo Potajero** (dt. etwa Fest des heiligen Eintopf-Kochs). Nach einer über 100 Jahre alten Tradition der Armenspeisung verteilt die Bruderschaft Cofradía de las Angustias nach der Messe einen zuvor gesegneten Eintopf (span. potaje) aus Reis, Kichererbsen und Stockfisch.*
Kulinarisches: *Imperiales (süße Teilchen) und Angélicas (Schokoladentafeln mit Nüssen).*

26-V La Bañeza – Astorga

6.30 Std.
25,1 km

Herbergen: Astorga (868 m, 11.700 EW), **(1)** VH, €€€, 156 B/5 €. Alb. Siervas de María, Jakobswegverein Astorga, in ehem. Konvent, Tel. 987 616 034. Küche, Essraum, Waschm./Trockner, WLAN. Gut organisierte Großherberge. 11–23 Uhr (Winter 13–23 Uhr), ganzjährig. **(2)** PH, €€€, 95 B/9 €. Alb. San Javier, Tel. 987 618 532. Haus aus dem 16. Jh., Küche, Waschm./Trockner, Internet, WLAN. Frühstück. Ganztägig, April Nov.
Die Strecke: Meist gut markiert, flaches Terrain, am Ende kleinere An- und Abstiege, gute Wege.
Höhenunterschied: 180 m im Auf- und 100 m im Abstieg.
Kritische Stellen: Keine.
Landschaft: Bevor es auf den fast immer frequentierten Camino Francés geht, können wir noch einmal abgeschiedene Einsamkeit und Ruhe genießen. Nur zwei kleine Dörfer liegen am Weg, der sich über weite Strecken fernab von Verkehrswegen durch die menschenleere Ebene zieht. Nicht mehr Felder und Wälder bestimmen im letzten Teil das Bild, sondern niedrig wachsende Steineichen, während sich am Horizont immer deutlicher die Montes de León abzeichnen.
Infrastruktur: Palacios de la Valduerna (793 m, 320 EW) ▣ ▨ A ▪; Celada (845 m, 120 EW) ▨ (an Nationalstraße); Astorga ▨ ▯ ▯ ▯ € A ▯ @ ▯ i ▪ Kathedrale Mo–Sa 10 Uhr, So 12 Uhr, Info zu weiteren Messen im Touristenbüro ▣ C/ Alcalde Carro Verdejo, 24, Tel. 987 617 810.
Anmerkung: Da es wenig Infrastruktur am Weg gibt, mit Proviant vorsorgen.

Die Vía verlässt **La Bañeza (1)**, ohne das Zentrum zu berühren. Von der Herberge aus gehen wir zur C/ San Julián zurück und folgen den Pfeilen rechts und links in die C/ San Blas, bei dem Mini-Kreisverkehr gehen wir rechts in die C/ Santa Lucía. Nun immer geradeaus in die C/ Lope de Vega, an der Iglesia del Salvador vorbei bis zu einer T-Kreuzung. Dort rechts, die nächste links und bis zum Ortsschild (**2**; ½ Std.). Hier folgen wir rechts dem Schotterweg. Nach der alten Eisenbahnbrücke (¼ Std.) bringt uns der nach links unten abzweigende Feldweg unter der Autobahn hindurch und dann durch die Felder nach **Palacios de la Valduerna (3**; gut ¾ Std.). Am Ortsrand gehen wir rechts, dann zweimal links und nach rechts zur Kirche und dort links zur Hauptstraße. Auf dieser gehen wir nach links bis zur kleinen Parkanlage am Ortsende. Hier schlagen wir die Straße schräg (nicht ganz) rechts ein und folgen beim Friedhof dem

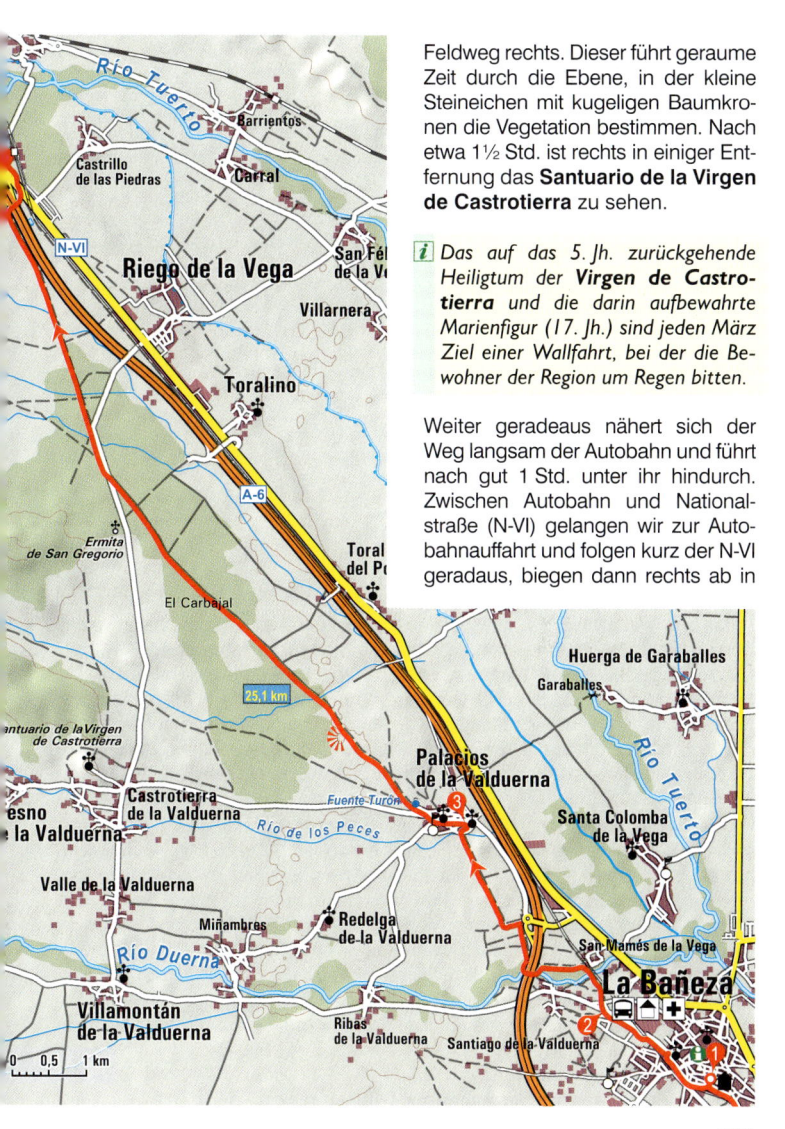

Feldweg rechts. Dieser führt geraume Zeit durch die Ebene, in der kleine Steineichen mit kugeligen Baumkronen die Vegetation bestimmen. Nach etwa 1½ Std. ist rechts in einiger Entfernung das **Santuario de la Virgen de Castrotierra** zu sehen.

> *Das auf das 5. Jh. zurückgehende Heiligtum der **Virgen de Castrotierra** und die darin aufbewahrte Marienfigur (17. Jh.) sind jeden März Ziel einer Wallfahrt, bei der die Bewohner der Region um Regen bitten.*

Weiter geradeaus nähert sich der Weg langsam der Autobahn und führt nach gut 1 Std. unter ihr hindurch. Zwischen Autobahn und Nationalstraße (N-VI) gelangen wir zur Autobahnauffahrt und folgen kurz der N-VI geradeaus, biegen dann rechts ab in

Richtung altem Bahnhof von Valderrey (etwas marode Gewerbegebäude). Bei der nächsten Gabelung gelangen wir nach links auf einen Waldweg parallel zur N-V und wenig später zur mittelalterlichen Brücke über den **Río Turienzo** (4; ½ Std.). Danach überqueren wir nochmals die N-VI nach links. Der Weg führt auf eine kleine Anhöhe, von der aus erstmals Astorga zu sehen ist. Bei dem alten Steinhandel (Venta de Piedras) biegen wir rechts in die Straße ein. Am Ortseingang von **Celada** (5; ¾ Std.) zweigen wir links ab und gehen an der Kirche vorbei über die Plaza de Santa Marina in die C/ Valimbre aus dem Dorf. Nun wandern wir in einem weiten Rechtsbogen durch eine Senke und unter der AP-71 hindurch auf Astorga zu. Beim Ortsschild (¾ Std.) überqueren wir die N-VI schräg links und steuern an Scania vorbei auf einem Feldweg auf Astorga zu (oder der N-VI 600 m bis zum Schild »Conjunto histórico« folgen, dort rechts hoch in die Stadt). Durch Schrebergärten kommen wir zur Iglesia de San Andrés (Backsteingebäude) und geradeaus daran vorbei zur Puerta del Sol, wo die Vía de la Plata und der Camino Francés zusammentreffen. Wir gehen bergauf und an der Herberge Siervas de María vorbei rechts in C/ Padres Redentoristas, über die Plaza Mayor, durch die Straßen Pío Gullón, Postas und Santiago zum Palacio de Gaudí und der Kathedrale im Zentrum von **Astorga** (6; gut ½ Std.).

i *Ursprünglich wurden vom römischen Militärstützpunkt Asturica Augusta die Goldminen im Teleno-Gebirge und in den Médulas kontrolliert. Ab dem 1. Jh. n. Chr. entwickelte sich Astorga zu einem wohlhabenden Verwaltungszentrum und Verkehrsknotenpunkt. Gotische und arabische Invasionen bremsten bis zum 9. Jh. die Entwicklung. Ab dem 11. Jh. wurde **Astorga** aber zu einer wichtigen Pilgerstation, da hier der Camino francés und die von Sevilla kommende Vía de la Plata zusammentreffen. Weil Landwirtschaft auf den unfruchtbaren Böden nicht lohnte, entwickelte sich das Fuhrgewerbe zum Haupterwerbszweig der Region. So kam von den galicischen Häfen Kakao aus den Überseekolonien; im 18. und 19. Jh. war Astorga Zentrum der spanischen Schokoladenindustrie. Das **Museo del Chocolate** gibt Einblicke in Astorgas Schokoladenseite (Avda. de la Estación 16, Di–Sa 10.30–14 und 16.30–19 Uhr, So 10.30–14 Uhr, 3 €; www.museochocolateastorga.com). Heute lebt Astorga vom Dienstleis-*

tungssektor und – im Stadtbild kaum zu übersehen – von der Produktion von Mantecadas (Buttergebäck).
*Dominantes Gebäude ist die **Catedral de Santa María** (15.–18. Jh.) mit drei attraktiven plateresken Portalen. Sehenswert sind der prächtige Hauptaltar und das u. a. von Juan de Colonia geschnitzte Chorgestühl (beides 16. Jh.; Mo–Sa 9–10.30 Uhr, So/fei 11–13 Uhr). Der **Palacio Episcopal** (Bischofspalast, Foto) daneben entstand nach Plänen von Antonio Gaudí. Bischof Juan Bautista Grau Vallespinós, ein Katalane,*

Der Palacio Episcopal von Gaudí.

*beauftragte 1886 seinen Landsmann Gaudí mit dem Bau. Nach dem Tod Graus 1893 und Differenzen mit dessen weniger progressivem Nachfolger legte Gaudí die Bauleitung nieder. 1913 wurde der Bau unter anderer Leitung vollendet, aber nie als Bischofspalast geweiht. Seit 1963 beherbergt er das **Museo de los Caminos** mit Ausstellungsstücken zur Geschichte des Jakobswegs (u. a. das originale Cruz de Ferro). Ein Besuch des Museums bietet Gelegenheit, die herrliche Raumwirkung im Palastinneren zu erleben (Di–Sa 10–14 u. 16–20 Uhr, Okt.–April 11–14 u. 16–18 Uhr, So nur morgens; 3 €). Einen Abstecher in das römische Astorga bieten das **Museo Romano** (nahe Plaza Mayor, Di–Sa 10.30–14 u. 17–19.30 Uhr, Okt.–Mai Di–Sa 10.30–14 u. 16–18 Uhr, So nur morgens; 3 €) und Führungen durch die Ausgrabungen (Info im Touristenbüro). Das **Ayuntamiento** (Rathaus) auf der **Plaza Mayor** stammt aus dem 17./18. Jh. Zwei Figuren in lokaler Tracht schlagen die Rathausuhr.*
Feiertage: *Semana Santa, Osterprozessionen. 3. Juniwoche: Fiesta de Trashumancia, traditionsreicher Schaftrieb über die Cañadas Reales (königliche Wedewege) durch Astorga. 22. Aug. Patronatsfeiern (Santa Marta), römisches Flair mit Gladiatorenkämpfen, Zirkusspielen und Wagenrennen.*
Kulinarisches: *Angélicas: Schokoladentafeln mit ganzen Mandeln, Mantecadas, Hojaldrados (Blätterteiggebäck) und Cocido Maragato (ein Mehrgängegericht mit anderer Speisenfolge als sonst üblich), Cóngrio al Ajoarriero (Seeaal mit Knoblauch).*

Im Folgenden finden sich die noch verbleibenden Etappen auf dem Camino Francés von Astorga nach Santiago de Compostela. Zu jeder Etappe gibt es neben der Wegbeschreibung Informationen zu Herbergen, Wegbeschaffenheit und wichtiger Infrastruktur. Da praktisch alle Herbergen Internetzugang haben (PC, WLAN), wird dieser Punkt nur erwähnt, wenn es kein Internet gibt. Waschmaschine und Trockner sind mit W/T abgekürzt.
Die Sehenswürdigkeiten und kulturhistorischen Besonderheiten sind ausführlich beschrieben im Rother Wanderführer Spanischer Jakobsweg, Von den Pyrenäen bis Santiago de Compostela, ebenfalls von Cordula Rabe.

27-V Astorga – Foncebadón

6.30 Std.
25,3 km

Herbergen: Ab dieser Etappe werden Waschmaschine/Trockner mit W/T abgekürzt und Internet nur erwähnt, wenn nicht verfügbar! **Valdeviejas** (859 m, 145 EW), SH, ⚫⚫⚫, 10 B/5 €. Alb. de Peregrinos Ecce Homo. Bei Ermita Ecce Homo 130 m rechts (erster Abzweig vorher: Umweg durch den Ort), Nachbarschaftsverein, Tel. 626 733 658 (oder Aushang). Keine Stockbetten, Waschm., Restaurant holt zum Abendessen ab. Platz für Zelte. Kein Internet. Stall mit 12 Pferdeboxen und Futter (6 €/Pferd).

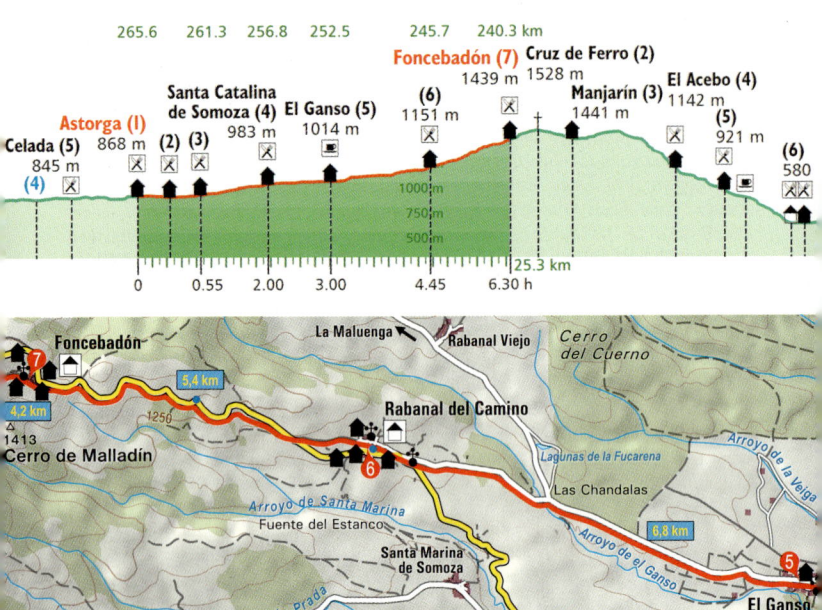

9–22 Uhr, März–Nov. **Murias de Rechivaldo** (882 m, 100 EW), **(1)** TH, ⚫⚫⚫, 30 B/9 € mit eigenem Schlafsack (4 DZ 45–50 €). Alb. Las Águedas, Tel. 987 691 234. Bar, Abendessen/Frühstück, Küche (Verfügbarkeit erfragen), W/T, Innenhof und schöner Aufenthaltsraum. 10–22 Uhr, März–Nov. (sonst nur angemeldete Gruppen bzw. in Casa Rural). **(2)** SH, ⚫⚫, ca. 20 B+M/5 €. Tel. 987 691 150. Bei Privatherberge rechts, kleines Haus an Hauptstraße. Großer Raum mit Betten/Matratzen. Waschm. Kein Internet. Ganztägig, es kommt jemand zum Stempeln und Kassieren. März–Okt. **Santa Catalina de Somoza** (983 m, 60 EW), **(1)** PH, ☺☺, 22 B/5 € (DZ/EZ auf Anfrage). Alb. El Caminante, Tel. 987 691 098. W/T, Bar/Rest. Ganztags, ganzjährig. **(2)** PH, ☺☺, 24 B/5 € (2 DZ 35 €, EZ 30 €). Hospedería San Blas, Tel. 987 691 411. W/T, Platz für Pferde, Gruppen akzeptiert, Bar/Rest. 10–23 Uhr, ganzjährig. **El Ganso** (1014 m, 30 EW), PH, ☺☺☺, 30 B/5 € (3 schöne Apartments 45–50 €, Tel. 625 318 585). Alb. Gabino, Tel. 660 912 823. Kurz vor Ortsende. Küche, W/T, Innenhof, recht charmant. Ganztags (wenn niemand da, Türe offen), März–Nov. **Rabanal del Camino** (1151 m, 65 EW), **(1)** PH, ☺☺☺, 34 B/5 und 7 € (Zeltplatz 5 €). Alb. La Senda, Tel. 696 819 060. Küche, W/T. 10–22 Uhr, April–Okt. **(2)** KH, ☺☺☺, 36 B/Spende. Alb. Gaucelmo, Bistum Astorga und englische Saint-James-Bruderschaft, Tel. 987 631 647. Im Ort, nahe Kirche; Küche, Garten. Kein Internet. Zwischen 12 und 14 bis 22 Uhr, April–Okt. **(3)** SH, ☺☺, 32 B/4 €. Links von Zentrum, Platz an Hauptstraße. Küche, W/T, Platz für Zelte. Einfach, aber gut. 11–22 Uhr, April–Okt. **(4)** PH, ☺☺☺, 72 B/5 € (2 DZ 35 €), Alb. El Pilar, Tel. 616 089 942, neben SH. Küche, W/T, Bar, Rest. Ab 10 Uhr, ganzjährig. **Foncebadón** (1439 m, 20 EW), **(1)** TH, ☺☺☺, 20 B/7 €. Alb. Roger de Lauria, Tel. 625 313 425. W/T, Mahlzeiten. 12–22 Uhr, ganzjährig. **(2)** PH, ☺☺☺, 34 B/6 €. Alb. Monte Irago, Tel. 695 452 950. Veget. Essen, kl. Bioladen, Yoga, Reiki, Massagen. W/T, 12–22.30 Uhr, ganzjährig (Winter vorher informieren). **(3)** TH, ☺☺☺, 20 B/7 €. Alb. La Posada del Druida, C/ Real, Tel. 696 820 136. W/T, kl. Laden, kein Internet. 12–22 Uhr, März–Okt. **(4)** KH, ☺☺, 18 B (+M)/Spende. Alb. parroquial Domus Dei, von Christophorusjugendwerk Oberimsingen und österreichischer St.-Jakobus-Bruderschaft aufgebaut; ehem. Kirche von Foncebadón, gemeinsames Kochen, Frühstück. Kein Internet. Kann nachts kühl sein. Ab ca. 14 Uhr, Apr.–Okt.

Die Strecke: Gut markiert. Bis Rabanal leicht, dann beginnt der Aufstieg in die Montes de León. Zum Teil Asphalt, meist aber Feldwege und Pfade.

Höhenunterschied: 590 m im Aufstieg, 20 m im Abstieg.

Kritische Stellen: Keine.

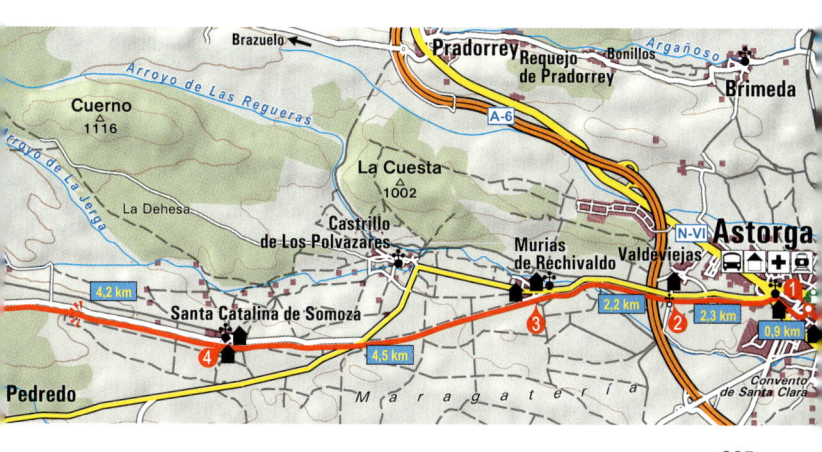

Landschaft: Zwischen Astorga und den Montes de León erstreckt sich die Region Maragatería mit Eichenwäldern und steppenartigen Flächen. Ab Rabanal, mit dem Aufstieg in die Montes de León, wird die Landschaft nach den Ebenen der Meseta wieder dreidimensional und überrascht mit schönen Ausblicken. Ginster und Heidekraut setzen mit ihren gelben und rosafarbenen Blüten im Sommer farbige Akzente.

Infrastruktur: Valdeviejas ⌧; Murias de Rechivaldo ⌧ @; Santa Catalina de Somoza ⌧ @; El Ganso 🏠 🍴 @; Rabanal del Camino 🅰 ⌧ 🏠 🍴 @ 🛏; Foncebadón ⌧ 🏠 @ 🍴.

Anmerkungen: (1) Viele Einkehrmöglichkeiten und Herbergen, wenige Läden, keine Bankautomaten bis Molinaseca. Ggf. in Astorga vorsorgen. **(2)** In den Bergen kann kann es bis in den April/Mai schneien und im Sommer regnen und kühl sein.

Auf dem Weg nach Rabanal del Camino.

Der Weg aus **Astorga (1)** hinaus führt uns an der Kathedrale vorbei und dann links in die C/ Portería. An deren Ende biegen wir rechts in die C/ Sancti Spiritu und folgen ihr geradeaus. Sie wird zur C/ San Pedro und zur C/ Camino de Santiago. Dann überqueren wir die alte N-VI und gehen auf der Landstraße Richtung Santa Colomba de Somoza in die Region Maragatería. ½ Std. hinter Astorga liegt links die **Ermita del Ecce Homo (2)**, einziges Überbleibsel eines Pilgerhospitals aus dem 15. Jh. 250 m rechts liegt die **Herberge** von **Valdeviejas**. Parallel zur Landstraße kommen wir in einer ½ Std. nach **Murias de Rechivaldo (3)**.

Foncebadón im Herbst.

Von Murias de Rechivaldo wandern wir über einen Feldweg parallel zur Landstraße nach **Santa Catalina de Somoza** (4; 1 Std.). Mit Blick auf die Montes de León und die Sierra del Teleno geht es weiter nach **El Ganso** (5; 1 Std.). Ab hier verläuft der Weg teils auf der Landstraße, meist aber auf einem Waldweg abseits davon. **Rabanal del Camino (6)** ist nach gut 1¾ Std. erreicht.

Ab Rabanal wird es ernst mit dem Aufstieg zum Puerto de Foncebadón, früher auch Monte Irago genannt. Vorwiegend auf Pfaden abseits der Landstraße steigen wir in den halb verlassenen Ort **Foncebadón** (7; 1¾ Std.) auf.

7.15 Std. | 27,1 km | Foncebadón – Ponferrada | 28-V

Herbergen: **Manjarín** (1441 m, 1 EW), PH, ©, ca. 35 B/Spende. Hospitalero Tomás sieht sich in der Tradition der Tempelritter. Einzig bewohnbares Haus im verlassenen Weiler, kein Warmwasser, Plumpsklo, Kochgelegenheit; einfache, aber sehr spezielle Herberge. Kein Internet. Ganztags, ganzjährig. **El Acebo** (1142 m, 50 EW), **(1)** PH, ©©©, 18 B/7 € (2 DZ 24 €, 3er-Zi. 36 €). Alb. Mesón (Ortsmitte), Tel. 987 695 074. Bar/Rest. W/T. 13–23 Uhr, Mitte Feb.–Mitte Dez. **(2)** KH, ©©©, 22 B/Spende. Zentrum. Küche, Abendessen/Frühstück, Waschm. Andacht. Ca. 12/13–22.30 Uhr, April–Okt. **Riego de Ambrós** (921 m, 40 EW), SH, ©©©, 20 B (+M)/5 €. Nachbarschaftsverein, wenn geschl., Tel.-Nr. an Tür. Schöner Altbau, Küche, W/T. Innenhof. Ca. ab 12.30 Uhr. April–Nov. **Molinaseca** (580 m, 900 EW), **(1)** Neue Herberge im Zentrum geplant. **(2)** PH, ©©©, 56 B/7 €. Alb. Santa Marina, fast am Ortsende an Hauptstraße, Tel. 987 453 077. (Betreiber Alfredo befasst sich seit über 20 Jahren mit den Pilgerwegen in Spanien und in Japan. Er gibt seine Erfahrungen gerne an interessierte Pilger weiter.) Küche, gemeinsames Abendessen. W/T; geräumig, Stockbetten und Betten. Ganztags, März–Nov. **(3)** SH, ©©©, 30 B (Sommer 10 B im Freien)/5 €. 300 m von PH, Tel. 987 453 180. Getränke-/Snackautomaten, W/T. Im Sommer Bar. 13–23 Uhr, ganzjährig. **Ponferrada** (534 m, 42.000 EW), **(1)** KH, ©©©, 188–270 B/Spende. Refugio San Nicolás de Flüe, außerhalb Zentrum, Tel. 987 413 381. Küche, Kaffeeautomat, W/T. Kapelle, Andacht: 19.30 Uhr, Messe: So 20 Uhr. Ab ca. 13–22.30 Uhr, ganzjährig. **(2)** PH, ©©©, 18 B/10 €. Alb. Alea, C/ Teleno 33 (nordöstlich von KH: über Parkplatz zur Avda. del Castillo, rechts bis Kreisverkehr mit Tankstelle, dort li., nach Schule rechts, insg. 700 m), Tel. 987 404 133. W/T, gemeins. Abendessen (auch veget.). 13–22 Uhr, März–Nov.

Die Strecke: Gut markiert. Vorwiegend unbefestigte Wege. Aufstieg zum Cruz de Ferro über gute Wege und mäßige Steigung. Pfade bis Manjarín, dann kleiner Pass. Bis Molinaseca über teils sehr steile und steinige Pfade.

Höhenunterschied: 250 m im Aufstieg, 1150 m im Abstieg.

Kritische Stellen: Zwischen Riego de Ambrós und Molinaseca unbequeme Abschnitte (steil und steinig).

Landschaft: Auf dem Höhenkamm nach dem Cruz de Ferro hat man bei klarem Wetter schöne Blicke auf die Montes de León. Im Sommer bieten gelber Ginster und das Rosa von Heidekraut und Zistrosen ein schönes Farbenspiel. Erstes Dorf der Region El Bierzo ist El Acebo mit schiefergedeckten Steinhäusern. Hinter Riego de Ambrós sieht man erstmals die für die Gegend typischen Esskastanienbäume.

Infrastruktur: El Acebo ⌧ 🏠 🛏 @ ✉ 🚌; Riego de Ambrós ⌧ 🏠 🛏; 1,5 km nach Riego de Ambrós ■; Molinaseca ⌧ 🏠 🛏 A i € 🏧 @; Ponferrada ⌧ 🏠 € @ ✉ 🚌 🏠 A i ℹ ✉ 🏥 Basílica de la Encina Mo–Fr 11 + 20 Uhr, Sa 11 + 20 Uhr, So 10, 11, 12.30, 18.20 Uhr ✚ Paseo San Antonio 7, Tel. 987 455 200 und Hospital de la Reina, C/ Hospital 26, Tel. 987 410 059.

Anmerkungen: **(1)** In den Höhenlagen ab Foncebadón kann bis in den April Schnee fallen, dann besser der Straße folgen. Selbst im Sommer können Nebel und Regen die Überquerung der Montes de León erschweren. Man sollte dann mehr Zeit und/oder kürzere Etappen einplanen. **(2)** Ponferrada ist für viele Pilger Ausgangspunkt, sodass die Herbergen im Juli/Aug. sehr voll sein können.

Durch das halb verfallene Dorf **Foncebadón (1)** setzen wir auf Erdpfaden den Aufstieg zum **Cruz de Ferro** (**2**; ¾ Std.) fort.

240.3   236.1   229.1 225.7   221.2   217.1 213.2 km

Foncebadón (1) **Cruz de Ferro (2)**
1439 m   1528 m

Rabanal del Camino (6) 1151 m

Manjarín (3) 1441 m

El Acebo (4) 1142 m

Riego de Ambrós (5) 921 m

Molinaseca (6) 580 m

Ponferrada (8) 534 m

(7) 551 m

(3)(4)

(5) 508 m

Campo-naraya (7) 495 m

Cacabelos (8)

27.1 km

0   1.15   3.15 4.00   5.20   6.15 7.15 h

Wir wandern auf einem angenehm zu gehenden Pfad leicht bergab. Vor allem nach links bieten sich immer wieder atemberaubende Ausblicke in die Berge der Sierra Teleno. Nach den langen Entbehrungen der Meseta eine Wohltat für die Augen! Nach ½ Std. kommt das größtenteils verfallene **Manjarín (3)** in Sicht. Nur noch ein leidlich instand gesetztes Haus dient in dem bereits 1180 schriftlich erwähnten Ort als einfache Herberge. Danach führt uns ein Pfad nochmals rund 1¼ Std. bergauf, ehe, mit Ausblicken in das weite Tal des Río

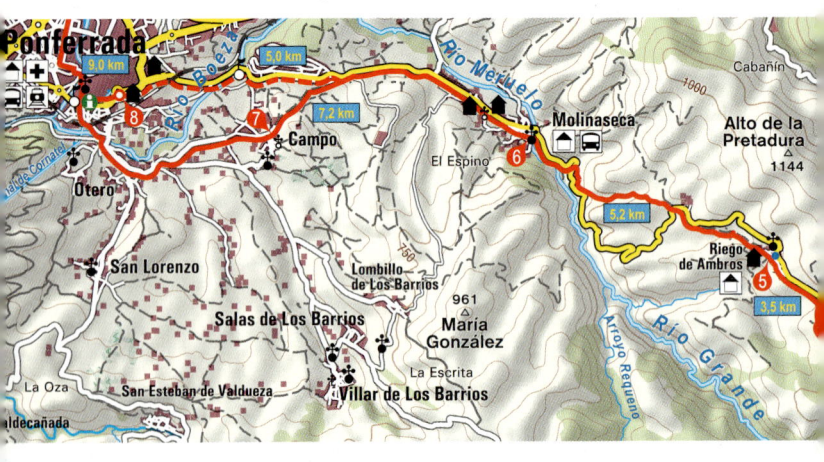

Sil bis nach Ponferrada, der Abstieg beginnt. Der Pfad oberhalb der Landstraße hält zunächst die Höhe, im letzten Stück fällt er steil und steinig ab nach **El Acebo** (**4**; ¾ Std.). Am Ortsausgang von El Acebo erinnert ein Denkmal an den 1987 mit dem Rad tödlich verunglückten deutschen Pilger Heinrich Krause. Der Weg folgt der Landstraße, biegt dann nach links ab und führt als Trampelpfad nach **Riego de Ambrós** (**5**; gut ¾ Std.). Hinter Riego de Ambrós erwartet uns ein sehr schöner, wenn auch zuweilen steil abwärtsführender Pfad. Teilweise säumen beeindruckend mächtige Esskastanienbäume den Weg. Nach 1¼ Std. haben wir den Ortseingang von **Molinaseca (6)** erreicht. Die beiden Herbergen liegen nah beieinander fast am Ortsende (¼ Std.).

Auf dem Gehweg neben der Hauptstraße gelangen wir in knapp ½ Std. zu einer kleinen Passhöhe. Kurz danach biegen wir links nach **Campo** (**7**; gut ¼ Std.) ab. (Etwas kürzere, aber weniger attraktive Variante:

Wie aus dem Ritterfilm: die Templerburg von Ponferrada.

statt nach Campo abzubiegen weiter der Straße folgen; beim Kreisverkehr mit der Tankstelle gelangt man nach rechts oben zur privaten Herberge Alea, zur kirchlichen Herberge Nicolás de Flue geht man beim nächsten Kreisverkehr links). Die Route über Campo führt durch einen Vorort, dann über eine Brücke über den Río Boeza und zur **Templerburg** von **Ponferrada** (¾ Std.).

Ins Zentrum und weiter auf dem Camino geht es geradeaus. Der Weg zur **Herberge (8)** ist mit Goldmuscheln an der Hauswand gegenüber markiert: Rechts, dann links durch die kleine Straße und rechts in die C/ Los Pregoneros, danach 700 m geradeaus. (Oder schon vorher, nach der Straßenbrücke geradeaus die C/ Cruz Mirada hinauf und dann rechts in die Avda. del Castillo, gleich darauf rechts in die C/ de la Loma ein, in der sich die städtische Herberge befindet.)

29-V Ponferrada – Villafranca del Bierzo

6 Std.
25 km

Herbergen: Fuentes Nuevas (508 m, 2800 EW), TH, ⊕⊕⊕, 15 B/10 €. Alb. El Camino, C/ Médicos sin Fronteras 8 (1 km südl. von Weg, bei Hospital del Bierzo), Tel. 672 057 061. Küche, Waschm. Rezeption 9–17 Uhr, März–Okt. **Camponaraya** (495 m, 300 EW), TH, ⊕⊕⊕, 26 B/8 €. Alb. Naraya, Tel. 987 459 159. Bar/Rest. Terrasse. Ganztags, März–Okt. **Cacabelos** (477 m, 4500 EW), **(1)** TH, ⊕⊕⊕, 30 B/10 €. Alb. La Gallega (Zentrum), Tel. 987 549 476. W/T. Ab 10 Uhr, ganzjährig. **(2)** SH, ⊕⊕⊕, 70 B/5 €. Alb. municipal Santuario de la Quinta Angustia (Ortsausgang), Tel. 987 547 167. Recht originelle, um die Kirche errichtete Herberge, 2-Bett-Abteile (normale Betten), W/T, Getränkeautomaten. 12–22.30 Uhr, April–Okt. **Pieros** (520 m, 30 EW), ⊕⊕⊕, 18 B/5 €. Alb. El Serbal y la Luna, Tel. 987 546 044. Mahlzeiten (ovolactovegetarisch), Waschm., kein Internet (WLAN in Dorfbar), Physiotherapie, 13–22 Uhr, 15. März– 15. Nov. **Villafranca del Bierzo** (594 m, 2500 EW), **(1)** SH, ⊕⊕, 60 B/6 €. Tel. 987 542 356. Küche, W/T. Betten erneuert. 12–22 Uhr, Ostern–Okt. **(2)** PH, ⊕⊕, 80 B/5 €. Refugio Ave Fénix, Tel. 987 542 655. Eine der bekanntesten Herbergen, von Jesús Jato und Helfern auf- und ausgebaut. Bar, Mahlzeiten, W/T, viele Duschen, Zimmer für ältere Pilger. Ganztags bis 23 Uhr, ganzjährig. **(3)** PH, ⊕⊕⊕, 24 B/10 €. Alb. Leo (ehem. Weinkeller, Zentrum), Tel. 987 54 26 58. W/T, Küche, Mahlzeiten, Innenhof. 12–22.30 Uhr, März–Nov. **(4)** TH, ⊕⊕⊕, insg. 130 B/5–8 € (EZ 35 €, DZ 50 €). Alb. Hospedería San Nicolás del Real (Jesuitenkolleg aus 17. Jh.), Travesía de San Nicolas 4, Tel. 696 978 653. W/T, Küche, 11–23 Uhr, ganzjährig. **(5)** PH, ⊕⊕⊕, 26 B/8 € (6 DZ 24 €/EZ 24 €). Alb. de la Piedra, C/Espíritu Santo 14 (kurz vor Ortsausgang), Tel. 987 540 260. Küche, W/T. 12.30–22.30 Uhr, März–Nov.

Die Strecke: Leicht, gut markiert. Teils Asphalt, teils Feldwege. Zwischen Ponferrada und Camponaraya viele langgestreckte Ortschaften.

Höhenunterschied: 180 m im Aufstieg, 220 m im Abstieg.

Landschaft: Vom Einzugsgebiet Ponferrada abgesehen präsentiert sich die Region El Bierzo als eine durch ein mildes Klima begünstigte, sehr grüne Gegend mit Kirschplantagen und, vor allem zwi-

schen Camponaraya und Villafranca del Bierzo, Weinbergen.
Infrastruktur: Columbrianos (529 m, 1400 EW) ▣ ▣ **A** ▣ @; Fuentes Nuevas ▣ ▣ ▣ **A** @ ▣ ✚ Hospital del Bierzo, Tel. 987 455 200; Camponaraya ▣ ▣ **A** @ € ▣; Cacabelos ▣ ▣ ▣ @ € **A** i ▣ ▣ ▣ (Flussbad) ▣ Igl. de Santa María Mo–Sa 19 Uhr, So 12 Uhr ✚ C/ Doctor Santos Rubios 11, Tel. 987 549 262; Pieros ▣

@; Valtuille de Arriba (599 m, 140 EW) @ ▣ Casa Rural La Osa Mayor (spezielle Pilgerpreise), www.osamayor.es; Villafranca del Bierzo ▣ ▣ ▣ **A** ▣ @ ▣ i ▣ San Nicolás Mo–Fr 19 Uhr, So 11 Uhr, Colegiata de Santa María Mo–Fr 19 Uhr, So 12/19 Uhr ✚ C/ Díaz Ovelar s/n, Tel. 987 542 510.
Anmerkungen: Ponferrada und Villafranca können während der Hochsaison sehr überlaufen sein.

Wir gehen von den **Herbergen (1)** zur **Templerburg (2)**, daran vorbei in die C/ Gil y Carrasco und bei der Gabelung rechts (links: Radfahrer). Beim Kirchplatz leiten uns die Wegzeichen nach links unten in die C/ del Rañade-

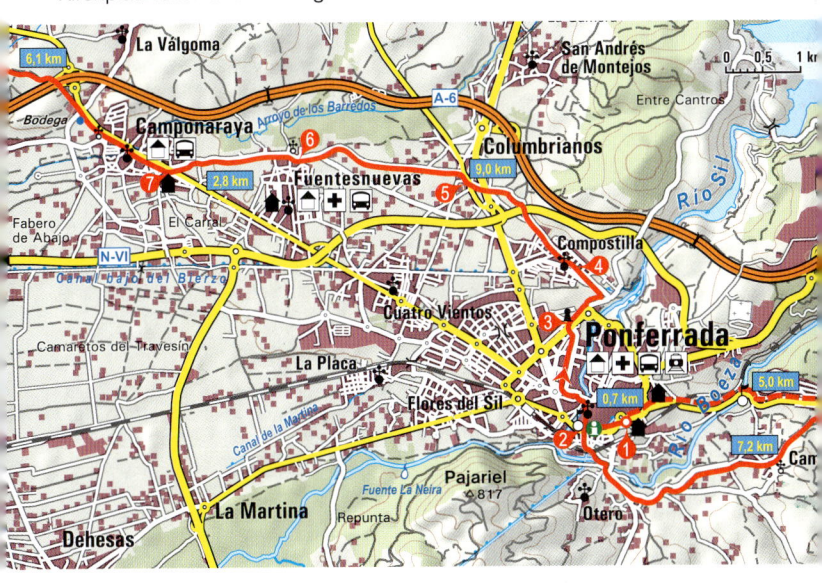

ro. (Alternative: weiter durch die C/ del Reloj, nach dem Torre del Reloj links in die C/ Sta. Beatriz de la Silva, dann scharf links in die C/ Calzada und abwärts zur Brücke über den Río Sil.). Nach der Brücke verlassen wir die Hauptstraße rechts und gehen parallel dazu zur großen Avda. Huertas, in die wir rechts einbiegen und der wir ein langes Stück geradeaus folgen. Beim Denkmal für Blutspender (**Monumento a los Donantes de Sangre, 3**) gehen wir

211

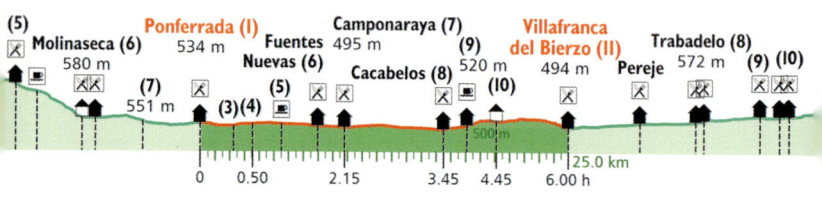

```
              213.2  209.6      203.3        196.6  193.0    188.1 km
 (5)                   Ponferrada (I)     Camponaraya (7)
    Molinaseca (6)      534 m    Fuentes    495 m      (9)     Villafranca    Trabadelo (8)
       580 m                     Nuevas (6)   Cacabelos (8)  520 m   del Bierzo (II)           572 m    (9) (10)
                         (7)              (5)              (10)       494 m    Pereje
                         551 m    (3)(4)
                           0     0.50       2.15       3.45  4.45   6.00 h  25.0 km
```

rechts, dann geradeaus über den nächsten Kreisverkehr und links hoch in den Vorort **Compostilla** (**4**; ¾ Std.). Eine ½ Std. später gehen wir durch **Columbrianos** (**5**). Am Ortsanfang links steht die Iglesia de San Esteban (18. Jh., schön geschnitzter Barockaltar). Durch ein locker besiedeltes Gebiet kommen wir nach **Fuentes Nuevas** (**6**; ½ Std.). Nach dem lang gedehnten Dorf erreichen wir das ebenso lange **Camponaraya** (**7**; ½ Std.). Bei der Bodega am Ortsausgang (20 Min.) gehen wir nach links von der Straße weg, auf einem Feldweg leicht bergan und über die A-6; es folgt ein schöner Abschnitt durch Weinberge und Wäldchen. Nach gut ½ Std. kommen wir über eine Landstraße und folgen der kleinen Straße ins Zentrum von **Cacabelos** (knapp ½ Std.; Privatherberge) und weiter zur städtischen **Herberge** (**8**; 10 Min.).

Wir verlassen Cacabelos zunächst auf der N-VI und gelangen nach ½ Std. in den Weiler **Pieros** (**9**). Etwa 400 m nach dem Ortsausgang biegen wir rechts in die kleine Asphaltstraße ein (Pfeile; Schild: San Clemente. Geradeaus: Variante Nationalstraße, ca. 1 Std. bis Villafranca). Nach 300 m folgen wir dem bald steinigen Feldweg links. Er bringt uns durch Weinfelder in den Weiler **Valtuille de Arriba** (**10**; gut ½ Std.). Wir bleiben auf der Hauptstraße, die einen weiten Bogen nach links durch den Ort schlägt. Kurz nach dem letzten Haus nehmen wir bei der Feldweggabelung den Hauptweg nach unten (Wegstein nach wenigen Schritten). Durch hügelige Weinberge und eine recht liebliche Landschaft wandern wir gemütlich nach **Villafranca del Bierzo** (**11**; 1 Std.).

Auf dem Weg nach Villafranca del Bierzo.

6.15 Std. | 22,9 km — Villafranca del Bierzo – La Faba | 30-V

Herbergen: Pereje (546 m, 40 EW), SH, €€€⌂, 30 B + M/5 €. Tel. 987 540 138. Geräumig, Küche, Waschm. 10–22 Uhr, ganzjährig. **Trabadelo** (572 m, 110 EW), **(1)** TH, €€€, 20 B/6 € (Stockbett), 8 € (normales Bett) (3 DZ 44 €). Alb. Crispeta, alte N-VI, Tel. 987 566 529. Küche, Rest., W/T. Ganztags, ganzjährig. **(2)** KH, €€€, 22 B/5 €. Alb. Parroquial Trabadelo, C/ La Iglesia, Tel. 630 628 130. Küche, Waschm., kein Internet. 11–22.30 Uhr, ganzjährig. **(3)** TH, €€€, 4 B/8 € (4er-Zi. 48 €, DZ 32 €, EZ 30 €). Alb. Camino y Leyenda, Tel. 987 566 446. W/T, Mahlzeiten. 11.30–22 Uhr, April–Okt. **(4)** SH, €€€, 38 B/6 €. Tel. 687 827 987. Küche, W/T, Bar. 12–22.30 Uhr, März–Okt. **La Portela de Valcarce** (621 m, 35 EW), PH, €€€⌂, 40 B/9–10 € (EZ 25 €/DZ 35 €). El Peregrino, Tel. 987 543 197. W/T, Rest., Ganztags, ganzjährig. **Ambasmestas** (618 m, 40 EW), **(1)** TH, €€€, 10 B/10 € (EZ 35 €, DZ 45 €). Alb. Camynos, Tel. 609 381 412. Waschm., Bar/Rest. 13–20 Uhr, April–Okt. **(2)** PH, €€€⌂, 14 B/ 5 €. Alb. Das Ánimas, inkls. vom Weg, nahe Fluss/Grillplatz, Tel. 619 048 626. Mikrowelle, Abendessen, Frühstück, W/T. 12–22 Uhr, April–Okt. **Vega de Valcarce** (644 m, 230 EW), **(1)** PH Alb. El Roble, Anf. 2015 bis auf Weiteres geschl. **(2)** TH, €€€, 14 B/10 €. Mesón Alb. Sarracín, Tel. 987 543 275. W/T, Mahlzeiten, Garten. Ganztags, Feb.–Nov. **(3)** TH, €€, 8 B/8 € (3er-Zi. 39 €, 2 DZ 25 €). Alb. Santa María Magdalena, Tel. 987 543 230. Küche, W/T. Schlafraum etw. düster, gemütlicher Aufenthaltsraum. 12–22 Uhr, Ostern–Nov. **(4)** SH, €€, 64 B/5 €. Im Ort. Einfache Herberge, Küche, W/T. Ganztags, ganzjährig, im Sommer Hospitalero, im Winter ggf. in Apotheke fragen. **Ruitelán** (671 m, 20 EW), PH, €€€⌂, 34 B/5 € (DZ 30 €, 3er-Zi. 45 €). Pequeño Potala, Tel. 987 561 322. Abendessen (auch veget.), Frühstück, W/T, Massagen, homöop. Behandlung. 12 (Winter später)–23 Uhr, ganzjährig. **Las Herrerías** (701 m, 40 EW), PH, €€€, 12 B/5 € (2 DZ 20/25 €, 3er-Zi. 30 €). Refugio de Herrerías, Tel. 654 353 940. Veget. Essen, Kaffee/Tee-Küche, W/T. Ab 13/14 Uhr, Ostern–Okt. **La Faba** (902 m, 20 EW), VH, €€€, 66 B/5 €. Dt. Gesellschaft Ultreya. Neben Kapelle San Andrés. Tel. 630 836 865. Pilger, die ein schwäbisches Lied/Gedicht aufsagen können, übernachten kostenlos. Andacht Mai–Aug. Mo–Fr 20 Uhr, Messe ab Juni Sa/So im Wechsel. Küche, W/T, kein Internet. 14–22 Uhr, Woche vor Ostern–Okt.

Die Strecke: Gut markiert. Teils neben, teils auf alter N-VI. Variante »camino duro« (harter Weg) zwischen Villafranca und Trabadelo anspruchsvoll. Ab Hospital beginnt der Aufstieg nach O Cebreiro. Teils steiniger, teils beschwerlicher und steiler Waldweg, bei Nässe rutschig. Alternative bei Schnee und für Radfahrer/»bicis«: die alte Straße.

Höhenunterschied: 450 m im Aufstieg, 40 m im Abstieg.

Landschaft: Bis Ruitelán folgt der Weg dem grünen Tal des Río Valcarce durch kleine Ortschaften. Der Aufstieg zum Pass O Cebreiro gehört zu den schönsten und ergreifendsten Etappen am Weg. Durch einen dichten Laubmischwald geht es hinauf in die scheinbar in der Zeit stehen gebliebenen Weiler La Faba und La Laguna. Oben wird der Blick frei auf die faszinierende, typisch galicische grüne Berglandschaft.

Infrastruktur: Pereje ✗ ⌂ 🛏 🍴 @; Trabadelo ✗ ⌂ 🛏 🅰 🍴 @; La Portela de Valcarce ✗ ⌂ 🛏 @ €; Ambasmestas ✗ ⌂ 🛏 @ 🍴; Vega de Valcarce ✗ 🛒 ⌂ € 🛏 🅰 🍴 ✉ (Flussbad) @; Ruitelán ✉ 🛏 🅰 🛏 @; Las Herrerías/Hospital ⌂ ✗ 🛏 🍴 @; La Faba ✗ 🛒 ⌂.

Anmerkungen: (1) Die Variante »camino duro« ist aufgrund ihres großen Höhenunterschiedes kräftezehrend. Weniger Geübte sollten bei der Wahl dieses Wegs eine eher kurze Etappe einlegen. **(2)** In Vega de Valcarce letzte gute Einkaufsmöglichkeit und letzter Bankautomat vor Triacastela (33 km).

Wir durchqueren **Villafranca (1)** der Länge nach auf der zentralen Altstadtstraße Rúa del Agua. Wo sich diese zu einem kleinen Platz erweitert, biegen wir links ab und überqueren bei dem steinernen Pilgerdenkmal den Río Burbia. Wenige Dutzend Meter danach, bei der C/ Pradela, stellen gelbe Markierungen vor die Wahl zwischen der einfachen Variante, die parallel zur N-VI im Tal des Valcarce verläuft, und dem »camino duro«, dem »harten Weg« **(2)**.

Die erste Möglichkeit ist schnell erzählt: Auf einem Gehweg neben der Straße geht es über **Pereje** (1½ Std.) nach **Trabadelo** (**8**; 1 Std.), wo beide Alternativen wieder zusammentreffen (1. Herberge an Ortsanfang, die anderen im Ort).

Der **Camino Duro** (10,7 km/3½ Std., 460 m Aufstieg, 380 m Abstieg bis Trabadelo, Diagramm S. 215) steigt rechts durch die C/ Pradela steil bergan

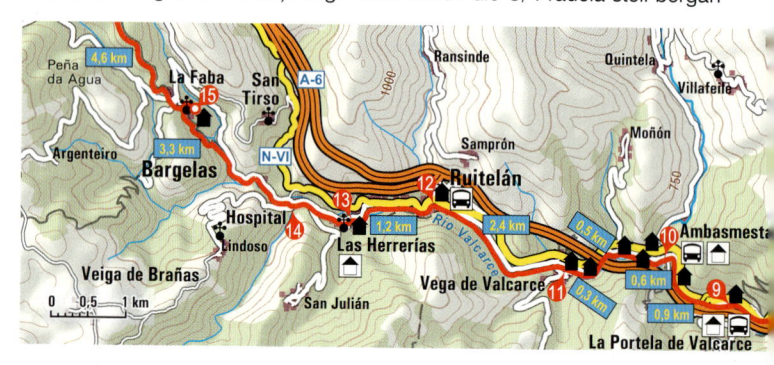

und wird bald zum Feldweg. Nach 15 Min. mäßigt sich der Anstieg. Nach etwa 1 Std. passieren wir ein Kiefernwäldchen, dann geht es ebener am vorwiegend kahlen Höhenzug entlang. Mit schönen Weitblicken erreichen wir eine knappe ¾ Std. später den höchsten Punkt bei 923 m **(3)**. Leicht bergab kommen wir in einen Wald mit mächtigen Kastanienbäumen. Kurz darauf, bei der T-Kreuzung **(4)** mit einem Sträßchen, halten wir uns links (Schild). Wenige Minuten

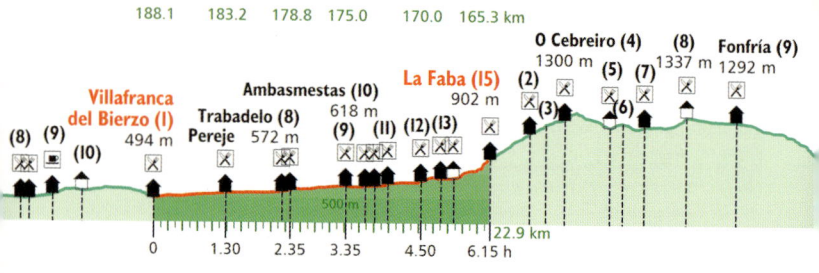

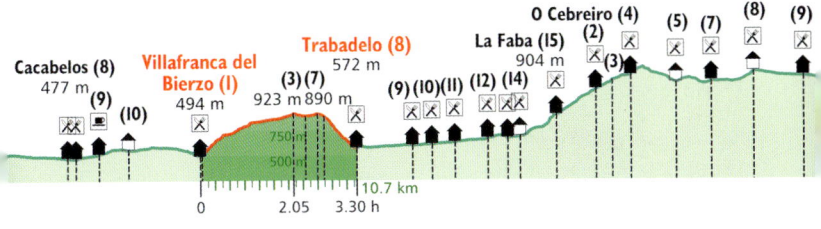

	189.6	183.3	178.9 km					

Cacabelos (8) 477 m (9) (10) — **Villafranca del Bierzo (l)** 494 m — **(3)(7)** 923 m 890 m — **Trabadelo (8)** 572 m — **(9)(10)(11)** — **(12)(14)** — **La Faba (l5)** 904 m — **O Cebreiro (4) (2)(3)** — **(5)(7)** — **(8)** — **(9)**

10.7 km
0   2.05   3.30 h

später folgen wir dem etwas undeutlichen Pfad **(5)** leicht links und stoßen nach etwa 200 m auf eine T-Kreuzung **(6)** von Pfaden. Wir gehen 10 m nach rechts und gleich wieder links. Gut ¼ Std. später mündet unser Pfad in eine Straße **(7)**. Wenige Meter nach rechts oben zweigt unser Pfad (bei der Leitplanke) nach links unten ab. Auf ihm steigen wir bergab, stoßen einmal auf die Straße, nehmen aber gleich geradeaus den Pfad rechts davon auf. Wir berühren nochmals die Straße, gehen links und gleich auf den Pfad nach rechts unten und durch einen Laubmischwald nach **Trabadelo** (**8**; ¾ Std.). Von hier geht es entlang der Straße nach **La Portela de Valcarce** (**9**; 1 Std.), **Ambasmestas** (**10**; gut ¼ Std.) und das lang gestreckte **Vega de Valcarce** (**11**; bis Zentrum ½ Std.) ½ Std. später haben wir **Ruitelán** (**12**) erreicht. Ab jetzt geht es merklich bergauf, beim Hotel von Las Herrerías biegen wir nach links unten ab in den Weiler **Las Herrerías** (**13**; ¼ Std.) und gleich danach nach **Hospital** (**14**). Knapp ½ Std. nach dem Weiler biegt der Weg links ab (gerade-

aus Radfahrer/»bicis«). Nach einem kurzen, flachen Stück beginnt der kurze, aber steile Aufstieg durch den dichten Laubwald hinauf in den kleinen Weiler **La Faba** (**15**; bis zu gut 1 Std.).

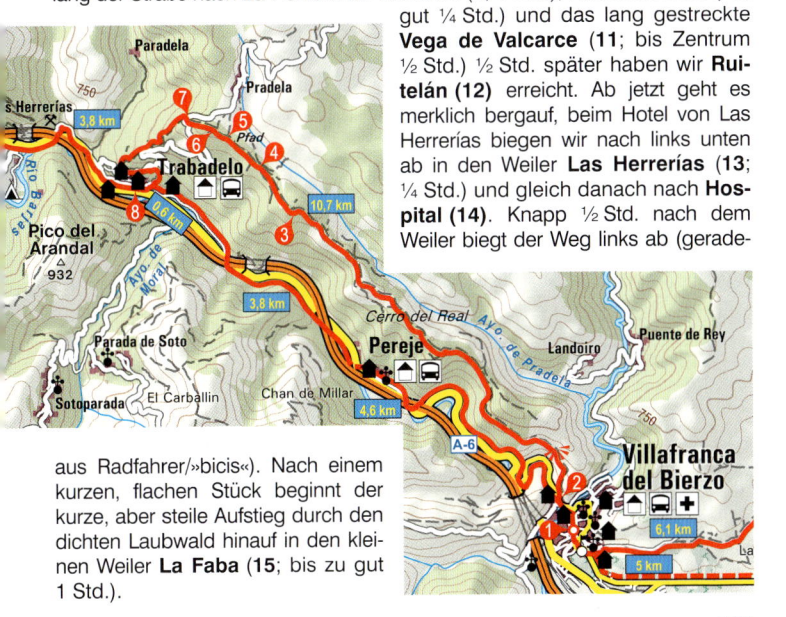

215

31-V La Faba – Triacastela

7.15 Std.
25,9 km

Herbergen: La Laguna (1161 m, 30 EW), PH, ◉◉◉, 45 B/10 € (DZ 38 €). Alb. La Escuela, Tel. 987 684 786 u. 619 479 238. W/T, Bar, Rest. 12.30–23 Uhr, März–Nov. **O Cebreiro** (1300 m, 30 EW), XH, ◉◉◉, 106 B/6 € Küche (ohne Utensilien), W/T. 13–23 Uhr, ganzjährig. **Hospital da Condesa** (1240 m, 20 EW), XH, ◉◉, 22 B/6 € Küche (ohne Utensilien), Waschm. 13–23 Uhr, ganzjährig. **Fonfría** (1299 m, 30 EW), TH, ◉◉◉, 80 B/8 € (8 DZ 26–40 €, EZ 32 €). Alb. A Reboleira, Tel. 982 181 271 u. 629 826 559. Rest., gemeins. Essen, Bar, W/T, Zeltplatz. 7–22 Uhr, März–Okt. **Fillobal** (963 m, 10 EW), TH, ◉◉◉, 18 B/9 € (2 DZ 30 €). Alb. Fillobal, Tel. 666 826 414. Küche, W/T. 11–23 Uhr, ganzjährig. **Triacastela** (663 m, 220 EW), **(1)** XH, ◉◉, 56 B/6 €. 700 m vor dem Ort, links des Camino. W/T. Zu Stoßzeiten schnell voll. 13–23 Uhr, ganzjährig. **(2)** TH, ◉◉◉, 30 B/9 € (13 DZ/40 €, 13 EZ 35 €), Complexo Xacobeo, Tel. 982 548 037. Küche, W/T, Garten, Mahlzeiten. Ganztags, Feb–22. Dez. **(3)** TH, ◉◉◉, 14 B/9 € (3 DZ 40 €). A Horta de Abel, Tel. 608 080 556. Küche, W/T. Ganztags bis 23 Uhr, April–Okt. **(4)** PH, ◉◉◉, 44 B/8 €. Alb. Aitzenea, Plaza Vista Alegre, Tel. 982 548 076. Küche, Getränkeautom., W/T. 9–23 Uhr, Apr.–Okt. **(5)** PH, ◉◉◉, 27 B/April–Okt. 9 €, Nov.–März 8 €. Alb. Refugio del Oribio, Avda. de Castilla 20, Tel. 982 548 085. Küche, W/T, Getränke-/Snackautom. Ganztags, ganzjährig. **(6)** PH, ◉◉◉, 27 B/8 €. Alb. Berce do Camiño, Tel. 982 548 127. Küche, W/T, Getränkeautom., Terrasse. Ganztags, ganzjährig.

Die Strecke: Gut markiert. Aufstiege nach O Cebreiro, zum San Roque und Alto do Poio mittelschwer bis schwer. Wenig Asphalt. Bei Schnee empfiehlt sich die alte Straße (Alternative für Radfahrer/»bicis«).
Höhenunterschied: 670 m im Aufstieg, 910 m im Abstieg.
Kritische Stellen: Keine.

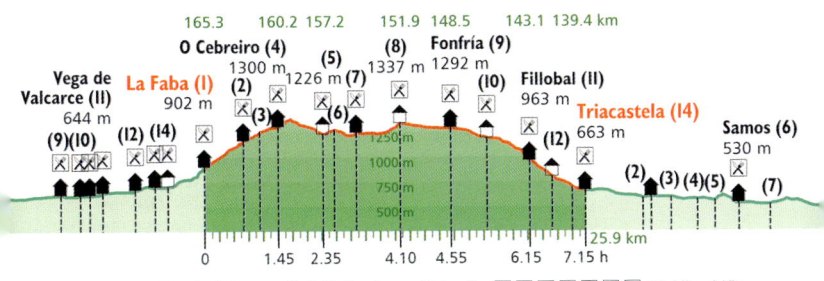

Landschaft: Der Aufstieg nach O Cebreiro ist eine der landschaftlich schönsten Etappen. Vom Pass schöne Ausblicke auf die umliegenden Berge. In den Tieflagen taucht der Weg in das grüne Herz Galiciens ein.

Infrastruktur: La Laguna 🏠🍴@; O Cebreiro 🏠🍴🛏️ℹ️@🚌 19 Uhr; Liñares (1226 m, 20 EW) 🏠🍴; Hospital da Condesa 🏠🍴🛏️; Alto do Poio 🛏️🏠🍴; Fonfría 🏠🍴@; O Bidudeo (1186 m) 🏠🍴; Fillobal @ 🏠🛏️ mit kl. Laden; Pasantes (800 m, 50 EW) 🍴; Triacastela 🏠🍴🛏️€@🚌🅰🛏️ 19 Uhr.

Von **La Faba (1)** aus geht es bergauf nach **La Laguna (2**; 1 Std.), nach Galicien **(3)** und **O Cebreiro (4**; 45 Min.). Dort an der Herberge vorbei nach links bergauf in ein Wäldchen, über einen kleinen Pass hinunter nach **Liñares (5**; ¾ Std.). Von dort hinauf auf die Passhöhe **San Roque (6**; ¼ Std.; bronzene Pilgerstatue). Durch **Hospital da Condesa (7**; ½ Std.) hinauf zum **Alto do Poio (8**; erst Asphalt, dann Feldweg, im letzten Viertel sehr steil, ¾ Std.) und auf guten Wegen und Pfaden nach **Fonfría (9**; ¾ Std.) und **O Biduedo (10**; ½ Std.). Danach geht es bergab. In **Fillobal (11**; ¾ Std.) überqueren wir die Straße. Über einen schönen Waldweg gelangen wir nach **Pasantes (12**; ½ Std.) und **Ramil (13**; ¼ Std.). Wenig später liegt links vom Weg die öffentliche Herberge von **Triacastela (14)**. Das Zentrum liegt rund 500 m weiter.

32-V Triacastela – Samos – Barbadelo

7.30 Std.
29 km

Herbergen: Casa Forte de Lusío (606 m), XH, ●●●, 60 B/6 €. 400 m links vom Weg, restaurierter Palast. Küche (ohne Geschirr; kein Rest. in der Nähe). 13–22 Uhr, ganzjährig. **Samos** (530 m, 180 EW), **(1)** KH, ●●, 70 B/Spende. Benediktinerkloster, Eingang neben Tankstelle, Tel. 982 546 046. Einfache, christlich geprägte Herberge, kein Internet. 15–22 Uhr, ganzjährig. **(2)** TH, ●●●, 10 B/9 € (2 DZ 30 €). Alb. Albaroque, Tel. 982 546 087. W/T, Mahlzeiten. Ganztags, ganzjährig. **(3)** TH, ●●●, 48 B/9 €. Alb. Val de Samos, Tel. 982 638 801. W/T, Küche. Ganztags, Mai–Okt. **San Mamede** (477 m, 40 EW), TH, ●●●, 22 B/10 € (EZ 20 €, DZ 40 €). Paloma y Leña, Tel. 982 533 248. Abendessen (auch veget.)/Frühstück, W/T. Pferdestall. Ganztags, Mär–Nov. **Sarria** (446 m, 8800 EW). Die folgende Aufstellung erhebt keinen Anspruch auf Vollständigkeit: Rund 1 km vor der Stadt: **(1)** PH, ●●●, 12 B/7 € (2er-Bungalow 25 €). Camping Vila de Sarria, Ctra. de Pintín, Tel. 982 535 467, Reservierung möglich. Ganztags, Ostern–Sept. **(2)** PH, ●●●, 23 B/10 € (DZ 35/45 €). Alb. A Pedra, C/ Vigo de Sarria 19, Tel. 982 530 130. Ortsanfang. Küche, W/T, Garten; gem. Abendessen (veget.). Recht gemütlich. Ganztags, März–Nov. **(3)** TH, ●●●, 27 B/10 €. Alb. Oasis, Vigo de Sarria 12, Tel. 605 948 644. Restauriertes Steinhaus, W/T, Küche. 11–23 Uhr, Ostern–Okt. **(4)** TH, ●●●, 100 B/6,50–9 € (+ 5 DZ und 5 E). Alb. Alma do Camiño, C/ Calvo Sotelo 199 (nahe Centro de Salud), Tel. 982 876 768. Küche, W/T; Massagen. 12–23 Uhr, Feb.–15. Dez. **(5)** TH, ●●●, 28 B/9 €. Alb. Credencial, Rúa do Peregrino 50, Tel. 982 876 455. W/T, Cafetería. Modern. Ganztags, ganzjährig. **(6)** PH, ●●●, 41 B/7–10 € (EZ 20 €/DZ 35 €). Alb. Puente Ribeira, Rúa do Peregrino 23, Tel. 982 876 789. W/T, Snackautomaten, Bar, Mikrowelle. Ganztags, März–Okt. **(7)** PH, ●●●, 22 B/10 €. Casa Peltre, Escalinata Mayor 10. Tel. 606 226 067. Küche, W/T. 11–22.30 Uhr, Ende März–Nov. **(8)** TH, ●●●, 16 B/10 €. Alb. Mayor, C/ Mayor 64, Tel. 685 148 474. Küche, W/T. 11–23 Uhr, März–Okt. **(9)** PH, ●●●, 38 B/8 €. Alb. Obradoiro, C/ Mayor 49, Tel. 982 532 442. W/T, Küche, Garten. 11–23 Uhr, April–Okt. **(10)** XH, ●●, 40 B/6 €. Tel.-Nr. an Tür. Küche (ohne Utensilien), W/T, kein Internet. 13–23 Uhr, ganzjährig. **(11)** PH, ●●●, 40 B/10 € (EZ 20 €, DZ 30 €). Alb. O Durmiñento, Rúa Maior, Tel. 600 862 508. Geräumig, gemeins. Abendessen, W/T, Massagen (Sommer). 11–23 Uhr, April–Dez. **(12)** PH, ●●●, 43 B/10 € (2 DZ 45 €). Alb. Internacional, Tel. 982 535 109. W/T. 12–22.30 Uhr, Ostern–Okt. **(13)** TH, ●●●, 42 B/8 € (4 EZ 20 €, 12 DZ 30 €). Alb. Los Blasones, Rúa Maior, Tel. 600 512 565. Fast 500 Jahre alter ehem. Stadtpalast. Küche, Mahlzeiten, W/T. Massagen, Garten. 11–23 Uhr, ganzjährig. **(14)** PH, ●●●, 40 B/9 € (in 4er-Zi. 12 €). Alb. Don Álvaro, Tel. 982 531 592. Küche, W/T. Abends Umtrunk am Kamin, Garten, Massagen. Ganztags, ganzjährig. **(15)** PH, ●●●, 22 B/Juli–Aug. 10 €, sonst 9 €, DZ 20 €. Alb. Dos Oito Marabedís, Rúa Conde de Lemos 23, nach Los Blasones Hinweis 2. Str. links, Tel. 618 748 777. Zwei Küchen, W/T. 12–23 Uhr, Mai–Okt. **(16)** TH, ●●●, 110 B/10 €. Monasterio La Magdalena (Kloster), Tel. 982 533 568 (auch Reservierung). Neue Großherberge, ideal für Gruppen. Küche, W/T, Pilgerpass. 11–23 Uhr, 15. März–Okt. **(17)** TH, ●●●, 28 B/9 € (Hauptsaison/3er-/4er-Zi.: 10 €, DZ 35 €). Alb. San Lázaro, C/ San Lázaro 7, Tel. 982 530 626. W/T, Mikrowelle. 11–23 Uhr, März–Okt. **(18)** TH, ●●●, 12 B/8,50 € (Hauptsaison 10 €, 2 DZ). Alb. Barbacoa del Camino, C/ Esquineiros 1, Tel. 619 879 476. Küche, W/T, Pool. 11–23 Uhr, März–Okt. **Vilei** (521 m, 40 EW), **(1)** TH, ●●●, 6 B/8 € (3 DZ 29 €). Alb. 108 to Santiago, Tel. 634 894 524. W/T. Garten, Bar/Rest. Ab 11 Uhr, ganzjährig. **(2)** PH, ●●●, 48 B/9 € (4er-Zi. 60 €, 4 DZ 45 €, EZ 35 €). Pensión-Alb. Casa Barbadelo. Tel. 983 531 934. W/T, Bar/Rest. Ganztägig, Ostern–Okt. **Barbadelo** (570 m,

10 EW), **(1)** TH, ☻☻☻, 12 B/9 €. Alb. O Pombal (350 m nach Vilei links), Tel. 686 718 732. Waschm., Küche, kein Internet. 13–22 Uhr, April–Okt. **(2)** XH, ☻☻, 18 B/6 €. Küche (ohne Utensilien). 13–23 Uhr, ganzjährig. **(3)** PH, ☻☻☻, 26 B/10 € (3 DZ 35 €). A Casa de Carmen, Tel. 982 532 294. Platz für Zelte, Mahlzeiten. Waschm. 12–22 Uhr, Apr.–Nov.
Die Strecke: Gut markiert, leicht. Bis Samos teils neben LU-634, sonst Waldwege. Von Samos aus empfiehlt sich die lange, aber schönere Variante über Landsträßchen bis Perros/Calvor und dann nach Sarria.
Höhenunterschied: 380 m im Aufstieg, 500 m im Abstieg.
Kritische Stellen: Keine.
Landschaft: Bis Sarria trotz Nähe zur Straße dank dichter Laubmischwälder sehr schön. Der Weg führt teils durch kleinste Weiler. Ab Sarria sorgt eine idyllische Landschaft mit Bächen, Wäldern, Weiden und hübschen Dörfern für Kurzweil.
Infrastruktur: San Cristovo do Real (586 m, 30 EW) 🛏; Samos 🍴 🛏 ✉ 🏧 € @ 🛒 ℹ ➡ 🚌 siehe Kasten; Aguiada (497 m, 36 EW) 🍴; Sarria 🍴 🛏 ➡ € @ ⛪ 🅰 ℹ ✉ 🛒 🏧 🚌 Igl. de Santa Marina Pilgermesse tgl. 19.30 Uhr ✚ C/ Calvo Sotelo, 136, Tel. 982 254 634; Vilei/Barbadelo 🛏 🍴 @.
Anmerkungen: (1) Die Variante über Samos ist trotz der Teilstücke neben der Straße besonders bis Samos recht schön. **(2)** Die Übernachtung in Samos lohnt wegen der gregorianischen Gesänge während der Messen und Andachten in der Klosterkirche. **(3)** Viele Pilger beginnen in Sarria, um die letzten 100 km bis Santiago zu absolvieren. Spätestens ab hier herrscht fast ganzjährig Hochbetrieb auf dem Weg.

Richtung Samos gehen wir am Ortsende von **Triacastela (1)** links und dann parallel zur Landstraße (LU-634) bis **San Cristovo do Real (2**; ¾ Std.). Am Ortsanfang verlassen wir die Straße nach rechts und wandern auf einem auf- und absteigenden Waldweg entlang des Río Oribio, dabei passieren wir den Abzweig nach links zur jenseits der LU-634 gelegenen Albergue Casa Forte de Lusío. Bei einer alten Mühle überqueren wir den Bach nach links, gehen gleich danach rechts und hinauf ins nahe **Renche (3**; ½ Std.). Nach dem Ort geht es wieder hinunter, über den Bach und weiter auf dem welligen Weg nach **Freituxe (4**; knapp ½ Std.) und nach **San Martiño do Real (5**; gut ¼ Std.). Der Weg steigt noch weiter an und führt dann links oberhalb von der Straße hinunter nach **Samos (6**; ½ Std.).

Die Straßenvariante (LU-633) führt über **Foxos** (¼ Std.), **Teiguín (7**; ¼ Std.) und **Aian** (1¼ Std) nach **Sarria (16**; 1 Std.).

Für die schönere Variante folgen wir kurz hinter **Teiguín (7)** den gelben Pfeilen nach rechts oben in das Sträßchen Richtung **Pascais (8**; ¼ Std.). Bei der kleinen Kapelle **(9)** etwa 10 Min. nach Pascais (A Rectoral) gehen wir links (man kann auch geradeaus der Straße folgen),

Das Kloster von Samos.

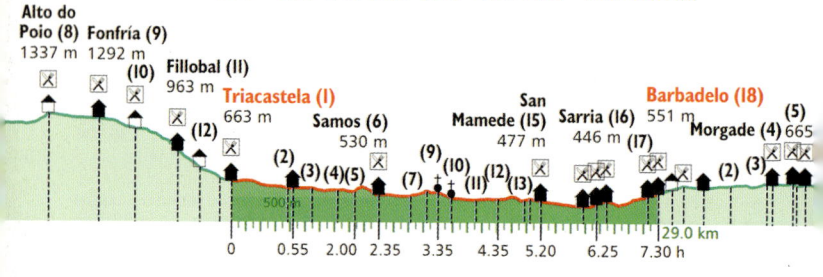

Alto do Poio (8) 1337 m **Fonfría (9)** 1292 m **(10) Fillobal (11)** 963 m **Triacastela (1)** 663 m **Samos (6)** 530 m **San Mamede (15)** 477 m **Sarria (16)** 446 m **Barbadelo (18)** 551 m **Morgade (4)** 665

139.4 135.3 131.1 129.5 125.5 121.4 118.5 114.7 110.4 km

29.0 km

0   0.55   2.00   2.35   3.35   4.35   5.20   6.25   7.30 h

dann rechts. Etwa 15 Min. später, bei der Kapelle San Xumil/Gorolfe **(10)**, biegen wir in das Sträßchen rechts ein und nehmen gleich den Pfad nach links. Er führt uns wieder zu einem Sträßchen und weiter nach **Veiga de Reiriz (11**; ½ Std.) und zum Gehöft **Sivil (12**; knapp ½ Std.). Dort halten wir uns links und wandern weiter auf dem Sträßchen nach **Perros (13)** bzw. **Aguiada/ Calvor (14**; gut ½ Std.), wo wir links in den Camino und die Route 32-V via

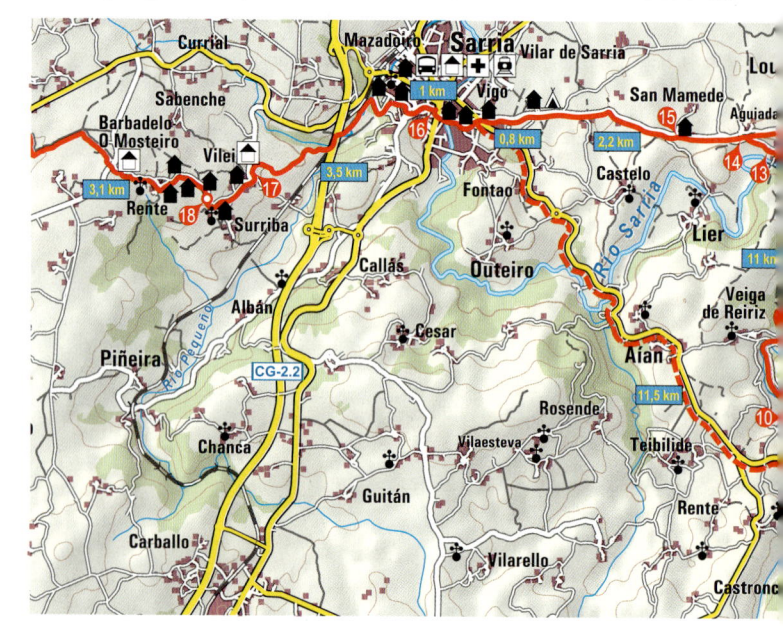

220

San Xil einbiegen, etwa 500 m nach rechts liegt die **Herberge der Xunta (6)**. Auf einem Pfad neben der Straße kommen wir zur Herberge von **San Mamede** (**15**; ¼ Std.) und geradeaus weiter in die Außenbezirke von **Sarria** (¾ Std.). Von dort gelangen wir durch die moderne Unterstadt (an der Hauptstraße Supermärkte und Banken) hinauf ins historische **Zentrum** (**16**; ¼ Std.).

Wir durchqueren die Altstadt auf der Rúa Maior. Über Feld- und Waldwege gelangen wir nach **Vilei (17)** und 600 m weiter nach **Barbadelo** (**18**; 1 Std.). Die Iglesia de Santiago war Teil eines Klosters, das im 11. Jh. der Abtei von Samos unterstand.

Lauschiger Weg an einem Regentag.

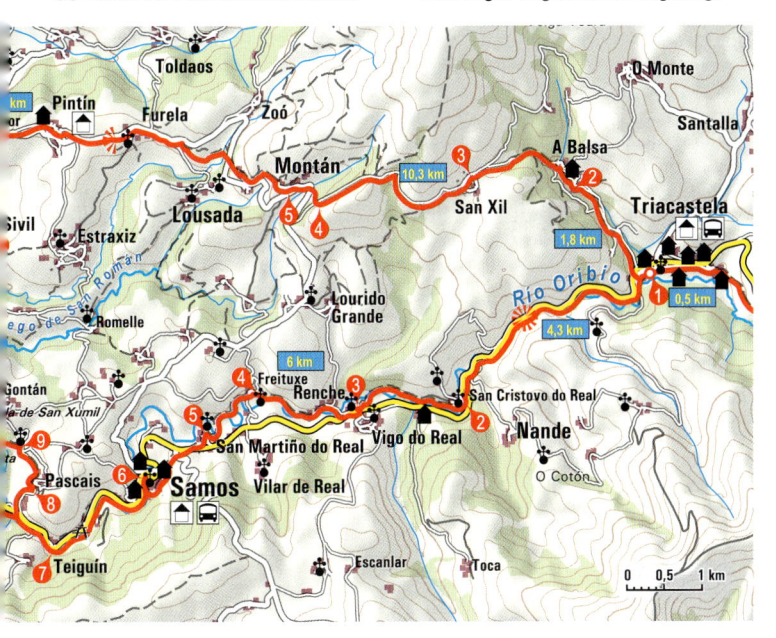

32-V Triacastela – San Xil – Barbadelo

5.45 Std.
21,5 km

Herbergen: A Balsa (710 m, 25 EW), PH, €€€, 20 B/9 €. Alb. ecológico El Beso, Tel. 633 550 558. Gemeins. veg. Abendessen (aus eigenem Biogarten), Waschm., Garten; kein Internet. 14–22 Uhr, April–Okt. **Calvor** (534 m, 90 EW), XH, €€€, 22 B/6 €. Küche (ohne Utensilien), W/T. Abseits gelegen. 13–23 Uhr, ganzjährig.
Die Strecke: Gut markiert, trotz stetem Auf und Ab leicht. Teils kleine Asphaltstraßen, teils unbefestigte Straßen.
Höhenunterschied: 410 m im Aufstieg, 530 m im Abstieg.

Kritische Stellen: Keine.
Landschaft: Sehr ländlich, bestimmt von kleinen Dörfern, Weiden und Wäldern mit knorrigen Eichen. Typisch für Galicien sind Pasadoiros (große Steinplatten zur Überquerung von Bächen), Corredoiras (Hohlwege zwischen Steinmauern) und Hórreos (lange, auf Stelzen stehende Kornspeicher).
Infrastruktur: Furela (665 m, 24 EW); Pintín (622 m, 30 EW).
Anmerkungen: An Proviant und Wasser denken. Herbergen und Infrastruktur ab Calvor siehe Etappe 32-V via Samos.

Für diese Variante gehen wir geradeaus durch **Triacastela (1),** am Ende rechts und über die LU-633 in das Sträßchen (Schild »San Xil«). Vorbei an Wäldchen und Feldern wandern wir hinauf zum Weiler **A Balsa (2**; knapp ½ Std.). Über einen Waldweg kommen wir nach **San Xil (3**; ½ Std.), danach geht es auf einer Asphaltstraße bergab. Nach ¾ Std. weist ein gelber Pfeil **(4)** in einen Waldpfad rechts in einen dichten Wald, durch den wir nach kurzer Zeit wieder das Landsträßchen erreichen. Bei der kleinen Kapelle halten wir uns rechts und kommen nach wenigen Minuten nach **Montán (5**; knapp 1 Std. ab San Xil). Durch mehrere kleine Ortschaften gelangen wir zur am Weg, aber außerhalb des Ortes gelegenen Herberge von **Calvor (6**; 1¼ Std.). Eine ¼ Std. später mündet bei **Aguiada (14)** von links die Etappe 27a ein. Auf einem Pfad neben der Straße kommen wir zur Herberge von **San Mamede (15**; ¼ Std.) und geradeaus weiter nach **Sarria (16**; 1 Std.). Von Sarria aus wandern wir über einen sehr schönen Waldweg in den Weiler **Vilei (17)** und ins nahe **Barbadelo (18**; 1 Std.). Wegbeschreibung vgl. S. 221.

7.45 Std.
29.6 km

Barbadelo/O Mosteiro – Hospital da Cruz 33-V

Herbergen: Molino de Marzán (596 m), TH, ♨♨♨, 16 B/10 €. Casa-Alb. Molino de Marzán (100 m li. von Weg), Tel. 679 438 077. Küche, kl. Laden, W/T, Frühstück, Abendessen. Ab 13 Uhr, April–Okt. **Morgade** (649 m, 5 EW), PH, ♨♨♨, 6 B/10 € (5 DZ 28 bzw. 35 €). Alb. Casa Morgade, Tel. 982 531 250. W/T. 11–23 Uhr, Ostern–Nov. **Ferreiros** (665 m, 90 EW), **(1)** XH, ♨♨, 22 B/6 €. Küche (ohne Utensilien), W/T, kein Internet. 13–23 Uhr, ganzjährig. **(2)** PH, ♨♨♨, 12 B (+ 12 B geplant)/10 € (2 DZ 40 €). Alb. Casa Cruceiro de Ferreiros, Tel. 982 541 240. Küche, großer Aufenthaltsraum, Garten, Rest./Bar, W/T. 11–22.30 Uhr, März–Nov. **A Pena** (650 m, 20 EW) TH, ♨♨♨, 6 B/10 € (2 DZ 40 €). Alb. Casa do Rego, Tel. 982 167 812. Bar, gemeins. Abendessen (auch veg.). 13–22 Uhr, Mitte April–Mitte Okt. **Mercadoiro** (536 m, 10 EW), TH, ♨♨♨, 32 B/10 € (2 DZ 35 €). Alb. de Mercadoiro, Tel. 982 545 359 (Reservierung möglich). W/T. Mahlzeiten. Ganztags, März–Mitte Nov. **Vilachá** (422 m, 20 EW), TH, ♨♨♨, 8 B/10 € (1 DZ 40 €). Alb. Casa Banderas, Tel. 982 545 391. W/T, gemeins. Abendessen, Frühstück, Massagen. 13–22 Uhr, April–Okt. **Portomarín** (389 m, 1600 EW), **(1)** PH, ♨♨♨, 30 B/10 €. Alb. O Mirador, Tel. 982 545 323. Nach Brücke/Treppe links. W/T, Rest. 9–23.30 Uhr. Ganzjährig. **(2)** TH, ♨♨♨, 130 B/10 €. Alb. Ferramenteiro, Tel. 982 545 362. Küche, W/T, Bar. Ganztägig. April–Mitte Okt. **(3)** PH, ♨♨♨, 16 B/10 € (4 DZ 25 €). Alb. Manuel, Rúa do Miño 1. Tel. 982 545 385. Küche, W/T. Einfach, aber gut. Ganztags, April–ca. Okt. **(4)** XH, ♨♨, 114 B/6 €. Küche (ohne Utensilien), W/T. 13–23 Uhr, ganzjährig. **(5)** PH, ♨♨, 12 B/10 € (DZ 40 € / EZ 28 €). Alb. El Caminante, Tel. 982 545 176. Rúa Sánchez Carro. W/T, Rest. 11.30–23 Uhr, April–Okt. **(6)** PH, ♨♨♨, 14 B/10 € (EZ 20 €/DZ 30 €). Alb. Porto Santiago, C/ Diputación 8, Tel. 618 826 515. Küche, W/T. Ganztags, ganzjährig. **(7)** PH, ♨♨♨, 14 B/10 € (5 DZ 30 €). Alb. Ult-reia, C/ Diputación 9, Tel. 982 545 067. Küche, W/T. 11–23 Uhr, ganzjährig. **(8)** TH, ♨♨♨, 22 B/10 €. Alb. Novo Porto, C/ Benigno Quiroga 12, Tel. 610 436 736. W/T. Küche. 10–23Uhr, März–Nov. **(9)** TH, ♨♨♨, 16 B/10 €. Alb. Casa Cruz, C/ Benigno Quiroga 16, Tel. 982 545 140. Küche, W/T, Bar/Rest. Ganztags, ganzjährig. **(10)** TH, ♨♨♨, 20 B/10 €. Alb. Villamartín, Rúa de Miño 14, Tel. 982 545 054. W/T, Küche. 11–23 Uhr, April–15. Okt. **(11)** PH, ♨♨♨, 32 B/10 €. Alb. Folgueira, Tel. 982 545 166. W/T, Küche. 11–23 Uhr, ganzjährig. **Gonzar** (551 m, 40 EW), **(1)** XH, ♨♨, 28 B/6 €. An Straße. Küche (ohne Utensilien), Waschm. 13–23 Uhr, ganzjährig. **(2)** PH, ♨♨♨, 26 B/10 € (4 DZ 35 €). Casa García, Tel. 982 157 842. Im Zentrum. W/T, Rest. Ganztags, März–Nov. **Hospital da Cruz** (Alto da Cruz) (678 m, 2 EW), XH, ♨♨, 32 B/6 €. An Straße. Küche (ohne Utensilien), Waschm. 13–23 Uhr, ganzjährig. 1,4 km/20 Min. weiter: **Ventas de Narón** (702 m, 15 EW), **(1)** PH, ♨♨♨, 18 B/10 € (2 DZ 30 €). Alb. Casa Molar, Tel. 696 794 507. Bar/Rest., W/T. 11–23 Uhr, ganzjährig. **(2)** PH, ♨♨♨, 22 B/10 € (4 DZ 30–35 €). O Cruceiro, Tel. 658 064 917. W/T, Rest. 12–23 Uhr, ganzjährig.

Die Strecke: Gut markiert, mittelschwer, lang. Landstraßen, Feld- und Waldwege.

Höhenunterschied: 550 m im Aufstieg, 430 m im Abstieg.

Kritische Stellen: Keine.

Landschaft: Bis Portomarín sehr ländlich, Kuhweiden, kleine Weiler und Wälder. Danach zeitweise parallel zur LU-633.

Infrastruktur: Rente (593 m, 15 EW) 🛏; Mercado da Serra (630 m, 25 EW) 🛒 🍴; Morgade 🛒 @ 🛏 🛒 🍴; Ferreiros 🛒 🍴 @; Mirallos (639 m, 20 EW) 🛒 🍴 @; A Pena 🛒 🍴 @; Couto/Rozas 🍴; Mercadoiro 🍴; Moutras (534 m) 🛒; Portomarín alles 🛒 Mo-Fr 20.30 Uhr, Sa 20 Uhr, So 12.30 Uhr ✚ C/ Lugo s/n, Tel. 982 545 113; Gonzar 🍴 🛏; Castromaior (598 m, 30 EW) 🛒 🛏; Hospital da Cruz 🍴; Ventas de Narón 🍴 🛏 @.

Elevation profile

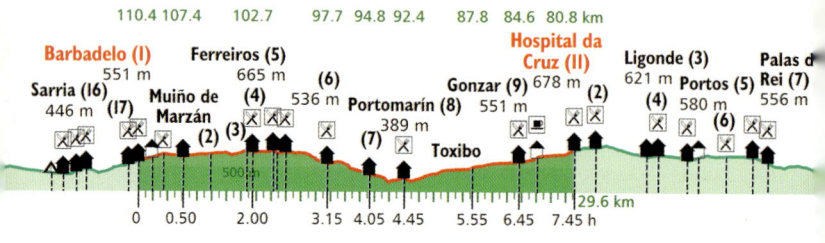

110.4 107.4   102.7   97.7 94.8 92.4   87.8 84.6 80.8 km

Barbadelo (1) 551 m — Ferreiros (5) 665 m — **Hospital da Cruz (11)** — Ligonde (3) 621 m — Palas d Rei (7) 556 m
Sarria (16) 446 m — Muiño de Marzán (2) — (3) — (4) — (6) 536 m — (7) — Portomarín (8) 389 m — Toxibo — Gonzar (9) 551 m — 678 m — (2) — (4) — Portos (5) 580 m — (6)

0   0.50   2.00   3.15 4.05 4.45   5.55   6.45 7.45 h   29.6 km

Von **Barbadelo (1)** aus zieht sich der Camino weiter durch kleine, malerische Siedlungen wie Rente, Mercado da Serra, A Pena und **Peruscallo (2**; 1¼ Std.). Kurz hinter **A Brea** steht rechts am Weg der **Kilometerstein 100**

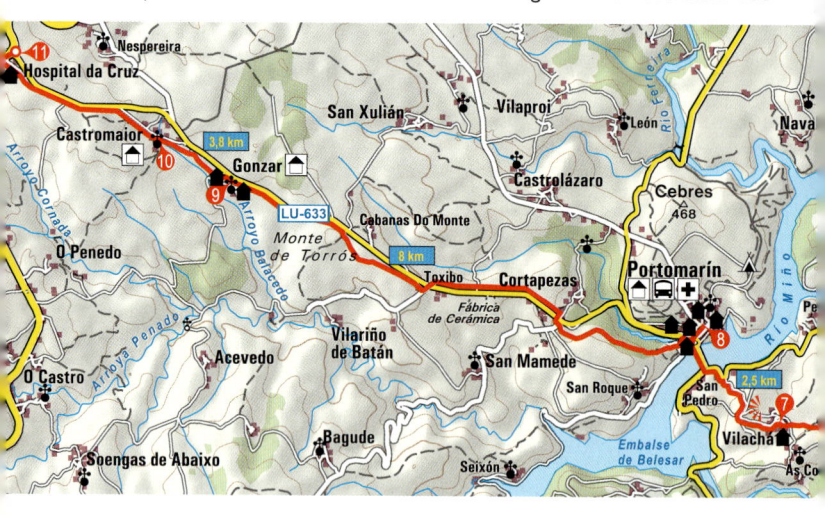

(**3**; ¾ Std.), tatsächlich sind es noch rund 103 km. Kurz darauf passieren wir **Morgade (4)** und ¼ Std. später **Ferreiros (5)**. Weiter durch viele Weiler und mit schönen Ausblicken auf der locker bewachsenen Hochebene erreichen wir **Mercadoiro (6**; 1 Std.).

Durch Moutras und A Parrocha gelangen wir nach **Vilachá (7**; ¾ Std.). Jenseits des Río Miño ist bereits Portomarín zu erkennen. Erst müssen wir aber ganz bis zum Fluss hinuntergehen und die Brücke über den Stausee überqueren. Nach der Brücke steigen wir die steile Treppe geradeaus hinauf, gehen oben schräg rechts und bei dem Brunnen links und nach der kleinen Grün-

Die Brücke über den aufgestauten Río Miño und im Hintergrund Portomarín.

anlage nach rechts in die Altstadt von **Portomarín (8)** (¾ Std. ab Vilachá). Wir verlassen Portomarín auf der Hauptstraße abwärts. Am Ortsausgang gehen wir über eine Brücke und dann gut ½ Std. durch einen Wald bergauf. Bei der Ziegelfabrik geht es rechts über die LU-633. Auf einem Pfad rechts neben der LU-633 wandern wir bis zu einer Geflügelfarm, dort wieder links über die Straße. Neben der Straße erreichen wir **Gonzar** (**9**; 2 Std. ab Portomarín). Wieder abseits der Straße kommen wir nach **Castromaior** (**10**; gut ¼ Std.) und nach einem langen Aufstieg nach **Hospital da Cruz** (**11**; knapp ¾ Std.).

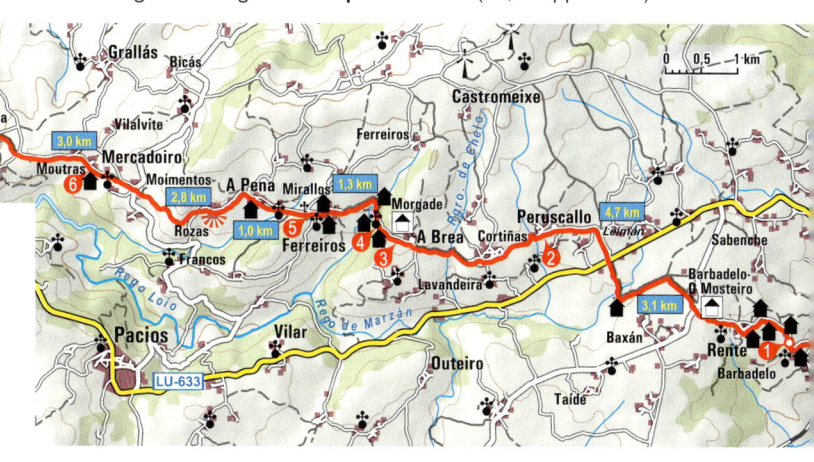

34-V Hospital da Cruz – Mélide

7 Std.
28,1 km

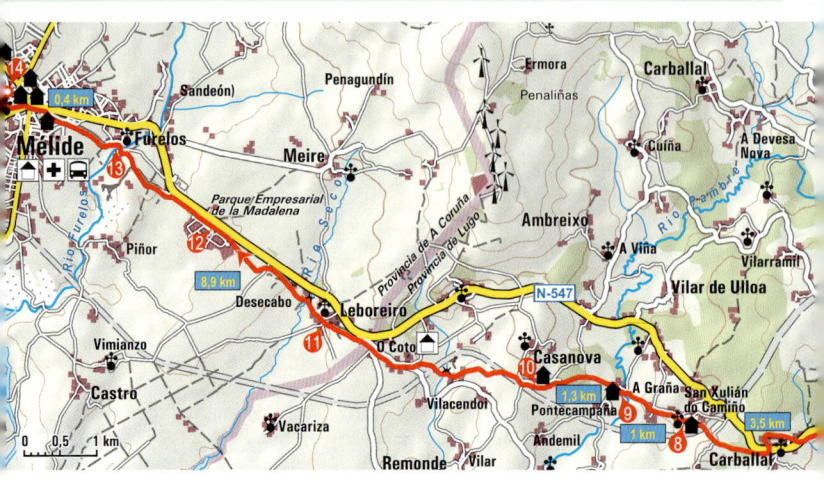

Herbergen: Ventas de Narón (s. Etappe 33-V). **Ligonde** (621 m, 60 EW), **(1)** CH, ☕☕☕, 20 B/Spende. Alb. Fuente del Peregrino; von protestantischen Freiwilligen betreut. Abendessen, Frühstück, Tischgebet. Kein Internet. Ganztags, Mai–Okt. **(2)** SH, ☕☕☕, 20 B/8 €. Küche, W/T. 13–23 Uhr, April–Okt. **Airexe** (629 m, 20 EW), **(1)** XH, ☕☕, 20 B/6 €. Küche, W/T. Kein Internet. 13–23 Uhr, ganzjährig. **(2)** TH, ☕☕☕, 4 B/10 € (2 EZ 20–25 €, 3 DZ 30–35 €). Pensión Eirexe, Tel. 982 153 475. W/T. Ganztags, März–Nov. **Portos/Lestedo** (580 m, 3 EW), **(1)** TH, ☕☕☕, 13 B/10–12 € (DZ 60 €). Alb. A Paso de Formiga, Tel. 618 984 605. W/T. Mahlzeiten. Ganztags, Ostern–Okt. **(2)** PH, ☕☕☕, 10 B/10 €. Casa A Calzada, Tel. 982 183 744. Rest. Ganztags, ganzjährig. **Palas de Rei** (556 m, 850 EW), 1 km vor Zentrum: **(1)** XH, ☕☕, 112 B/6 €. Pabellón de Peregrinos, Os Chacotes. Küche (ohne Utensilien). W/T, kein Internet. 13–23 Uhr, ganzjährig. **(2)** TH, ☕☕☕, 72 B/10 € (7 DZ 50 €, 3 3er-Zi. 60 €). Alb. San Marcos, Trav. de la Iglesia, Tel. 982 380 711. W/T, Küche, Bar. 11–23 Uhr, April–Nov. **(3)** TH, ☕☕☕, 56 B/10 €. Alb. Castro, Av. de Ourense 24, Tel. 609 080 655. W/T, Küche, Bar. 10–23 Uhr, ganzjährig. **(4)** XH, ☕☕, 60 B/6 €. W/T, kein Internet. 13–23 Uhr, ganzjährig. **(5)** PH, ☕☕☕, 42 B/10 €. Buen Camino, Tel. 639 882 229. Küche, W/T, Rest. Ganztags, Ostern/20. Mai–15. Okt. **(6)** PH, ☕☕☕, 100 B/10 €. Alb. Mesón de Benito, Rúa da Paz s/n, Tel. 636 834 065. W/T, Rest. Ganztags, ganzjährig. **(7)** TH, ☕☕☕, 50 B/10 €. Alb. Outereiro, Pl. de Galicia 25, Tel. 982 380 242. W/T, Küche. 11.30–24 Uhr, März–Okt. **(8)** TH, ☕☕☕, 17 B/10 €. Alb. A Casiña di Marcello (Ortsende, am Weg), Tel. 640 723 903. Küche (3 €), gemeinsches italienisches Abendessen, W/T. 14–22 Uhr, ganzjährig. **San Xulián do Camiño** (470 m, 45 EW), PH, ☕☕☕, 18 B/10–12 € je Saison. O Abrigadoiro, Tel. 676 596 975. Schöner Altbau, Bar/Rest., W/T. Ganztags, Ostern–Okt. **Pontecampaña** (420 m, 10 EW), TH, ☕☕☕, 18 B/10 €. Alb. Casa Domingo, Tel. 982 163 226. Bar/Rest., W/T, gemeins. Es-

226

sen. 12/13–23 Uhr, Mai–Okt. **Casanova** (484 m, 10 EW), XH, ⊙⊙, 20 B/6 €. Küche (ohne Utensilien), W/T, kein Internet. 13–23 Uhr, ganzjährig. **Mélide** (457 m, 4700 EW), **(1)** TH, ⊙⊙⊙, 42 B/10 €. Alb. Mélide, Av. Lugo 92, Tel. 627 901 552. W/T. 12–23 Uhr, Ostern–Okt. **(2)** TH, ⊙⊙⊙, 72 B/12 €. Alb. O Cruceiro, Tel. 616 764 896. W/T, Mikrowelle. 11–23 Uhr, März–Okt. **(3)** TH, ⊙⊙⊙, 28 B/10 €. Alb. San Antón, Rúa de San Antonio 6, Tel. 698 153 672. W/T, Küche, Garten. 11–23 Uhr, März–Nov. **(4)** PH, ⊙⊙⊙, 30 B (plus 22 B in Alb. O Apalpador II)/10 €. Alb. O Apalpador. Rúa de San Antonio 23 (neben XH), Tel. 679 837 969. Küche, W/T. 12–23.30 Uhr, Mai–Okt., sonst mit Anmeldung. **(5)** XH, ⊙⊙, 156 B/6 €. Küche (ohne Utensilien), W/T, kein Internet. 13–23 Uhr, ganzjährig. **(6)** PH, ⊙⊙⊙, 28 B/12 € (+ DZ)

43, Tel. 981 506 314. W/T, Küche. 12–23 Uhr (Winter 13–22 Uhr), ganzjährig.
Die Strecke: Gut markiert, leicht. Bis Palas de Rei meist Landsträßchen, dann unbefestigte Feld-/Waldwege im Auf und Ab. Kurz vor San Xulián do Camiño kreuzt die neue Autobahn den Weg.
Höhenunterschied: 320 m im Aufstieg, 550 m im Abstieg.
Kritische Stellen: Keine.
Landschaft: Teils lichte Wälder, teils schattenlose und im Sommer sehr heiße Hochebenen. Die rasche Abfolge kleiner Siedlungen macht die Etappe kurzweilig.
Infrastruktur: Ventas de Narón ⌂ ⊞ @; Airexe ⌂ ⌂; Portos ⌂ ⌂ @; Lestedo ⌂ ⌂; A Brea ⌂; Palas de Rei ⌂ ⌂ € @ 🚌 ✉ 🏧 🚆 tgl. 20 Uhr, So 12.30 u. 20 Uhr ✚ Avd. de Lugo, Tel. 982 374 132; San Xulián

Alb. Vilela, Rúa de San Antonio 2, Tel. 616 011 375. Küche, W/T. 11–23 Uhr, März–Okt. **(7)** PH, ⊙⊙⊙, 40 B/Ostern–Okt. 10 €, sonst 6 € (DZ 40–60 €). Alb. Pereiro, C/ Progreso do Camiño ⌂ ⌂ @; Casanova ⌂; O Coto (478 m, 30 EW) ⌂ ⌂ ⌂; Furelos (416 m, 150 EW) ⌂; Mélide ⌂ ⌂ € @ ⌂ i 🚌 🏧 ✚ C/ Dr. Fleming 2, Tel. 981 506 176.

Von **Hospital da Cruz (1)** gehen wir über die Straßenbrücke und weiter nach **Ventas de Narón** (**2**; gut ¼ Std.). Dann wandern wir über kleine Verbindungssträßchen von Dorf zu Dorf. Nach rechts öffnet sich bald der Blick auf die Sierra de Ligonde. Wir kommen nach **Ligonde** (**3**; knapp 1 Std.) und **Airexe**

227

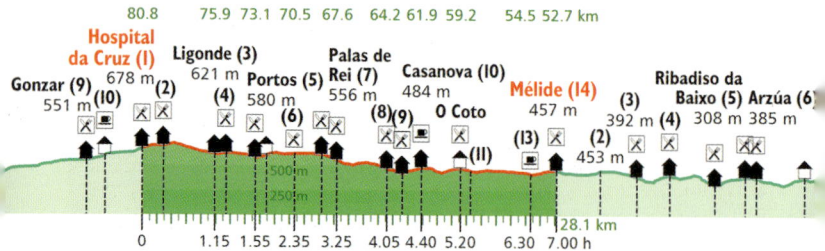

```
           80.8    75.9 73.1 70.5 67.6  64.2 61.9 59.2     54.5 52.7 km
         Hospital
         da Cruz (I)  Ligonde (3)      Palas de
Gonzar (9)    678 m (2)  621 m Portos (5) Rei (7) Casanova (10)              Ribadiso da
  551 m   (10)      (4)    580 m    556 m    484 m   Mélide (I4)      (3)   Baixo (5) Arzúa (6)
                           (6)               O Coto     457 m           392 m (4) 308 m 385 m
                                       (8)(9)
                                              (II)       (I3)
                                                              (2)
                                                             453 m

 0    1.15 1.55 2.35 3.25  4.05 4.40 5.20  6.30 7.00 h    28.1 km
```

(**4**; knapp ¼ Std.; ein Pfad kürzt kurz nach der SH von Ligonde die Straße ab). Kurz vor Ligonde steinernes Wegkreuz (cruceiro) aus dem 17. Jh. Unverändert führt die Wanderung durch kleine Siedlungen wie **Portos** (**5**; ½ Std.; 2,5 km nördlich davon: Vilar de Donas, sehenswerte romanische Kirche aus dem 13. Jh. mit schönen gotischen Fresken aus dem 14./15. Jh.; Di–So 11–14 Uhr und 16–18 Uhr), **Lestedo**, **A Brea** (**6**) und **O Rosario** nach **Palas de Rei** (**7**; 1½ Std.). Der Ortsname erinnert noch an einen längst verschwundenen Königspalast. Wir verlassen die Stadt der N-547 folgend. Dann schlägt der Weg einen Bogen nach rechts um den kleinen Ort Carballal. Nach einer ¾ Std. erreichen wir **San Xulián do Camiño** (**8**; romanische Kirche, 18. Jh. restauriert) und kurz darauf **Pontecampaña** (**9**; ¼ Std.). Durch hügeliges Gelände geht es weiter nach **Mato**/**Casanova** (**10**; gut ¼ Std.). Bei O Coto betreten wir die Provinz A Coruña und gelangen nach **Leboreiro** (**11**; gut ¾ Std.). Kurz danach passieren wir das Gewerbegebiet **A Gándara** (**12**; ½ Std.). Parallel zur Straße kommen wir über **Furelos** (**13**; ½ Std.) nach **Mélide** (gut ¼ Std.). Die Herberge der Xunta (**14**) befindet sich am Ortsende: An der großen Kreuzung gehen wir rechts und gleich wieder links, dann geradeaus bis fast ans Ortsende, dort rechts (¼ Std.).

Ein regnerischer Apriltag in Ventas de Narón.

8.30 Std. / 33 km — Mélide – Pedrouzo (Arca do Pino) 35-V

Herbergen: Boente (392 m, 25 EW), **(1)** TH, ◐◐◐, 50 B/10 € (1 DZ 35 €). Alb. Boente, Tel. 981 501 974. W/T, Pool, Terrasse, Mahlzeiten. Ganztags, März–Nov., restl. Zeit mit Reservierung. **(2)** TH, ◐◐◐, 28 B/11 €. Alb. Os Albergues, Tel. 981 501 853. W/T. Rest. 7–22 Uhr, April–Okt. **Castañeda** (414 m, 160 EW), PH, ◐◐◐, 4 B/10 € (1 DZ 35 €). Alb. Santiago, Tel. 981 501 711. W/T, Rest. Der Betreiber spricht Deutsch u. Italienisch. Ganztägig, Feb.–Dez. **Ribadiso da Baixo** (308 m, 10 EW), **(1)** XH, ◐◐◐, 70 B/6 €. Wegen großer Beliebtheit schnell voll. Platz für Zelte, Küche, W/T; kein Internet. 13–23 Uhr, ganzjährig. **(2)** TH, ◐◐◐, 60 B/10 €. Alb. Los Caminantes I, Tel. 647 020 600. Küche, Internet, W/T. 12–22.30 Uhr, Ostern–Okt. **(3)** TH, ◐◐◐, 24 B/10 €. Alb. Milpes, Tel. 981 500 425. W/T, Mikrowelle, Mahlzeiten. Terrasse. 6–23 Uhr, März–Nov. **Arzúa** (385 m, 2700 EW), **1 km vor Zentrum: (1)** TH, ◐◐◐, 50 B/10 € (+ EZ/DZ). Alb. Don Quijote, Av. Lugo 130. Tel. 981 500 139. Küche, W/T. Ganztägig, ganzjährig. **(2)** TH, ◐◐◐, 84 B/12 € (Nebensaison 10 €). Alb. Santiago Apóstol. Tel. 981 508 132. Küche, W/T, Rest. Ganztags, ganzjährig. **(3)** TH, ◐◐◐, 39 B/10 €. Alb. Ultreia, Av. Lugo 126, Tel. 981 500 471. W/T. Küche. Ganztägig, ganzjährig. **(4)** TH, ◐◐◐, 50 B/10 €. Alb. de Selmo, Av. de Lugo 133, Tel. 981 939 018. Kl. Kochgelegenheit, W/T. 11–22.30 Uhr, Ostern–Okt. **Im Zentrum: (5)** TH, ◐◐◐, 23 B/10–30 € (Schlafsaal und DZ), Pensión Arzúa, C/ Rosalía de Castro, Tel. 981 508 23 u. 608 380 011. Küche, W/T, Garten, Salon mit Kamin. 12–23 Uhr, Feb.–Nov. **(6)** XH, ◐◐◐, 50 B/6 €. Schöner Altbau, Küche (ohne Utensilien), W/T; kein Internet. 13–23 Uhr, ganzjährig. **(7)** TH, ◐◐◐, 120 B/10 €. Alb. Vía Láctea, Tel. 981 500 581. Küche, W/T. Schlafsäle mit oben offenen Wänden getrennt. Ab 10.30 Uhr, ganzjährig. **(8)** TH, ◐◐◐, 22 B/10–12 €. Alb. da Fonte, Tel. 604 002 380. Am Camino, fast Ortsende, liebevoll gestaltetes Altstadthaus. Küche, W/T. Wenn niemand da, Tel. an Tür, März–Nov. **(9)** TH, ◐◐◐, 26 B/10 €. Los Caminantes II, C/ Santiago 14 (vor PH 6 rechts zur Hauptstraße, dort links), Tel. 647 020 600. W/T. 12–23 Uhr, Ostern–Okt. **Burres** (330 m, 20 EW; 800 m südl. vom Weg an N-547), TH, ◐◐◐, 30 B/10 € (EZ 30 €, DZ 40 €). Alb. Pensión Camiño das Ocas, Tel. 648 404 780. Küche, W/T, Bar, Garten. 13–22 Uhr, April–Mitte Nov. **Salceda** (370 m, 165 EW), **(1)** PH, ◐◐◐, 30 B/ab 10 €. Alb. de Boni, Tel. 618 965 907. Waschm., Mikrowelle. 14–23 Uhr, ganzjährig. **(2)** 350 m südl. vom Weg/jenseits der N-547 nahe km 75: TH, ◐◐◐, 8 B/März–Okt. 12 €, Nov.–Feb. 10 € (EZ 30 €/DZ 45 €). Alb. turístico Salceda, Tel. 981 502 767. W/T. In schöner Landhotel-Anlage. Ab 12 Uhr, ganzjährig. **Santa Irene** (372 m, 15 EW), **(1)** TH, ◐◐◐, 15 B/13 €. Alb. Santa Irene, ca. 300 m vor XH, Tel. 981 511 000. Abendessen/Frühstück, W/T, Terrasse. 12–22 Uhr, Ostern–Okt. **(2)** XH, ◐◐◐, 36 B/6 €. Direkt an Straße. Küche; kein Internet. 13–23 Uhr, ganzjährig. **Astrar** (336 m, 20 EW; 800 m südlich vom Weg, Abzweig bei Santa Irene), TH, ◐◐◐, 24 B/10 €. Alb. Rural Astrar (direkter Weg nach A Rúa ca. 1,3 km), Tel. 981 511 463. Küche, W/T, Snackautomaten. 12–23 Uhr, ganzjährig. **Pedrouzo (Arca do Pino)** (285 m, 750 EW), nach A Rúa, links 500 m die N-547 hoch (Camino: geradeaus; vom Zentrum direkt zum Camino: Bei Casa bzw. Rúa do Concello, Rathaus, gelbe Pfeile), **(1)** PH, ◐◐◐, 14 B/10 € (5 DZ 35/38 €). Alb. O Burgo, bei Tankstelle am Ortsanfang, Tel. 630 404 138. W/T. Rezeption 12–20.30 Uhr, April–Okt. **(2)** XH, ◐◐, 126 B/6 €. Küche, W/T. 13–23 Uhr, ganzjährig. **(3)** PH, ◐◐◐, 54 B/10 €. Alb. Porta de Santiago. Tel. 981 511 103. W/T, Snackautomaten. 12–23 Uhr, März–Nov. **(4)** PH, ◐◐◐, 36 B/10 €. Alb. Otero, C/ Forcarei 2 (nach PH 3 erste Str.

rechts und gleich links), Tel. 671 663 374. W/T, Mikrowelle. 11–23 Uhr, April–Okt./Nov. **(5)** PH, ✱✱✱, 52 B/10 € (EZ 30 €). Alb. Edreira, Rúa da Fonte 19. Tel. 981 511 365. Mikrowelle, W/T. 12–23 Uhr, März–Okt. (sonst Reservierung). **(6)** TH, ✱✱✱, 94 B/10 €. Alb. Cruceiro de Pedrouzo, Av. de la Iglesia 7, Tel. 981 511 371. Küche, W/T, Terrasse, Sauna. 12–23 Uhr, März–Nov. (sonst nur angemeldete Gruppen). **(7)** TH, ✱✱✱, 50 B/10 €. Alb. REMhostel, Av. de la Iglesia 7, Tel. 981 510 407. Bar/Café, W/T. 10–23 Uhr, ganzjährig.
Die Strecke: Gut markiert, trotz hügeligem Gelände eine leichte, aber lange Etappe. Vor allem Waldwege.
Höhenunterschied: 520 m im Aufstieg, 680 m im Abstieg.
Kritische Stellen: Keine.
Landschaft: Noch immer verläuft der Weg durch die schier endlose Kette von Weilern und Siedlungen. Das Klima wird merklich milder, Palmen, Kakteen und Bananenstauden bereichern hier und da die Vegetation. Immer öfter führen die Pfade durch duftende Eukalyptuswälder.
Infrastruktur: Boente ⌂ ⌂ @; Castañeda ⌂ ⌂ @; Ribadiso da Baixo ⌂ @; Arzúa ⌂ ⌂ ⌂ @ ⌂ € ⌂ i ⌂ ⌂ ✚ C/ Fernández de Riba, Tel. 981 500 450; A Peroxa (389 m, 9 EW) ⌂; Calzada (386 m, 50 EW) ⌂ ⌂; Calle (366 m, 20 EW) ⌂ ⌂; Boavista (380 m, 30 EW) ⌂; Salceda ⌂ ⌂ @; O Xen (400 m, k. A.) ⌂; Brea (375 m, 92 EW) ⌂; O Empalme (405 m) ⌂ an Kreuzung ⌂; Santa Irene ⌂; A Rúa (278 m, 53 EW) ⌂ ⌂; Pedrouzo/Arca do Pino ⌂ ⌂ ⌂ € ⌂ ⌂ @ ✚ Tel. 981 511 196.
Anmerkungen: Auch auf diesem Abschnitt erlauben viele Herbergen am Weg (im Fall von Burres und Astrar auch abseits davon) eine flexible Gestaltung der Etappenlänge.

Ab **Mélide (1)** geht das permanente Auf und Ab, nun immer öfter durch duftende Eukalyptuswälder, weiter. Auf einem Waldpfad wandern wir über **Raído (2**; ¾ Std.) nach **Boente (3**; ½ Std.; Kirche mit hübscher Jakobusfigur). Von dort geht es hinunter in das Tal des Río Boente und wieder hinauf nach **Castañeda (4**; ¾ Std.). Hier brachten die mittelalterlichen Pilger den Kalkstein aus Triacastela zu den Kalköfen, um ihren Beitrag zum Bau der Kathedrale von Santiago zu leisten. Heute ist von den Kalkfabriken allerdings nichts mehr zu sehen. Dann geht es kräftig bergauf und -ab ins idyllische **Ribadiso da Baixo (5**; ¾ Std.). An der Landstraße entlang gehen wir nach **Arzúa (6**; ¾ Std.).

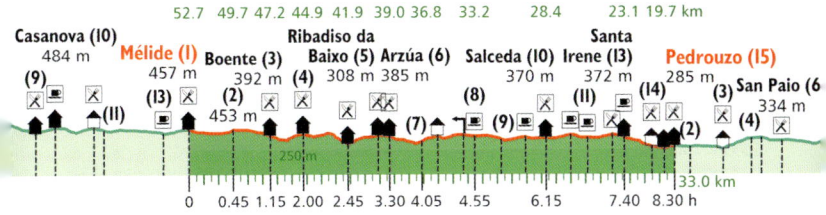

Auf kleinen Sträßchen und unbefestigten Wegen wandern wir durch eine hügelige, landwirtschaftlich geprägte Landschaft. Gut ½ Std. nach Arzúa erreichen wir **Pregontoño** (**7**). Wir unterqueren die N-547 und wandern nach A Peroxa (¼ Std.), 15 Min. später zweigt links der Weg zur Herberge Camiño das Ocas ab. Geradeaus geht es weiter nach **A Calzada** (**8**; knapp ½ Std.), **Outeiro** (**9**; ½ Std.) und **Salceda** (**10**; ¾ Std.). Wir überqueren mehrfach die N-547, zuletzt kurz nach **Brea** (**11**; ¾ Std.) nach links und gehen parallel zu ihr leicht ansteigend nach **O Empalme** (**12**; ½ Std.). Dort gehen wir erneut rechts über die N-547, nach dem Restaurant rechts zum Wald und links. Kurz danach geht es unter der Straße hindurch zur Kapelle und privaten Herberge von **Santa Irene** (**13**; ¼ Std.; kurz danach, vor Erreichen der Nationalstraße, links der Abzweig zur rund 800 m entfernten Herberge von Astrar). Direkt zur 5 Min. entfernten Herberge der Xunta folgt man dem Feldweg geradeaus, ohne die

Straße zu unterqueren. Von der Herberge der Xunta gehen wir bergab durch den Wald nach **A Rúa** (**14**; gut ¼ Std.) und auf einem Sträßchen zur N-547. Der Jakobsweg läuft geradeaus, ohne Pedrouzo zu berühren. Das Zentrum von **Pedrouzo**/**Arca do Pino** (**15**) liegt rund 500 m entfernt links die N-547 hinauf.

231

36-V Pedrouzo (Arca do Pino) – Santiago de Compostela

5.15 Std.
19,7 km

Herbergen: Monte do Gozo (371 m) XH, ●●, 500 B/6 €, Tel. 981 558 942. 13–23 Uhr, ganzjährig.
Santiago de Compostela siehe Seite 184.
Die Strecke: Einfach, gut markiert. Teils Waldwege, teils Landstraßen.

Höhenunterschied: 330 m im Aufstieg, 360 m im Abstieg.
Infrastruktur: San Paio (320 m, 50 EW) 🍴; Lavacolla (300 m, 180 EW) 🍴🏠🛏🛒🚌; San Marcos (366 m, 855 EW) 🛏🛒🚌🍴; Monte do Gozo 🍴@€🏠🛏🚌; Santiago de Compostela siehe Seite 184.

Vom **Zentrum (1)** aus geht man am besten zum Rathaus (»Casa do Concello«) und folgt den gelben Pfeilen durch die Rúa do Concello in wenigen Minuten bis zum Camino. Auf einem Waldweg erreichen wir **San Antón (2**; ½ Std. ab Kreuzung Camino/N-547; ab Zentrum kürzer) und **Amenal (3**; ½ Std.). Danach geht es auf einem Waldweg steil bergauf. Ein letztes Mal zeigt sich der Camino von seiner ländlichen, ruhigen Seite, bevor er in das Einzugsgebiet von Santiago eindringt. Auf einer Anhöhe verlassen wir den Wald und umgehen das Rollfeld des **Flughafens (4)**, das auf der historischen Pilgerroute liegt, weiträumig nach rechts. Beim großen Kreisverkehr halten wir uns links und gelangen zur **Wegmarke 12 km (5**; knapp 1 Std.); tatsächlich sind es noch rund 14 km bis zur Kathedrale. Wir passieren **San Paio (6**; auch Sampaio) und gelangen über eine Anhöhe nach **Lavacolla (7**; knapp 1 Std.) Hinter Lavacolla gehen wir bergauf nach **Vilamaior (8**; knapp ½ Std.). Nun wandern wir über eine lichte Hochebene, vorbei an den Sendestationen von **TV**

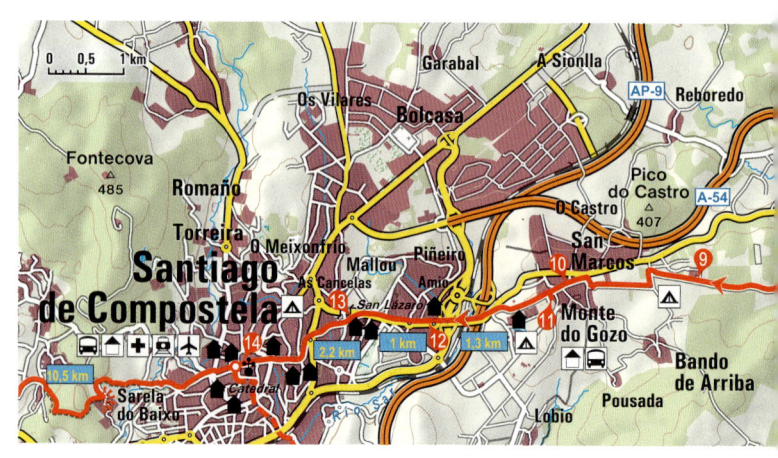

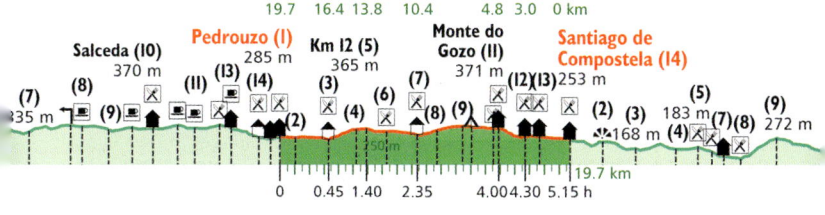

Galicia und **TV España (9)**, ins Einzugsgebiet von Santiago und nach **San Marcos (10)**. Kurz darauf erreichen wir endlich den **Monte do Gozo (11)**. (Hinweis zur Herberge bei Kapelle rechts, bzw. weiter vorne am Weg; gut 1 Std.). Vom **Monte do Gozo** wandern wir hinunter (Eingang Herberge links) und über die Umgehungsstraße, die Autobahn und die Bahngleise. Nach dem Kreisverkehr halten wir uns auf der linken Seite der Avda. do Camiño Francés. Vorbei am Palacio de Congresos (rechte Straßenseite: Museo Pedagógico, dahinter **Residencia de Peregrinos San Lázaro**, **12**) gelangen wir in die Rúa de Valiño (**13**; rechts Alb. Santo Santiago, links die Treppe hinunter Privatherberge Acuario, im Erdgeschoss des großen Wohnblocks).

Wir gehen durch die Rúa das Fontiñas, die Fonte dos Concheiros, überqueren die Avda. de Lugo, kommen durch die Rúa dos Concheiros in die Rúa de San Pedro und gelangen über die Porta do Camiño in die Altstadt. Durch die Rúa Casas Reais, die Rúa das Ánimas, über die Praza de Cervantes in die Rúa da Acibechería und weiter über die Praza da Inmaculada auf die Praza do Obradoiro zur **Kathedrale** von **Santiago de Compostela** (**14**; 1¼ Std.).

Der Weg nach Finisterre und Muxía

Viele Pilger setzen ihre Wanderung bis nach Finisterre (galicisch Fisterra, lat. Finis Terrae) fort, ans Ende der Welt, wie die Menschen im Altertum glaubten. Allein die Sonnenuntergänge über dem Atlantik sind es wert, den rund 90 km langen Weg dorthin zurückzulegen. Die wie ein Finger in den Atlantik ragende Landspitze war schon für Phönizier, Kelten und Römer ein mystischer Ort, an dem sie Sonnen- und Fruchtbarkeitsriten feierten. Nach dem Auffinden des Apostelgrabes erwachte die Faszination für das »Ende der Welt« neu. Eine christliche Rechtfertigung erhielt sie im Mittelalter mit den in Finisterre und Muxía angesiedelten Jakobuslegenden. Doch jenseits jeglicher Ideologie ist es immer eines geblieben: ein ganz spezieller Ort mit ganz eigener Magie.
Costa da Morte, Todesküste, heißt Galiciens Nordwesten. Unzählige Schiffe sanken in diesen unberechenbaren Gewässern. Die letzte und schlimmste Katastrophe verursachte 2002 der Untergang des Öltankers Prestige, bei der 70.000 Tonnen Schweröl ins Meer gelangten; Zehntausende Seevögel verendeten. Für Galiciens Küste, die vom Fischfang und der Muschelzucht lebt, war dies seinerzeit ein ökologisches und ökonomisches Desaster. Inzwischen ist es zwar nicht vergessen, doch scheint wieder Normalität eingekehrt zu sein. Seit 2007 gehört das Kap Finisterre aufgrund seiner einzigartigen Lage und Geschichte zum Europäischen Kulturerbe. Einen tollen Eindruck von dieser zum einen grünen und ländlich geprägten und zum anderen auch rauen und wilden Küste vermittelt die Wanderung von Finisterre nach Muxía. Die 2013 bei einem Brand zerstörte, der Jungfrau vom steinernen Schiff geweihte Kapelle auf der schönen, rauen Landspitze von Muxía ist inzwischen wieder weitgehend restauriert.

Weiter westlich geht nicht: endlich am Ziel des Weges am »Ende der Welt«.

6.15 Std.
21,9 km

Santiago de Compostela – Negreira   37

Herbergen: Castelo (96 m, 90 EW), TH, ◉◉◉, 8 B/15 € (2 DZ 44–50 €). Casa Rural Riamonte, Tel. 981 890 356 (gut 600 m rechts vom Weg). W/T, Abendessen, Garten. Ab 13 Uhr, ganzjährig. **A Chancela** (180 m, 150 EW), TH, ◉◉◉, 22 B/12 €. Alb. Anjana, Chancela 39, Tel. 607 387 229. W/T, Mahlzeiten, Garten. Ab 12 Uhr, 15. März–Okt. **Logrosa** (163 m, 60 EW; 700 m südl. des Wegs), TH, ◉◉◉, 8 B/17 € (+ 3 EZ u. 4 DZ). Tel. 981 885 820. W/T, Abendessen. Reservierung notwendig. 13–21 Uhr, April–Nov. **Negreira** (167 m, 3800 EW), **(1)** TH, ◉◉◉, 40 B/12 €. Alb. Alecrín, Avda. de Santiago 52 (Ortsanfang), Tel. 981 818 286. Küche, W/T. 12–23 Uhr., März–Okt. **(2)** TH, ◉◉◉, 50 B/12 € (8 EZ 20 €, 8 DZ 30 €). Alb. San José, Rúa de Castelao 20 (vor Ort Schilder, 500 m nach rechts, von Herberge ins Zentrum: 400 m), Tel. 881 976 934. Küche, W/T, Garten, viel Platz 12.30–22.30 Uhr, März–Nov. (im Winter vorher anrufen). **(3)** PH, ◉◉◉, 40 B/10 €. Alb. Lua, Avda. de Santiago 22 (Zentrum), Tel. 629 926 802. W/T, Mikrowelle. 12–22.30 Uhr, März–Okt. **(4)** TH, ◉◉◉, 34 B/10–12 € (EZ 28/30 €, DZ 50). Alb. El Carmen, Tel. 636 129 691. W/T. 10–23 Uhr, ganzjährig. **(5)** XH, ◉◉◉, 22 B/6 €. Ca. 1 km außerhalb, dem Weg aus dem Ort und bergauf folgen, dann Hinweis zur 250 m entfernten Herberge. Küche (ausgestattet). Platz für Zelte. 13–22 Uhr, ganzjährig.
Die Strecke: Hügeliges Gelände (Wald- und Feldwege), auf Dauer anstrengend.
Höhenunterschied: 430 m im Aufstieg, 530 m im Abstieg.
Kritische Stellen: Keine. Wegsteine, gelbe Pfeile (z. T. auch in entgegengesetzte Richtung, nach Santiago).
Landschaft: Mit vielen Eukalyptus- und Eichenwäldern und kleinen Ortschaften recht ansprechend.
Infrastruktur: Alto do Vento (183 m) ⌐; Ventosa (135 m, 70 EW) ⌐; Aguapesada (60 m, 135 EW) ⌐▲; Trasmonte (215 m, 70 EW) ■; Ponte Maceira (143 m, 20 EW) ⌐▲; Negreira ⌐▲ ⌹ @ € ▲ ✉ ⓘ ✚ C/ Castelao s/n. Tel. 981 881 808.
Anmerkungen: (1) Bei Übernachtung in der Herberge der Xunta in Negreira empfiehlt sich, bereits im Ort Proviant einzukaufen, ggf. auch für die nächsten Tage, da bis Cee nur eingeschränkte Einkaufsmöglichkeiten in Olveiroa und in der Herberge von Logoso. **(2)** Bis Cee kein Bankautomat, mit Bargeld vorsorgen. **(3)** Auch auf den folgenden Etappen wird nur angegeben, wenn Herbergen kein Internet haben.

Der Weg nach Finisterre beginnt auf der **Praza do Obradoiro (1)**. Am Hostal Reyes Católicos vorbei gehen wir hinunter zur Rúa das Hortas. Dieser folgen wir bis zu einem Rechtsbogen auf die Kreuzung Campo das Hortas. Hier schräg links über die Rúa do Pombal in die Straße Campo do Cruceiro do Gaio (Schild »Hotel San Lorenzo«). Diese zweigt nach links ab (Hostel Roots&Boots), während sich der Camino geradeaus auf der Rúa da Poza do Bar fortsetzt. Am Ende der Straße gelangen wir zur Carballeira de San

Blick zurück auf Santiago de Compostela (von Sarela do Baixo).

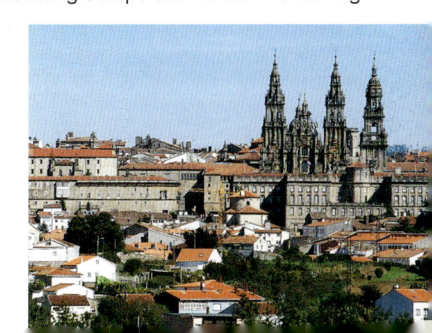

```
  0   2.2  4.5   7.2   10.4  14.0 17.1 19.1 21.9 km
```

Santiago de Compostela (1) — 259 m — (4) 214 m — (8) 253 m — (5)(6)(7)(9) — (2)(3) 168 m — **Alto do Mar de Ovellas (9)** 272 m (5) 183 m (4)(7)(8) — **Ponte Maceira (11)** 143 m (10)(12) — **Negreira (14)** 167 m (13)(2)(3)(4) — **Vilaserío (7)** 341 m (6)(8) 339 m — **Santa Mariña (10)** 334 m (9)

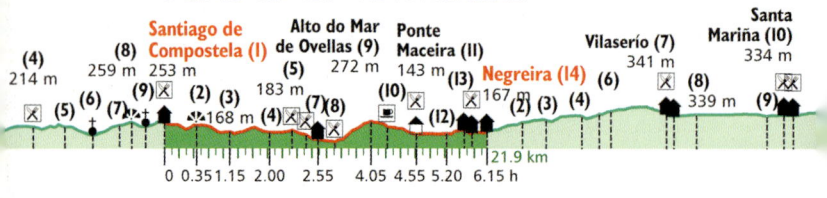

```
  0  0.35 1.15  2.00  2.55  4.05 4.55 5.20 6.15 h
                                         21.9 km
```

Lourenzo, einer kleinen Grünanlage mit alten Eichen. Wir nehmen den Fußweg rechts durch den Park (Wegzeichen), gehen leicht bergab. In der Talsohle überqueren wir eine kleine Brücke und wenden uns dann nach links, vorbei an einigen verfallenen Häusern. Kurz danach steht an einer Weggabelung ein Schild »Finisterre«. Der Weg schlängelt sich durch ein Wäldchen, steigt dann bergan und mündet in ein Asphaltsträßchen, über das wir nach links nach **Sarela do Baixo (2)** gelangen (gut ½ Std.). Zurück bietet sich ein schöner Blick auf die Kathedrale von Santiago.

Der Weg führt rechts durch den Wald nach **O Carballal (3**; ¾ Std.). Durch Streusiedlungen und ein Wäldchen kommen wir nach **Quintáns (4**; ¾ Std.). Teils auf Waldwegen steigen wir bergan zum **Alto do Vento (5**; ½ Std.), kurz darauf passieren wir nach rechts **Ventosa (6)** und den Abzweig **(7)** nach rechts zur Herberge Riamonte in **Castelo** (knapp ½ Std.). Neben der Straße gelangen wir nach **Aguapesada (8**; gut ¼ Std.). Nach dem Ortsausgang steigt der Weg über einen teilweise steilen Waldweg, das letzte Stück auf einem Sträßchen zum **Alto do Mar de Ovellas (9)** an (1 Std.). Kurz danach passieren wir **Carballo**. Auf der Landstraße wandern wir gemütlich durch **Trasmonte (10**; ¼ Std.) und Reino nach **Ponte Maceira (11**; ½ Std.) am Río Tambre.

ℹ️ *Die gotische Brücke **Puente** (galicisch **Ponte**) **Maceira** wurde im 14. Jh. erbaut und im 18. Jh. restauriert. In elegantem, auf dem Scheitelpunkt spitz zulaufenden Schwung überspannt sie den Río Tambre. Von der Brücke aus bietet sich ein schöner Blick über den Fluss und mehrere restaurierte Mühlen sowie ein schönes mittelalterliches Anwesen (pazo) inmitten einer herrschaftlichen Parkanlage. Die **Capilla de San Brais** am Fuße der Brücke stammt aus dem 18. Jh.*

Der Río Tambre bei Ponte Maceira.

Nach der Brücke wenden wir uns nach links. Ein kurzes Stück wandern wir auf einem schönen Flussweg, danach auf einer Landstraße nach **Barca** (**12**; ½ Std.) und durch **A Chancela** (**13**; Abzweig links nach Logrosa; ein Stück weiter: rechts Albergue Anjana, dann Abzweig rechts zur Herberge San José) nach **Negreira** (¼ Std.). Wir durchqueren den Ort der Länge nach (vorbei an Herberge Lua) und steuern dann leicht ansteigend direkt auf den Supermarkt Gadis zu (letzte Einkaufsmöglichkeit vor XH). Beim Supermarkt gehen wir rechts und kurz danach links von der Hauptstraße weg. Wir passieren ein altes, im 17. und 18. Jh. restauriertes Anwesen und verlassen Negreira durch einen Torbogen. Danach gehen wir schräg links bergauf.

An einer Weggabelung setzt sich der Camino nach rechts fort. Die **Herberge der Xunta (14)** befindet sich 250 m geradeaus in dem Haus links an der Straße (gut ¼ Std./1 km ab Zentrum).

38 Negreira – Olveiroa

8.15 Std.
33,2 km

Herbergen: Vilaserío (341 m, 70 EW), **(1)** TH, ☕☕☕, 30 B/12 €. Alb. turístico O Rueiro, Tel. 981 893 561. W/T, Bar/Rest. Ab 12 Uhr, ganztägig. **(2)** SH, ⌂, Ortsende. Matratzen, Duschen. Spende. **Santa Mariña** (334 m, 60 EW), **(1)** PH, ☕☕☕, 15 B/12 € (1 DZ 40 €). Alb. Casa Pepa, Tel. 981 852 881. W/T, Mahlzeiten. Ganztägig, ganzjährig. **(2)** PH, ☕☕☕, 10 B/10 €. Alb. Santa Mariña, Tel. 981 852 897. W/T, Küche. Rest. 12–23 Uhr, ganzjährig. **Ponte Olveira** (268 m, 30 EW), PH, ☕☕☕, 10 B/10 € (15 Plätze in Zelten, gratis). Alb. O Refuxio da Ponte, Tel. 981 741 706. W/T, Rest. Ganztägig, ganzjährig. **Olveiroa** (279 m, 130 EW), **(1)** TH, ☕☕☕, 60 B/12 € (9 DZ 40 €). Alb. Hórreo, Tel. 981 741 673, 617 026 005. W/T,

16–23 Uhr, ganzjährig.
Die Strecke: Gut markiert. Lange, aber leichte Etappe. Viel Landstraße, sonst Feld- und Waldwege. Nur anfangs Schatten.
Höhenunterschied: 470 m im Aufstieg, 360 m im Abstieg.
Kritische Stellen: Keine.
Landschaft: Recht reizvolle Etappe. Der Weg zieht sich durch hügeliges Hinterland. Weit verstreute kleine Siedlungen mit nur wenigen Einwohnern prägen die landwirtschaftliche Region.
Infrastruktur: Vilaserío ⚐ @; Santa Mariña ⚐ ⚐ @; Ponte Olveira ⚐ @; Olveiroa ⚐ ⚐ ⚐ ⚐ @.
Anmerkungen: Wenig Einkehrmöglichkeiten, Proviant und Wasser mitnehmen.

Küche, kl. Laden. Ganztägig, März–Dez. **(2)** XH, ☕☕☕, 34 B/6 €. Küche (ausgestattet).

Wenig Schatten, daher kann die Wanderung bei warmem Wetter anstrengend sein.

Von der **Herberge der Xunta (1)** aus gehen wir kurz bergab zurück und nehmen den ersten Weg nach links zur Kirche. Beim Friedhof geht es rechts in einen kleinen Weiler. Wir durchqueren ihn geradeaus und verlassen ihn zwischen der steinernen Säule und der mächtigen Kastanie hindurch. Auf dem Waldweg kommen wir nach kurzer Zeit zur Landstraße, auf der wir nach **Zas (2)** wandern. Dort rechts über die Straße und weiter auf einem Waldweg zum Weiler **Camiño Real** (**3**; gut 1 Std.). Leicht bergauf erreichen wir **Rapote** (**4**) und **A Pena** (**5**; 1 Std.) und kurz darauf leicht links haltend **Portocamiño** (**6**). Dort gehen wir rechts auf der Landstraße weiter bergan, kurz nach dem Hinweis auf den Windpark schlagen wir rechts den Pfad ein. Er bringt uns bergauf und wieder zur Landstraße; auf ihr rechts und bis zum links abzweigenden Weg hinunter nach **Vilaserío**. Nach rechts kommen wir zur Bar und **privaten Herberge** (**7**; 1¼ Std.). Nach der Bar folgen wir der Straße nach links unten und wandern – vorbei an der städtischen Herberge (500 m ab PH) – nach **Cornado** (**8**; ½ Std.). Beim Brunnen biegen wir nach links oben ab und stoßen wenig später auf ein Sträßchen, wo wir rechts und gleich wieder links gehen. Über landwirtschaftliche Wege gelangen wir nach **Maroñas** (**9**; 1¼ Std.) und **Santa Mariña** (¼ Std.; Herberge Casa Pepa bei Kirche). Dort biegen wir bei der T-Kreuzung links ab, gehen auf der Straße an der zweiten **Herberge** (**10**) vorbei, zweigen dann rechts ab und wandern nach **Bon Xesús** (**11**; ¾ Std.). Auf einer kleinen Asphaltstraße geht es leicht ansteigend nach **Vilar do Castro** (**12**). Dort folgen wir der Straße nach rechts aus dem Weiler hinaus. Bei dem Sträßchen kurz darauf biegen wir nach links oben ab und kommen über einen kleinen Pass. Bergab wandern wir durch **Lago** (**13**; 1 Std.). Wir bleiben auf der Hauptstraße und folgen dann links der Landstraße über **Abeleiroas**

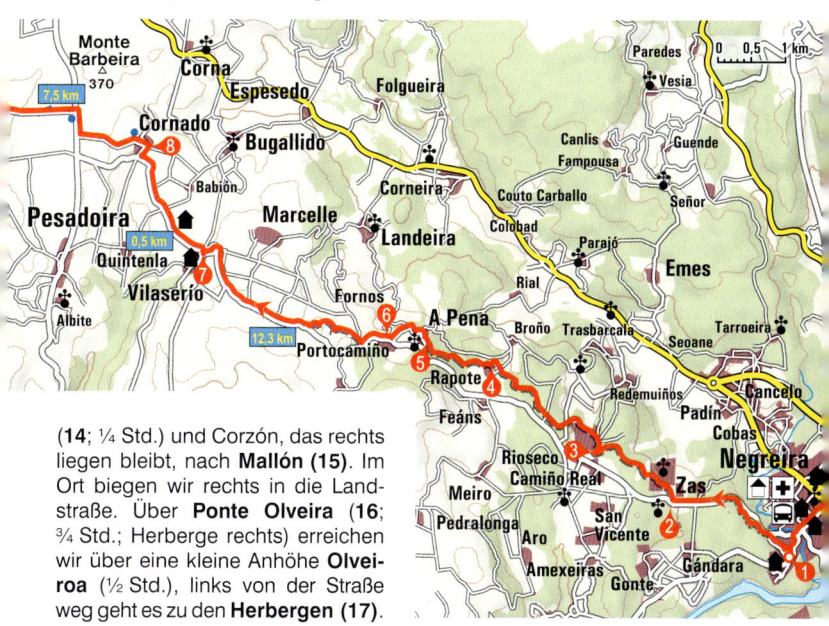

(**14**; ¼ Std.) und Corzón, das rechts liegen bleibt, nach **Mallón** (**15**). Im Ort biegen wir rechts in die Landstraße. Über **Ponte Olveira** (**16**; ¾ Std.; Herberge rechts) erreichen wir über eine kleine Anhöhe **Olveiroa** (½ Std.), links von der Straße weg geht es zu den **Herbergen** (**17**).

39 Olveiroa – Finisterre

8 Std.
30,9 km

Herbergen: Logoso (290 m, 30 EW), TH, ●●●, 20 B/12 € (7 DZ/EZ 30–35 €). Alb. O Logoso, Tel. 659 505 399. W/T, Mahlzeiten, Küche, kl. Laden. Ganztags, ganzjährig. **Camiños Chans** (30 m, 380 EW), TH, ●●●, 24 B/12 €. Alb. O Bordón, Tel. 981 746 574, 655 903 932. W/T, Küche, Bar, kl. Laden. 12–23.30 Uhr, März–Okt. **Cee** (3 m, 3700 EW), **(1)** PH, ●●●, 42 B/10 €. Alb. A Casa da Fonte, Rúa de Arriba 36, Tel. 699 242 711. W/T. Zwei Schlafsäle, viel Platz. Rezeption 12–21 Uhr, 15. März–Nov. **(2)** TH, ●●●, 14 B/12 € (4 DZ 30 €). Alb. Moreira, C/ Rosalía de Castro 75, Tel. 620 891 547 und 981 746 282. Zwei Küchen, W/T. 12–23 Uhr, 17. März–10. Nov., sonst mit Reservierung. **(3)** TH, ●●●, 30 B/ab 12 € (DZ 30 €). Alb. O Camiño das Estrelas, Av. Finisterre 78 (Schilder), Tel. 981 747 575. W/T. Ganztägig, ganzjährig. **Corcubión** (10 m, Herberge auf 111 m, 1400 EW), VH, ●●●, 14 B/Spende. 1,5 km vom Zentrum entfernt auf dem Alto de San Roque, betreut vom galicischen Jakobswegverein, Tel. 679 460 942. Gemeins. Essen. Kein Internet. 16–22 Uhr, ganzjährig. **Finisterre/Fisterra** (11 m, 3000 EW): Aufgrund der Vielzahl an Unterkünften erhebt die folgende Aufstellung keinen Anspruch auf Vollständigkeit: **(1)** TH, ●●●, 18 B/12 € (EZ ab 35 €, DZ ab 45 €). Alb. do Mar (am Ende der Praia de Langosteira), Tel. 981 740 204. Küche, W/T, Terrasse mit Strandblick. Ganztags, Ostern–Mitte Okt. **(2)** TH, ●●●, 24 B/12 € (DZ/4er-Zi .15 €/Person). Alb. Cabo da Vila, C/ A Coruña 13, Tel. 981 740 454. Küche, W/T, behindertengerecht. Ganztags, ganzjährig. **(3)** XH, ●●, 36 B/6 €. Ortsmitte bei Bushaltestelle. Küche, W/T, kein Internet. Öffnungszeiten variieren, ab ca. 16 Uhr–24 Uhr, ganzjährig. **(4)** TH, ●●●, 16 B/10–11 €. Alb. Ara Solis, C/ Arasolis 3, Tel. 638 326 869. Küche (gut ausgestattet), W/T. 9–22 Uhr (danach Zugang mit Code), März–Nov. (restl. Zeit mit Reservierung). **(5)** PH, ●●●, 18 B/10 € (DZ). Alb. do Sol (Hogar de Miguel), C/Atalaya 7 (nahe Schule), Tel. 617 568 648. Küche, W/T. Gemeins. Essen, Pilgeratmosphäre. Ganztags, ganzjährig. **(6)** TH, ●●●, 39 B/10 u. 12 € (2 DZ 32 €). Buen Camino (Alb. de Sonia), C/ Atalaya 11, Tel. 619 529 343. W/T, Küche, Sauna. Ab 11.30 Uhr, ganzjährig (Dez./Jan. reservieren). **(7)** TH, ●●●, 20 B/12 € (EZ 30 €, DZ 35 €). Alb. Finistellae, C/ Manuel Lago Pais 7, Tel. 637 821 296. Küche, W/T. Ganztägig, Ostern–Okt. **(8)** PH, ●●●, 30 B/10 €. Alb. da Paz (hinter Hafen, nahe Playa de Ribeira/Castillo/Burg), Tel. 981 740 332. W/T, Mikrowelle. Ab 10 Uhr, ganzjährig. **(9)** TH, ●●●, 11 B/10 € (DZ 24 €). Alb. Por Fin, C/ Federico Ávila 19, Tel. 636 764 726. Küche, W/T. Ganztags, April–Nov. **(10)** PH, ●●●, 16 B/April–Sept. 15 €, sonst 12 €. Alb. O Encontro, C/ El Campo, Tel. 696 503 363. Küche, W/T. Ganztags, ganzjährig.

Die Strecke: Leicht bis mittelschwer, gut markiert. Bis Corcubión vorwiegend Wald- und Feldwege. Von Corcubión bis Finisterre z. T. an Straße.

Höhenunterschied: 430 m im Aufstieg, 700 m im Abstieg.

Kritische Stellen: Keine.

Landschaft: Eine lange, dafür aber sehr attraktive Etappe zum Atlantik. Kurz hinter Olveiroa erinnert die Vegetation an Heidelandschaften. Ab Hospital zeichnet sich die Küste immer deutlicher ab. Einziger Schönheitsfehler ist die Eisenfabrik hinter Hospital. Kahle Stellen erinnern noch an die Waldbrände von 2006. Ab Cee folgt der Weg der weit ins Land greifenden Ría (Meeresarm) de Corcubión, klettert über einen kleinen Bergrücken und gibt dann Blicke auf kleine Buchten mit türkisblauem Wasser und weißen Sandstränden frei, bis endlich der lang gezogene Strand Praia da Langosteira erreicht ist, über den man direkt nach Finisterre gelangt.

Infrastruktur: Logoso 🚌 @ 🛏 (alles in der Herberge; Bar im Winter geschl.); Hospital (357 m, 50 EW) 🚌; Camiños Chans 🛏 🚌 🛒 @; Cée 🛏 🅧 🛒 € @ 🛈 A ✉ 🚌 ✚

Hospital Comarcal. Tel. 981 706 010; Corcubión ⚐ 🏠 🍴 Ⓐ @ 🚌 € ✉ ✚ Av. Viña s/n. Tel. 981 225 906; Estorde (7 m, 140 EW) ⚐ 🏠 🚌 △; Sardiñeiro (9 m, 520 EW) ⚐ 🍴 🏠 € Ⓐ ⓢ; Finisterre ⚐ 🍴 ⚐ 🏠 🍴 € Ⓐ ⊠ @ 🚌 📞 Pfarrkirche im Ort Mo–Sa (außer Di) 20 Uhr, So 10 u. 19 Uhr (Apr.–Sept.), 20 Uhr (Okt.–März), Igl. de Santa María das Areas (am Weg zum Leuchtturm) So/Fei 12 Uhr ✚ Cala Figueira s/n, Tel. 981 712 264.

Anmerkungen: (1) Kurz nach Hospital verzweigt sich der Weg: Eine Variante führt nach Finisterre, die andere nach Muxía. Im Folgenden wird der Weg nach Finisterre beschrieben, die nur unwesentlich längere Variante nach Muxía findet sich in Etappe 41 ab Seite 248 beschrieben. **(2)** Informationen zu weiteren Unterkünften in Finisterre sind vor Ort (z. B. in der Herberge der Xunta) erhältlich.

Endlich: Finisterre!

Wir verlassen **Olveiroa (1)** nach Westen, bei dem alten Waschplatz gehen wir nach links in den kleinen Hohlweg. Der Weg steigt langsam an, zieht sich an der Flanke des Berges O Sino (415 m) entlang und fällt dann wieder ab. Nach einer ¾ Std. überqueren wir einen Bach, knapp ¼ Std. später erreichen wir **Logoso (2)**. Durch ein schönes Tal wandern wir hinauf nach **Hospital** (½ Std.). Wir biegen vor dem Weiler links ab und gehen links in die Straße und zur Bar. Schräg gegenüber kürzen wir die Hauptstraße über die alte Straße ab. In sehr exponierter Lage fällt uns die hässliche Eisenfabrik auf der Anhöhe. Kurz danach zeigt am Kreisverkehr ein doppelter Wegstein die Trennung der Routen nach Finisterre und Muxía an **(3)**. In der Ferne ist erstmals das Meer auszumachen. Wir folgen der Straße etwa 400 m nach links und biegen dann rechts in den schönen Forstweg durch eine heideähnliche Hochebene ein. Wir gelangen zur einsam liegenden **Ermita de Nuestra Señora de las Nieves (4**; gut 1¼ Std.).

> ℹ️ Die **Ermita de Nuestra Señora de las Nieves** stammt aus dem 18. Jh. Die Wasserquelle bei der Kapelle soll gut für stillende Frauen und Muttertiere sein. Am 8. September ist die Ermita Ziel einer volksfestähnlichen Wallfahrt.

Nach der Kapelle steigt der Weg an. Immer deutlicher zeichnet sich die Küste am Horizont ab, rechts ist die Landzunge von Finisterre zu erkennen. Nach einer guten ¾ Std. erreichen wir die **Ermita de San Pedro Mártir (5)**. Die Quelle bei der Kapelle soll gut gegen Rheuma, Fußschmerzen und Warzen sein. An der Ermita vorbei kommen wir in gut ½ Std. zum Hinweis auf das Cruceiro da Armada (etwas abseits liegendes Wegkreuz). Von der 273 m hohen Anhöhe bietet sich bei gutem Wetter ein atemberaubender Ausblick auf die Küste, die Ría von Corcubión und das Kap Finisterre. Welch Anblick für die mittelalterlichen Pilger, die noch nie ein Meer gesehen hatten! Kurz danach erreichen wir bergab **Camiños Chans** (6; knapp ¾ Std.). Der Abstieg endet an einer T-Kreuzung: Die Herberge befindet sich rund 50 m links, der Weg führt rechts in knapp 100 m zur Hauptstraße und dort nach rechts fast auf Meeresniveau der Straße folgend nach **Cee** (**7**; ¼ Std.). Von Cee aus folgen wir der Küstenlinie nach **Corcubión** (**8**; gut ¼ Std.).

> *Das Hafenstädtchen **Corcubión** steht seit 1984 unter Denkmalschutz. Typisch sind die Häuser mit weißen Galerien und Steinsockeln. Die **Iglesia de San Marcos** wurde um 1430 im sogenannten küstengotischen Stil (gótico-marinero) errichtet. Der Kirchturm stammt aus dem 19. Jh., er ersetzte den alten, bei einem Unwetter eingestürzten. Während der Ölkatastrophe von 2002 verhinderten Anwohner und freiwillige Helfer mittels einer Barriere die Verseuchung der Bucht von Corcubión und Cée. **Fiesta**: 16. Juli Romería del Carmen, feierliche Schiffsprozession zu Ehren der heiligen Carmen, Schutzpatronin der Seefahrer. Ende Juli Fiesta medieval, Mittelalterfest. Erster Samstag im August Fiesta de la almeja, Venusmuschel-Fest mit Verkostung von Albariño- und Ribeiro-Weißweinen.*

Auf der Promenade neben der Hauptstraße kommen wir zu einer kleinen Kreuzung mit begrünter Verkehrsinsel. Eine Wegmarke führt uns geradeaus in den Ort und dann schräg links hinauf zur Kirche. An einem Wohnhaus weist eine Muschelkachel zu einer Treppe rechts. Durch eine schmale Gasse gelangen wir zu einer Grünanlage, die wir geradeaus überqueren. Durch den sehr schmalen Hohlweg kommen wir zu einem Waldpfad und bergauf nach **Vilar**. Wir gehen rechts und überqueren kurz danach die C-552.
Beim **Alto de San Roque** liegt die **Herberge** (**9**) von Corcubión (½ Std.). Wir bleiben kurz auf dieser Seite der Straße, überqueren sie dann und gelangen nach **Amarela** (**10**; ¼ Std.). Wir folgen kurz der C-552 und biegen dann in einen kleinen Waldpfad ein. Einige Zeit später kommt die weiße Sandbucht von Estorde in Sicht. Von **Estorde** (**11**) folgen wir der Straße in den lang gestreckten Ort **Sardiñeiro** (**12**; gut ½ Std.). Auf Höhe des Zebrastreifens biegen wir beim Schild Praia do Rostro rechts und gleich wieder links in die

Gasse ein. Beim Supermarkt geht es rechts hoch von der Straße weg auf einen ansteigenden Waldweg. Einige Zeit später wird die C-552 ein letztes Mal überquert; über einen schönen Küstenweg erreichen wir den 2 km langen Sandstrand **Playa da Langosteira** (13; gut ¾ Std.). Wir gehen an seinem Ende links ins Zentrum von **Finisterre** (14; ¾ Std.). Vom Ortszentrum führt die Küstenstraße hinauf zum **Faro** (Leuchtturm; knapp 1 Std.) am Ende der Welt.

i *Schon die Kelten folgten der Bahn der Sonne bis nach **Finisterre** (galicisch **Fisterra**). Auf dem Gipfel des Monte do Facho (241 m), oberhalb des Leuchtturms, zelebrierten sie Fruchtbarkeits- und Sonnenriten. Auch der phönizische Sonnentempel Ara Solis soll dort gestanden haben. Für die Römer war die Promontorium Nerium genannte Landzunge das Finis Terrae, das Ende der Welt, an dem das Mare Tenebrosum, das Meer der Finsternis, wie sie den Atlantik nannten, begann. Mit der Entdeckung des Apostelgrabes begann die Vermischung heidnischer und christlicher Bräuche. Davon zeugen u. a. die Ruinen der **Ermita de San Guillermo** (ca. 10./11. Jh.) an der Ostflanke des Monte do Facho. Kinderlose Paare erhofften sich von einer Nacht in der Kapelle den lang ersehnten Nachwuchs. In der am Weg zum Leuchtturm stehenden **Iglesia de Santa María das Areas** wird der **Santo Cristo de Finisterre** (14. Jh.) verehrt. Er galt im Mittelalter als die westlichste Christusdarstellung. Die Holzskulptur soll während eines Sturms über Bord eines Schiffes gefallen und dann in Finisterre gestrandet sein. Vom ersten romanischen Bau der Kirche aus dem 12. Jh. sind Teile der Apsis, das Ostportal und einige Kapitele erhalten, im Lauf der Jahrhunderte kamen gotische und barocke Elemente hinzu.*

*Das Fischerstädtchen Finisterre selbst ist durch den Zustrom an Pilgern der vergangenen Jahre wieder merklich aufgeblüht. Die Pilger erhalten in der Herberge der Xunta die **Fisterrana** als Beleg, zu Fuß, Fahrrad oder Pferd bis ans »Ende der Welt« gelangt zu sein. Bis heute hält sich die aus mittelalterlichen Pilgerberichten überlieferte Tradition, die auf der Wanderung getragene Kleidung – oder Teile davon – beim Leuchtturm zu verbrennen. In der richtigen Reihenfolge ausgeführt – Bad im Meer, Verbrennen der Kleidung, Betrachten des Sonnenuntergangs – verspricht das Ritual, am nächsten Tag als neuer Mensch zu erwachen. Keinesfalls sollte man aber direkt unterhalb des Leuchtturms ins Meer gehen! Sicherer ist die wunderschöne **Playa da Langosteira**. Fast 2 km misst die Sandbucht, mit ein bisschen Glück findet man auch Jakobsmuscheln. Der 17 m hohe **Leuchtturm** wurde 1853 errichtet, sein Lichtstrahl reicht rund 57 km weit. Von hier aus wird ein Großteil der weltweiten Frachtschifffahrt kontrolliert. Web-Cam: www.crtvg.es/crtvg/camaras-web/cabo-fisterra.*

*Täglich, außer wenn die Fischer wegen schlechtem Wetter nicht ausfahren, kann man in der **Lonja** (Fischauktionshalle) im Hafen von 16.30 bis gegen 19/20 Uhr die Versteigerung des Tagesfangs beobachten. In der Auktionshalle befinden sich eine kleine Ausstellung von Fischernetzen und Informationstafeln zum Meeresleben. Eintritt: 1 €.*
Feiertage: *Karwoche, **Semana del Cristo**, Prozessionen und Passionsspiele. Erster So im Aug. **Fiesta del Longueirón** (ähnlich Navaja, Schwertmuschel). Im Aug. (ohne festes Datum) **Fiesta del Pulpo**, Kraken-Fest. www.concellofisterra.com.*

7.30 Std.
28,3 km
Finisterre – Muxía 40

Herbergen: Muxía (9 m, 1600 EW), **(1)** TH, €€€, 8 B/12 € (DZ 32 €, EZ 30 €). Alb. da Costa, Av. Doctor Toba 33 (am Weg), Tel. 608 895 232. Küche, W/T, Essraum mit Meerblick, Garten. Ab 11 Uhr, März–Nov. **(2)** TH, €€€, 41 B/ab 11 €. Alb.@Muxía, C/ Enfesto 12 (nach Alb. da Costa rechts, bei der T-Kreuzung nach der betonierten Schulmauer rechts und links, bei nächster Gelegenheit rechts den Berg hoch), Tel. 981 742 118. Küche, W/T. Ganztags, ganzjährig. **(3)** 50 m weiter oben: S/XH, €€€, 32 B/6 € (wer von Finisterre kommt: Stempel aus Lires für Übernachtung notwendig!). Tel. Touristeninfo 981 742 563. Geräumig, nüchtern-modern. Küche (nicht ausgestattet). 13–22 Uhr, ganzjährig. **(4)** TH, €€€, 36 B/12 € (Pilger) (11 DZ 45 €, 11 EZ 40 und 45 €). Alb.-Hostel Bela Muxía, Rúa Encarnación 30 (Zentrum nahe Oficina de Turismo), Tel. 687 798 222. Küche, W/T, Snackautomaten. Ab 11.30 Uhr, Feb.–Dez. **(5)** PH, €€€, 17 B/9 €. Alb. Delfín, Avda. López Abente 22 (ggü. Hafen), Tel. 622 345 358. W/T, Tee-Küche, gemeins. Abendessen; normale Betten. Ganztags, März–Nov.

Die Strecke: Gut markiert, leicht. Vorwiegend Wald- und Feldwege.
Höhenunterschied: 500 m im Auf- und Abstieg.
Kritische Stellen: Nach Hermedesuxo de Baixo gibt es zwei etwa gleich lange Varianten: eine nahe der Küste, die andere etwas weiter durchs Inland.
Landschaft: Angenehme Etappe mit der für Galiciens Küste typischen Verbindung von Eukalyptuswäldern, grünen Weiden und Ausblicken auf weiße Sandstrände.
Infrastruktur: San Salvador (30 m, 35 EW) 🛏; Lires (14 m, 160 EW) 🛏 🍴; Muxía 🍴 🛏 ✉ € A ⌂ @ ✚ Rúa Saúde s/n. Tel. 981 744 068.
Anmerkungen: (1) Der erste Teil der Route befindet sich auf der Karte zur Etappe 39. **(2)** Pilger erhalten gegen Vorlage der Credencial in den Herbergen oder im Rathaus (Mo–Fr 9–14 Uhr) die Pilgerurkunde »Muxiana«; wichtig: unbedingt in Lires stempeln lassen (auch für die Übernachtung in der Xunta-Herberge), sonst gibt es keine »Muxiana«. **(3)** Die Touristeninformation von Muxía war zuletzt geschlossen.

Wir verlassen **Finisterre (1)** auf der C-552 Richtung Santiago de Compostela. Kurz vor der Bushaltestelle/Hotel Arenal weist ein Wegstein nach links oben in den Vorort **San Martiño de Duio** (**2**; ½ Std.).

*ℹ️ Bei **San Martiño de Duio** soll sich die verschwundene Stadt Dugium befinden, Schauplatz der Legende um die Grablege des heiligen Jakobus. Nachdem das Boot mit seinem Leichnam in Padrón gelandet war, schickte Königin Lupa die beiden Aposteljünger nach Dugium, auf dass ihnen der römische Legat die Bestattung des Toten erlaube. Dieser jedoch sperrte die Jünger ein und verhängte die Todesstrafe. Engel verhalfen den beiden zur Flucht, Dugium jedoch verschwand zur Strafe im Meer.*

Parallel zur Küste wandern wir durch San Martiño nach **Escaselas (3)**, dann links über die kleine Landstraße nach **Hermedesuxo de Abaixo (4**; ½ Std.). Die **Küstenvariante** führt geradeaus auf der Straße über **Denle** nach **Padris** (gut 1½ Std.). Die Inlandvariante biegt kurz nach Hermedesuxo rechts nach **San Salvador** ab (Muschelwegweiser). Ein ansteigender Waldweg führt nach

Rial (5) und kurz darauf nach **Buxán** (**6**; 1 Std.). Dort am Ortsende rechts und dann immer geradeaus bis zum Stoppschild nahe der Bushaltestelle von **O Sixto** (**7**; der Pfeil nach links kurz zuvor führt zur Küste). Beim Stoppschild gehen wir links hinauf ins wenige Minuten entfernte **Padris** (gut ½ Std. ab Buxán; kurz danach von links unten die Küstenvariante). Von Padris führt ein schöner Waldweg bergauf. Am höchsten Punkt endet der Wald und wir folgen dem Wegweiser nach schräg rechts unten nach **Canosa** (**8**; gut ½ Std.). Dort gehen wir rechts und dann links um den Weiler herum. Nach etwa 300 m heißt es auf den etwas unscheinbaren Waldpfad geradeaus zu achten. Auf ihm gelangen wir hinunter zu einer Brücke, wo wir links und gleich wieder rechts gehen und parallel zur Straße nach **Lires** (**9**; ½ Std.) gelangen. Kurz hinter Lires überqueren wir auf einer breiten Brücke den Río do Castro. Danach wandern wir durch ein Laubwäldchen bergauf und wieder bergab nach **Frixe** (**10**; ½ Std.) und über einen evtl. morastigen Pfad weiter nach **Guisamonde** (**11**; knapp ¾ Std.). Über ein Landsträßchen kommen wir zum Weiler **Morquintián** (**12**; ½ Std.).

Bei den beiden folgenden Abzweigen halten wir uns jeweils rechts und folgen ein gutes Stück der ansteigenden Straße, vorbei an einigen verfallenen Häusern. Bei der nächsten T-Kreuzung gehen wir rechts hoch (die alten Wegweiser nach links nicht beachten, sie führen in die Irre) und biegen kurz darauf in den ersten Forstweg links ein.

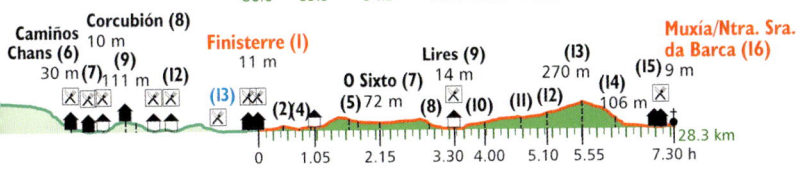

Auf diesem erreichen wir den höchsten Punkt der Etappe (**13**; 270 m; ¾ Std.). Dann bergab durch Eukalyptuswald nach **Xurarantes** (**14**; ½ Std.). Wir folgen der Straße, biegen bei nächster Gelegenheit rechts ab und halten uns Richtung Meer. Entlang der felsigen Küste kommen wir nach **Muxía** (**15**; ¾ Std.). Über die Promenade gelangen wir in die Rúa da Atalaia, dann auf einem Fußweg zum Heiligtum **Virxe da Barca** (**16**; gut ¼ Std.).

*In wenigen Orten ist die gemeinsame Präsenz von keltischem und christlichem Glauben so greifbar wie in **Muxía**. Der Legende nach erschien Jakobus, als ihn während der Missionierung des Nordwestens der Iberischen Halbinsel der Mut verlassen wollte, die heilige Muttergottes in einem steinernen Kahn. Dieser **Virxe da Barca**, Jungfrau des Boots bzw. Schiffs, ist die schlichte Steinkirche (18. Jh.) auf der Landspitze von Muxía gewidmet. Nach dem Brand im Jahr 2013 ist das Kirchlein wieder restauriert. Bereits zu vorchristlicher Zeit schrieben die Menschen einigen der eigentümlich geformten Felsbrocken auf dem Riff vor der Kapelle magische Kräfte zu. Durch den Jakobuskult erhielten die **Piedras Santas**, die heiligen Steine, zwar zum Teil eine christliche Neuinterpretation (die ersten schriftlichen Zeugnisse stammen aus dem 15. Jh.), doch der Glaube an ihre Wundertätigkeit besteht weiter. Wer etwa neun Mal unter dem nierenförmigen **Pedra dos Cadrís** – das Segel des Marienschiffs – hindurchklettert, soll von Nierenleiden und Rheuma geheilt werden. Verehrt wird auch der riesige, 8,70 x 7 m große **Pedra de Abalar**, ein Wackelstein, der sich nicht nach physikalischen Gesetzen, sondern nach eigenem Willen zu bewegen scheint, etwa um über Schuld oder Unschuld einer Person zu entscheiden oder um ein Unglück anzukündigen.*
*Vom einst schmucken Fischerdörfchen Muxía zeugen nur noch wenige alte Steinhäuser. Nach der Entdeckung reicher Fischgründe in den 60er-Jahren wuchs der Ort schnell über sich hinaus. Nach dem Untergang der Prestige im Jahr 2002 kam Muxía zu trauriger Berühmtheit, da hier das Öl zuerst angeschwemmt wurde. Ein schönes Beispiel des in den Küstenorten entwickelten küstengotischen (gótico-marinero) Stils ist die einschiffige **Iglesia de Santa María** (14. Jh.) oberhalb des Zentrums.*
Kulinarisches: *Fisch, Meerestier und besonders **Percebes** (Entenmuscheln).*
Feiertage: *Karfreitag **Fiesta del Congrio**, gastronomisches Volksfest. Ende Juli **Procesión de la Virgen del Carmen**, Seeprozessionen zu Ehren der Schutzheiligen der Seefahrer. Samstag bis Montag vor zweitem Sonntag im Sept. (außer wenn dieser am 8. ist, dann am 15. Sept.): **Romería de la Barca**, bedeutendste Wallfahrt Galiciens, dreitägiges Fest mit Prozessionen, Volksfest und großem Feuerwerk.*

41 Olveiroa – Muxía

8.45 Std.
31,5 km

Herbergen: Logoso (290 m, 30 EW), TH, ●●●, 20 B/12 € (7 DZ/EZ 30–35 €). Alb. O Logoso, Tel. 659 505 399. W/T, Mahlzeiten, Küche, kl. Laden. Ganztags, ganzjährig. 13–22 Uhr, ganzjährig. **Dumbría** (190 m, 500 EW), X/SH, ●●●, 26 B/6 €. Alb. O Conco (blau-rotes Gebäude am Ortsanfang am Weg), Küche (ohne Utensilien), geräumt. rund 300 m. **(2)** Herberge der Xunta.@Muxía, C/ Enfesto 12: 50 m unterhalb der Xunta-Herberge. **(3)** Alb. Delfín, Avda. López Abente 22: am Weg, am Beginn des Hafens auf der linken Straßenseite. **(4)** Alb.-Hostel Bela Muxía, Rúa Encarnación 30: im Zentrum nahe Oficina de Turismo. **(5)** Alb. da Costa, Av. Doctor Toba 33: Haus auf Westseite von Muxía.
Die Strecke: Gut markiert. Meist kleine Sträßchen, einige Abschnitte auf unbefestigten Forststraßen, hügeliges Gelände.
Höhenunterschied: 560 m im Aufstieg, 830 m im Abstieg.
Kritische Stellen: Keine.
Landschaft: Eine recht schöne und, da die meisten Pilger direkt nach Finisterre gehen, ruhige Etappe durch kleine Dörfer, dazwischen erstrecken sich Felder und Wälder. Muxía ist noch nicht ganz so überlaufen wie das beliebte Finisterre, entsprechend ruhiger geht es meist zu.
Infrastruktur: Logoso ■ @ 🖂 (alles in der Herberge; Bar im Winter geschl.); Hospital (343 m, 50 EW) ■; Dumbría 🗶 € A 🖂 🚌 🖂 Pensión O Argentino, Tel. 981 744 051 ✚ Centro de Saúde (am Weg) Tel. 981 744 129; Senande (131 m, 140 EW) 🖂; Quintáns (90 m, 180 EW) 🗶 🖂 A 🚌 🖂 Pensión-Rest. Plaza, Tel. 981 750 452, www.plazapension.com; San Martiño (55 m, 40 EW) ■; Merexo (42 m, 130 EW) 🖂 Pensión Atlántico, Tel. 649 533 299, gut 1 km entfernt 🗶; Os Muíños (44 m, 230 EW) ■ 🖂 🖂 ■; Muxía 🗶 🖂 € A 🖂 @ ✚ Rúa Saúde. Tel. 981 744 068.
Anmerkungen: **(1)** Der erste Teil der Wegbeschreibung und die Karte siehe Etappe 39. **(2)** Pilger erhalten gegen Vorlage der Credencial in den Herbergen oder im Rathaus (Mo–Fr 9–14 Uhr) die Pilgerurkunde »Muxiana«. Aus Finisterre kommend ist ein Stempel aus Lires notwendig! **(3)** Wer nach Finisterre wandert und dort die Pilgerurkunde »Fisterrana« erhalten möchte, muss die Credencial unbedingt in Lires stempeln lassen! **(4)** Aktuelle Informationen zu Abfahrzeiten der Busse nach Finisterre und Santiago am Aushang bei Bar Noche y Día (nahe Hafen). **(5)** Die Touristeninformation von Muxía war zuletzt geschlossen.

Die ersten rund 1¾ Std. von **Olveiroa (1)** bis zur **Verzweigung der Wege (3)** am Kreisverkehr kurz hinter Hospital ist identisch mit Etappe 39 (Karte siehe S. 243). Dort folgen wir 20 Min. der Straße nach rechts, verlassen sie dann nach links auf einem unbefestigten Weg und kommen durch einen lichten Wald. Nach wenigen Minuten überqueren wir die Straße und wandern kurz danach mit schönen Aussichten bergab. Kurz nach Wiedereintritt in den Wald müssen wir für 200 m der Straße folgen und gehen dann nach links unten durch einen schattigen Hohlweg in den Weiler **As Carizas** (knapp ½ Std.). Wir gehen nach rechts und erreichen nach 15 Min. das auffällige blau-rote Gebäude der **Herberge O Conco (4)** und in 10 Min. in die Dorfmitte von

249

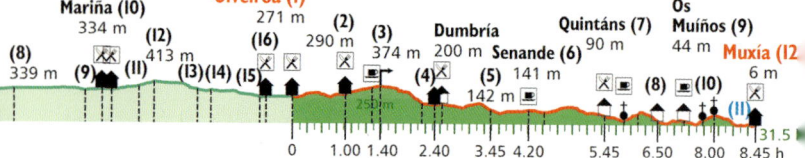

Dumbría (Hórreo, Iglesia de Santa Eulalia und das steinerne Wegkreuz am Ortsanfang: 17./18. Jh.).

Wir durchqueren den Ort auf der Hauptstraße, an der Kreuzung beim Centro de Saúde geht es nach links unten. Nach gut 20 Min. überqueren wir die AC-552 und wandern durch einen lichten Wald bergauf und mit schönen Weitblicken bergab nach **Trasufre** (5; ½ Std. seit AC-552). Wir gehen schräg rechts über die Straße, auf der Straße links des kleinen Hórreos durch den Weiler und am Ende nach links (rechts: Bushäuschen). Auf dem Asphaltsträßchen überqueren wir den Río do Castro und biegen danach rechts ab (grünes Schild: »5 km Casa de Lema, Turismo Rural«). Teils durch lichten Wald, teils vorbei an Feldern und Äckern gelangen wir nach **Senande** (6; gut ½ Std.).

An der Kreuzung in der Ortsmitte biegt der Weg nach links ab. Noch immer auf Asphalt kommen wir nach **A Grixa** (¼ Std.; unterwegs bei Schild »Vilastose« geradeaus), wo wir an der Gabelung rechts und bei der T-Kreuzung am Ende des Weilers nach links gehen. Nach rund 250 m erlöst uns ein rechts abzweigender, neu angelegter Kiesweg vom Asphalt. Auf diesem wandern wir gemütlich und meist durch Wald leicht bergauf und wieder bergab nach **Quintáns** (7; knapp 1¼ Std.). Am Fußballplatz und der Kirche vorbei kommen wir über die Hauptstraße auf einen Platz und gehen dort nach links aus dem Ort. Kurz nach dem Weiler Ozón liegt das ehemalige Kloster von **San Martiño de Ozón** am Weg (20 Min.; am Westeingang Teebar).

> *Die **Iglesia de San Martiño de Ozón** war einst die Klosterkirche des **Monasterio de Santa María de Ozón**. Vom romanischen Grundbau aus dem 12. Jh. sind u. a. noch zwei runde Apsiden, Rundbögen und Säulenkapitele mit Pflanzendekor erhalten. Im 17/18. Jh. wurde die Kirche baulich stark verändert und erhielt etwa den barocken Glockenturm. In der Kirche sind einige Mitglieder der Adelsfamilie der zu Lema beigesetzt, das erste von D. Alonso de Lema de Quintáns stammt aus dem Jahr 1595. Der steinerne **Hórreo** (16. Jh.) vor der Kirche ist mit einer Länge von 27 m einer der größten Kornspeicher Galiciens.*

Wir gehen rechts um die Anlage herum und dann scharf links nach **Vilar de Sobremonte** hinauf (20 Min.), wo wir scharf rechts in einen Waldweg einbiegen. Bergauf und bergab kommen wir nach **Merexo** (8; knapp ½ Std.), wo sich uns ein herrlicher Küstenblick bietet. Gleich am ersten Haus gehen wir links und wandern auf dem Sträßchen nach **Os Muíños** (**9**; ½ Std.). Erneut bergab und bergauf und zuletzt über die AC-440 erreichen wir das **Monasterio de Moraime** (**10**; knapp ½ Std.).

> *Das wahrscheinlich schon im 11. Jh. gegründete Benediktinerkloster **Monasterio de San Xulián de Moraime** ist das älteste der Costa da Morte und spielte eine wichtige Rolle bei der Christianisierung der Region. Es unterstand im Mittelalter zunächst den Grafen von Traba, später gehörte es bis 1489 zum Priorat von San Martiño Pinario in Santiago de Compostela. Den Mönchen von Moraime wird auch der Bau des Santuario da Barca in Muxía zugeschrieben. Nachdem das Kloster Anfang des 12. Jh. erst von den Normannen, dann von den Sarazenen zerstört worden war, begann man mit dem Wiederaufbau der heutigen Anlage. Gelder dafür kamen u. a. auch von König Alfonso VII., der in seiner Jugend und Kindheit hier Zuflucht gefunden hatte, während seine Anhänger und die seiner Mutter, Doña Urraca, um den Thron stritten. Ab Mitte des 14. Jh. setzte der Niedergang des Klosters ein, das unter den Katholischen Königen wie alle galicischen Klöster der Diözese von Valladolid unterstellt wurde.*
> *Kurios ist der Eingang zur Kirche: In einem kleinen Vorbau befindet sich die Treppe hinunter zum tiefergelegenen Hauptportal. Östlich der Kirche erstreckt sich der Friedhof, westlich sind das Pfarrhaus und ein runder Taubenschlag zu sehen.*

Wir folgen dem Sträßchen am Kloster vorbei bergan, überqueren erneut die AC-440 und werden bei der **Capela de San Roque** von einem herrlichen Küstenblick empfangen (20 Min.). Nach schräg rechts kommen wir durch den Wald zum Weiler Chorente und durch Kiefernwald hinunter zur **Playa de Espiñeirido** (**11**; knapp ½ Std.). Hier schlagen wir den Bohlenweg ein (nicht links die Straße) und erreichen in wenigen Minuten den Ortsanfang von Muxía. Links den Hang hinauf kommt man nach 300 m direkt zur öffentlichen Herberge und zur Albergue @Muxía, geradeaus gelangt man in 5 Min. zum Hafen von **Muxía** (**12**; Info Etappe 40, S. 247) und weiter geradeaus zum Santuario.

Blick über den Hafen auf Muxía.

Stichwortverzeichnis

A
A Balsa 222
A Chancela 235
A Gudiña 154, 156, 158
Airexe 226
Alberguería 162, 163
Alcuéscar 73, 77, 78
Aldea del Cano 78
Aldeanueva del Camino 103, 104
Alija del Infantado 195, 196
Aljucén 73, 76
Almadén de la Plata 42, 44, 45
Almendralejo 68
Ambasmestas 213
Andalucía 30
Andalusien 30
A Pena 223
Arco de Cáparra 99
Arzúa 181
Astorga 200, 202
Astrar 229
Asturianos 144

B
Bandeira 181
Baños de Montemayor 104, 105
Barbadelo 218, 222, 223
Barcial del Barco 190
Benavente 190, 192
Boente 229
Botafumeiro 188
Burres 229

C
Cacabelos 210
Cáceres 81, 83
Calvor 222
Calzada de Béjar 104
Calzada de Valdunciel 120, 122
Calzadilla de los Barros 58
Calzadilla de Tera 140
Camas 36
Camino Sanabrés 132
Camiños Chans 240

Campobecerros 158, 160
Camponaraya 210
Cañaveral 88, 90, 92
Carcaboso 92, 97
Casanova 227
Casar de Cáceres 81, 86, 88
Casas de Don Antonio 78
Castañeda 229
Castelo 235
Castilblanco de los Arroyos 39, 41, 42
Castilla y León 108
Castro Dozón 175
Castrotorafe 131
Catedral de Santa María de la Sede (Sevilla) 34
Cea 171, 174, 175
Cee 240
Cernadilla 144
Comunidad Autónoma de Extremadura 48
Corcubión 240, 243
Cornalvo, Parque Natural 76

D
Dornelas 180
Dumbría 248, 250

E
El Acebo 207
El Carrascalejo 73
El Cubo de la Tierra del Vino 120, 123, 124
El Ganso 205
El Real de la Jara 45, 47, 50
Embalse de Alcántara 89
Embalse de Proserpina 74
Extremadura 48

F
Faramontanos de Tábara 132
Ferreiros 223
Fillobal 216
Finisterre 234, 240
Finisterre/Fisterra 244
Flamenco 35
Foncebadón 207
Fonfría 216
Fontanillas de Castro 129

Francisco de Zurbarán 56
Fuente de Cantos 54, 56, 57
Fuenterroble de Salvatierra 112
Fuentes Nuevas 210

G
Galicien 152
Galisteo 92, 96
Giralda (Sevilla) 34
Gonzar 223
Granja de Moreruela 132, 190
Grimaldo 92
Guadalquivir 33
Guillena 31, 32, 39

H
Hospital da Condesa 216
Hospital da Cruz 223, 226

I
Itálica 30, 37

L
La Bañeza 195, 199, 200
La Faba 213, 216
Lago de Sanabria 147
La Laguna 216
La Portela de Valcarce 213
Las Herrerías 213
Laxe 175, 180
Laza 158, 161, 162
Ligonde 226
Logoso 240, 248
Logrosa 235
Los Santos de Maimona 62
Lubián 148, 151, 154

M
Manjarín 207
Mélide 226, 229
Mercadoiro 223
Merexo 250
Mérida 48, 69, 71, 73
Molinaseca 207
Molino de Marzán 223
Mombuey 140, 143, 144
Monasterio de Nuestra Señora de Tentudía 52
Monasterio de Oseira 175

Monasterio de San Isidoro del Campo 37
Monasterio de Santa María de Oseira 176
Monasterio de San Xulián de Moraime 251
Monesterio 50, 52, 54
Montamarta 129, 130
Monte do Gozo 232
Morgade 223
Morille 112, 114, 115
Murias de Rechivaldo 204
Muxía 234, 247, 248

N
Negreira 235, 238

O
O Cebreiro 216
Oliva de Plasencia 98
Olleros de Tera 140
Olveiroa 238, 240, 248
Ourense 167, 168, 171
Outeiro (A Vedra) 180, 184

P
Palas de Rei 226
Pazo Trasfontao 180
Pedrouzo (Arca do Pino) 229, 232
Pereje 213
Pieros 210
Ponferrada 210
Pontecampaña 226
Ponte Olveira 238
Ponte Ulla 180
Pórtico de la Gloria 187
Portomarín 223
Portos/Lestedo 226
Puebla de Sanabria 144, 146, 148
Puebla de Sancho Pérez 57, 58

R
Rabanal del Camino 205
Real Alcázar (Sevilla) 34
Remesal 146
Requejo 148
Ribadiso da Baixo 229
Riego de Ambrós 207
Riego del Camino 132, 190
Riolobos 92

Rionegro del Puente 140, 142
Roales del Pan 129
Ruitelán 213

S
Salamanca 115, 117, 120
Salceda 229
Samos 218
Sandiás 157
San Martiño de Ozón 250
San Pedro de Rozados 112
San Salvador de Palazuelo 144
Santa Catalina de Somoza 205
Santa Croya de Tera 136, 139
Santa Irene 229
Santa Marta de Tera 136, 139, 140
Santiago de Compostela 184, 186, 232, 235
Santiponce 36
San Xulián do Camiño 226
Sevilla 32
Silleda 180, 181

T
Tábara 132, 135
Torremejía 66, 68, 69
Trabadelo 213
Triacastela 216, 218, 222

V
Valdesalor 78, 81
Valdeviejas 204
Valverde de Valdelacasa 110
Vega de Valcarce 213
Ventas de Narón 223, 226
Verín 157
Vilachá 223
Vilar de Barrio 162
Vilaserío 238
Vilei 218
Villabrázaro 190, 195
Villafranca del Bierzo 210, 213
Villafranca de los Barros 65, 66
Villanueva de Campeán 124
Villanueva de las Peras 136

Villar de Farfón 140
Villarfanca de los Barros 62

X
Xunqueira de Ambía 162, 166, 167

Z
Zafra 57, 60, 62
Zamora 124, 126

Einige spanische Vokabeln für den Notfall

Der kleine Sprachführer konzentriert sich v. a. auf medizinische Vokabeln, die im Notfall am dringendsten gebraucht werden. Punktuell wichtige Ausdrücke sind im Text erwähnt.

agua potable	Trinkwasser	magnesio	Magnesium
agua no potable	kein Trinkwasser	médico	Arzt
ampolla	Blase	¿Dónde hay un médico?	Wo finde ich einen Arzt?
desinfectante	Wunddesinfektionsmittel	Necesito un médico.	Ich brauche einen Arzt
calambre	Muskel-/Wadenkrampf	peligro	Gefahr
deshidratación	Austrocknung, Dehydration	peligroso	gefährlich
diarrea	Durchfall	pie	Fuß
dolor de cabeza	Kopfschmerzen	pierna	Bein
esquince	Verstauchung	tapón para el oído	Ohrstöpsel
esparadrapo	Leukoplast	tendinitis	Sehnenentzündung
farmácia	Apotheke	tirita	Pflaster
¿Dónde hay una farmácia?	Wo ist eine Apotheke?	tobillo	Knöchel
fuente	Brunnen/Quelle	torcerse el pie	mit dem Fuß umknicken
insolación	Sonnenstich	vendas	Verband
		zapatero	Schuhmacher

Anmerkungen zur Aussprache

»c« vor »e« und »i« wie ein gelispeltes »s«, »c« vor »a«, »o« und »u« wie »k«; »z« wie ein gelispeltes »s«; »ch« = »tsch«; »j« = »ch«; zwei »L« wie etwa in tobillo wie »j« in Jahr, also tobijo; »ñ« = »nj«, also z. B. España = Espanja.

Begriffserklärung

Nachfolgend eine kurze Erklärung einiger immer wiederkehrender Begriffe

Almohaden	Berberdynastie im Maghreb und in Andalusien, 12./13. Jh.
Calzada Romana	Römerstraße, oft C. R. abgekürzt
Cañada Real	königlicher (Fern-)Weideweg
Churrigueresk	von der spanischen Baumeisterfamilie Churriguera im 17./18. Jh., entwickelter, besonders mit Ornamenten überladener spätbarocker Dekorationsstil für Altäre und Kirchenportale
D.O.	»Original Herkunftsbezeichnung«, Qualitätssiegel für Spirituosen, Weine und andere unter streng kontrollierten Kriterien hergestellte Lebensmittel
Mozaraber	unter arabischer Herrschaft lebende Spanier/Christen
mozarabisch	der von den Mozarabern geprägte Baustil, der westgotische und arabische Elemente verbindet
Mudéjar	unter christlicher Herrschaft lebende Araber
Mudéjar-Stil	der von den Mudéjars geprägte Bau- und insbesondere Dekorstil
plateresk	fein ziselierte Steinmetzarbeiten mit geringer Relieftiefe, die wie aus Silber (sp. *plata*) gearbeitet wirken